Provinzial-Ordnung

für die Provinzen

Preußen, Brandenburg, Pommern, Schlesien und Sachsen.

Vom 29. Juni 1875.

Aus den Regierungsmotiven, den Verhandlungen des Landtags und den hierauf bezüglichen Gesetzen erläutert

von

Oskar Hahn,
Königlichem Landrath.

Berlin.
Verlag von J. Guttentag.
(D. Collin.)
1875.

Vorwort.

Die Provinzialordnung vom 29. Juni 1875 hat das Gebäude, zu welchem durch die Kreisordnung vom 13. Dezember 1872 der Grund gelegt worden ist, nahezu zur Vollendung gebracht. Wie diese, ist sie nicht ohne lebhafte parlamentarische Kämpfe vereinbart worden. Während die Kreisordnung in Folge der abweisenden Stellung, welche das Herrenhaus damals angenommen hatte, wesentlich durch Verständigung zwischen der Staatsregierung und dem Abgeordnetenhause festgestellt worden ist, hat bei der Berathung der Provinzialordnung auch das Herrenhaus einen sehr erheblichen positiven Antheil an der schließlichen Gestaltung im Ganzen und im Einzelnen genommen, und die Staatsregierung hat es sich zur Aufgabe gemacht, unter Festhaltung der Grundlagen ihres Entwurfs den abweichenden Auffassungen und Bestrebungen in den beiden Häusern in Bezug auf die Ausführung der provinziellen Selbstverwaltung vermittelnd und ausgleichend Raum zu gewähren. So ist ein Gesetz entstanden, welches in Wahrheit als ein gemeinsames Werk der verschiedenen großen Parteien gelten kann, ein Kompromiß im höchsten und edelsten Sinne des Wortes.

Gerade bei dieser Entstehung des wichtigen Gesetzes ist es für seine Auslegung von Wichtigkeit, die Gestaltung der einzelnen Bestimmungen durch die verschiedenen Stadien der parlamentarischen Berathungen von dem Regierungsentwurfe bis zu der schließlich vereinbarten Fassung zu verfolgen, die Auffassung und Absicht der Regierung bei dem ursprünglichen Entwurf, die Motivirung der Abänderungen in beiden Häusern, und die Erklärungen der Regierung in Bezug auf die Annahme derselben in's Auge zu fassen, um aus dem Gesammtverlauf der parlamentarischen Erörterung bei jeder Bestimmung möglichste Klarheit über Absicht und Bedeutung derselben zu gewinnen.

Es kommt aber zum vollen Verständniß der Provinzialordnung auch darauf an, die Beziehungen derselben zu den mit ihr in Verbindung stehenden Gesetzen, einerseits der Kreisordnung, anderseits den Gesetzen über die Dotation der Provinzen und über die Verwaltungsgerichte ꝛc. an jeder betreffenden Stelle darzulegen.

Wenn ich die Lösung dieser Aufgabe nach beiden Seiten versucht habe, so geschah es vornehmlich in Folge der Aufforderung von Männern, welche in meiner, in gleicher Weise kommentirten Ausgabe der Kreisordnung*) ein nützliches Hülfsbuch für die betheiligten Kreise erkannt haben.

Es würde mir zur Befriedigung gereichen, auch in Bezug auf das hochwichtige Gesetz, welches fortan die Grundlage nicht blos für die eigentliche provinzielle Selbstverwaltung, sondern auch für die Theilnahme der Provinzialvertreter an der staatlichen Verwaltung bildet, einen Beitrag zum leichteren allseitigen Verständniß zu gewähren.

Weilburg, im Oktober 1875.

D. H.

---

*) Eine zweite vermehrte Auflage derselben wird in Kurzem erscheinen.

Inhalt.

Dritter Titel.

Vierter Titel.

Anlagen.

Einleitung.

Bei der Berathung der Kreisordnung für die östlichen Provinzen, welche unterm 13. Dezember 1872 zum Gesetz geworden ist, war man allseitig der Ansicht gewesen, daß die Kreisordnung, indem sie für die Selbstverwaltung die Basis schaffte, die Reform der inneren Verwaltung überhaupt einleiten sollte. Man wollte in ihr einen Organismus zu Stande bringen, welcher die Bestimmung hatte, als Typus für eine Reihe von Neugestaltungen zu gelten und man legte deshalb die kommunale Gliederung, den Aufbau der Aemter so vollständig in ihn hinein, daß er die Verzweigung nach der Seite der höheren, wie der niederen Organismen klar und deutlich erkennen ließ. Es wurde dieser Organismus befähigt, durch seine eigene Lebensthätigkeit die legislatorische Entwickelung der weiteren Reformen vorzubereiten. Man hielt es nicht für wohl angänglich, damals noch weiter zu gehen und in demselben Stadium der Gesetzgebung gleichzeitig die Gemeinde, den Kreis und die Provinz zu ordnen. Wenn es gelingen würde, zunächst im Kreise einen mit reicher Thätigkeit ausgestatteten Körper zu schaffen, welcher einerseits die Landgemeinden und Gutsbezirke als nebeneinander wirkende lebendige Glieder in sich schließt, zu gemeinsamer Wirksamkeit bezirksweise vereinigt und solchergestalt sich aus analogen städtischen und ländlichen Kommunalbezirken zusammensetzt, und welcher andererseits die Bestimmung hat, selbst wieder als organisches Glied eines provinziellen Kommunalverbandes zu wirken, so werde sich, setzte man voraus, der Ausbau sowohl nach der Seite der Gemeinden, als nach der der Provinz als ein durch innere Nothwendigkeit gebotener darstellen und das Zustandebringen der erforderlichen Gesetze hierüber keine Schwierigkeiten mehr bieten.

Die Staatsregierung, welche schon bei Vorlegung der Kreisordnung diesen Absichten Ausdruck gegeben hatte, hielt es, nachdem die Kreisordnung in Kraft getreten war, für geboten, denselben nach der Richtung hin baldthunlichst Geltung zu verschaffen, daß in erster Linie die Regelung der Provinzialverfassung auf den durch die Kreisordnung gegebenen Grundlagen erfolge. Sie legte deshalb schon im Dezember 1873 dem Landtage einen Entwurf einer Provinzialordnung für diejenigen Provinzen, in welchen die neue Kreisordnung eingeführt war, zur Beschlußfassung vor. In der damaligen Session hat jedoch über diesen Entwurf nur eine Generaldiskussion (erste Lesung) im Abgeordnetenhause stattgefunden. Eine Durchberathung der einzelnen Bestimmungen des Entwurfs ist weder in der zur Vorberathung niedergesetzten Kommission, noch auch demnächst im Plenum des Hauses erfolgt. Es mangelte dazu einerseits an Zeit, andererseits war für die einstweilige Vertagung der Berathung der Gesetzesvorlage der Wunsch bestimmend, zugleich mit der Provinzialordnung das Gesetz, oder wenigstens den Plan über die Reorganisation der allgemeinen Landesverwaltung, das Dotationsgesetz und das Gesetz wegen des obersten Verwaltungsgerichtshofes in Berathung nehmen zu können, indem man der Ansicht war, daß eine eingehende und sachgemäße Prüfung der einzelnen Bestimmungen der Provinzialordnung nur im Zusammenhange mit jenen anderen Organisationsgesetzen möglich sei.

War die nachträgliche Vorlegung der gedachten Gesetzesvorlagen auch von der Staatsregierung in Aussicht und die Vorbereitung derselben in Angriff genommen worden, so mußte auf die Einbringung derselben doch später verzichtet werden, da in Folge längerer Unterbrechung der Session des Landtages durch die Session des Reichstages für andere als für die dringendsten legislativen Arbeiten keine Zeit mehr übrig blieb.

Die Staatsregierung hat demzufolge erst in der folgenden Session des Landtages mittelst Allerhöchster Ermächtigung vom 22. Januar 1875 den Entwurf zur Provinzialordnung erneut vorgelegt, gleichzeitig auch eine Denkschrift über die Reorganisation der allgemeinen Landesverwaltung zur Kenntniß des Landtags gebracht und die Entwürfe zu Gesetzen über die Dotation der Provinzialverbände, wie über die Verfassung der Verwaltungsgerichte und das Verwaltungsstreitverfahren der Beschlußnahme des Landtags unterbreitet.

Der neue Entwurf zur Provinzialordnung hat nur in dem von den Provinzialausschüssen handelnden Abschnitte gegenüber dem vorjährigen Entwurf eine durchgreifende Umarbeitung erfahren, im Uebrigen wich er in seinen hauptsächlichen Bestimmungen von dem vorjährigen Entwurf nicht wesentlich ab und konnte sich deshalb hierüber auf die dem letzteren beigegeben gewesenen Motive beziehen, welche hinsichtlich der im Allgemeinen dem Entwurf zu Grunde liegenden Absicht sich folgendermaßen aussprechen:

„Der vorliegende Entwurf bezweckt die Weiterführung des mit der Kreisordnung vom 13. Dezember 1872 begonnenen Reformwerkes in denjenigen Provinzen, in welchen die Kreisordnung Geltung erlangt hat und in welchen damit die Grundlagen für eine entsprechende Umgestaltung der Provinzialverbände gewonnen sind. Um die Bedeutung der Reform zu würdigen, erscheint es geboten, einen kurzen Rückblick auf die historische Entwickelung der provinzialständischen Verhältnisse zu werfen.

Die gegenwärtige Verfassung der acht älteren Provinzen der Monarchie beruht auf dem allgemeinen Gesetze wegen Anordnung der Provinzialstände vom 5. Juni 1823 (Gesetzsamml. S. 129) und auf den in Ausführung desselben ergangenen Spezialgesetzen.

Es erfolgte insbesondere die Anordnung der Provinzialstände:

1. für das Königreich Preußen durch das Gesetz vom 1. Juli 1823 (Gesetzsamml. S. 138) und die Verordnung vom 17. März 1828 (Gesetzsamml. S. 28),
2. für die Mark Brandenburg und das Markgrafthum Niederlausitz durch das Gesetz vom 1. Juli 1823 (Gesetzsamml. S. 130) und die Verordnung vom 17. August 1825 (Gesetzsamml. S. 193),
3. für das Herzogthum Pommern und das Fürstenthum Rügen durch das Gesetz vom 1. Juli 1823 (Gesetzsamml. S. 146) und die Verordnung vom 17. August 1825 (Gesetzsamml. S. 210),
4. für das Herzogthum Schlesien, die Grafschaft Glatz und das Preußische Markgrafthum Oberlausitz durch das Gesetz vom 27. März 1824 (Gesetzsamml. S. 62) und die Verordnung vom 2. Juni 1827 (Gesetzsamml. S. 61),
5. für die Provinz Sachsen durch das Gesetz vom 27. März 1824 (Gesetzsamml. S. 70) und die Verordnung vom 17. Mai 1827 (Gesetzsamml. S. 47).

Im Eingange des Gesetzes vom 5. Juni 1823 wird die Absicht ausgesprochen, „in der Monarchie die ständischen Verhältnisse zu begründen und deshalb Provinzialstände im Geiste der älteren deutschen Verfassungen eintreten zu lassen, wie solche die Eigenthümlichkeit des Staates und das wahre Bedürfniß der Zeit erfordern.“ Das Gesetz normirte den Wirkungskreis der Provinzialstände, als „des gesetzmäßigen Organes der verschiedenen Stände der Unterthanen in jeder Provinz“, wie folgt (cfr. Art. III l. c.):

1. den Provinzialständen sollen die Gesetzentwürfe, welche allein die Provinz angehen, zur Berathung vorgelegt werden;
2. so lange keine allgemeinen ständischen Versammlungen stattfinden, sollen ihnen auch die Entwürfe solcher allgemeinen Gesetze, welche Veränderungen in Personen- und Eigenthumsrechten und in den Steuern zum Gegenstande haben, soweit sie die Provinz betreffen, zur Berathung vorgelegt werden;
3. den Provinzialständen soll das Recht zustehen, Bitten und Beschwerden, welche auf das spezielle Wohl und Interesse der ganzen Provinz oder eines Theils derselben Bezug haben, an den König gelangen zu lassen;
4. ihren Beschlüssen, unter Vorbehalt Königlicher Genehmigung und Aufsicht, sollen die Kommunalangelegenheiten der Provinz überlassen werden.

Hiermit erhielten die Provinzialstände neben der kommunalen eine wesentlich politische Bedeutung: sie waren bestimmt, die im Edikte vom 22. Mai 1815 (Gesetzsamml. S. 103) verheißene Landesrepräsentation, welche aus ihnen hervorgehen sollte (cfr. § 3 ibid.), einstweilen zu ersetzen. Eine Fortentwickelung der Institution in dieser Richtung fand statt durch die unterm 21. Juni 1842 (Gesetzsamml. S. 215 ff.) für jede Provinz besonders erlassenen Verordnungen über die Bildung von ständischen Ausschüssen, welche zu Zeiten, wo der Provinziallandtag nicht versammelt war, mit ihrem Gutachten gehört werden sollten. Durch das Königliche Patent vom 3. Februar 1847 (Gesetzsamml. S. 33) und die Verordnungen von demselben Tage wurde demnächst aus der Vereinigung der Provinzialstände der „vereinigte Landtag“ gebildet. Demselben, beziehungsweise den vereinigten ständischen Ausschüssen wurde in Beziehung auf den ständischen Beirath diejenige Mitwirkung bei der allgemeinen Landesgesetzgebung übertragen, welche bis dahin den Provinzialständen beigelegt war.

Die Wirksamkeit des vereinigten Landtages war bekanntermaßen nur von kurzer Dauer. An Stelle der bis dahin in Preußen bestandenen ständischen Verfassung wurde im Jahre 1848 und in den folgenden Jahren eine Repräsentativverfassung eingeführt.

Nach Artikel 105 der Verfassungsurkunde vom 31. Januar 1850 sollte das Repräsentativsystem in ähnlicher Weise, wie für den Staat auch in Bezug auf die Provinzen, Bezirke, Kreise und Gemeinden durchgeführt werden. Ueber die innern und besondern Angelegenheiten der Provinzen,

Bezirke, Kreise und Gemeinden sollten aus gewählten Vertretern bestehende Versammlungen beschließen, deren Beschlüsse durch die Vorsteher der Provinzen, Bezirke, Kreise und Gemeinden ausgeführt werden sollten. Dieser Norm entsprechend, ergingen unter dem 11. März 1850 eine Gemeindeordnung (Gesetzsamml. S. 213) und eine mit ersterer in enger Verbindung stehende Kreis-, Bezirks- und Provinzialordnung für den Preußischen Staat (Gesetzsamml. S. 251); Artikel 66 der letzteren erklärte alle Gesetze über die Kreis- und Provinzialstände für aufgehoben. Die Kreis-, Bezirks- und Provinzialordnung gelangte jedoch ebensowenig, wie die Gemeindeordnung zur Ausführung. Dieselben wurden zunächst in ihrer Ausführung sistirt und sodann durch das Gesetz vom 24. Mai 1853 aufgehoben. In letzterem wurden die früheren Gesetze und Verordnungen über die Kreis- und Provinzialverfassungen, soweit sie mit den Bestimmungen der Verfassung nicht im Widerspruche stehen, wieder in Kraft gesetzt, zugleich aber die Fortbildung jener Verfassungen durch besondere provinzielle Gesetze in Aussicht gestellt.

Durch ein zweites Gesetz von demselben Tage wurde der Artikel 105 der Verfassungsurkunde durch folgende Bestimmung ersetzt:

> „Die Vertretung und Verwaltung der Gemeinden, Kreise und Provinzen des Preußischen Staates wird durch besondere Gesetze näher bestimmt."

Bereits vor Emanation dieser Gesetze war von Seiten der Staatsregierung den Provinziallandtagen der Entwurf einer Provinzialordnung zur Begutachtung vorgelegt und gleichzeitig den Kammern in der Session 1851/52 zur Kenntnißnahme mitgetheilt worden. Auf Grund der Gutachten der Provinzialstände wurden demnächst acht Gesetzentwürfe in Gestalt von Novellen zu den einzelnen provinzialständischen Gesetzen im Januar 1853 den Kammern vorgelegt.

Ueber diese Novellen, welche sich auf wenige, das Prinzip nicht alterirende Modifikationen der bestehenden provinzialständischen Verfassungen beschränkten, erstattete eine Kommission der ersten Kammer unter dem 22. April 1853 Bericht; im Plenum kamen sie nicht mehr zur Berathung. Demnächst wurden sie unter Berücksichtigung der Vorschläge der gedachten Kommission und der von den Oberpräsidenten erstatteten Gutachten anderweitig redigirt, in der Session 1853/54 der ersten Kammer wiederum vorgelegt und von dieser angenommen; in der zweiten Kammer kamen sie jedoch nicht mehr zur Verhandlung und wurden sodann zurückgelegt.

Wenn hiernach die Provinziallandtage ihrer Form und Zusammensetzung nach unverändert blieben, so hatten sie doch mit Einführung der Verfassung ihre politische Bedeutung im Wesentlichen verloren; ihr Wirkungskreis blieb von da ab hauptsächlich auf die Kommunalangelegenheiten der Provinz beschränkt. Die Provinzialstände haben eine nicht unbedeutende Zahl von gemeinnützigen Instituten in's Leben gerufen; eine eigentliche Verwaltung dieser Institute Seitens der Provinzialstände hat jedoch bis in die neueste Zeit hin nicht stattgefunden: dieselbe blieb mit einigen Ausnahmen, insbesondere in Betreff des Landarmen- und Feuersocietätswesens, sowie der Provinzialhülfskassen, mehr oder weniger in den Händen der Staatsbehörden oder es war den letzteren doch eine weitgehende Einwirkung auf die Verwaltung vorbehalten.

Erst im Laufe der letztverflossenen Jahre ist in einigen der älteren Provinzen, insbesondere in den Provinzen Schlesien, Sachsen, Westphalen und Rheinland eine einheitliche provinzielle Selbstverwaltung durch die Bildung von ständischen Verwaltungsausschüssen und die Bestellung von ständischen Oberbeamten eingeleitet worden. Besondere Anregung hierzu wurde durch die Entwickelung gegeben, welche die im Jahre 1867 in den neuen Provinzen der Monarchie organisirten ständischen Vertretungen auf dem Gebiete provinzieller Selbstverwaltung nahmen.

Diese Vertretungen waren im Einverständnisse mit Vertrauensmännern der neuen Provinzen, soweit sich in letzteren Ansätze zu ständischen Bildungen vorfanden, zwar den Provinzialvertretungen der älteren Provinzen nachgebildet. Es war jedoch dabei nicht nur auf eine gleichmäßigere Vertheilung der Stimmen auf die einzelnen ständischen Gruppen Bedacht genommen, sondern auch den Provinzialverbänden die Selbstverwaltung ihrer Angelegenheiten, ihrer Institute und Vermögensrechte in ausgedehnterem Maße überlassen worden, wie solche den älteren Provinzialverbänden zusteht. Es wurde den Ständen volle Freiheit gewährt, die Organisation der Verwaltung nach Rücksichten der Zweckmäßigkeit zu gestalten und das Staatsaufsichtsrecht auf das zur Wahrung des Staatsinteresses nothwendige Maß beschränkt.

Die bedeutende Entwickelung der Selbstverwaltung in einigen der neuen Provinzen hat jedoch nicht allein in der vorgedachten freieren Organisation der Verbände, sondern vorzugsweise darin ihren Grund gehabt, daß den letzteren unter Ueberweisung entsprechender Fonds auch ein umfangreiches Gebiet der Selbstverwaltung eröffnet wurde. Es ist nicht zu verkennen, daß, wenn das allseitig als erstrebenswerth anerkannte Ziel der mit der Kreisordnung begonnenen kommunalen Reform: „in den größeren und kleineren korporativen Verbänden des Staates eine lebenskräftigere Selbstverwaltung zu entwickeln", erreicht werden soll, dazu vor Allem ein angemessener Inhalt der letzteren vorhanden sein muß. Inzwischen wird auch denjenigen Provinzen, denen es zur Zeit noch an gemeinsamen Verwaltungsobjekten mangelt, durch die in dem Gesetze vom 30. April d. J. (Gesetzsamml. S. 187) vorbehaltenen Spezialgesetze die Ueberweisung der Provinzialfonds, — welche Gesetze in unmittelbarem Anschlusse an die Provinzialordnung zu erlassen sein werden, — sowie voraussichtlich auch in den demnächst zu erlassenden neuen Wege- und Schulgesetzen ein umfangreiches Geschäftsgebiet zugewiesen werden können. Zunächst aber wird es sich darum handeln, die Verfassung der Provinzialverbände in einer Weise umzugestalten, welche den in der Kreisordnung anerkannten Rechtsgrundsätzen entspricht, und die geeigneten Organe der Selbstverwaltung auch für das Gebiet der Provinz herstellen. Dies ist die Aufgabe, welche der vorliegende Entwurf zu lösen bestimmt ist, durch welchen zugleich die Institutionen der Kreisordnung erst ihren Abschluß finden sollen".

Außer der vorstehenden Motivirung fanden die Absichten der Regierung, von denen dieselbe bei dem Entwurf der Provinzialordnung, und den mit letzterem vorgelegten Gesetzentwürfen betreffend die Dotation der Provinzialverbände und betreffend die Verfassung der Verwaltungsgerichte geleitet war, ihre nähere Erläuterung in der schon oben erwähnten Denkschrift über die in Aussicht genommene Reorganisation der allgemeinen Landesverwaltung, welche deshalb nachfolgend mitgetheilt wird:

Denkschrift

über

die Reorganisation der allgemeinen Landesverwaltung des Preußischen Staats.

Durch die Kreisordnung vom 13. Dezember 1872 ist eine weitgreifende Reform der allgemeinen Landesverwaltung (Staatsverwaltung) in einem großen Theile der Monarchie angebahnt.

Während der Schwerpunkt der Verwaltung bisher in den aus berufsmäßigen Beamten zusammengesetzten Bezirksregierungen ruhte, welche die doppelte Funktion von Verwaltungskollegien und von Verwaltungsgerichtshöfen in sich vereinigten und sich zur Erledigung ihrer Geschäfte der Kreisbehörden, der Landräthe, als ihrer Organe bedienten, ist durch die Kreisordnung der Schwerpunkt der Verwaltung aus den Regierungsbezirken in die Kreise verlegt worden. Es ist für jeden Kreis ein Kreisausschuß gebildet, bestehend aus einem Staatsbeamten, dem Landrathe, als Vorsitzenden und sechs Laienmitgliedern, welche ihr Amt als ein unentgeltliches Ehrenamt verwalten. Der Kreisausschuß ist der Mittelpunkt der Selbstverwaltung des Kreises; als Organ der Kreiskorporation liegt ihm die Verwaltung der Kreiskommunalangelegenheiten, als Organ des Staats die Wahrnehmung von Geschäften der allgemeinen Landesverwaltung ob. In letzterer Eigenschaft fungirt er sodann einerseits als Verwaltungsgericht erster Instanz für streitige Verwaltungssachen, andererseits als Verwaltungskollegium, welches insbesondere berufen ist, die Aufsicht über die Kommunalangelegenheiten der Amtsbezirke, der ländlichen Gemeinden und selbstständigen Gutsbezirke zu führen, bei dem Erlasse kreispolizeilicher Verordnungen, wie bei der Erledigung verschiedener anderer Verwaltungssachen mitzuwirken und sein Gutachten über alle Angelegenheiten abzugeben, welche ihm von den Staatsbehörden überwiesen werden. Demgemäß ist auf die Kreisausschüsse eine große Zahl von Angelegenheiten theils administrativer theils jurisdiktioneller Natur übertragen worden, deren Erledigung bisher den Regierungen oblag.

Es ist ferner für jeden Regierungsbezirk ein aus zwei berufsmäßigen Beamten, einem Verwaltungs- und einem richterlichen Beamten, sowie aus drei Laienmitgliedern bestehendes Verwaltungsgericht eingesetzt, welches über streitige Verwaltungssachen in der Berufungsinstanz zu entscheiden, zugleich aber auch als erstinstanzliches Gericht in mehreren von der Kompetenz der Kreisausschüsse ausgeschlossenen Streitsachen, insbesondere in streitigen Armen- und in Expropriationssachen zu fungiren hat.

Zur Weiterführung des mit der Kreisordnung vom 13. Dezember 1872 auf dem Gebiete der kommunalen und allgemeinen Landesverwaltung zunächst für die Provinzen Preußen, Brandenburg, Pommern, Schlesien und Sachsen begonnenen Reformwerks, bedarf es des Erlasses ähnlicher Gesetze auch für die übrigen Provinzen der Monarchie, sodann des Erlasses von Provinzialordnungen, eines Gesetzes wegen Dotation der Provinzialverbände mit Fonds zur Selbstverwaltung, unter Uebertragung staatlicher Verwaltungszweige wirthschaftlicher Natur an deren Organe, sowie endlich des Erlasses eines Gesetzes wegen Einsetzung von Verwaltungsgerichten außerhalb des Geltungsbereiches der Kreisordnung vom 13. Dezember 1872, wegen Errichtung eines obersten Verwaltungsgerichtshofes und wegen Regelung des Verwaltungsstreitverfahrens.

Von diesen zur Ordnung der Verfassung und Verwaltung der Gemeinden, Kreise und Provinzen erlassenen und noch zu erlassenden Gesetzen wird der Organismus der für die allgemeine Landesverwaltung bestehenden Staatsbehörden nahe berührt. Insbesondere sind es die Bezirksregierungen, deren Stellung und Kompetenzen durch dieselben eine wesentliche Abänderung theils bereits erfahren haben, theils in noch weiterem Umfange erfahren werden. Es bedarf daher die Frage einer eingehenden Erörterung, ob die Regierungen in ihrer bisherigen kollegialen Verfassung noch fernerhin beizubehalten oder in welcher Weise dieselben zu reorganisiren sein werden. Zwar könnte es scheinen, als ob die Entscheidung dieser Frage zweckmäßig bis dahin auszusetzen sein möchte, wo die Reform der Gemeinde-, Kreis- und Provinzialverfassungen zum Abschlusse gelangt und der Einfluß derselben auf die Gestaltung der allgemeinen Landesverwaltung vollständig zu übersehen sein wird. Indeß dürfte sich bei näherer Betrachtung die Nothwendigkeit ergeben, schon jetzt in eine sorgfältige Erwägung der gedachten Frage einzutreten und sich zunächst über die Grundzüge eines Reorganisationsplans zu verständigen. Bei der vorjährigen Berathung des Entwurfs einer Provinzialordnung für die östlichen Provinzen, sowie bei verschiedenen anderen Gelegenheiten, ist von einflußreichen Mitgliedern des Abgeordnetenhauses wiederholt der Wunsch zu erkennen gegeben worden, daß dem Landtage ein vollständiger Plan für die Reform der gesammten inneren Landesverwaltung sobald als möglich vorgelegt werden möchte, da es ohne Einsicht eines solchen Planes fast unmöglich sei, die auf die Reform der Verfassung der kommunalen Verbände des Staats bezüglichen Gesetzentwürfe eingehend und sachgemäß zu prüfen. Und in der That kann dieser Wunsch im Hinblick auf die mannigfachen und engen Beziehungen, welche zwischen der Verwaltung des Staates und seiner Einzelverbände bestehen und folgeweise auch bei einer Reform der letzteren sich geltend machen müssen, nur als ein berechtigter anerkannt werden. Wenn es sich beispielsweise darum handelt, die Befugnisse der Aufsichtsbehörden der Gemeinden oder Kreise zu bestimmen, so wird der Gesetzgeber wissen müssen, welchen Behörden diese Aufsicht übertragen werden soll und in welcher Art jene Behörden organisirt sein werden.

Ein anderer durchschlagender Grund, schon jetzt der Frage wegen der Reorganisation der allgemeinen Landesverwaltung näher zu treten, liegt darin, daß nicht nur aus dem Ressort des Ministeriums des Innern, sondern auch aus den Ressorts anderer Ministerien eine größere Zahl wichtiger und weittragender organisatorischer Gesetze für die Beschlußnahme des Landtages vorbereitet wird — es ist hierbei insbesondere auf das Unterrichtsgesetz, die Wegeordnung, das Jagdpolizei-, das Vorfluthgesetz, das Waldschutzgesetz u. A. zu verweisen. Alle diese Gesetze werden zweckmäßig erst dann erlassen werden können, wenn wenigstens im Prinzipe feststeht, welche staatliche Behörden und Organe der Selbstverwaltung in Zukunft vorhanden und in welcher Weise dieselben organisirt sein werden; denn wesentlich hiervon wird die ganze Konstruktion jener Gesetze, die Bemessung und Vertheilung der Kompetenzen, die Regelung des Instanzenzuges u. s. w. abhängen.

Es sind deshalb die nachstehenden Grundzüge eines Reorganisationsplans für die allgemeine Landesverwaltung des Preußischen Staates aufgestellt worden:

I.

Die Kreise, die Regierungsbezirke und die Provinzen bleiben als Verwaltungsbezirke bestehen.

In der Provinz Hannover werden die Landdrosteibezirke Hannover und Hildesheim, Lüneburg und Stade, Osnabrück und Aurich zu je einem Regierungsbezirke vereinigt.

II.

Die Geschäfte der allgemeinen Landesverwaltung werden, soweit nicht für einzelne Zweige derselben besondere Behörden oder Beamten bestellt sind, geführt:

1. in den Kreisen von den Landräthen unter Mitwirkung der Kreisausschüsse,
2. in den Regierungsbezirken von den Regierungspräsidenten unter Mitwirkung der Bezirksausschüsse,
3. in den Provinzen von den Oberpräsidenten unter Mitwirkung der Provinzialausschüsse,
4. für den Umfang des ganzen Staats von den Ministern.

III.

Die Entscheidung streitiger Verwaltungssachen erfolgt durch Verwaltungsgerichte.

Als solche fungiren in erster Instanz die Kreisausschüsse, in zweiter Instanz — für gewisse Streitsachen auch in erster Instanz — die Bezirksverwaltungsgerichte, in letzter Instanz das Oberverwaltungsgericht.

A. Kreisverwaltung.

IV.

Die Kreisverwaltung ist in den Provinzen Preußen, Brandenburg, Pommern, Schlesien und Sachsen durch die Kreisordnung vom 13. Dezember 1872 geregelt.

Nach den in letzterer enthaltenen Grundsätzen erfolgt die Regelung der Kreisverwaltung auch in den übrigen Provinzen des Staates.

B. Bezirksverwaltung.

V.

Die Bezirksregierungen und Landdrosteien werden aufgehoben.

VI.

An der Spitze der Verwaltung eines jeden Regierungsbezirks steht ein Regierungspräsident.

Demselben wird die Verwaltung sämmtlicher bisher zum Ressort der Regierung beziehungsweise der Landdrostei gehörigen Angelegenheiten — mit Ausnahme der Schulsachen sowie der Domainen, Forsten und Regalien — übertragen, soweit jene Angelegenheiten nicht auf die Kreisausschüsse beziehungsweise das Bezirksverwaltungsgericht und den Oberpräsidenten übergehen.

VII.

Zum Geschäftskreise des Regierungspräsidenten gehören insbesondere:

1. die auf die Organisation, den Geschäftskreis und die Geschäftsverwaltung des Regierungspräsidiums und der ihm nachgeordneten Behörden bezüglichen generellen Angelegenheiten, sowie die Personalangelegenheiten der Räthe und Hülfsarbeiter, Subaltern- und Unterbeamten des Regierungspräsidiums und der Beamten der ihm unterstellten Behörden;
2. folgende Angelegenheiten der Landespolizei- und Regiminalverwaltung:
   a) die inneren Angelegenheiten der Landeshoheit, als Verfassungssachen mit Einschluß der Wahlen zum Landtage und zum Reichstage, die Landesgrenz-, Huldigungs-, Indigenatssachen, Auslieferung fremder Unterthanen; Publikation der Gesetze und Verordnungen durch das Amtsblatt;

b) die Sicherheits-, Ordnungs- und Sittenpolizei, namentlich auch die Fremden- und Paßpolizei, die Forst- und Jagdpolizei in Kommunal- und Privatwaldungen, die Bau- und Feuerpolizei, die Beaufsichtigung der Presse, das Versammlungs- und Vereinswesen;
c) die Medizinal- und Gesundheitspolizei;
d) die Gewerbepolizei;
e) die Münz-, Maaß- und Gewichtspolizei;
f) die landwirthschaftliche Polizei, Landeskultursachen, Landesmeliorationen, Vertheilung öffentlicher Abgaben in Folge von Dismembrationen;
g) die auf die öffentlichen Kommunikationen, Eisenbahnen, Land- und Wasserstraßen, Chausseebauten, Strom-, Deich-, Kanal- und Brückenbauten, Fähren, Hafenbauten, Lootsen und Seeleuchten bezüglichen landespolizeilichen Angelegenheiten;
h) die Straf-, Besserungs- und Gefangenenanstalten;
i) das Transportwesen der Verbrecher, Bettler und Vagabonden;
k) die Beaufsichtigung der Gemeinden, Amtsverbände und Kreise, sowie anderer Korporationen, Gesellschaften, Institute und Anstalten, insbesondere auch der Brand- und anderer Versicherungsanstalten und Gesellschaften nach Maßgabe der hierüber bestehenden gesetzlichen Bestimmungen;
l) die Mennoniten-, Juden- und Dissidentenangelegenheiten;
m) die Militairangelegenheiten;
n) die Angelegenheiten der Landgendarmerie;
o) die statistischen Sachen;

3. die kirchlichen Angelegenheiten, soweit dieselben bisher zum Ressort der Regierung gehörten;
4. die Oberleitung der Verwaltung der direkten Steuern und des Etats-, Kassen- und Rechnungswesens für diese Verwaltung;
5. das Staatsbauwesen, soweit die Besorgung desselben nicht besonderen Behörden oder Beamten obliegt;
6. das Etats-, Kassen- und Rechnungswesen für die Verwaltung des Innern;
7. die Beaufsichtigung und Verwaltung der Regierungshauptkasse.

VIII.

Die katholischen Konsistorien in der Provinz Hannover werden aufgehoben und die von ihnen wahrgenommenen kirchlichen Angelegenheiten auf die Regierungspräsidenten und den Oberpräsidenten übertragen.

Die Verwaltung der evangelisch-kirchlichen Angelegenheiten wird auch ferner von Konsistorialbehörden wahrgenommen, deren Organisation besonderer gesetzlicher Regelung vorbehalten bleibt.

IX.

Der Regierungspräsident führt die Verwaltung mit den der Regierung zustehenden Befugnissen unter der gesetzlich zu ordnenden Mitwirkung des Bezirksausschusses in landespolizeilichen Angelegenheiten, in Wegesachen, sowie in Kommunalaufsichtssachen der Gemeinden, Amtsverbände und Kreise.

X.

Dem Regierungspräsidenten wird die erforderliche Anzahl von Räthen und Hülfsarbeitern (Regierungsräthe und Assessoren) sowie von Technikern (Bau- und Medizinalräthe, Departementsthierarzt, Fabrikinspektor ꝛc.) und mindestens ein Justitiarius beigegeben, welche die Geschäfte nach seinen Anweisungen bearbeiten.

Ein Oberregierungsrath hat den Regierungspräsidenten in den ihm obliegenden Amtsgeschäften zu unterstützen und in Behinderungsfällen zu vertreten.

XI.

Der kollegialischen Berathung und Beschlußfassung des Regierungspräsidenten und der ihm beigegebenen Räthe und Hülfsarbeiter unterliegen nach näherer Vorschrift des Organisationsgesetzes:

1. die Entscheidungen über Anträge auf Ertheilung der Genehmigung zur Errichtung gewerblicher Anlagen gemäß §§ 16 bis 25 der Reichsgewerbeordnung vom 21. Juni 1869, soweit diese Angelegenheiten, sei es in erster, sei es in zweiter Instanz zur Zuständigkeit der Bezirksregierungen gehören;
2. die Entscheidungen in Disziplinaruntersuchungssachen unmittelbarer Staatsbeamten, gemäß §§ 24 Nr. 2 und 25 des Gesetzes vom 21. Juli 1852 (Gesetzsamml. S. 465), soweit nicht die Zuständigkeit anderer Staatsbehörden begründet ist.

XII.

Die Verwaltung der direkten Steuern wird nach näherer Vorschrift des Organisationsgesetzes unter Oberleitung des Regierungspräsidenten durch ein Kollegium geführt, auf dessen Beschlüsse in materieller Beziehung dem Regierungspräsidenten eine Einwirkung nicht zusteht.

Das Kollegium wird aus einem Oberregierungsrathe als Dirigenten, einem oder mehreren Steuerdepartementsräthen, dem Kassenrathe und nach Bedürfniß aus einem oder mehreren ferneren Mitgliedern gebildet, welche letztere aus den dem Regierungspräsidenten beigegebenen Räthen rc. (nebenamtlich) berufen werden.

XIII.

Die Verwaltung der zum Ressort der Regierungen gehörigen Schulangelegenheiten wird dem Provinzialschulkollegium übertragen.

Die Verfassung des Provinzialschulkollegiums ist eine kollegialische. Den Vorsitz in demselben führt der Oberpräsident mit vollem Stimmrechte.

Welche Angelegenheiten der Schulverwaltung von den Landräthen unter Mitwirkung der Kreisausschüsse, beziehungsweise von den Regierungspräsidenten unter Mitwirkung der Bezirksausschüsse und von dem Oberpräsidenten unter Mitwirkung des Provinzialausschusses wahrzunehmen sind, bestimmt das Unterrichtsgesetz.

XIV.

Für die Verwaltung der Domainen und Forsten, sowie der mit dieser Verwaltung bisher verbunden gewesenen Regalien sonstigen und Angelegenheiten werden in jeder Provinz Eine oder mehrere besondere Behörden (Domainen und Forstdirektionen) eingesetzt.

Diese Behörden fungiren in Ansehung der zu ihrem Ressort gehörigen Beamten als entscheidende Disziplinarbehörden erster Instanz gemäß § 24, Nr. 2 des Gesetzes vom 21. Juli 1852 (Gesetzsamml. S. 465).

Den Domainen- und Forstdirektionen liegt die Mitwirkung bei der Beaufsichtigung der Kommunal- und Institutswaldungen ob.

XV.

Die Abtheilungen für indirekte Steuern der Regierungen zu Potsdam und Frankfurt a. O. werden zu einer neu einzusetzenden Provinzialsteuerdirektion für die Provinz Brandenburg vereinigt.

XVI.

Zur Wahrnehmung der den Regierungen in der Provinz Preußen und der Spruchkollegien zu Königsberg und Marienwerder durch die Verordnung vom 30. Juni 1834 (Gesetzsamml. S. 93) übertragenen Geschäfte wird eine Generalkommission errichtet.

C. Provinzialverwaltung.

XVII.

Die oberste Verwaltungsbehörde der Provinz ist der Oberpräsident.

Der Oberpräsident führt die Aufsicht über die Behörden der Landesverwaltung — die Regierungspräsidenten, die Domainen- und Forstdirektionen, die Provinzialsteuerdirektionen, die Generalkommissionen — sowie über die zu denselben gehörigen und denselben unterstellten Beamten.

Er hat für die gleichmäßige Ausführung der Gesetze und Verordnungen, sowie der Anordnungen der Ministerien zu sorgen und darüber zu wachen, daß die Verwaltung regelmäßig und nach übereinstimmenden Grundsätzen gehandhabt werde.

Er entscheidet — und zwar der Regel nach endgültig — über Beschwerden gegen Verfügungen der Regierungspräsidenten in denjenigen landespolizeilichen Angelegenheiten, sowie Angelegenheiten der Regiminalverwaltung, welche ihm durch Gesetz oder Königliche Verordnung überwiesen werden. Jedoch steht den Ressortministern die Befugniß zu, auch in Fällen, in denen der Oberpräsident endgültig entschieden hat, demselben über die Auslegung und Anwendung der Gesetze und der Verwaltungsvorschriften zur Beachtung für künftige Fälle Anweisung zu ertheilen.

Inwieweit der Oberpräsident bei den von ihm zu treffenden Entscheidungen an die Mitwirkung des Provinzialausschusses gebunden ist, wird durch besondere Gesetze (Gemeinde-, Kreis-, Provinzialordnung ꝛc.) bestimmt.

Ingleichem regelt die Wegeordnung die Zuständigkeit des Oberpräsidenten und die Mitwirkung des Provinzialausschusses in Wegeangelegenheiten.

Im Uebrigen behält es bei der bisherigen Zuständigkeit des Oberpräsidenten sein Bewenden.

XVIII.

Dem Oberpräsidenten wird die erforderliche Anzahl von Räthen und Hülfsarbeitern beigegeben, welche die Geschäfte nach seinen Anweisungen führen.

In Behinderungsfällen wird er von einem Regierungspräsidenten vertreten.

D. Centralverwaltung.

XIX.

Die Minister erlassen innerhalb ihrer Ressorts die zur Ausführung der Gesetze erforderlichen Anordnungen und Instruktionen, ertheilen allgemeine Vorschriften über die Grundsätze der Verwaltung und überwachen die Befolgung derselben.

Sie führen die oberste dienstliche Aufsicht über alle zu ihrem Ressort gehörigen Beamten und erlassen die für den Dienstbetrieb erforderlichen generellen Anweisungen und Verfügungen, soweit dieselben nicht dem Staatsministerium vorbehalten sind.

Im Uebrigen verbleibt den Ministern innerhalb ihres Ressorts die bisherige Zuständigkeit, soweit die Befugnisse derselben nicht auf die Provinzialbehörden oder Verwaltungsgerichte übertragen werden.

Zur Erläuterung dieser Grundzüge wird Folgendes bemerkt:

Nach Ziffer I sollen die Kreise, Regierungsbezirke und Provinzen als Verwaltungsbezirke bestehen bleiben, in der Provinz Hannover aber je zwei Landdrosteibezirke zu je einem Regierungsbezirke vereinigt werden. Es wird hierbei vorbehalten, die in einer Anzahl von Kreisen vorkommenden Enklavenverhältnisse, welche der Verwaltung nicht selten Schwierigkeiten bereiten, im Wege der Gesetzgebung zu beseitigen, wozu bereits die erforderlichen Einleitungen getroffen worden sind. Ebenso bleibt vorbehalten, die Theilung einiger zu großer Kreise, sowie eine anderweite Abgrenzung einzelner Regierungsbezirke und Provinzen durch besondere Gesetze zur Ausführung zu bringen, sofern sich hierzu ein Bedürfniß ergeben sollte.

In neuerer Zeit ist mehrfach sowohl in der Presse als auch in Kreisen der Abgeordneten die Frage ventilirt worden, ob nicht die Regierungsbezirke und folgeweise die Regierungen gänzlich zu beseitigen und die gesammte innere Landesverwaltung in der Provinzialinstanz zu konzentriren sein möchte. Nach diesem Projekte würde die Verwaltung der direkten Steuern, Domainen und Forsten, sowie der Schulangelegenheiten von der Regiminalverwaltung zu trennen, für die Verwaltung der direkten Steuern, Domainen und Forsten eine besondere kollegialisch organisirte Provinzialbehörde nach dem Vorbilde der in der Provinz Hannover bestehenden Provinzial-Finanzdirektion einzusetzen und das Volksschulwesen an das Provinzialschulkollegium zu übertragen sein. Die Regiminalverwaltung und die Verwaltung der kirchlichen Angelegenheiten würde in der ganzen Provinz mit voller persönlicher Verantwortlichkeit der Oberpräsident zu führen haben, welchem zur Erledigung der Geschäfte nach seinen Anweisungen die erforderliche Anzahl von Räthen und Hülfsarbeitern beizugeben sein würde.

Für die Herstellung einer einheitlichen Regiminalverwaltung in der Provinzialinstanz wird angeführt, daß die Provinz schon jetzt der Grundbegriff sei, an den nahezu alle speziellen Verwaltungszweige mehr oder weniger unmittelbar sich anschließen; zu erwähnen seien hier die Konsistorien, die Provinzialschulkollegien, Medizinalkollegien, Generalkommissionen, Provinzialsteuerdirektionen, im gewissen Sinne auch die Oberbergämter und Eisenbahndirektionen. Die Provinz bilde aber auch zugleich den Boden für die Provinzialvertretung, mit der die allgemeine Landesverwaltung nunmehr in die engsten Beziehungen treten solle. Die Einrichtung einheitlicher Provinzialverwaltungsbehörden werde ferner auch durch die Verminderung der Instanzen zur Vereinfachung der Verwaltung erheblich beitragen und die Ausbildung einheitlicher Verwaltungsgrundsätze für die ganze Provinz ermöglichen. Die Durchführung der Organisation aber werde wesentlich erleichtert werden, wenn die Kreisbehörden, — wie dies bereits in dem Geltungsbereiche der Kreisordnung vom 13. Dezember 1872 der Fall sei — mit den für eine prompte und exakte Verwaltung erforderlichen Kompetenzen selbstständig entscheidender Behörden im weitesten Umfange ausgerüstet würden, und solchergestalt der Provinzialbehörde die Aufgabe zufalle, nicht sowohl selbst zu verwalten, als vielmehr zu kontroliren und zu beaufsichtigen, die Entscheidungen in der höheren Instanz zu treffen und die Beziehungen zu den Ministerien herzustellen.

Bei der großen Ausdehnung und Bevölkerungszahl fast sämmtlicher Provinzen vermag die Staatsregierung es nicht für zuläſſig zu erachten, aus denselben nur je einen Verwaltungsbezirk zu bilden. Selbst wenn in noch größerem Umfange, als dies durch die Kreisordnung vom 13. Dezember 1872 geschehen ist, die bisher von den Regierungen wahrgenommenen Geschäfte der allgemeinen Landesverwaltung auf die Kreisbehörden und Verwaltungsgerichte übertragen würden, bliebe der Geschäftskreis der Provinzialbehörden noch immer ein so großer, daß eine einzige Behörde, welche die Regiminalverwaltung in der ganzen Provinz leiten soll, nicht im Stande sein würde, ihre Aufgabe in einer für das Gemeinwohl ersprießlichen Weise zu lösen. Eine solche Behörde würde den Verhältnissen zu fern stehen und dieselben in ihrer Vielseitigkeit und Mannigfaltigkeit nicht lebendig zu durchdringen vermögen. Sie würde, zumal wenn man ihr eine kollegialische Verfassung geben wollte, bald in Schwerfälligkeit, Formalismus und Mechanismus verfallen. Diese Gefahr würde auch dann nicht beseitigt werden, wenn die Behörde büreaukratisch eingerichtet würde; denn der Chef derselben würde bei der großen Zahl der ihm obliegenden Geschäfte sich den zu einem gedeihlichen Einflusse unentbehrlichen Ueberblick nicht bewahren können, noch weniger aber im Stande sein, eine eigene, auf unmittelbarer Anschauung der Verhältnisse beruhende Initiative zu entwickeln.

Diese Bedenken gegen das Projekt der Centralisation der Regiminalverwaltung in der Provinzialinstanz gewinnen dadurch eine noch höhere Bedeutung, daß eine gänzliche Trennung der Regiminalverwaltung von der Verwaltung der direkten Steuern, auf welcher jenes Projekt beruht, sich nicht empfehlen dürfte, wie weiter unten näher nachgewiesen werden wird.

Als eine Konsequenz der Aufhebung der Regierungsbezirke würde sich ferner auch die Wiederaufhebung der erst vor Kurzem in fünf Provinzen eingesetzten Bezirksverwaltungsgerichte ergeben, da sich im Falle des Bestehenbleibens der letzteren und der Errichtung einer einzigen Provinzialverwaltungsbehörde der nothwendige Zusammenhang zwischen der Verwaltungsjurisdiktion und der eigentlichen Verwaltung schwer aufrecht erhalten lassen würde. Ein solches Vorgehen aber würde dem Gesetzgeber nicht mit Unrecht den Vorwurf des unbesonnenen Experimentirens zuziehen. Dagegen würde sich andererseits auch im Falle der Beibehaltung besonderer Bezirksverwaltungsbehörden die allerdings wünschenswerthe Verbindung zwischen diesen und den zur Mitwirkung bei den Geschäften der Staatsverwaltung zu berufenden Organen der provinziellen Vertretungskörper in einer durchaus angemessenen Weise herstellen lassen, wie dies gleichfalls noch näher dargethan werden wird.

Endlich erscheint auch die Annahme, daß durch die Aufhebung der Bezirksregierungen und die Uebertragung der Funktionen derselben auf den Oberpräsidenten, soweit dieselben nicht auf die Kreisbehörden und Verwaltungsgerichte übergehen, eine wesentliche Vereinfachung der Staatsverwaltung werde herbeigeführt werden, nicht begründet. Wird nur für jede Provinz eine Provinzialverwaltungsbehörde eingesetzt, so wird derselben nicht wohl die endgültige Entscheidung in allen denjenigen administrativen

Angelegenheiten übertragen werden können, in welchen sie in erster Instanz zu befinden hat, — und die Zahl derartiger Verwaltungssachen wird noch immer eine sehr große bleiben, da den Kreisbehörden nur solche Angelegenheiten zur instanzmäßigen Entscheidung überwiesen werden können, welche eine nur lokale, nicht über die Grenzen eines einzelnen Kreises hinausreichende Bedeutung haben. Mit Rücksicht auf die Wichtigkeit vieler administrativer Angelegenheiten werden auch ferner wenigstens zwei Instanzen als die Regel beibehalten werden müssen, während es gegenwärtig deren in fast allen Sachen mindestens drei, in vielen auch wohl vier und selbst fünf giebt. Aus der Errichtung nur einer Provinzialverwaltungsbehörde für jede Provinz würde sich hiernach die Nothwendigkeit ergeben, den Ministerien die Entscheidung einer großen Zahl administrativer Angelegenheiten in der höheren Instanz zu belassen, während im Interesse der Decentralisation großer Werth darauf zu legen sein wird, die Ministerien von der Theilnahme an den Details der Verwaltung möglichst zu entlasten und ihnen nur die Entscheidung von Prinzipienfragen, sowie die Aufstellung allgemeiner Verwaltungsnormen vorzubehalten. Bleiben dagegen die Bezirksverwaltungsbehörden bestehen, dann wird dem Oberpräsidenten in vielen administrativen Angelegenheiten die Stellung einer höheren, endgültig entscheidenden Instanz eingeräumt werden können.

Glaubt die Staatsregierung sich nach alledem nur für die Beibehaltung der Regierungsbezirke aussprechen zu können, so erachtet sie es im Interesse der Durchführung einer einheitlichen Verwaltungsorganisation für erforderlich, auch in der Provinz Hannover an Stelle der dort bestehenden sechs Landdrosteibezirke, welche ihrer Größe und Einwohnerzahl nach hinter einem mittleren Regierungsbezirke erheblich zurückbleiben, drei Regierungsbezirke herzustellen.

Die Staatsregierung hatte dieses Projekt bereits im Jahre 1868 dem Landtage vorgelegt (cfr. die Denkschrift vom 24. November 1868 — Nr. 69 der Drucksachen des Abgeordnetenhauses 10. Legislaturperiode II. Session 1868). Der Landtag versagte demselben jedoch hauptsächlich aus dem Grunde seine Zustimmung, weil schon damals die Ansichten über eine künftige zweckmäßige Reorganisation der Provinzialverwaltungsbehörden auseinander gingen und man es vermeiden wollte, durch die Annahme des Projekts jener Reorganisation zu präjudiciren. Man verständigte sich deshalb dahin, den status quo d. h. die Landdrosteien bis auf Weiteres beizubehalten.

Schon zu jener Zeit wurde namentlich von Abgeordneten aus der

Provinz Hannover in Uebereinstimmung mit dem von dem dortigen Provinziallandtage abgegebenen Gutachten die Ansicht vertreten, daß, sobald die wirthschaftliche und obrigkeitliche Selbstverwaltung der Kreis- und Provinzialverbände eingeführt sein werde, die Einsetzung einer einzigen Provinzialverwaltungsbehörde für die ganze Provinz als die allein zweckmäßige Maßregel erscheine. Die Gründe, welche in der vorgedachten Denkschrift gegen eine solche Organisation angeführt worden sind, muß die Staatsregierung auch heute noch für zutreffend erachten. Die Provinz Hannover mit beinahe 2 Millionen Einwohnern und einem Flächeninhalte von nahezu 700 □ Meilen ist ein zu umfangreiches Verwaltungsgebiet, als daß Ein Staatsbeamter die gesammte Regiminalverwaltung innerhalb derselben, auch wenn ihm hierbei geeignete Organe der Selbstverwaltung helfend und unterstützend zur Seite stehen, mit Erfolg zu führen vermöchte. Dagegen entspricht die von der Staatsregierung im Jahre 1868 vorgeschlagene Eintheilung der Provinz in drei Regierungsbezirke den Verhältnissen der übrigen Provinzen und kann auch jetzt von der Staatsregierung nur befürwortet werden.

Es würde danach der künftige Regierungsbezirk Hannover-Hildesheim 199,526 □ Meilen mit 812,635 Einwohnern, der Regierungsbezirk Lüneburg-Stade 330,991 □ Meilen mit 687,032 Einwohnern und der Regierungsbezirk Osnabrück-Aurich 168,205 □ Meilen mit 458,022 Einwohnern umfassen.

Unter Beibehaltung der bisherigen Verwaltungsbezirke, — Kreise, Regierungsbezirke und Provinzen — mit den sich aus Vorstehendem, für die Provinz Hannover ergebenden Modifikationen, wird innerhalb derselben die Organisation der allgemeinen Landesverwaltung nach den Prinzipien der Kreisordnung vom 13. Dezember 1872, wie folgt, zu gestalten sein:

1. Die Verwaltungsjurisdiction ist von der eigentlichen Verwaltung zu trennen.
2. Die Entscheidung aller streitigen Verwaltungssachen erfolgt durch kollegialisch organisirte Verwaltungsgerichte im geordneten kontradiktorischen Streitverfahren.

Während die Verwaltungsgerichte erster und zweiter Instanz (Kreisausschüsse und Bezirksverwaltungsgerichte) nach Art von Schöffengerichten aus berufsmäßigen Beamten und Laienmitgliedern zusammengesetzt werden, soll der oberste Verwaltungsgerichtshof (das Oberverwaltungsgericht), welcher an Stelle der Ressortministerien vornehmlich dazu berufen sein wird, durch Entscheidung prinzipieller Fragen die Einheit der Rechtsprechung auf dem Gebiete des öffentlichen Rechtes zu wahren, ausschließlich aus berufsmäßigen Beamten bestehen.

Um Zweifel über die Kompetenz der Verwaltungsgerichte einerseits und der Verwaltungsbehörden andererseits thunlichst auszuschließen, wird es Aufgabe der Gesetzgebung sein, die streitigen von den nicht streitigen Verwaltungssachen scharf zu sondern.

Indem die Verwaltungsgerichte mit den ihre Selbstständigkeit und Unabhängigkeit sichernden Formen und Garantien umgeben werden, wird denselben zugleich die Befähigung inne wohnen, die im Interesse der Staatsangehörigen nothwendigen Rechtskontrolen zu üben.

3. Die eigentliche Verwaltung wird fortan in allen Instanzen, — in der Kreis-, Bezirks-, Provinzial- und Centralinstanz — durch Einzelbeamte — Landräthe, Regierungspräsidenten, Oberpräsidenten und Minister — mit voller persönlicher Verantwortlichkeit geführt. Sowohl dem Landrathe, wie dem Regierungspräsidenten und dem Oberpräsidenten steht ein von der Kreis- beziehungsweise Provinzialvertretung gewählter Ausschuß (Kreis-, Bezirks-, Provinzialausschuß) zur Seite. Diese Organe sind dazu berufen, die Verwaltung der ersteren in denjenigen Fällen zu unterstützen, in welchen die Gesetze ihnen eine Theilnahme oder Mitwirkung dabei zuweisen.

Abgesehen von der Mitwirkung von Organen der Selbstverwaltung bei gewissen Verwaltungssachen, unterscheidet sich diese Behördenorganisation von der zur Zeit bestehenden wesentlich dadurch, daß auch in der Bezirksinstanz an die Stelle der Regierungskollegien Einzelbeamte treten sollen.

Die kollegiale Verfassung der Bezirksregierungen hatte in dem im Uebrigen auf dem büreaukratischen Systeme beruhenden Organismus der Verwaltungsbehörden des Preußischen Staates ihre volle Berechtigung, so lange dieselben die zwiefache Aufgabe zu erfüllen hatten: zu verwalten und in streitigen Verwaltungssachen Recht zu sprechen. Mit Rücksicht auf die verwaltende Thätigkeit der Bezirksregierungen war schon in der bisherigen Verfassung derselben eine Modifikation des Prinzips der Kollegialität dahin vorgesehen, daß der Regierungspräsident kraft der ihm durch den § 39 Nr. 4 der Regierungsinstruktion vom 23. Oktober 1817 beigelegten Befugniß Geschäftsangelegenheiten, welche eine besondere Eile und Geheimhaltung erfordern, oder wobei sonst erhebliche Gründe obwalten, allein und ohne Zuziehung des Kollegiums erledigen durfte. Wird die gesammte Verwaltungsjurisdiktion den Regierungen entzogen, und auf besondere Verwaltungsgerichte übertragen, so liegt ein triftiger Grund, das Kollegialsystem für die Bearbeitung der den Bezirksverwaltungsbehörden verbleibenden administrativen Angelegenheiten beizubehalten, nicht vor. Vielmehr wird alsdann das büreaukratische Prinzip, welches nach der bisherigen Verfassung die Ausnahme bildete, zur Regel gemacht werden dürfen, indem die Bezirksverwaltung an Stelle der Regierung dem Regierungspräsidenten übertragen wird, welcher dieselbe, vorbehaltlich einiger später zu erwähnenden Ausnahmen, selbstständig und selbstthätig mit voller persönlicher Verantwortlichkeit zu führen hat.

Es dürfte im Allgemeinen nicht in Zweifel zu ziehen sein, daß die büreaukratische Behördenverfassung vor der kollegialen für die eigentliche Verwaltung, deren hauptsächliche Aufgabe nicht sowohl in dem Entscheiden schwieriger Rechtsfragen, als in der Förderung der öffentlichen Wohlfahrt besteht und welche zu diesem Zwecke ein rasches, entschiedenes und kräftiges Handeln erfordert, den Vorzug verdient.

Den in der Kreisordnung zum Ausdrucke gelangten Prinzipien der Selbstverwaltung entsprechend, wird jedoch, wie in der Kreisinstanz, so auch in der Bezirks- und Provinzialinstanz dem Laienelemente eine Mitwirkung bei Erledigung gewisser, zu einer kollegialischen Beschlußfassung geeigneter administrativer Angelegenheiten nicht versagt werden können. Bei solchen Angelegenheiten wird es sich nach dem leitenden Prinzipe der Verwaltung vorzugsweise um die Beantwortung der Frage handeln, was im gegebenen Falle dem Gemeinwohl oder dem Wohle des Einzelnen dienlich oder schädlich, was zweckmäßig oder unzweckmäßig und demgemäß anzuordnen und zu befördern oder zu verbieten und zu verhindern sei. Soweit die Beantwortung dieser Fragen nicht eine besondere technische Vorbildung erfordert — sei es ein bau-, ein medizinal-, ein schul- oder ein forsttechnisches Studium — sondern nur ein richtiges, unbefangenes Urtheil, sowie eine genauere Bekanntschaft mit Land und Leuten, wird hierzu ein Kollegium von Laien nicht minder, wenn nicht sogar besser, befähigt sein, als ein Beamtenkollegium. So hat der Kreisausschuß über den Erlaß von Kreispolizeiverordnungen, von Reglements über die Räumung von Gräben und Wasserläufen, von Statuten über die Aufbringung der Gemeindeabgaben und die Vertheilung der Stimmrechte in der Gemeindeversammlung zu beschließen, bei der Bestätigung der Gemeinde- und Gutsvorsteher mitzuwirken, zur Veränderung der Grenzen von Gemeinde- und Gutsbezirken, zur Erwerbung und Veräußerung von Grundstücken, zu Pachtungen außerhalb der Feldflur und zur Aufnahme von Schulden Seitens der Landgemeinden die Genehmigung zu ertheilen, über die Bildung neuer Gemeinden und Gutsbezirke sein Gutachten abzugeben, bei Exekutionsvollstreckungen gegen Landgemeinden die Zahlungsmodalitäten zu reguliren u. s. w.

Für ähnliche und verwandte Angelegenheiten wird sich die Mitwirkung eines aus der Wahl der Provinzialvertretung hervorgegangen, von dem Vertrauen der Bevölkerung getragenen Laienkollegiums auch in der Bezirks- und Provinzialinstanz empfehlen.

Es tritt das Bedürfniß hierzu zunächst auf dem Gebiete des Kommunalwesens hervor.

Für die Landgemeinden und Amtsverbände, über welche der Landrath mit dem Kreisausschusse einstweilen allein die Aufsicht führt, wird im gleichmäßigen Interesse der Gemeinden wie des Staates noch eine höhere Aufsichtsinstanz eingeführt werden müssen, welche der Regierungspräsident mit dem Bezirksausschusse zu bilden haben wird. Der Regierungspräsident mit dem Bezirksausschusse wird ferner in erster Instanz über die Städte und die Kreise die Aufsicht zu führen haben, während die Beaufsichtigung derselben in höherer Instanz dem Oberpräsidenten unter Mitwirkung des Provinzialausschusses obliegen wird.

Nicht minder wird es für das Schul- und Wegewesen der Einführung von Organen der Selbstverwaltung in der Bezirks- und Provinzialinstanz bedürfen, wie auch für verschiedene landespolizeiliche Angelegenheiten, wie für den Erlaß von Bezirks- und Provinzialpolizeiverordnungen, für die Regelung des Wochenmarktverkehrs (§§ 64 und 66 der Reichsgewerbeordnung vom 21. Juni 1869), für die Ertheilung der Genehmigung zur Abänderung von Innungsstatuten (§ 92 a. a. O.), zur Errichtung gewerblicher Unterstützungskassen (§. 140 a. a. O.), zur Errichtung von Ortsstatuten für gewisse gewerbliche Gegenstände (§ 142 a. a. O.), für sanitätspolizeiliche Einrichtungen in den Städten, für Landeskultursachen u. s. w.

Den Verwaltungsgerichten wird die Mitwirkung in derartigen administrativen Angelegenheiten nicht wohl übertragen werden können; sie erscheinen hierzu nach ihrer Stellung als richterliche Behörden für die Entscheidung streitiger Verwaltungssachen nicht geeignet.

Ueberdies ergiebt sich aber auch eine Arbeitstheilung für die in dem Bezirke und in der Provinz fungirenden Organe der Selbstverwaltung als nothwendig, um den Mitgliedern derselben, ohne Vernachlässigung ihrer eigenen Angelegenheiten, die lebendige Theilnahme an der Verwaltung staatlicher Angelegenheiten auf die Dauer zu ermöglichen. Denn der Regel nach werden auswärtige Geschäfte nur dann mit Erfolg im Wege des Ehrenamts wahrgenommen werden können, wenn sie als einzelne bestimmte Funktionen, nicht als eine fortdauernde, die Thätigkeit unausgesetzt in Anspruch nehmende Verwaltung sich darstellen.

Was die Bildung der Bezirks- und Provinzialausschüsse anbetrifft, so finden sich die Bestimmungen hierüber in dem Entwurfe der Provinzialordnung (§§ 47 ff.).

Um die Einheit in der provinziellen Selbstverwaltung aufrecht zu erhalten, ist die Organisation so gedacht, daß für jede Provinz ein Provinzialausschuß bestellt wird, welcher in so viele Abtheilungen (Bezirksausschüsse) zerfällt, als die Provinz Regierungsbezirke enthält. Die Mitglieder des Provinzialausschusses werden von dem Provinziallandtage aus den Angehörigen der Provinz und zwar aus jedem Regierungsbezirke die durch das Provinzialstatut zu bestimmende Zahl von 4 oder 6 Mitgliedern gewählt.

Gleich den Kreisausschüssen vereinigen der Provinzialausschuß und dessen einzelne Abtheilungen, die Bezirksausschüsse, in sich Funktionen zwiefacher Art. Sie sind einerseits die Organe der Provinzialkorporation für die Verwaltung der Kommunalangelegenheiten des Provinzialverbandes und andererseits die Organe des Staates für die Wahrnehmung von Geschäften der allgemeinen Landesverwaltung. In letzterer Beziehung aber unterscheiden sie sich von den Kreisausschüssen dadurch, daß die Verwaltungsjurisdiktion, zu deren Ausübung in höherer Instanz besondere Bezirksverwaltungsgerichte und das Oberverwaltungsgericht eingesetzt werden, von ihrer Kompetenz ausgeschlossen bleibt. Während der Provinzialausschuß als das Centralorgan des Provinzialverbandes seine Thätigkeit mehr auf dem Gebiete der wirthschaftlichen Selbstverwaltung finden wird, werden die Bezirksausschüsse ihre hauptsächliche Thätigkeit auf dem Gebiete der obrigkeitlichen Selbstverwaltung zu entwickeln haben, hierbei jedoch wiederum der Kontrole des Provinzialausschusses, als des Plenums der Bezirksausschüsse, unterliegen, welchem in den durch das Gesetz bestimmten Fällen die nochmalige Prüfung der von den einzelnen Bezirksausschüssen gefaßten Beschlüsse in der Beschwerdeinstanz zustehen soll.

Den Vorsitz in dem Provinzialausschusse und in den Bezirksausschüssen werden der Vorsitzende des Provinziallandtages, beziehungsweise dessen Substitut und der Oberpräsident beziehungsweise die Regierungspräsidenten unter sich zu theilen haben. Bei der Berathung und Beschlußfassung über Gegenstände der kommunalen Provinzialverwaltung wird dem Vorsitzenden des Provinziallandtages beziehungsweise dessen Substituten den Vorsitz in dem Provinzialausschusse beziehungsweise in dessen Abtheilungen einzuräumen sein, während in den Fällen, wo der Gegenstand der Berathung des Provinzialausschusses beziehungsweise des Bezirksausschusses eine Angelegenheit der allgemeinen Landesverwaltung betrifft, der Oberpräsident beziehungsweise der Regierungspräsident den Vorsitz zu übernehmen haben wird. Dem Oberpräsidenten den Vorsitz im Provinzialausschusse auch bei der Berathung provinzieller Angelegenheiten zu geben, würde sich nach Ansicht der Staatsregierung nicht empfehlen.

Zwar führt der Landrath nach § 76 der Kreisordnung vom 13. Dezember 1872 nicht nur als Organ der Staatsregierung die Geschäfte der allgemeinen Landesverwaltung im Kreise, sondern leitet zugleich auch als Vorsitzender des Kreistages und des Kreisausschusses die Kommunalverwaltung des Kreises. Indeß sind die Verhältnisse eines Kreises so viel kleinere, als diejenigen einer Provinz, daß Einrichtungen, welche für den Kreis passen, nicht in gleicher Weise auch auf die Provinz anwendbar erscheinen. Dazu kommt, daß schon nach der früheren Gesetzgebung der Landrath die Doppelstellung eines Organes der Staatsregierung und eines Organes der Kreiskorporation in sich vereinigte und durch den § 76 der Kreisordnung nur eine Einrichtung aufrecht erhalten worden ist, welche sich praktisch bewährt hatte und von dem Vertrauen der Bevölkerung getragen wurde. Dagegen ist, was die Provinzen anbetrifft, in neuerer Zeit überall das Bestreben hervorgetreten, die provinziellen Angelegenheiten und Institute, deren Verwaltung sich bisher in den Händen des Oberpräsidenten beziehungsweise der Bezirksregierungen befand, durch eigene Beamte, welche der Provinzialverband anstellt, verwalten zu lassen. Die Staatsregierung hat kein Bedenken getragen, diesen Bestrebungen nachzugeben und so sind denn bereits in fast allen Provinzen auf Grund der bestehenden Provinzialgesetze Organisationen in's Leben gerufen, durch welche die Verwaltung des Vermögens und der Anstalten der Provinzial-, beziehungsweise Bezirkskommunalverbände, welche bisher von Staatsbehörden geführt wurde, auf Organe der Provinzialverbände übertragen worden ist, welche theils aus unbesoldeten Ehrenbeamten, theils aus besoldeten Berufsbeamten bestehen.

Dem Oberpräsidenten ist demzufolge gegenüber der Kommunalverwaltung des Provinzialverbandes lediglich die Stellung einer staatlichen

Aufsichtsbehörde verblieben, Behufs deren Ausübung er befugt ist, über alle Gegenstände der Verwaltung Auskunft zu erfordern und an den Berathungen des Provinzialausschusses selbst oder durch seinen Stellvertreter Theil zu nehmen. Indem der Oberpräsident diese letztere Befugniß ausübt, welche ihm nach dem Entwurfe der Provinzialordnung auch in Zukunft verbleiben soll, wird sich die Uebernahme des Vorsitzes im Provinzialausschusse Seitens desselben bei der Berathung von Angelegenheiten der allgemeinen Landesverwaltung in einer ganz natürlichen Weise vollziehen und werden für die Erledigung der Geschäfte irgend welche Schwierigkeiten durchaus nicht entstehen.

Auf diesen Erwägungen beruhen die unter Ziffer II. III. IV. und V. der Grundzüge aufgestellten Organisationsgrundsätze.

Nach Ziffer VI. VII. und IX. der Grundzüge soll unter Aufhebung der Bezirksregierungen an die Spitze der Verwaltung eines jeden Regierungsbezirks ein Regierungspräsident gestellt und demselben die Verwaltung sämmtlicher zum Ressort der Regierung gehörigen Angelegenheiten, mit Ausnahme der Schulsachen, der Domainen und Forsten übertragen werden, soweit jene Angelegenheiten nicht auf die Kreisausschüsse beziehungsweise das Bezirksverwaltungsgericht und den Oberpräsidenten übergehen.

Der Wirkungskreis des Regierungspräsidenten wird also die Regiminalverwaltung, die Verwaltung der kirchlichen Angelegenheiten und die Steuerverwaltung umfassen.

Was die Verwaltung der kirchlichen Angelegenheiten in der Provinz Hannover anbetrifft (Ziffer VIII. der Grundzüge), so ruht dieselbe zur Zeit in den Händen zweier katholischer und sechs evangelischer Konsistorien. Es liegt in der Absicht der Staatsregierung, dem Landtage demnächst einen Gesetzentwurf vorzulegen, welcher die Aufhebung dieser Konsistorien, sowie die Uebertragung der katholisch-kirchlichen Angelegenheiten an die Regiminalbehörden, der evangelisch-kirchlichen theils an ein lutherisches Konsistorium in Hannover, theils an ein paritätisches Konsistorium in Aurich zum Ziele nimmt. Es wird hierdurch eine Organisation herbeigeführt werden, welche dem geschichtlichen Entwickelungsgange der Hannoverschen Kirchenverfassung entspricht und sich zugleich den konkreten Verhältnissen und Bedürfnissen der Provinzialkirchen mit thunlichster Genauigkeit anschließt, insonderheit auch den organischen Zusammenhang unberührt läßt, welcher in Betreff der evangelisch-lutherischen Kirche der Provinz durch die Synodalverfassung kirchen- und landesgesetzlich sanktionirt ist.

Die Ziffer X. der Grundzüge enthält nähere Bestimmungen über die dem Regierungspräsidenten beizugebenden Räthe und Hülfsarbeiter.

Zur Unterstützung des Regierungspräsidenten in den ihm obliegenden Amtsgeschäften und zur Vertretung desselben in Behinderungsfällen soll ein Oberregierungsrath angestellt werden. Derselbe soll nicht die selbstständige Stellung des bisherigen Regierungsabtheilungsdirigenten haben (§ 41 der Regierungsinstruktion vom 23. Oktober 1817), sondern nur ein Gehülfe des Regierungspräsidenten sein. Seine Hauptaufgabe wird in der Superrevision der Konzepte der dem Regierungspräsidenten beigegebenen Räthe und Hülfsarbeiter, sowie in der Mitbeaufsichtigung der Dienstthätigkeit derselben, sowie der Subaltern- und Unterbeamten bestehen.

Dem Regierungspräsidenten bleibt es überlassen, unter seiner Verantwortlichkeit den Oberregierungsrath mit der selbstständigen Erledigung gewisser Branchen von Geschäftssachen zu beauftragen.

Ein von dem Staatsministerium zu erlassendes Reglement wird allgemeine Normen über die Regelung des Dienstbetriebes bei den Regierungspräsidien aufzustellen haben.

Unter Ziffer X. ist unter den dem Regierungspräsidenten beizugebenden Technikern auch ein Fabrikinspektor genannt. Ueber eine definitive Regelung der Fabrikinspektion wird zwar erst Beschluß gefaßt werden können, wenn die in Aussicht genommene Ergänzung der betreffenden reichsgesetzlichen Bestimmungen eingetreten sein wird. Wenn aber, was anzunehmen sein dürfte, durch Reichsgesetz der Wirkungskreis der Fabrikinspektoren auf das ganze Gebiet der sogenannten Fabrikgesetzgebung einschließlich der Handhabung des § 107 der Gewerbeordnung und der Kontrole des konzessionsmäßigen Bestandes und Betriebes der im § 16 daselbst bezeichneten gewerblichen Anlagen ausgedehnt wird, und wenn, was gleichfalls anzunehmen, die Organisation der Fabrikinspektion im Wesentlichen den Einzelstaaten überlassen bleibt, so wird dieser Dienstzweig für Preußen auch in den ordentlichen Organismus der Verwaltungsbehörden eingegliedert und in allen Regierungsbezirken mit einigermaßen entwickelter Industrie ein besonderer Beamter angestellt werden müssen, welchem neben selbstständiger Inspektionsbefugniß die Aufgabe zufällt, einerseits die Lokalinspektion zu leiten und zu beaufsichtigen und andererseits als einer der Dezernenten des Regierungspräsidenten bei der allgemeinen Verwaltung die auf diesem Gebiete liegenden Interessen zu vertreten.

Wie bereits oben angedeutet, wird das Prinzip der büreaukratischen Organisation der Bezirksverwaltung einzelne Ausnahmen zu erleiden haben. Diese Ausnahmen betreffen nach Ziffer XI. und XII. der Grundzüge gewisse gewerbepolizeiliche Angelegenheiten, die Disziplinarsachen der unmittelbaren Staatsbeamten und die Steuersachen.

Die Reichsgewerbeordnung überläßt im § 21 die näheren Bestimmungen über die Behörden, welche in erster und zweiter Instanz zur Entscheidung über die Ertheilung der Genehmigung zur Errichtung oder Veränderung gewerblicher Anlagen berufen sind, den Landesgesetzen, fügt aber die Beschränkung hinzu, daß die eine der beiden Instanzbehörden eine kollegialische sein müsse.

Nach den in der Kreisordnung vom 13. Dezember 1872 enthaltenen Bestimmungen wird über den größesten Theil der konzessionspflichtigen Anlagen in erster Instanz von dem Kreisausschusse, in zweiter Instanz von der Bezirksregierung, über einige besonders gefährliche Anlagen aber in erster Instanz von der Bezirksregierung, in zweiter Instanz von dem Handelsministerium entschieden. In Fällen der letzteren Art ist die Beseitigung der kollegialischen Berathung und Beschlußfassung der Regierung schon durch die Bestimmungen des Reichsgesetzes ausgeschlossen.

Es könnte nun zwar in Frage kommen, ob nicht das ganze Konzessionsgeschäft auf die Organe der Verwaltungsjustiz, die Kreisausschüsse, und in höherer Instanz auf das Bezirksverwaltungsgericht zu übertragen sein möchte. Eine solche Regelung der Kompetenzverhältnisse erscheint jedoch bei näherer Erwägung nicht zweckmäßig. Es handelt sich bei gewerblichen Konzessionssachen nicht um einen Akt der Rechtsprechung, sondern um die Abwägung und Wahrung öffentlicher und privater Interessen, um Entscheidungen, welche mit der laufenden Gewerbe-, Bau-, Feuer- und Gesundheitspolizei im engsten Zusammenhange stehen, ja in gewisser Weise selbst ein Stück dieser laufenden Polizeiverwaltung bilden und deshalb keineswegs auf einfacher Anwendung gesetzlicher Bestimmungen oder ein für allemal festzustellender Grundsätze beruhen können, sondern sehr wesentlich von dem jeweiligen Stande jener verschiedenen Zweige der Polizeiverwaltung abhängen. Die Anforderungen z. B., welche an die Unternehmer bei Ertheilung der Genehmigung hinsichtlich der Fernhaltung belästigender und schädigender Einwirkungen auf die Umgebung, sowie hinsichtlich der zum Schutze der Arbeiter gegen Gefahren für Leben und Gesundheit zu treffenden Einrichtungen gestellt werden müssen, sind nicht nur nach den verschiedenen Oertlichkeiten sehr verschieden, sondern müssen bei rationeller Verwaltung auch mit der Zeit allmählich gesteigert werden.

Ein zutreffendes Urtheil über das Maß, in welchem dies geschehen darf und muß, ist aber durch genaue Vertrautheit mit der wirthschaftlichen und technischen Entwickelung der verschiedenen Industriezweige sowohl im Allgemeinen wie in dem besonderen Bezirke bedingt, und kann nicht ohne Berücksichtigung des allgemeinen Standes der verschiedenen in Betracht kommenden Zweige der Polizeiverwaltung gewonnen werden.

Diesen Anforderungen kann ein Verwaltungsgericht nicht genügen, als dessen Aufgabe nicht die organische Thätigkeit der laufenden Verwaltung, sondern die Rechtsprechung über einzelne Fragen des öffentlichen Rechts anzusehen ist und dessen Besetzung mit einem Richter, einem berufsmäßigen Verwaltungsbeamten und drei gewählten Laien kaum für eine konstante Praxis, jedenfalls aber nicht für eine genügende Berücksichtigung der vorerwähnten Momente die erforderlichen Garantien bietet. Die Möglichkeit, Sachverständige zu hören und als solche etwa auch die, die betreffenden Zweige der Polizeiverwaltung bearbeitenden administrativen und technischen Dezernenten des Regierungspräsidenten heranzuziehen, vermag diesen Mangel nicht zu ersetzen.

Es wird sich deshalb empfehlen, in den gedachten gewerblichen Angelegenheiten die bisherige Kompetenz der Regierungsbehörden aufrecht zu erhalten und ihnen ad hoc Kollegialqualität zu verleihen, wie dies auch nach Erlaß der Reichsgewerbeordnung durch Königliche Kabinetsordre hinsichtlich des im Uebrigen büreaukratisch organisirten Polizeipräsidiums zu Berlin geschehen ist.

Ob außer den vorgedachten noch einige andere gewerbepolizeiliche Angelegenheiten, insbesondere die in den §§ 30, 51 und 54 der Reichsgewerbeordnung „der höheren Verwaltungsbehörde" übertragenen Entscheidungen der kollegialischen Beschlußnahme des Regierungspräsidenten und seiner Räthe zu unterwerfen sein werden oder ob es zulässig erscheinen möchte, dieselben den Organen der Verwaltungsjustiz zu überweisen, wird der näheren Erwägung bei Erlaß des Organisationsgesetzes vorbehalten bleiben können.

Ingleichen werden auch zur Wahrnehmung der den Regierungen nach dem Disziplinargesetze vom 21. Juli 1852 obliegenden Funktionen einer Disziplinarbehörde erster Instanz in Betreff der unmittelbaren Staatsbeamten der Regierungspräsident und die ihm beigegebenen Räthe ein Kollegium zu bilden haben. Denn mit Rücksicht auf die Art ihrer Zusammensetzung aus Laien und berufsmäßigen Beamten werden den Kreisausschüssen und Bezirksverwaltungsgerichten die Funktionen einer entscheidenden Disziplinarbehörde nur in Betreff der mittelbaren Staatsbeamten übertragen werden können.

Was sodann die Verwaltung der direkten Steuern anbetrifft, so sprechen zunächst folgende Gründe für die Beibehaltung der Verbindung derselben mit der Regiminalverwaltung.

Bei den direkten Steuern handelt es sich neben dem Geldinteresse des Staates, welches überdies bei den einträglichsten Steuern, der Klassen- und Grundsteuer, durch die Kontingentirung von vornherein sicher gestellt erscheint, zugleich um eine gerechte, der Leistungsfähigkeit entsprechende Veranlagung der Steuerpflichtigen. Zur Wahrung der Interessen der Steuerpflichtigen aber dürfte eine Behörde, welche lediglich die Steuerverwaltung zu führen und nebenbei als Administrationsbehörde der Domainen und Forsten nur privatrechtliche Interessen des Fiskus zu vertreten hat, weniger geeignet erscheinen, als eine Behörde, zu deren Ressort gleichzeitig das gesammte Gebiet der Verwaltung des Innern gehört, die daher in lebendiger Berührung mit der Bevölkerung steht und deren Leistungsfähigkeit mit den dieselbe bedingenden Faktoren vorzugsweise kennt. Andererseits finden zwischen dem Steuerwesen des Staats und demjenigen der Gemeinden und der Kreise so enge Beziehungen statt, daß die Regiminalbehörde, welche dazu berufen ist, über die Gemeinden und Kreise, insbesondere auch in Bezug auf die Veranlagung der Kommunalabgaben die Aufsicht zu führen, nur dann in der Lage sein wird, diese wichtigen Aufgaben mit Erfolg zu erfüllen, wenn ihr die genaueste Kenntniß der Staatssteuerverhältnisse der Gemeinde- und Kreisangehörigen beiwohnt, welche sie sich unzweifelhaft am besten durch eigene Mitwirkung bei der Veranlagung der Staatssteuern zu verschaffen vermag.

Es kommt ferner in Betracht, daß es weder zweckmäßig, noch auch wohl ausführbar sein würde, die Veranlagung der Staatssteuern innerhalb der Kreise besonderen Beamten zu übertragen; dieselbe wird vielmehr, wie bisher, den Gemeindebehörden und Landräthen verbleiben müssen. Wollte man aber die Staatssteuerverwaltung von der Regiminalverwaltung abtrennen und mit der Verwaltung der Domainen und Forsten verbinden, und zu diesem Behufe ähnliche Behörden einrichten, wie sie die Provinz Hannover in der Provinzialfinanzdirektion besitzt, so würden sich diese Behörden für die Veranlagung der Steuern in den Kreisen derselben Organe, der Gemeindebehörden und der Landräthe, bedienen müssen, welche den Regiminalbehörden für die Geschäfte ihres Ressorts zur Verfügung stehen. Nach den in der Provinz Hannover gemachten Erfahrungen möchte sich jedoch eine solche Einrichtung nicht empfehlen. Die Unterstellung der Gemeindebehörden und der Landräthe unter zwei verschiedene Behörden, deren jede ohne vorherige Kommunikation mit der anderen befugt ist, denselben selbstständig Aufträge zu ertheilen, von denen aber nur die eine — die Regiminalbehörde — die dienstliche Aufsicht und Disziplin übt und auch füglich nur üben kann, bringt für die prompte Erledigung der Geschäfte der einen und der anderen Behörde mannigfache Schwierigkeiten mit sich, welche vermieden werden, wenn die nachgeordneten Behörden nur von einer vorgesetzten Behörde, welche zugleich die Disziplinarbehörde ist, Aufträge zu empfangen haben.

Erscheint hiernach die Vereinigung der Verwaltung der direkten Steuern mit der Regiminalverwaltung an sich zweckmäßig, so bedarf doch die Frage noch einer näheren Erörterung, ob die Verwaltung der direkten Steuern dem Regierungspräsidenten mit voller persönlicher Verantwortlichkeit oder unter der Oberleitung desselben einem Kollegium zu übertragen sein wird.

Die oben schon berührte Eigenthümlichkeit der Preußischen Steuerverwaltung in ihrer lokalen Organisation macht es nothwendig, daß die Leitung und Beaufsichtigung, welche Aufgabe der Bezirksbehörde ist, eine vorzugsweise sachkundige, den mannigfaltigsten Sonderinteressen gegenüber unparteiische sei und auf die gleichmäßige, dem allgemeinen Staatsinteresse entsprechende Durchführung der Steuergesetze sich richte. Hierzu bedarf es einer solchen Stetigkeit in der Geschäftsführung, wie sie dem von anderen Pflichten in Anspruch genommenen Regierungspräsidenten nicht wohl angesonnen werden kann. Es würde deshalb auch in materieller Beziehung bedenklich erscheinen, dem Regierungspräsidenten als Einzelbeamten die ausschließliche Verantwortlichkeit für die Verwaltung der direkten Steuern zu übertragen. Ohne Zweifel ist derselbe für die in großer Ausdehnung zu übende Administrativjustiz in solchen Sachen minder geeignet, als eine kollegialisch formirte Behörde. Ebensowenig würde die der Steuerveranlagung unter allen Umständen zu wahrende Freiheit von persönlichen oder Parteiinteressen jeder Art und die Geltendmachung des allgemeinen Interesses gegen die etwa entgegengesetzten Bezirks- und Lokalinteressen durch Uebertragung der ausschließlichen Verantwortlichkeit auf den Regierungspräsidenten im Allgemeinen gefördert werden.

Auf diesen Erwägungen beruht der Vorschlag, die Verwaltung der direkten Steuern unter der Oberleitung des Regierungspräsidenten durch ein Kollegium führen zu lassen, welcher unter Ziffer XII. der Grundzüge näher präzisirt ist.

Dem Regierungspräsidenten sollen hiernach im Großen und Ganzen diejenigen Befugnisse und Verpflichtungen verbleiben, welche ihm jetzt gegenüber der Finanzabtheilung zustehen und auferlegt sind, namentlich die Sorge für den prompten und regelmäßigen Geschäftsgang; die Personalien der Mitglieder; die Anstellung der der Abtheilung zuzutheilenden Subalternen; die Zustimmung zu der Ernennung der Distrikts- und Lokalbeamten beziehungsweise zu den Vorschlägen wegen Besetzung der Kreissteuereinnehmerstellen; das Recht, Vorlegung aller Konzepte und Berichte zur Mitzeichnung zu verlangen u. s. w.

Dagegen soll die Befugniß wegfallen, Dienstsachen in Steuerangelegenheiten der Bearbeitung durch das Kollegium zu entziehen und auf die Beschlüsse des letzteren in materieller Beziehung einzuwirken.

Mit diesen Befugnissen ausgestattet, wird der Regierungspräsident im Stande sein, einen berechtigten Einfluß auf die Verwaltung der direkten Steuern auszuüben, in der engsten Verbindung mit derselben zu bleiben und ihr nützliche Dienste zu leisten, auch zugleich für seine anders geartete Stellung in der Regiminalverwaltung nicht unerheblichen Gewinn zu ziehen.

Die Verwaltung der Volksschulsachen soll nach Ziffer XIII. der Grundzüge von den Regierungen auf die Provinzialschulkollegien, die Verwaltung der Domainen, Forsten und Regalien nach Ziffer XIV. besonderen neu zu errichtenden Behörden (Domainen- und Forstdirektionen) übertragen werden.

Was zunächst die Volksschulsachen anbetrifft, welche nicht auf den Regierungspräsidenten übergehen sollen, so ist die Einrichtung, wonach das höhere Schulwesen und die Schullehrerseminarien vom Provinzialschulkollegium, das Volksschulwesen aber von den Regierungen ressortirt, schon bisher als ein großer Uebelstand empfunden worden. Ist es schon gegenwärtig ein unnatürliches Verhältniß, daß die Lehrerbildung von dem Provinzialschulkollegium, dagegen die Verwendung der so gebildeten Lehrer für den praktischen Dienst von der Regierung ressortirt, so läßt sich gegenüber der neueren Entwickelung unseres Schulwesens, welche vorzugsweise der Mittelschule zugewendet ist, eine Grenze zwischen höheren und niederen

Schulen in der Praxis überhaupt nicht scharf ziehen. Die Aufgaben der einzelnen Schulen, deren viele sich wesentlich als ein Fortbau anderer darstellen, fließen oft dergestalt in einander, daß ihre Leitung und Beaufsichtigung durch verschiedene Behörden nicht nur häufig eines inneren Grundes entbehren, sondern auch die Wirksamkeit der einzelnen Schulen und ihre Bedeutung für die Gesammtaufgabe der Unterrichtsverwaltung schwer schädigen würde.

Von nicht minderer Wichtigkeit ist die Festhaltung des Grundsatzes, daß die inneren und äußeren Angelegenheiten der Schulen von derselben Behörde geleitet werden, da eine Trennung derselben, wenn überhaupt ausführbar, in der Praxis unausbleiblich zu den größesten Inkonvenienzen Veranlassung geben würde.

Endlich erscheint eine kollegialische Behandlung der Schulsachen unbedingt geboten, weil auf keinem anderen Gebiete der Staatsverwaltung der Subjektivismus der an ihr betheiligten technischen Organe in gleichem Maße hervortritt, wie im Schulwesen und weil der Gefahr einseitiger Richtung, welche mit der Berathung durch einen einzelnen Schulmann verbunden ist, nur durch die kollegiale Verfassung der Behörde vorgebeugt werden kann.

Die vorstehend bezeichneten Desiderate werden ihre angemessenste Verwirklichung in einer Einrichtung finden, welche im Wesentlichen dem Verhältnisse entsprechen würde, in welchem sich das hiesige Provinzialschulkollegium zu dem hiesigen Schulwesen bereits findet. Mit anderen Worten, es wird das gesammte Schulwesen jeder Provinz einer einzigen, unter dem Vorsitze des Oberpräsidenten und der Leitung eines eigenen Direktors zu bildenden, mit den erforderlichen technischen, juristischen und Verwaltungskräften auszustattenden kollegialischen Behörde zu unterstellen und werden die Provinzialschulkollegien dementsprechend zu reorganisiren sein. Ob es mit Rücksicht auf die Ausdehnung des Verwaltungsbezirks nothwendig sein wird, besondere Zwischeninstanzen, etwa Oberschulinspektoren, anzustellen oder ob staatliche Kreisschulinspektoren als Organe für die Provinzialschulbehörde genügen, wird sich erst nach den zu machenden Erfahrungen beurtheilen lassen.

Die Provinzialschulbehörde wird jedoch nur dann in der Lage sein, ihre Aufgabe mit Erfolg zu erfüllen, wenn gleichzeitig mit der neuen Gestaltung der Ressortverhältnisse eine Decentralisation in der Verwaltung des Schulwesens eintritt. Es liegt deshalb in der Absicht der Staatsregierung durch das zu erlassende Unterrichtsgesetz den Organen der Selbstverwaltung im Kreise, im Bezirke und in der Provinz bedeutsame Befugnisse in Betreff der Verwaltung des Schulwesens einzuräumen und dadurch zugleich den für eine ersprießliche Entwickelung des Schulwesens wünschenswerthen inneren Zusammenhang zwischen den Kommunalangelegenheiten der korporativen Verbände des Staats und den einen integrirenden Bestandtheil derselben bildenden Schulangelegenheiten herzustellen.

Anlangend ferner die Verwaltung der Domainen und Forsten, so hat dieselbe zu der Verwaltung des Innern keine so engen Beziehungen, daß eine Verbindung beider Verwaltungen bei einer und derselben Behörde durch sachliche Interessen bedingt wäre. Im Gegentheil dürfte durch die Aufhebung dieser Verbindung der einen wie der anderen Verwaltung die Lösung der ihr gestellten Aufgaben wesentlich erleichtert werden.

Demgemäß sollen für die Verwaltung der Domainen und Forsten in jeder Provinz Eine oder mehrere besondere Behörden (Domainen- und Forstdirektionen) eingesetzt und diesen Behörden auch die disziplinare Jurisdiktion über die zu ihrem Ressort gehörigen Beamten übertragen werden.

Die Zahl der in jeder Provinz zu errichtenden Domainen- und Forstdirektionen wird lediglich von dem Bedürfnisse abhängig zu machen sein, wie sich dasselbe demnächst bei Ausführung der Organisation herausstellen wird.

Die unter Ziffer XV. und XVI. der Grundzüge vorgesehene Einrichtung einer neuen Provinzialsteuerdirektion für die Provinz Brandenburg und einer Generalkommission für die Provinz Preußen ergiebt sich als eine Konsequenz der Aufhebung der Bezirksregierungen und dürfte auch an sich aus sachlichen Gründen nicht unzweckmäßig erscheinen.

Die Ziffer XVII. der Grundzüge regelt im Allgemeinen die Stellung des Oberpräsidenten als der obersten Verwaltungsbehörde der Provinz.

Der Wirkungskreis des Oberpräsidenten umfaßt nach der Allerhöchsten Kabinetsordre vom 31. Dezember 1825:

1. Die eigene Verwaltung aller derjenigen Angelegenheiten, die nicht nur die Gesammtheit der Provinz betreffen, sondern die auch nur über den Bereich einer Regierung hinausgehen; hier bildet er die unmittelbare Instanz und die betreffenden Provinzialbehörden, namentlich die Regierungen sind seine Organe. Dahin gehören alle ständischen Angelegen-

heiten, alle öffentliche für mehrere Regierungsbezirke der Provinz eingerichtete Institute, Sicherheitsanstalten, Pläne zu neuen Anlagen, Meliorationen, Strom- und Kunststraßenbauten, welche sich auf mehr als einen Regierungsbezirk beziehen, Verhandlungen mit dem kommandirenden Generale, welche das ganze Armeekorps betreffen, die Wahrnehmung des jus circa sacra catholicorum.

2. Die Oberaufsicht auf die Verwaltung der Regierungen, der Provinzialsteuerdirektionen und der Generalkommissionen; dieselbe geht aber nicht dahin, daß der Oberpräsident an der Detailverwaltung Theil nimmt, sondern nur dahin, die Verwaltung im Ganzen zu beobachten, deren Gang kennen zu lernen und auf diesem Wege besonders für die Uebereinstimmung der Verwaltungsgrundsätze und die Konsequenz der Ausführungsmaßregeln zu wirken.

3. Die Stellvertretung der obersten Staatsbehörden in besonderem Auftrage und bei außerordentlicher Veranlassung; insofern ist der Oberpräsident die nächste Instanz bei Konflikten der Regierungen unter sich und mit den für andere Verwaltungsangelegenheiten verordneten besonderen Behörden, ist er ermächtigt und verpflichtet, bei außerordentlichen Ereignissen und Gefahr im Verzuge die augenblicklich erforderlichen Anordnungen zu treffen, bei eingetretenem Kriege und vorhandener Kriegsgefahr für die Provinz bis zu etwaigen anderweiten Anordnungen die gesammte Civilverwaltung zu übernehmen.

4. Außerdem sind dem Oberpräsidenten aus besonderen Rücksichten einzelne Verwaltungsgegenstände überwiesen und zwar:

a) die Entscheidung in allen Kommunalangelegenheiten, sofern es nicht auf die Besetzung der Stellen der Oberbürgermeister in den großen Städten oder auf die Frage ankommt, ob durch die von den Gemeinden beabsichtigte Aufbringungsweise der Gemeindebedürfnisse dem Steuerinteresse des Staates Nachtheil geschieht;
b) die Ertheilung von Konzessionen zur Anlegung neuer Apotheken;
c) die Genehmigung von Kram- und Viehmärkten;
d) die Genehmigung zur Gründung neuer, sowie zur Erweiterung, Umänderung, Einschränkung oder Aufhebung schon bestehender gemeinnütziger Anstalten, insbesondere auch zur Errichtung gemeinschaftlicher Wittwen-, Sterbe- und Aussteuerkassen;
e) die spezielle Aufsicht über die Sparkassen;
f) die Genehmigung zur Ausschreibung öffentlicher Kollekten in den einzelnen Regierungsbezirken und in der Provinz, sowie zur Vor-

nahme öffentlicher inländischer Ausspielungen für den Umfang der Provinz;

g) die Bestätigung der Statuten der jüdischen Synagogengemeinden.

Der Oberpräsident ist dem Staatsministerium und jedem einzelnen Minister für dessen Wirkungskreis untergeordnet und verpflichtet, die besonderen Aufträge zu vollziehen. Derselbe hat zugleich in den Provinzial-, Schul- und Medizinalkollegien den Vorsitz und die Leitung der Geschäfte; auch ist er in der Regel Präsident der Regierung, welche an seinem Wohnorte ihren Sitz hat.

Bei der Neuschöpfung des Instituts der Oberpräsidenten ging man von dem Gedanken aus, daß in demselben ein Vereinigungspunkt der gesammten Provinzialverwaltung, ein einflußreiches persönliches Element dem Kollegialsystem der Regierungen gegenüber geschaffen werden solle. Nur in gewissen ihnen besonders übertragenen Angelegenheiten sollten die Oberpräsidenten eine ausführende, sonst den Regierungskollegien gegenüber nur eine kontrolirende, den Ministerien gegenüber nur eine konsultative Behörde sein; sie sollten keine Mittelinstanz zwischen den Ministerien und den Regierungen bilden, sondern die ihnen anvertrauten Geschäfte unter ihrer besonderen Verantwortlichkeit, als commissarii perpetui des Ministeriums führen. Bei der speziellen Organisation ist jedoch dieser Grundgedanke des Instituts nicht streng festgehalten und in Folge davon das Ressortverhältniß der obersten Provinzialbehörde nicht mit hinreichender Klarheit festgestellt worden. Will der Oberpräsident wirklich auf die Verwaltung thatkräftig einwirken, so macht er sich unwillkürlich zu einer Mittelinstanz zwischen den Ministerien und den Regierungen, wodurch die Schreiberei gehäuft, die Kontrole und das büreaukratische Vielregieren in bedenklicher Weise gesteigert wird. Für viele Verwaltungsgegenstände ist dadurch ein fünffacher Instanzenzug entstanden: Gemeindebehörde, Landrath, Regierung, Oberpräsident, Ministerium.

Aus diesen thatsächlichen Verhältnissen ergiebt sich das Bedürfniß nicht sowohl zu einer Beseitigung, als vielmehr zu einer organischen Umbildung dieses wichtigen Instituts.

Das Preußische Staatswesen ist seit dem Jahre 1866 ein zu umfangreiches und die Aufgaben desselben als leitender Staat des Deutschen Reichs sind zu mannigfache geworden, als daß in bisheriger Weise die gesammte innere Landesverwaltung von dem Centralpunkte der Ministerien aus, nicht nur geleitet und beaufsichtigt, sondern sogar selbst geführt werden könnte.

Die Entlastung der Ministerien von dem Detail der Verwaltung wird seit Jahren als ein dringendes Bedürfniß empfunden. Dieselbe wird zu erfolgen haben, einerseits durch die in dem Dotationsgesetze beabsichtigte Uebertragung verschiedener Zweige der wirthschaftlichen Staatsverwaltung an die Provinzialverbände, andererseits durch die Ueberweisung aller derjenigen Angelegenheiten der obrigkeitlichen Staatsverwaltung an die Provinzialbehörden, deren Erledigung nicht den Ministerien selbst aus höheren politischen Rücksichten vorbehalten werden muß.

Demgemäß wird dem Oberpräsidenten die Stellung einer selbstständig entscheidenden Behörde, aber nicht sowohl die einer Mittelinstanz zwischen den Ministerien und den Regierungspräsidien, als vielmehr die einer der Regel nach endgültig entscheidenden Instanz beizulegen sein.

Die neueste Gesetzgebung hat bereits diesen Weg auf verschiedenen Gebieten des öffentlichen Rechts betreten, indem den Oberpräsidenten durch die Kreisordnung die Ernennung der Amtsvorsteher, durch das Gesetz über die Beurkundung des Personenstandes und die Form der Eheschließung die Abgrenzung der Standesamtsbezirke und die Bestellung der Standesbeamten und durch die Kirchengesetze vom Mai 1873 und 1874 verschiedene wichtige Befugnisse in Bezug auf kirchliche Angelegenheiten selbstständig übertragen worden sind.

In weiterer Verfolgung dieses Weges wird den Oberpräsidenten die Entscheidung über Beschwerden gegen Verfügungen der Regierungspräsidenten auch in einer großen Zahl von Angelegenheiten der Landespolizei und der Regiminalverwaltung überlassen werden können, und zwar werden die Oberpräsidenten ihre Entscheidungen der Regel nach endgültig zu treffen haben, vorbehaltlich der Befugniß der Ressortminister, denselben über die Auslegung und Anwendung der Gesetze und Verwaltungsvorschriften zur Beachtung für künftige Fälle Anweisung zu ertheilen. Diese Einrichtung besteht zur Zeit bezüglich der Handhabung der Staatsaufsicht über die Kommunalangelegenheiten der Städte und Landgemeinden in der Provinz Westfalen und der Rheinprovinz und hat sich hier vollkommen bewährt. Während das Ministerium des Innern auf der einen Seite von der Prüfung und Entscheidung aller einzelnen vielfach unerheblichen Beschwerden in Kommunalangelegenheiten befreit worden ist, hat dasselbe andererseits dadurch, daß es in der Lage ist, jede Frage von prinzipieller Bedeutung mit präjudizieller Wirkung zu entscheiden, diejenige Einwirkung behalten, welche eine gleichmäßige, dem Gesetze und dem allgemeinen Staatsinteresse entsprechende Handhabung des Aufsichtsrechts über die Kommunalangelegenheiten der Städte und Landgemeinden gewährleistet.

Das Bedürfniß, auch in der Provinzialinstanz Organe der Selbstverwaltung an der Wahrnehmung der Geschäfte der allgemeinen Landesverwaltung Theil nehmen zu lassen, ist bereits oben näher nachgewiesen worden. Es wird daher durch das Gesetz zu bestimmen sein, in welchen Fällen der Oberpräsident bei den von ihm zu treffenden Entscheidungen an die Mitwirkung des Provinzialausschusses gebunden ist. Ebenso wird es die Aufgabe des Unterrichtsgesetzes und der Wegeordnung sein, die Zuständigkeit des Oberpräsidenten und des Provinzialausschusses in Schul- und Wegeangelegenheiten zu regeln; denn wenn auch die Verwaltung des gesammten Wegewesens, namentlich auch der Chausseen, auf die Provinzialverbände und deren Organe übergeht, so wird dem Staate doch immer die Aufsicht über diese Verwaltung in landespolizeilicher Beziehung verbleiben müssen.

Im Uebrigen wird die bisherige Zuständigkeit der Oberpräsidenten, insbesondere in Bezug auf die ihnen zur unmittelbaren Verwaltung überwiesenen Angelegenheiten beizubehalten, demnächst aber darauf Bedacht zu nehmen sein, durch Spezialgesetze diese Zuständigkeit unter Entbürdung der Ministerien, noch entsprechend zu erweitern.

Wird hiernach der Umfang der Amtsgeschäfte der Oberpräsidenten auch einen erheblichen Zuwachs erhalten, so tritt doch auf der anderen Seite wiederum eine Entlastung derselben dadurch ein, daß sie von der ihnen in der Regel obliegenden Führung des Präsidiums der Regierung, welche sich an ihrem Wohnorte befindet, entbunden werden. Es dürfte deshalb nicht erforderlich erscheinen, dem Oberpräsidenten einen besonderen Gehülfen zu seiner Unterstützung in der Erledigung der ihm obliegenden Amtsgeschäfte zu geben, wie ihn der Regierungspräsident in dem Oberregierungsrathe erhalten soll. Die Vertretung des Oberpräsidenten in Behinderungsfällen aber wird einem der Regierungspräsidenten übertragen werden können; nur wird die Stellvertretung soweit thunlich so zu regeln sein, daß der den Oberpräsidenten vertretende Regierungspräsident nicht in die Lage kommt, in einer und derselben Angelegenheit in verschiedenen Instanzen persönlich zu entscheiden; es wird daher die Entscheidung solcher Sachen in der Provinzialinstanz, in denen er bereits in der Bezirksinstanz entschieden hat, einem anderen Regierungspräsidenten zu übertragen sein.

Was den, einem Provinzialverbande nicht angehörigen Regierungsbezirk Sigmaringen anbetrifft, so wird es für denselben einer von der der übrigen Landestheile der Monarchie etwas abweichenden Behördenorganisation bedürfen, deren Feststellung dem Organisationsgesetze vorzubehalten sein wird.

Die unter Ziffer XIX. der Grundzüge skizzirte künftige Stellung der Ministerien als Centralbehörden der allgemeinen Landesverwaltung ergiebt sich aus dem Vorstehenden von selbst und möchte einer näheren Erläuterung nicht weiter bedürfen.

Das Abgeordnetenhaus, welchem der Entwurf zur Provinzialordnung zunächst zugegangen war, unterzog denselben in erster Berathung in den Sitzungen vom 9., 10. und 11. Februar 1875 einer generellen Diskussion, in welcher sich unbeschadet vielfacher Bedenken gegen Einzelheiten dennoch fast allseitig die Uebereinstimmung mit der Tendenz des Entwurfs im Allgemeinen kundgab. Der Abgeordnete Miquél, welcher später als Berichterstatter den Anschauungen der Majorität Ausdruck gab, äußerte schon bei dieser Generaldiskussion:

„Es wird der weitere Verlauf meiner Ausführungen zeigen, daß ich durchaus die Grundlagen und Prinzipien, auf denen diese Gesetzgebung beruht, als richtig anerkenne, und daß, wo ich Ausstellungen habe, dieselben Berücksichtigung finden können innerhalb der großen Grundsätze, innerhalb des großen Rahmens dieser Gesetzgebung.

Ich glaube zuvörderst, es ist wohl an der Zeit, wenn wir eine so tief eingreifende und tief einschneidende Umwälzung unseres ganzen Behördensystems mit voller Betheiligung der Bevölkerung an der Verwaltung von Staats- und Kommunalangelegenheiten auf allen Stufen berathen, daß wir zuerst vom Standpunkte der Landesvertretung aus der Staatsregierung unsere volle Anerkennung für die Entschlossenheit und ich darf sagen, Kühnheit zollen, womit sie in Konsequenz der begonnenen Gesetzgebung in der Kreisordnung nun ein gleiches System auf die ganze Monarchie und auf alle Stufen der Verwaltung ausdehnt. Ich glaube, daß kaum seit den Zeiten der Stein'schen Gesetzgebung ein ähnlicher kühner und mächtiger Schritt geschehen ist. Ich meine freilich die Staatsregierung hatte keine Wahl mehr, der entscheidende Schritt war bei der Kreisordnung geschehen, da hatte man schon mit den büreaukratischen Prinzipien und mit dem büreaukratischen Herkommen gebrochen, und es bedurfte bloß eines konsequenten Denkens und der Energie, seinem eigenen Denken zu folgen, um diesen allerdings großen Schritt vorwärts zu thun. So kühn an und für sich dieses Unternehmen ist, aus der Hand bezahlter und abhängiger Staatsbeamten die ganze Kommunal- und Staatsverwaltung wesentlich in die Hand der Bevölkerung zu legen, so sind doch die dabei vielleicht hier und da naturgemäß auftauchenden Bedenken durch die kurze Erfahrung, die wir nach Einführung der Kreisordnung gemacht, schon wesentlich überwunden. Es hat sich schon heute — darin stimmen alle Parteien überein —

die auf denselben Prinzipien beruhende Kreisordnung bewährt, es hat die Frage des Herrn Freiherrn v. Heeremann das Land bereits beantwortet: woher sollen alle die Menschen kommen? Es haben sich die arbeitenden Menschen gefunden. Derartige Fragen hat man gewiß noch vielmehr aufwerfen müssen und aufgeworfen zur Zeit, als die Stein'sche Gesetzgebung die Bevölkerung aufrief zur Theilnahme in der Staatsverwaltung, als die großen Stein'schen Reformen kamen, als namentlich die Städteordnung eingeführt wurde. Gewiß kann man Vieles an der alten Städteordnung tadeln, man kann mit einzelnen Bestimmungen nicht einverstanden sein; man muß aber dennoch anerkennen, daß das Vertrauen, welches die damaligen Gesetzgeber in die opferfreudige Mitwirkung der Bevölkerung hatten, in keiner Weise getäuscht wurde, daß sich in den Städten überall die Kräfte gefunden haben, die großen kommunalen und staatlichen Aufgaben zu lösen. Nun, meine Herren, was damals in den Städten durchführbar war, wird schließlich heute auf dem Lande auch durchführbar sein. Es ist noch niemals, darf man behaupten, ein wohlwollender und entschiedener Aufruf an die deutsche Bevölkerung zur Theilnahme an der Selbstverwaltung mißlungen, weder in Preußen, noch in irgend einem andern deutschen Lande. An dem Mangel der Theilnahme der Bevölkerung scheitern diese Gesetze nicht."

In Anknüpfung hieran bemerkte noch der Minister des Innern, Graf zu Eulenburg:

„M. H.! Die Beurtheilung, welche die Vorlage der Provinzialordnung und dessen, was daran hängt, bisher gefunden hat, ist ja eine günstige gewesen. Daß an einzelnen Bestimmungen kritisirt werden würde, war vorauszusehen. Es kann dies nur zur gründlichen Beurtheilung des Gesetzentwurfs und möglicherweise zu seiner Verbesserung dienen. Auf die Einzelheiten und selbst auf die Vorschläge zu Hauptabänderungen, deren Einbringung in Aussicht gestellt ist, gehe ich einstweilen nicht ein, will aber im Allgemeinen die Bemerkung machen, daß, wenn der Herr Abgeordnete Miquél so gut war, das ganze Werk als ein „kühnes" zu bezeichnen, dieser Ausdruck wohl weniger gerade auf die Vorlagen paßt, die Kühnheit des Unternehmens vielmehr mehr rückwärts liegt, und vom Jahre 1872 datirt. Wer den damaligen Schritt that, muß mit Konsequenz auch den jetzigen Schritt thun."

Die nach der ersten Lesung vom Abgeordnetenhause gewählte Kommission zur Berathung der Provinzialordnung konnte ihren Bericht bezüglich der generellen Beurtheilung des Entwurfs auf die kurze Bemerkung beschränken:

„Von keiner Seite wurde das dringende Bedürfniß bestritten, die Umgestaltung der innern Verwaltung Preußens, welche in der Kreisordnung ihre entscheidende Grundlage erhalten hat, und zwar auf dieser Grundlage durch Erlaß einer Provinzialordnung für die Kreisordnungsprovinzen weiter zu führen. Ebenso wurde von allen Seiten anerkannt, daß die Staatsregierung, indem sie den vorjährigen Entwurf wesentlich umarbeitete und den Provinzialorganen eine bedeutsame Theilnahme auch an der Staatsverwaltung zugestand, nur dem Wunsche des Hauses entgegengekommen und die in der Kreisordnung niedergelegten Grundsätze zur konsequenten Entwickelung gebracht habe."

Dagegen hat die Kommission die Einzelbestimmungen einer eingehenden Berathung unterzogen. Der hierüber erstattete Bericht ist im Plenum des Abgeordnetenhauses in den Sitzungen vom 8., 9., 10., 12., 13. und 14. April in zweiter Lesung, und am 17. April in dritter Lesung durchberathen, nach welcher die durch die einzelnen Beschlüsse modifizirte Provinzialordnung in namentlicher Abstimmung mit 240 gegen 103 Stimmen Annahme fand.

Das Herrenhaus, an welches diese nunmehr gelangte, überwies sie gleichfalls einer Kommission zur Vorberathung. Auch hier war man über die Nothwendigkeit der beabsichtigten Reform im Allgemeinen außer Zweifel, man hatte jedoch bezüglich einzelner wichtiger Organisationen, insbesondere hinsichtlich der Zusammensetzung der zur Mitwirkung bei den Geschäften der allgemeinen Landesverwaltung zu errichtenden Behörden gegen den Regierungsentwurf resp. gegen die Beschlüsse des Abgeordnetenhauses ernste Bedenken, welche zu vielfachen Abänderungen Veranlassung boten. Dieselben sind weiterhin bei den einzelnen Paragraphen*) entsprechend hervorgehoben. Im Allgemeinen hat hierüber der Berichterstatter Dr. Elwanger bei der Berathung in der Plenarsitzung des Herrenhauses vom 26. Mai 1875 noch Folgendes einleitend bemerkt:

„M. H.! Bei der Wichtigkeit der Vorlage, die uns jetzt beschäftigen soll, darf ich mir gestatten, einige Bemerkungen zu machen über die Art und Weise, wie Ihre Kommission geglaubt hat, die Sache behandeln zu müssen. Es sind fast jetzt 100 Jahre her, seitdem Kant's Kritik der reinen Vernunft erschienen ist, dieses Wunderwerk deutscher Ausdauer und deutscher Gedankentiefe. Es erregte weit über die Grenzen unseres Vaterlandes hinaus Aufsehen und Bewunderung; die Einen meinten, der Verfasser sei bis zu den äußersten Grenzen des abstrakten Denkens vorgedrungen, die Anderen behaupteten, er sei darüber hinaus bis zum Schauen der göttlichen Wahrheit gelangt, und noch Andere sagten, es sei in ihm der höhere zweite Messias erschienen. Und was sagte der große Philosoph, m. H.? Er sagte gar nichts; er erschrak vor den Konsequenzen seiner reinen Vernunft und schrieb ein zweites Werk über die praktische Vernunft. Die praktische Vernunft sollte die reine Vernunft, die zum Durchgehen sehr geneigt ist, vor Abirrungen bewahren.

M. H.! Ihre Kommission hat geglaubt, vom Standpunkt der praktischen Vernunft aus, vom Standpunkt der Wissenschaft, welche aus der Fülle der Erfahrungen und Beobachtungen schöpft, an ihre Arbeit herantreten zu müssen. In den Mitgliedern Ihrer Kommission ist ein reicher Schatz von Erfahrungen und Kenntnissen in der Staatsverwaltung, in der Gemeindeverwaltung und auf den verschiedenen Gebieten des staatlichen und wirthschaftlichen Lebens vorhanden. Ausgerüstet mit diesen Kenntnissen ging Ihre Kommission an die Arbeit, sie hat lediglich den Zweck der Sache vor Augen gehabt; sie hat sich bemüht, diese Angelegenheit rein

*) Vgl. insbesondere die Anm. zu § 62.

sachlich zu prüfen und sich aus dieser sachlichen Prüfung ihre Ueberzeugung zu bilden; sie hat geglaubt, sich in dieser Beziehung durch nichts dürfen beirren zu lassen, selbst nicht durch diejenigen, welche gewohnheitsmäßig das Herrenhaus sofort mit der Todesstrafe bedrohen, wenn es sich erlaubt, eine eigene Ansicht zu haben.

Der Ausgangspunkt, welchen Ihre Kommission genommen hat, ist die Kreisordnung, man hat geglaubt, von ihr aus alle Erörterungen und Erwägungen anstellen zu dürfen, da im Großen und Ganzen die Grundlagen der Kreisordnung, soweit bis jetzt Erfahrungen gemacht worden sind, sich bewährt haben. Die Kommission ist der Ansicht gewesen, daß die Fortentwickelung der Selbstverwaltung auf Grundlage der Kreisordnung ein wichtiges Bedürfniß ist; in ihr bilden sich aber verschiedene Ansichten darüber, ob die Angelegenheit so dringlich sei, daß die Provinzialordnung schon in dieser Sitzungsperiode durchgeführt werden müsse. Ich will auf die Erörterungen, die in dieser Beziehung stattfanden, nicht näher eingehen; das aber glaube ich hervorheben zu dürfen, daß, so verschieden auch die Ansichten waren, doch jedes Mitglied der Kommission bereitwillig seine Unterstützung zum Zustandekommen des Gesetzes dargeboten hat.

Wenn ich nun zu einer näheren Vergleichung übergehe zwischen der Kreisordnung und dem vorliegenden Entwurf einer Provinzialordnung, so weise ich im Allgemeinen darauf hin, daß die Provinzialgemeinde, welche durch die Vorlage ausgebildet wird und für die zur Zeit eigentlich nur Ansätze vorhanden gewesen sind, daß diese Provinzialgemeinde der Sammelpunkt der Kreisgemeinden in Zukunft sein soll. Die Provinzialgemeinde wird in gewissem Sinne die Sammtgemeinde der Kreisgemeinden bilden. Wie nach der Kreisordnung der Kreistag und der Kreisausschuß diejenigen Organe bilden, die bestimmend sind für das Gedeihen und Fortbestehen dieses Gesetzes, so sind in der Provinzialordnung der Provinziallandtag, der Provinzialausschuß und die Bezirksausschüsse diejenigen Organe, von deren richtigen Konstruirung das Gedeihen dieser Institutionen abhängen wird.

In Bezug auf die Bildung des Provinziallandtages, der ja zunächst die Grundlage der Entwickelung der ganzen Organisation bildet, gingen die Ansichten der Kommission darüber auseinander, in welcher Weise am zweckmäßigsten die Zusammensetzung herbeizuführen sei. Ich will diesen Gegenstand hier in der allgemeinen Berathung nur kurz berühren. Die Spezialberathung wird hinreichend Gelegenheit geben, eingehend darüber zu sprechen. In der Kommission stellte sich zunächst die Ansicht heraus, daß die Wahl zum Provinziallandtage aus dem Kreistage hervorgehen müsse, daß nicht auf andere Wahlkörper oder Wähler zurückzugreifen sei. Es war aber eine Verschiedenheit darüber, in welcher Weise im Kreistage die Wahl zu vollziehen sei. Die eine Ansicht ging dahin, daß im Kreistage jeder Stand für sich zu wählen habe, um das ständische Prinzip auch aufrecht zu erhalten für die Wahl zum Provinziallandtage. Die andere Ansicht ging dahin, daß der Kreistag ein Wahlkörper bleibe, daß seine Einheit in keiner Weise gestört werden dürfe. Hier differiren die Ansichten nur in der Beziehung, daß die eine die Zahl der Kreistagsmitglieder für zu groß erachtet, während die andere Ansicht dahin ging, daß im Großen und Ganzen in der Regierungsvorlage das Richtige getroffen sei. Der Schwerpunkt der Verwaltung sowohl im Kreise wie in der Provinz liegt in den Ausschüssen. Um dies klar darzulegen, muß ich mir gestatten, zurückzugehen auf den Kreisausschuß.

M. H.! Der Kreisausschuß hat drei Thätigkeiten: erstens die Kreisgemeindeverwaltung; zweitens die Thätigkeit in denjenigen Angelegenheiten der allgemeinen Landesverwaltung, welche ihnen die Staatsregierung übertragen hat; drittens in den Verwaltungsstreitigkeiten. An der Spitze des Kreisausschusses steht der Landrath. Der Landrath ist Staatsbeamter, hängt von der Staatsregierung ab und muß selbstverständlich nach deren Anweisung sein Verfahren einrichten; er muß mit allen Verhältnissen des Kreises auf das Vollständigste bekannt sein, er muß die Bedürfnisse des Kreises in jeder Beziehung kennen, ihm müssen die Personen von irgend einer Bedeutung in ihren guten wie in ihren schwachen Seiten bekannt sein, und er muß auf diese Weise sich in der Lage befinden, alle Kräfte, die der Kreis darbietet, zu Gunsten des Kreises zu benutzen. Es wird ihm dies erleichtert durch seine Stellung zu den Kreistagsmitgliedern und zu den Mitgliedern des Ausschusses, theils durch seine amtlichen Beziehungen und Berührungen, theils durch seine geselligen Beziehungen. Ist der Landrath einigermaßen seiner Aufgabe gewachsen, so kann es keinem Bedenken unterliegen, daß er einen ganz bestimmenden Einfluß üben wird, sowohl auf die Beschlüsse des Kreistages, als auch besonders des Kreisausschusses. Er wird vielleicht von einer Seite Schwierigkeiten zu bekämpfen haben, die im Großen und Ganzen ja von untergeordneter Art sind, die ich aber hier bezeichnen will, weil sie auch bei den andern Ausschüssen vorkommen können und vorkommen werden. Das sind die Schwierigkeiten, welche diejenigen Mitglieder bereiten, die eine Leidenschaft zum Sprechen über Alles haben. M. H.! Dies ist eine Spezies, die weit verbreitet ist. Bei dem weiblichen Geschlecht bezeichnet man sie mit dem Kollektivnamen Blaustrümpfe. Indessen der Landrath ist sehr wohl im Stande, solche Individuen unschädlich zu machen. Die Heranziehung zu ernsten Arbeiten, die Betrauung mit schwierigen Referaten macht aus dem Sprechen des Silbers sehr bald das Schweigen des Goldes.

Ich gehe nun über zu dem Provinzialausschusse und zu den Bezirksausschüssen. Die Thätigkeiten, die in dem Kreisausschusse vereinigt waren, theilen sich hier. Zunächst scheidet aus die Thätigkeit in Bezug auf die Verwaltungsstreitigkeiten. Die gehen über an ein besonderes Bezirksverwaltungsgericht. Es bleiben also für den Provinzialausschuß übrig — von diesem erlaube ich mir zuerst zu sprechen — die Thätigkeit für die Provinzialgemeindeangelegenheiten und die Thätigkeit in den Angelegenheiten der allgemeinen Landesverwaltung, die seitens der Königlichen Staatsregierung dem Provinzialausschusse überwiesen werden.

In Bezug auf die Provinzialgemeindeangelegenheiten werden keinerlei Bedenken hervortreten. Anders stellt sich die Sache in Beziehung auf diejenigen Angelegenheiten der allgemeinen Landesverwaltung, die dem Provinzialausschusse überwiesen werden. Ich habe mir bei dem Kreisausschusse erlaubt, darauf hinzuweisen, daß ein Staatsbeamter, der Landrath, einen sehr wesentlichen und bestimmenden Einfluß auf sämmtliche Angelegenheiten, die der Kreisausschuß wahrzunehmen hat, übt, also besonders auch auf diejenigen Angelegenheiten der allgemeinen Landesverwaltung, die dem Kreisausschusse überwiesen sind. Der Vorsitzende des Provinzialausschusses ist kein Staatsbeamter, er wird vom Provinziallandtage gewählt und bedarf nicht einmal der Genehmigung der Königlichen Staatsregierung.

Es tritt von vornherein das Bedenken auf, ob unter diesen Umständen in den Händen des Provinzialausschusses die Angelegenheiten der allgemeinen Landesverwaltung in der Weise gewahrt werden, wie es die wichtigen Staatsinteressen, die in die Hände des Provinzialausschusses kommen, erheischen. Von dem Vorsitzenden des Provinzialausschusses können wir der Natur der Sache nach diejenige Einwirkung nicht erwarten, die der Kreislandrath hat; wir können auch nicht erwarten, daß er mit den Absichten der Königlichen Staatsregierung so vollständig vertraut ist, wie es von einem Beamten erwartet werden muß, der schon vorher lange Jahre im Staatsdienst ausgebildet ist. Die Regierungsvorlage hat dies auch gefühlt, und hat in dieser Beziehung eine Aenderung eintreten lassen, dahin gehend, daß in den Angelegenheiten der allgemeinen Landesverwaltung, wenn sie im Provinzialausschuß zur Berathung kommen, nicht der gewählte Vorsitzende des Provinzialausschusses, sondern der Oberpräsident der Provinz den Vorsitz führt. Die Bedenklichkeit dieser Bestimmung leuchtet schon dadurch ein, daß wir nunmehr in ein und demselben Kollegium zwei ständige und unabhängige Vorsitzende haben; es ist zwar ihr Ressort abgegrenzt, indeß doch nicht so scharf, daß nicht leicht Kollisionen und Streitigkeiten eintreten können. Auch in der Vorlage hat man diesen Fall in Betracht gezogen und hat geglaubt, durch besondere Bestimmungen den Unzuträglichkeiten, die daraus hervorgehen müssen, Abhülfe verschaffen zu können; dies soll dadurch geschehen, daß, wenn zwischen dem Oberpräsidenten und dem Vorsitzenden des Provinzialausschusses Streitigkeiten darüber entstehen, wer kompetent ist, den Vorsitz zu führen, die Entscheidung des Oberverwaltungsgerichts eingeholt werden soll. Im Abgeordnetenhause hat man geglaubt, daß eine solche Bestimmung doch im hohen Grade bedenklich sei, und man hat versucht, auf einem anderen Wege die Schwierigkeit zu lösen; es hat einen Beschluß dahin gefaßt, daß in dem Gesetz, welches eine Landesverwaltungsangelegenheit dem Provinzialausschuß überweist, bestimmt wird, ob der Oberpräsident den Vorsitz führen soll, so daß also die Sache dahin zu stehen kommt, daß, wenn nichts bestimmt wird — also die Regel — der Vorsitzende des Provinzialausschusses auch in Landesangelegenheiten den Vorsitz zu führen hat, und der Oberpräsident nur in denjenigen Fällen, in welchen das Gesetz es ausdrücklich bestimmt. Nach meiner Auffassung ist durch diese Aenderung wenig gebessert; die Streitigkeiten darüber, wer in dem einzelnen Falle den Vorsitz zu führen hat, können hier eben so gut vorkommen, die Schwierigkeit liegt hauptsächlich darin, daß nach der Natur der Sache die Frage, ob sie Landesangelegenheit oder ob sie unter den obwaltenden Umständen Provinzialgemeindeangelegenheit ist, nicht so scharf geschieden werden kann. Es würde nach dem Beschluß des anderen Hauses die Sache dahin zu stehen kommen, daß, wenn hier ein Streitfall eintritt, der Oberpräsident die Ansicht geltend machen würde, daß der gewählte Vorsitzende des Provinzialausschusses, wenn er den Vorsitz übernehmen wollte, seine Befugniß überschritte, und wenn seitens des Vorsitzenden darauf nicht geachtet wird, so würde auch wiederum die Entscheidung des Oberverwaltungsgerichts eingeholt werden müssen. Sie sehen, m. H., wie sehr schwierig diese Angelegenheit ist und sein muß, wenn man zu einem so desperaten Mittel seine Zuflucht nehmen zu müssen glaubt.

Nach der Ansicht der Kommission läßt sich auf diesem Wege kein Ausweg finden, man muß vielmehr zu der Ueberzeugung gelangen, daß eine Einrichtung, die solche Mittel erheischt, eine ungesunde ist und fallen gelassen werden muß. Wie schwierig und wie verwickelt sich die hier berührte Angelegenheit in Bezug auf die Ueberweisung von Angelegenheiten der allgemeinen Landesverwaltung an den Provinzialausschuß und von der Theilung des Vorsitzes zwischen dem Ober-Präsidenten und zwischen dem gewählten Vorsitzenden stellt, das geht am besten daraus hervor, wenn man die möglichen Kompetenzstreitigkeiten in Erwägung zieht: 1. zwischen dem Verwaltungsgericht und zwischen der Staatsbehörde, 2. zwischen dem Verwaltungsgericht und dem Provinzialausschuß, 3. zwischen dem Provinzialausschuß und der Staatsbehörde, 4. zwischen dem Ober-Präsidenten und zwischen dem erwählten Vorsitzenden des Provinzialausschusses, und dazu kommt 5. noch der mögliche Kompetenzstreit zwischen den ordentlichen Gerichten und den hier genannten Behörden. Wehe der armen Person, welche von so vielen Kompetenzwerbern umfreit wird. Ja, m. H., dies erinnert unwillkürlich an die Jugendzeit, wo man auf der Schulbank die Odyssee gelesen hat, und wo man die schöne und tugendhafte Penelope bemitleidete und über ihre vielen Freier ergrimmte.

Abgesehen nun, m. H., von den Weiterungen und Unzuträglichkeiten, die ich eben hervorgehoben habe, kommt in Erwägung, daß der Ober-Präsident die höchste Staatsautorität in der Provinz ist, daß es von der höchsten Wichtigkeit sein muß, diese Autorität in ungeschwächter Stärke und in ungeschwächtem Ansehen zu erhalten; eine Schädigung seiner Autorität ist eine Schädigung der Staatsautorität.

Es ist aber sehr zu besorgen, m. H., daß, wenn in diesem Punkt es bei der Vorlage der Staatsregierung oder bei den Beschlüssen des andern Hauses bleibt, eine sehr wesentliche Beeinträchtigung des Ansehens und auch der Wirksamkeit des Ober-Präsidenten eintreten wird. Er erscheint in dem Provinzialausschuß, übernimmt da den Vorsitz, kann aber der Natur der Sache nach nicht so vertraut mit der Sache und den Verhältnissen sein, wie es derjenige ist, der dauernd den Vorsitz hat, der die Einleitung hat, der über Alles informirt ist, der mit den Mitgliedern des Ausschusses in näherer Berührung steht. Nun soll er außerdem noch in die Lage kommen, mit dem gewählten Vorsitzenden sich darüber streiten zu müssen, ob er den Vorsitz hat oder nicht und soll die Entscheidung des höchsten Verwaltungsgerichtshofs anrufen müssen, damit seine Befugniß, den Vorsitz zu führen, festgestellt wird. Ja, m. H., nehmen Sie an, der Ober-Präsident verliert seine Klage, was auch sehr möglich ist, so fürchte ich, wird er dem Gespötte der Provinz preisgegeben und es wird den Verleumdungen und Bosheiten gegen ihn ein großer Spielraum eingeräumt.

Nun, erwägen wir, m. H., welche Landesangelegenheiten sollen denn dem Provinzialausschuß überwiesen werden? In der Vorlage selbst sind nur wenige Sachen genannt. Entscheidend in dieser Beziehung ist der eine Paragraph der Vorlage, welcher im Allgemeinen die Gegenstände bezeichnet, in welchen demnächst im Wege der Gesetzgebung die Betheiligung des Provinzialausschusses an den Landesangelegenheiten ausgesprochen wird.

Zur Zeit wissen wir also noch nicht, welche Angelegenheiten an den Provinzialausschuß überwiesen werden sollen. Wir können es nur vermuthen aus den einzelnen Andeutungen, die seitens der Königlichen Staatsregierung hier gegeben sind. Indeß, wenn es sich darum handelt, in einer so wichtigen Angelegenheit Beschlüsse zu fassen, dann wird es doch vor Allem nothwendig sein, daß man genau die Tragweite dieser Beschlüsse übersieht, mit anderen Worten, daß man die Angelegenheiten, über die man beschließen soll, kennt.

Nun ist von einer Seite geltend gemacht worden, daß Bedenken in dieser Beziehung unnütz seien. Es würde ja durch besondere Gesetze in Zukunft in dieser Angelegenheit festgestellt werden, und wenn in der Vorlage allgemeine Bestimmungen getroffen seien, so ergebe sich daraus von selbst, daß, wenn das Eine oder Andere, was beabsichtigt sein sollte, nicht konvenire, man es bei dem speziellen Gesetze anders gestalte und auf diese allgemeinen Bestimmungen in der Vorlage nicht zu rücksichtigen habe. Ja, m. H., die Aeußerung, die ich so eben ausdrücklich hervorhebe, sie ist nicht von Seiten der Staatsregierung oder deren Vertreter ausgegangen, ist mir sehr bedenklich. Wir Alle, m. H., leiden unter der Fruchtbarkeit unserer zeitigen Gesetzgebung. In unserer deutschen Gutmüthigkeit finden wir aber eine Art von Befriedigung in dem Gedanken, daß die Früchte dieser Gesetzgebung unseren Nachkommen der dritten oder wenigstens vierten Generation zu gute kommen, und außerdem haben wir den allgemeinen Trost, daß nach Naturgesetzen jede Fruchtbarkeit sich erschöpft, und also auch die gesetzgeberische Fruchtbarkeit sich erschöpfen wird. Indeß, m. H., wir stehen vor einer großen Gefahr, wenn wir Gesetze machen, für die kein Bedürfniß vorhanden ist oder in ferner Zukunft liegt. M. H.! Wir kommen dann darauf hinaus, Gesetze auf Lager zu arbeiten, und etwas Schlimmeres könnte der Gesetzgebung kaum geschehen. Ich erwähne aber ausdrücklich, daß die Gesetzesvorlage uns zu einer solchen Befürchtung gar keinen Grund giebt, ich habe nur geglaubt, es ausdrücklich hervorheben zu müssen bei der Ansicht, die von einer Seite in dieser Beziehung geltend gemacht worden ist. Wenn wir aber zu einem solchen Extreme gelangen sollten, ja, dann würden die Gesetzgebungsschwärmer, welche fortwährend den Rechtsboden stampfen, aus diesem Rechtsboden ein Rechtslabyrinth machen, wo sich sehr wenige zurechtfinden würden.

Nun, m. H., fragen wir uns: wer ist denn der Provinzialausschuß, dem wir so wichtige Angelegenheiten einräumen wollen und können? Noch kennen wir ihn nicht, er ist für uns zur Zeit eine unbekannte Größe, er wird sich in der Gemeindeverwaltung, in der Provinzial-Gemeindeverwaltung aus dieser selbst herausbilden. Dort erscheint er als ein nothwendiger Faktor, dagegen für die Angelegenheiten der allgemeinen Landesverwaltung, welche zur Zeit lediglich in den Händen der Staatsbehörden ruhen, und welche eine fortwährende dauernde Mitwirkung der Staatsbehörden erfordern, müssen wir andere Ansprüche erheben, wenn diese Angelegenheiten dem Provinzialausschuß überwiesen werden sollen. Es wird rathsam sein, daß der Provinzialausschuß sich zunächst in den Provinzial-Gemeindeangelegenheiten, die ihn ja in reichem Maße in Anspruch nehmen werden, ausbildet, daß er dort seine Kraft und Tüchtigkeit bethätigt, und daß ihm dann je nach den Erwartungen, zu denen man berechtigt, auch Angelegenheiten der allgemeinen Landesverwaltung anvertraut werden, in der Art, daß sie dann Provinzialangelegenheiten werden. Angelegenheiten der allgemeinen Landesverwaltung, in denen eine unmittelbare Staatsmitwirkung durch den Vorsitz des Oberpräsidenten stattfinden soll, dürfen ohne Nachtheil für das große Ganze dem Provinzialausschuß niemals übertragen werden.

Ich komme nun auf den Bezirksausschuß. Der Bezirksausschuß soll wahrnehmen einmal diejenigen Provinzial-Gemeindeangelegenheiten, welche ihm vom Provinzialausschuß übertragen werden, und sodann diejenigen Angelegenheiten der alten allgemeinen Landesverwaltung, welche seitens der Staatsregierung durch Gesetz dazu bestimmt werden. Anlangend die Angelegenheiten der Provinzialgemeinden, so ist die Kommission der Ansicht, daß diese einen besonderen Bezirksausschuß nicht erfordern. Der Provinzialausschuß würde sehr wohl im Stande sein, diese Angelegenheiten, sei es unmittelbar selbst, sei es durch Kommissarien, sei es durch die Kreisausschüsse zu erledigen. Wir haben dann also den Bezirksausschuß blos für die Angelegenheiten der allgemeinen Landesverwaltung, und für solche Angelegenheiten allein ein besonderes Kommunalorgan zu bilden, würde in keiner Weise gerechtfertigt sein.

Nach dem Behörden-Organisationsplan, der im Entwurf uns mitgetheilt ist, liegt es in der Absicht der Königlichen Staatsregierung, die Abtheilung des Innern, welche hier unter dem Namen Regierung begriffen wird, als Kollegium aufzuheben, den Regierungspräsidenten als den alleinigen Vertreter dieser Behörde mit der vollen Befugniß des bisherigen Regierungskollegiums hinzustellen. In dieser Beziehung glaubte die Kommission, daß den Zeitbedürfnissen in angemessener Weise Rechnung getragen werde. Es sind in Bezug auf die Büreaukratie, die in den Regierungen auch ihren Sitz hat, oder haben soll, sehr abfällige Urtheile von den verschiedensten Seiten gefällt worden, und man hat gerade aus dem Grunde, daß die Büreaukratie ihrer Aufgabe nicht mehr gewachsen sei, die von der Königlichen Regierung beabsichtigte Organisation mit Freuden begrüßt. Ich halte mich verpflichtet, hier an dieser Stelle einige Worte in Bezug auf die preußische Büreaukratie auszusprechen, ich habe sie auch in verschiedenen Verhältnissen kennen gelernt. Ich habe ihr selbst lange Zeit angehört.

Ich gebe ja zu, daß bei den Regierungen nicht Alles so ist, wie es sein sollte. Es gereicht das aber weniger den Regierungsbeamten, als der Einrichtung zum Vorwurfe, der Einrichtung, daß die Angelegenheiten zu viel vom Schreibtisch aus bearbeitet werden, daß die Räthe, und selbst die Präsidenten zu wenig mit den Interessen des Bezirks bekannt sind, zu wenig in den Bezirk kommen und Personen und Verhältnisse kennen lernen. In dieser Beziehung ist ja eine Aenderung dringend wünschenswerth und ist ja auch von der Königlichen Staatsregierung angestrebt worden. Im Uebrigen aber, glaube ich, können die Regierungsbeamten jeden Vergleich mit anderen Staatsbehörden sowohl in unserem Lande wie in anderen Ländern bestehen; ihre Pflichttreue, ihre Hingebung und ihre Uneigennützigkeit werden überall anerkannt, und ich will von Herzen wünschen, daß dasselbe Urtheil nach Jahren über die neuen Behörden, deren Organisation in's Auge gefaßt ist, gefällt wird.

Im anderen Hause ist man der Ansicht gewesen, daß ja Beseitigung der Regierung und des Regierungspräsidenten ein dringendes Bedürfniß sei. Ihre Kommission ist der entgegengesetzten Ansicht gewesen. Sie freut sich, in diesem Punkte im vollsten Einverständniß mit der Königlichen Staatsregierung zu sein, und dankt es dem Herrn Minister, daß er in dieser Beziehung in der entschiedensten Weise für die Beibehaltung der Regierung als Mittelinstanz eingetreten ist. Für diejenigen, die mit den Verhältnissen aus der Erfahrung vollständig vertraut sind, dürfte es kaum zweifelhaft sein, daß zur Zeit, ohne große Verwirrungen zu besorgen, eine solche Mittelinstanz gar nicht entbehrt werden kann. Im anderen Hause hat man denn auch davon Abstand genommen, einen definitiven dahinzielenden Antrag zu stellen, man hat aber doch Beschlüsse gefaßt, die auch in die

Vorlage hineingekommen sind, aus denen hervorgeht, daß den Regierungen nur noch eine kurze Spanne Zeit der Existenz gegönnt werden solle. Ich darf wohl nicht erst besonders auseinandersetzen, daß, wenn eine Behörde, sei es kurz oder lang, noch fortbestehen soll, man ihr nicht mit einer nahen Hinrichtung bedrohen darf. Denn Zweifel und Ungewißheit über das Fortbestehen der Regierungen würde deren Wirksamkeit und die Wirksamkeit des Regierungspräsidenten sofort nicht wenig beeinträchtigen.

M. H.! Ich wende mich nun ab von der Kritik. Es ist ja ein altes Sprüchwort: tadeln ist leichter wie besser machen. Die Kommission hat sich selbstverständlich auch mit der Frage beschäftigt, wie es denn besser zu machen sei. Es ist hierbei davon ausgegangen, daß als souveräner Grundsatz an die Spitze zu stellen sei, daß die Angelegenheit der allgemeinen Landesverwaltung bei den Staatsbehörden bleiben müsse und daß diese Angelegenheit als Staatsangelegenheit zu betrachten ist und nicht an Kommunalinstanzen übertragen werden dürfe. Sie hat also geglaubt, nur von diesem Punkte aus Vorschläge machen zu dürfen. Sie sagte sich zunächst, daß es unter solchen Umständen eigentlich gerechtfertigt wäre, diesen Gegenstand nicht hier, sondern in dem höheren Organisationsgesetz zu erledigen. Man zog aber in Erwägung, daß in dem Gedanken der Vorlage ein ganz gesunder Kern enthalten sei, auf dem man weiter bauen könnte, und daß es mißlich sei, eine an sich zweckmäßige Sache aus formellen Gründen noch weit hinauszuschieben.

Die Vorschläge der Kommission gehen deshalb dahin, erstens den Provinzialausschuß nicht mit Angelegenheiten der allgemeimen Landesverwaltung, sondern lediglich mit denen der Provinzialgemeindeverwaltung zu betrauen, dagegen einen besonderen Provinzialrath zu errichten. Dieser soll bestehen aus dem Oberpräsidenten als Vorsitzendem, zwei von dem Herrn Minister des Innern bestimmten höheren Verwaltungsbeamten und vier von dem Ausschuß aus seiner Mitte zu wählenden Mitgliedern. Die Kommission sagte sich hierbei, daß auf diese Weise die Staatsangelegenheiten und die Angelegenheiten der Landesverwaltung in der höheren Instanz in der Hand des Oberpräsidenten verblieben; daß der Oberpräsident dagegen für gewisse Angelegenheiten einen Rath zu hören habe, in welchem die Laienmitglieder, welche auf den Provinzialausschuß entsendet werden, die Majorität bilden. Sie glaubte, daß, wenn eine solche Staatsbehörde gebildet werde, einerseits den staatlichen Interessen vollständig Rechnung getragen werde, und andererseits die Zuziehung des Laienelements, welches sie auch für gewisse Angelegenheiten für wünschenswerth hält, ihre angemessene Berücksichtigung findet. In Bezug auf den Regierungsbezirk schlägt sie eine gleiche Bildung vor. Ich habe schon im Eingang bemerkt, daß der Fortfall des Bezirksausschusses unter allen Umständen wünschenswerth sei, weil er für die Provinzialgemeindeangelegenheiten kein Bedürfniß ist, und in Bezug auf Angelegenheiten der allgemeinen Landesverwaltung das nicht leistet, was für die Wahrnehmung der Staatsinteressen gefordert werden müsse. Der Bezirksrath würde in ähnlicher Weise gebildet werden müssen, wie der Provinzialrath. Er würde bestehen aus dem Regierungspräsidenten als Vorsitzendem, zwei höheren Verwaltungsbeamten und vier hier aber vom Provinziallandtag zu wählenden Mitgliedern. Die Kommission glaubt, daß auf diese Weise den Interessen des Staats einerseits und den Interessen der Provinz andererseits in vollkommenster Weise Rechnung getragen werde. Sie hatte in Bezug auf die Zuziehung des

Laienelements, wenn es in Verbindung gebracht wird mit dem Beamtenthum, wie die Kommission es will, keinerlei Bedenken. Dagegen hatte sie in Bezug auf die Mitglieder des Provinzialausschusses und des Bezirksausschusses in dieser Beziehung um so größere Bedenken. Sie sagte sich, daß diese Mitglieder selbstverständlich das nicht würden leisten können, was die Mitglieder des Kreisausschusses in ihrem Wirkungskreise zu leisten im Stande wären. In Bezug auf die Angelegenheiten der allgemeinen Landesverwaltung handelt es sich mehr um Sachen allgemeiner Natur, die allgemeine Geschäftsbildung und Erfahrung voraussetzen, und spezielle Kenntnisse in gewissen Fächern fordern, während bei dem Kreisausschuß die Mitglieder nur diejenigen Kenntnisse, die sie innerhalb ihres Wirkungskreises im Kreise sich angeeignet haben, zur Anwendung zu bringen brauchen, unter diesen Umständen also erheblich mehr zu leisten im Stande sind, und ihre Zeit in zweckmäßigerer Weise anwenden können, als es bei den Mitgliedern des Provinzialausschusses und bei den Mitgliedern der Bezirksausschüsse der Fall sein wird. Das, m. H., sind im Allgemeinen die Gründe, welche für Ihre Kommission bei den Vorschlägen, die Ihnen unterbreitet sind, maßgebend gewesen sind, und sie hat geglaubt, daß in diesem Punkte ihre Vorschläge von der Art sind, daß sie dasjenige Prinzip, von welchem auch die Vorlage ausgegangen ist, nicht verletzt, sich im Gegentheil mit ihr in vollem Einklang befindet; ja sie ist sogar so weit gegangen, daß sie glaubt, ihre Vorschläge schließen sich der Grundlage der Kreisordnung näher an, als die Bestimmungen in der Vorlage und die Beschlüsse des anderen Hauses. Aus allen diesen Gründen darf ich im Namen der Kommission die eben von mir auseinandergesetzten Vorschläge empfehlen."

Das Herrenhaus, welches die Berathung der Provinzialordnung in den Sitzungen vom 26., 28., 29. und 31. Mai bewirkte, trat in fast allen erheblichen Punkten den Beschlüssen seiner Kommission bei und nahm hierauf in der Sitzung vom 1. Juni 1875 dieselbe nach Maßgabe der von ihr zu den einzelnen Paragraphen gefaßten Beschlüsse im Ganzen an.

Die hierauf nochmals nothwendig werdende Berathung im Abgeordnetenhause, welche in der Sitzung vom 7. Juni 1875 stattfand, hatte zur Folge, daß das Abgeordnetenhaus in vielen wichtigen Punkten sich den Beschlüssen des Herrenhauses anschloß, insbesondere auch die Bildung eines besonderen Provinzialrathes und Bezirksrathes für die Mitwirkung in allgemeinen Landesangelegenheiten genehmigte, jedoch bezüglich der Zusammensetzung dieser Behörden*) eine Abänderung beschloß, auch bezüglich einiger weniger anderer Punkte die früheren Beschlüsse des Abgeordnetenhauses wiederherstellte. Die hiernach veränderte Provinzialordnung wurde hierauf vom Abgeordnetenhause in der Sitzung vom 8. Juni 1875 in namentlicher Abstimmung mit 213 gegen 148 Stimmen angenommen. Die Minorität setzte sich aus den Mitgliedern des Centrums, den Polen

*) Vgl. die Anm. zu §§ 62 und 67.

und einem Theile der Fortschrittspartei zusammen, während die Mitglieder der nationalliberalen, der freikonservativen, der neuen konservativen und der alten konservativen Fraktion fast ausnahmslos, und von der Fortschrittspartei ein Theil für die Provinzialordnung stimmten. Das Herrenhaus nahm dieselbe in der hiernach vom Abgeordnetenhause beschlossenen Fassung in der Sitzung vom 12. Juni 1875 unverändert an. Unterm 29. Juni 1875 wurde die Provinzialordnung Allerhöchst vollzogen. Sie ist in Nr. 25 der Gesetzsammlung (Seite 335 ff.) publizirt.

Wie oben erwähnt, wurde gleichzeitig mit dem Entwurf einer Provinzialordnung auch der Entwurf eines Gesetzes betreffend die Ausführung der Paragraphen 5 und 6 des Gesetzes vom 30. April 1873 wegen der Dotation der Provinzial- und Kreisverbände, sowie der Entwurf eines Gesetzes betreffend die Verfassung der Verwaltungsgerichte und das Verwaltungsstreitverfahren dem Landtage zur Beschlußfassung unterbreitet. Der letztere ist im Landtag durchberathen und in derjenigen Fassung, welche er hierbei erhalten, unterm 3. Juli 1875 Allerhöchst sanktionirt und in Nr. 27 der Gesetzsammlung (S. 375 ff.) als Gesetz publizirt worden. Dieses ist in der Anlage C. seinem Wortlaut nach abgedruckt. Die dazu entsprechenden Erläuterungen werden sachgemäß in dem Kommentar zur Kreisordnung den §§ 140 ff. und §§ 187 ff. anzuschließen sein, wo über das Verfahren in streitigen Verwaltungssachen disponirt ist*).

Bezüglich des Entwurfs des Dotationsgesetzes bemerkt der Bericht der Kommission des Abgeordnetenhauses Folgendes:

„Durch den Erlaß vom 16. September 1867, durch das Gesetz vom 7. März 1868 und das Gesetz vom 11. März 1872 sind dem Regierungsbezirk Kassel, der Provinz Hannover und dem Regierungsbezirk Wiesbaden Fonds aus den Einnahmen des Staatshaushalts zur Fürsorge für gewisse in dem erwähnten Erlasse beziehungsweise Gesetzen bezeichnete gemeinnützige Einrichtungen und Anstalten, deren Verwaltung bis dahin dem Staate obgelegen hatte, überwiesen worden — und zwar:

1. Dem Regierungsbezirk Kassel durch Erlaß vom 16. September 1867 die bei dem vormaligen Kurhessischen Staatsschatze verwalteten Kapitalien in Werthpapieren zum Nominalwerthe von etwa 6 Millionen Thalern mit einer Jahresrente von etwa 330,000 Thlrn.

---

*) Vgl. Hahn, Kommentar zur Kreisordnung. Berlin, Verlag v. J. Guttentag.

2. Der Provinz Hannover durch das Gesetz vom 7. März 1868 eine jährliche Rente von 500,000 Thlrn.
3. Dem Regierungsbezirk Wiesbaden durch das Gesetz vom 11. März 1872 eine jährliche Rente von 142,000 Thlrn. und ein Kapital von 46,380 Thlrn., also eine Gesammtrente von 144 bis 145,000 Thlrn.

Bei Gelegenheit der Berathung des Hannover'schen Dotationsgesetzes im Preußischen Landtage und später bei anderen Anlassen war von der Königlichen Staatsregierung die Zusicherung gegeben, in gleicher Weise, wie der Provinz Hannover und dem Hessischen und Nassauischen Kommunalverbande, allen Provinzen der Monarchie eine Dotation aus Staatsfonds zu Zwecken der Selbstverwaltung zu Theil werden zu lassen.

Das Gesetz vom 30. April 1873 betreffend die Dotation der Provinzial- und Kreisverbände war dazu bestimmt, die Grundlage für die Erfüllung dieser Zusicherung zu schaffen. (Vgl. dasselbe in der Anlage A.) Es überwies den noch nicht dotirten Provinzialverbänden die Summe von zwei Millionen Thalern, welche nach dem Maßstabe der Bevölkerung und des Flächeninhalts auf die Provinzialverbände vertheilt werden sollten, und behielt „die Ueberweisung weiterer Summen aus dem Staatshaushaltsetat, unter Uebertragung der entsprechenden Ausgabeverpflichtungen, vor."

In den Motiven zu dem Gesetz vom 30. April 1873 legte die Königliche Staatsregierung zugleich ihre Absicht in Bezug auf die Höhe der den noch nicht dotirten Provinzialverbänden zu gewährenden Summe und in Bezug auf den bei der Vertheilung derselben in Anwendung zu bringenden Maßstab dar.

Sie führte aus, daß für die Berechnung der Dotationssumme der Hessische Fonds nicht zum Anhalt dienen könne, da für die verhältnißmäßig reichere Ausstattung des Hessischen Kommunalverbandes ganz besondere Verhältnisse maßgebend gewesen seien, auch nicht der Nassauische, sondern man werde am geeignetsten die Hannoversche Rente der Berechnung zu Grunde legen, unter Anwendung des kombinirten Maßstabes der Seelenzahl und des Flächeninhalts für je ½ der Hannoverschen Rente. Es ergebe dies für die neu auszustattenden Provinzen im Ganzen eine Rente von rund 4,600,000 Thalern.

Die Kommission des Abgeordnetenhauses, welcher der eben genannte Gesetzentwurf zur Vorberathung überwiesen wurde, acceptirte diese Berechnung und den dabei zur Anwenduug gekommenen Maßstab unter der Voraussetzung, „daß seiner Zeit bei der gesetzlichen Fixirung der Verwendungszwecke den neu auszustattenden Landestheilen im Wesentlichen dieselbe Aufgabe zufalle, wie früher Hannover." (Vergl. Nr. 171 der Drucksachen, 11. Legislaturperiode III. Session 1872 bis 1873). Die Kommission legte daher auch Verwahrung dagegen ein, daß die Staatsregierung in den Motiven die Verpflichtung der Provinzialverbände ankündigte, aus der intendirten Dotationssumme Aufwendungen für Volksschulzwecke zu machen.

Die Kommission und später das Abgeordnetenhaus acceptirte auch den Maßstab der Vertheilung nach Flächeninhalt und Seelenzahl in Betreff der durch das damalige Gesetz überwiesenen zwei Millionen Thaler. Der Berichterstatter der Kommission, Abgeordneter Dr. Friedenthal, konstatirte jedoch Namens der Kommission bei der Verhandlung des Abgeordnetenhauses vom 20. Februar 1873 —

und mehrere Redner traten ihm darin bei — „daß die Frage, ob im weiteren Verlauf der Dinge die Provinzialfonds später die Gestalt der Ueberweisung bestimmter Steuerkategorien annehmen könnten, die Frage, ob insbesondere die Grund- und Gebäudesteuer später an Stelle der fungibeln Renten treten könnten, eine offene sei, daß diese Frage in keiner Weise durch dies Gesetz präjudizirt werden könne und solle."

Der vorliegende Gesetzentwurf hat den Zweck, die in den §§ 5 und 6 des Gesetzes vom 30. April 1873 vorbehaltenen Bestimmungen zu treffen bezüglich der Verwendung der durch dasselbe für die noch nicht dotirten Provinzialverbände zur Disposition gestellten zwei Millionen Thaler und in Betreff der Ueberweisung weiterer Summen.

Derselbe geht insofern über den in den Motiven zu dem Gesetze vom 30. April entwickelten Rahmen hinaus, als er über die den noch nicht dotirten Provinzen zu gewährende Rente von 4,600,000 Thlrn. hinaus allen Provinzial- und kommunalständischen Verbänden noch weitere Summen aus dem Staatshaushaltsetat überweist unter Uebertragung der entsprechenden Ausgabeverpflichtungen, zu denen insbesondere die Verwaltung und die Unterhaltung der Staatschausseen gehört."

Der Gesetzentwurf erhielt bei der Beschlußfassung in den Häusern des Landtages mehrfache Abänderungen, sowohl hinsichtlich der Höhe der Dotationssumme, welche unter Genehmigung der Staatsregierung insbesondere bezüglich der Rente für die Verwaltung und Unterhaltung der Staatschausseen um jährlich 4 Millionen Mark erhöht wurde, wie auch bezüglich des Vertheilungsmaßstabes der Dotation unter die verschiedenen Provinzen ꝛc. ꝛc. Die betreffenden Bestimmungen sind aus dem Gesetz ersichtlich, wie es unterm 8. Juli 1875 (Gesetzsamml. S. 497) publizirt und nachfolgend in der Anlage B. abgedruckt ist.

Provinzial-Ordnung

für die Provinzen

Preußen, Brandenburg, Pommern, Schlesien und Sachsen.

Vom 29. Juni 1875.

(Ges.-Samml. S. 335.)

Wir **Wilhelm**, von Gottes Gnaden König von Preußen rc. verordnen, mit Zustimmung beider Häuser des Landtages, für die Provinzen Preußen, Brandenburg, Pommern, Schlesien und Sachsen, was folgt:

Erster Titel.

Von den Grundlagen der Provinzialverfassung.

Erster Abschnitt.

Von dem Umfange und der Begrenzung der Provinzialverbände.

§. 1.

Jede Provinz bildet einen mit den Rechten einer Korporation ausgestatteten Kommunalverband zur Selbstverwaltung seiner Angelegenheiten.

Zum Kommunalverbande der Provinz (Provinzialverband) gehören alle innerhalb der Grenzen derselben belegenen Kreise und alle zu diesen Kreisen gehörenden Ortschaften.

Diejenigen Kreise und einzelnen Ortschaften, welche bisher zu einem anderen provinzialständischen Verbande gehört haben, treten aus diesem Verbande aus und in den Kommunalverband derjenigen Provinz ein, innerhalb deren Grenzen sie belegen sind.

Zu § 1.

1. Korporation, Körperschaft ist ein vom Staate genehmigter und in seinem Bestehen anerkannter, auf fortdauernde gemeinnützige Zwecke gerichteter und zu **einem** Rechtssubjekt nach Innen und Außen errichteter Verein von mehreren Personen, mit rechtlicher Persönlichkeit. Wesentlich dabei ist, daß die Vereinigung zu einer vermögensrechtlichen Verbindung erfolgt ist — sei es, daß dieselbe allein eine vermögensrechtliche oder noch eine weitere Bedeutung hat — in der Art, daß die Vermögensfähigkeit und die vermögensrechtlichen Beziehungen nicht den mehreren Einzelnen für sich oder in ihrer Vereinigung zukommen, sondern vielmehr ihrer von der Individualität der einzelnen Personen losgelösten Einheit. Der Verein erscheint wegen der ihm zukommenden Vermögensfähigkeit als Einheit; das Vermögen tritt sekundair zu ihm als dem Subjekt hinzu, begründet aber nicht erst die Persönlichkeit. Die Korporation gilt danach äußerlich für eine juristische Person; sie kann Vermögen erwerben und Schulden contrahiren (§§ 81 ff. Tit. 6. Th. II. A. L. R.). Von den der Korporation hierbei zustehenden Rechten sind hier insbesondere folgende zu erwähnen: Die Verjährung läuft gegen sie (innerhalb des Geltungsgebiets des Allgemeinen Landrechts) erst in 20 resp. 44 Jahren ab (§§ 629 bis 630 Tit. 9. Th. I. A. L. R.); ihre Gläubiger müssen sich Abschlagszahlungen gefallen lassen (§ 98. Tit. 6. Th. II. l. c.) und sie kann daher nicht in Konkurs gerathen; sofern gegen sie Exekution vollstreckt werden soll, so muß das betreffende Gericht sich zuvor in Einvernehmen mit der Bezirksregierung setzen; sie hat zur Einlegung der Rechtsmittel längere Zeitfristen. Als ihr Domizil und Forum erscheint der Ort, welcher nach ihrer Verfassung der Mittelpunkt ihrer Verwaltung und Rechtsverhältnisse ist. Sie kann nicht undankbar sein. Sie hat die Wiedereinsetzung in den früheren Stand gegen die Versäumnung der kürzeren Verjährungen innerhalb 4 Jahren (gegen andere Fristen und Prozeßfristen nicht) (§§ 174—177. Tit. 14. Th. I. A. L. R. Art. 13. Dekl. vom 6. April 1839.). Sie hat als blos gedachte Person kein Gewissen, daher fehlt ihr der Boden der Zurechnungsfähigkeit, sowohl für die civile als die kriminelle Schuld (culpa); trotz dieses Grundes ist sie aber nicht unfähig, nothwendige Eide zu schwören. Sie kann Subjekt von Vermögensverhältnissen, sowie von Ehren- und Statusrechten, nur nicht von Familienrechten sein. Gegen sie kann der Besitz eines negativen oder Untersagungsrechtes nicht erworben werden, sobald auch nur ein Mitglied widerspricht (§§. 92. 93. Tit. 7. Th. I. A. L. R.). (O. Stobbe, Deutsches Privatrecht, Berlin 1871, S. 319 ff. — M. v. Oesfeld, Preußen in staatsrechtlicher 2c. Beziehung, Bresl. 1871. Th. I. S. 270 ff.).

2. Wegen der Vertretung der Korporation des Provinzialverbandes vergl. § 34. Nr. II. §. 59. §. 90. Wegen Ausfertigung der Urkunden, mittelst deren der Provinzialverband Verpflichtungen übernimmt, vergl. § 91.

3. Nach § 1 bildet fortan jede Provinz in den Grenzen ihres Verwaltungsbezirkes einen Kommunalverband.

Durch diese Bestimmung sollen die Inkongruenzen beseitigt werden, welche zwischen mehreren der in Rede stehenden Provinzialverbände in ihrer territorialen Begrenzung und der administrativen Provinzialeintheilung bisher bestanden. Bekanntlich ist den ständischen Verbänden bei ihrer Einrichtung im Jahre 1823 nicht das administrative Gebiet der Provinzen, wie solche durch die Verordnung wegen verbesserter Einrichtung der Provinzialbehörden vom 30. April 1815 (Gesetzsamml. S. 85) hergestellt worden waren, sondern die im Jahre 1806 stattgehabte Begrenzung zu Grunde gelegt worden.

§. 2.

Die Haupt- und Residenzstadt Berlin scheidet aus dem Kommunalverbande der Provinz Brandenburg aus.

Die Bildung eines besonderen Kommunalverbandes aus der Haupt- und Residenzstadt Berlin und angrenzenden Gebieten, sowie die Regelung der Verfassung und Verwaltung desselben bleibt einem besonderen Gesetze vorbehalten.

Dadurch ist es gekommen, daß der Brandenburgische Provinzialverband Bestandtheile der Provinz Pommern — die Kreise Schievelbein und Dramburg, sowie Theile der Kreise Pyritz, Regenwalde, Saatzig und Randow — der Provinz Sachsen — nämlich die Kreise Stendal, Salzwedel, Osterburg und einen Theil des Kreises Gardelegen, sowie einige Ortschaften der Kreise Wolmirstedt und Neuhaldensleben — und endlich der Provinz Schlesien, — nämlich mehrere Ortschaften des Grüneberger Kreises — in sich vereinigt, während einzelne Ortschaften der zur Provinz Brandenburg gehörigen Kreise Sorau und Spremberg dem Schlesischen Provinzialverbande einverleibt sind. Auch gehörte eine Ortschaft des Kreises Hoyerswerda (Provinz Schlesien) und ein Dorf im Kreise Luckau (Provinz Brandenburg) in ständischer Beziehung zur Provinz Sachsen.

Es kann nicht verkannt werden, daß die Nichtübereinstimmung der Grenzen der provinzialständischen Verbände mit der administrativen Eintheilung erhebliche Mißstände zur Folge hatten. Dahin ist insbesondere zu rechnen, daß diejenigen Theile einer Provinz, welche einem anderen provinzialständischen Verbande angehören, in allen Angelegenheiten, bei denen die Verhandlungen des Provinziallandtages die Interessen der gesammten Provinz berühren, unvertreten bleiben. Dies gilt namentlich von den Wahlen der Mitglieder der für Zwecke der allgemeinen Landesverwaltung angeordneten Kommissionen, sowie der Verwaltungsgerichte. Letztere bilden die entscheidende Instanz auch für die Angelegenheiten solcher Kreise, welche, als einem anderen Provinzialverbande angehörig, an ihrer Zusammensetzung nicht betheiligt sind, während andererseits bei der Wahl der Laienmitglieder der Verwaltungsgerichte in der Provinz Brandenburg auch Nichtangehörige dieser Provinz mitwirkten. Nicht allein durch das Institut der Verwaltungsgerichte, sondern auch durch die Ueberweisung von Provinzialfonds und die in Verbindung damit erfolgte Uebertragung bisher staatlicher Verwaltungsgeschäfte an die Provinzialverbände sind letztere in eine soviel engere Beziehung zur Staatsadministration gebracht, daß es durchaus erforderlich erschien, eine Uebereinstimmung zwischen den administrativen und den Provinzialverbandsgrenzen herbeizuführen. Dies war aber, da eine Wiederherstellung der älteren administrativen Begrenzung wohl nicht in Frage kommen konnte, nur dadurch zu erreichen, daß man die Grenzen der Provinzialverbände abänderte, und mit denen der bezüglichen Provinzen zusammenfallen ließ. (Motive zum Reg.-Entw.).

4. Bei der Berathung der Provinzialordnung in der Kommission des Abgeordnetenhauses hatte die Kommission den Antrag gestellt, die Provinz Preußen in zwei Provinzen, „Ostpreußen" und „Westpreußen" zu theilen. Dieser Kommissionsantrag gab im Plenum des Abgeordnetenhauses zu einer lebhaften Debatte Veranlassung, wurde aber, nachdem sich die Regierung entschieden gegen den Antrag ausgesprochen, in der Sitzung vom 8. April 1875 in namentlicher Abstimmung mit 207 gegen 127 Stimmen verworfen. (Stenogr. Ber. S. 1067).

Zu § 2.

Die Stadt Berlin mit 807,738 Einwohnern in einer Provinz mit einer Gesammtbevölkerung von 2,820,088 Seelen bereitet zunächst jeder Zusammensetzung der Provinzialvertretung, welche sich an die Bevölkerung anlehnt, nicht geringe Schwierigkeiten. So wenig dieser Umstand an und für sich ausreichen würde, um die Abtrennung der Stadt Berlin vom Provinzialverband Brandenburg zu motiviren, so sehr fällt er in's Gewicht, wenn der starke Gegensatz der großen Stadt zu der übrigen Provinz und der gänzliche Mangel an gemeinsamen Interessen in Betracht gezogen wird. Berlin bildet einen eigenen Landarmenverband, hat seine eigenen gemeinnützigen Institute und keinen Antheil an denen des kommunalständischen Verbands der Kurmark, während der Provinzialverband gemeinsamer Vermögensobjekte bisher entbehrte. Eine Ablösung Berlin's von dem Provinzialverbande der Mark Brandenburg wird sich daher ohne Schwierigkeit vollziehen lassen. Wenn die gedachten Gegensätze bisher nicht zu Unzuträglichkeiten geführt haben, so ist die Ursache dafür wohl nur in der bisherigen Bedeutungslosigkeit des Provinzialverbandes zu suchen. Wenn aber demnächst, um nur eins hervorzuheben, die Verwendung der Provinzialfonds in Frage käme, dann würden jene Gegensätze leicht zu Differenzen mannigfacher Art Veranlassung geben können. Das Gesetz will daher die Stadt Berlin zwar in administrativer Beziehung bei der Provinz Brandenburg belassen, sie jedoch von dem Verbande dieser Provinz abtrennen. (Reg.-Mot.).

Der Regierungsentwurf der Provinzialordnung von 1874/75 hatte sich nicht darauf beschränkt, die Stadt Berlin aus dem Kommunalverband der Provinz Brandenburg ausscheiden zu lassen, sondern er wollte gleichzeitig aus „der Stadt Berlin, der Stadt Charlottenburg und den sie umgebenden ländlichen Ortschaften" einen besonderen Provinzialverband bilden. Die Regierung ging davon aus, daß, so wenig gemeinsame kommunale Interessen für die Stadt Berlin und die übrige Provinz Brandenburg — die letztere als ein Ganzes betrachtet — vorhanden sind, dennoch Beziehungen der mannigfachsten Art zwischen der Stadt Berlin und ihrer nächsten Umgebung bestehen. Die Häusermassen der Städte Berlin und Charlottenburg, sowie der benachbarten ländlichen Ortschaften — führen die Regierungsmotive des Näheren aus — rücken immer näher aneinander und schon giebt es Straßen, deren eine Häuserreihe im Weichbilde von Berlin, deren andere in der Gemarkung der Stadt Charlottenburg oder einer angrenzenden Landgemeinde belegen ist. Die Rücksichten des öffentlichen Interesses, welche die Staatsregierung im Jahre 1860 bestimmt haben, gemäß den Vorschriften der Städteordnung Theile der Gemeindebezirke Alt-Schöneberg, Tempelhof, Deutsch-Rixdorf und Charlottenburg, der bebauten Theile des Thiergartens, Alt- und Neu-Moabit, den Wedding, das Louisenbad und das Terrain der ehemaligen Pulvermühlen mit dem Stadtbezirke von Berlin zu vereinigen, würden es gegenwärtig in gleichem, wenn nicht in einem noch höheren Maße gerechtfertigt erscheinen lassen, eine abermalige Erweiterung des Gebietes der Stadt Berlin durch Inkommunalisirung angrenzender Gemeindegemarkungen beziehungsweise von Theilen derselben vorzunehmen. Eine solche Maßregel würde sich jedoch nach Ansicht der Staatsregierung nicht empfehlen. Das Gemeinwesen der Stadt Berlin mit einer Zahl von nahezu 1 Million Einwohnern ist schon gegenwärtig ein so umfangreiches, daß eine gedeihliche Verwaltung der kommunalen Angelegenheiten desselben nach Maßgabe der Bestimmungen der Städteordnung großen Schwierigkeiten begegnet. Das Bedürfniß einer Dezentralisation der kommunalen Verwaltung tritt von Tage zu Tage mehr hervor. Für die Befriedigung dieses Bedürfnisses bietet sich der Weg dar, innerhalb des großen die ganze Stadt umfassenden Gemeinwesens kleinere Gemeinwesen zu bilden und denselben diejenigen Aufgaben des kommunalen Lebens zuzuweisen, welche der kleinere Einzelverband für sich selbst und den Interessen seiner Angehörigen entsprechender zu erfüllen vermag, als der Gesammtverband, während die Thätigkeit des letzteren auf diejenigen Zweige der kommunalen Verwaltung zu beschränken sein wird, bezüglich deren ein gemeinsames Interesse sämmtlicher Einzelverbände besteht.

Scheint nach der natürlichen Entwickelung der Verhältnisse der Großstadt Berlin eine Reorganisation der Kommunalverfassung derselben in dieser Richtung angezeigt, so wird davon abgesehen werden müssen, durch Hinzufügung neuer Theile zu dem Weichbilde der Stadt die schon jetzt schwierige centralisirte Stadtverwaltung noch mehr zu erschweren. Dagegen wird es der angedeuteten Reformidee entsprechen und die spätere Ausführung derselben erleichtert werden, wenn zwischen den Städten Berlin und Charlottenburg, sowie den vor den Thoren Berlins belegenen ländlichen Ortschaften unbeschadet ihrer kommunalen Selbstständigkeit, ein Gesammtverband für bestimmte kommunale Zwecke geschaffen wird, deren gemeinsame Erfüllung die Wohlfahrt Aller gleichmäßig erfordert. Diese Organisation hat zugleich vor der Inkommunalisirung den wesentlichen Vortheil voraus, daß, während die letztere auf diejenigen Theile der nächsten Ortschaften beschränkt bleiben müßte, welche thatsächlich mit der Stadt Berlin verschmolzen, ihrer äußeren Erscheinung nach schon zu integrirenden Theilen derselben geworden sind, und deshalb geeignet erscheinen, in eine volle kommunale Gemeinschaft mit der Großstadt einzutreten, die Grenzen des neu zu bildenden Gesammtverbandes weiter gezogen und so gesteckt werden können, daß derselbe das ganze Gebiet der Stadt Charlottenburg und die ungetheilten Gemarkungen aller derjenigen Ortschaften umfaßt, deren Verkehr und wirthschaftliche Beziehungen in der Stadt Berlin ihren Mittelpunkt haben.

Wie in kommunaler, so lassen sich auch in administrativer Beziehung die Vorzüge einer solchen Organisation nicht verkennen. Es wird allerseits als ein dringendes Bedürfniß des öffentlichen Interesses empfunden, daß die Polizei in der Hauptstadt des Landes und ihrer nächsten Umgebung einheitlich verwaltet werde. Dieser Anforderung wird entsprochen, wenn aus den zu einem kommunalen Gesammtverbande mit Berlin zu vereinigenden Ortschaften zugleich ein besonderer Verwaltungsbezirk gebildet wird.

Hiernach wird es sich empfehlen, aus den die Stadt Berlin umgebenden Ortschaften, soweit auf sie die gedachten Voraussetzungen zutreffen, einen besonderen Landkreis Berlin zu bilden, die Stadt Charlottenburg zu einem Stadtkreise zu erheben und demnächst die Stadtkreise Berlin und Charlottenburg, sowie den Landkreis Berlin zu einer Provinz Berlin zu vereinigen, welche gleich den anderen Provinzen der Monarchie einen besonderen, mit den Rechten einer Korporation ausgestatteten Kommunalverband zur Selbstverwaltung seiner Angelegenheiten bildet.

Diesen Rücksichten entsprechend legte die Regierung gleichzeitig mit dem Entwurfe der Provinzialordnung dem Abgeordnetenhause einen besonderen Gesetzentwurf betreffend die Verfassung und Verwaltung der Provinz Berlin vor. Dieser Gesetzentwurf, welcher nach der ersten Lesung an eine Kommission verwiesen war, ist demnächst im Abgeordnetenhause nicht zur weiteren Berathung gelangt.

Mit Rücksicht darauf, daß dieses fürerst negative Resultat bezüglich des besonderen Gesetzentwurfes über die Bildung einer Provinz Berlin schon während der Berathung der Provinzialordnung nicht als unwahrscheinlich erachtet wurde, mußte auch der § 2 der Provinzialordnung gegenüber dem Regierungsentwurf eine Aenderung erfahren. Er lautete dort:

> Die Haupt- und Residenzstadt Berlin, die Stadt Charlottenburg und die sie umgebenden ländlichen Ortschaften werden zu einem besonderen Provinzialverbande vereinigt.
>
> Die Feststellung der Grenzen, sowie die Regelung der Verfassung und Verwaltung der Provinz Berlin erfolgt durch ein besonderes Gesetz.

Die hier vorgesehene Ausscheidung der Stadt Berlin aus dem Provinzialverbande der Provinz Brandenburg hielt man mit dem Entwurfe für unbedingt nothwendig, während die Frage, ob und welche der in der Umgebung Berlins vorhandenen Städte und Ortschaften der Stadt Berlin anzuschließen und ob dieselben mit der letzteren eine selbstständige Provinz zu bilden haben, für die Berathung des desfallsigen Gesetzentwurfs vorbehalten blieb. Danach war dem § 2 eine Fassung zu geben, welche der Frage wegen der Bildung einer besonderen Provinz Berlin nicht vorgriff und die Möglichkeit gewährte, die Provinzialordnung zum Abschluß zu bringen, auch wenn eine besondere Provinz Berlin nicht gebildet werden sollte. Im letzteren Falle werden bis zum Erlaß eines besonderen Gesetzes über die Verwaltung und Verfassung des Kommunalverbandes Berlin einige Uebergangsbestimmungen in Betreff der fortdauernden Kompetenz der bisherigen Staats-

§. 3.

Die in Folge der Ausführung der Vorschrift des §. 1. erforderliche Regelung der Verhältnisse ist, unbeschadet aller Privatrechte Dritter, durch den Minister des Innern zu bewirken.

Streitigkeiten, welche hierbei entstehen, unterliegen der Entscheidung des Oberverwaltungsgerichts.

§. 4.

Veränderung der Provinzialgrenzen.

Die Veränderung bestehender Provinzialgrenzen erfolgt durch Gesetz.

---

organe über diesen Verband, insbesondere über den Erlaß von Polizeiverordnungen für denselben und die Einsetzung einer besonderen Bezirkskommission behufs Einschätzung zur klassifizirten Einkommensteuer, sowie das für Berlin fungirende Verwaltungsgericht nothwendig. Diese Gesichtspunkte führten zu der Fassung des § 2, wie sie in der Provinzialordnung nunmehr enthalten ist.

Die soeben erwähnten Uebergangsbestimmungen bezüglich der Stadt Berlin finden sich im § 126.

Zu § 3.

1. Die Auseinandersetzungen, welche in Folge der im § 1 bestimmten anderweiten Abgrenzung der Provinzialverbände, sowie in Folge etwaiger späterer Veränderungen von Provinzialgrenzen sich als nothwendig ergeben, sollen in analoger Weise bewirkt werden, wie nach § 3 der Kreisordnung diejenigen Auseinandersetzungen, welche in Folge der Abänderung von Kreisgrenzen vorzunehmen sind. Dergleichen Auseinandersetzungen eignen sich nicht zur Feststellung durch Gesetz oder zur Entscheidung im Rechtswege. Sie sind vielmehr im Verwaltungswege zu bewirken. Der Civilrichter würde in Ermangelung zutreffender allgemeiner gesetzlicher Bestimmungen nicht in der Lage sein, die Auseinandersetzung einer theils auf staatsrechtlichen, theils auf privatrechtlichen Verhältnissen beruhenden Gemeinschaft zu bewirken, wenn ihm nicht die gesetzlichen Bestimmungen in jedem einzelnen Falle durch Spezialgesetz gegeben würden. Die Weitläufigkeit eines solchen Verfahrens, sowie die Schwierigkeit, die Grundsätze für die Entscheidung aller sich bei der Auseinandersetzung möglicherweise ergebenden Differenzen im Voraus gesetzlich zu fixiren, wird sich, wie die Motive des Regierungsentwurfs hervorheben, aber ebenso wenig in Abrede stellen lassen, wie der Umstand, daß durch die Beschäftigung mit einer derartigen Detailgesetzgebung der Landesvertretung die für die Erledigung ihrer größeren Aufgaben nothwendige Zeit entzogen wird, während sich nicht einmal wird behaupten lassen, daß sie zur Festsetzung der Grundsätze einer verwickelten Auseinandersetzung geeigneter sei, als ein kleineres Kollegium. Ein solches Kollegium bietet sich hinsichtlich der durch Veränderung der Kreisgrenzen erforderlichen Auseinandersetzungen, im Bezirksverwaltungsgericht, hinsichtlich der durch Veränderung der Provinzialgrenzen herbeigeführten Auseinandersetzungen im Oberverwaltungsgerichtshof dar. Diese Gerichtshöfe werden in der Lage sein, gleichzeitig die Grundsätze der Auseinandersetzung und zwar ex aequo et bono, soweit das Gesetz keine Vorschriften enthält, festzusetzen, und danach über die sich herausstellenden Streitpunkte zu entscheiden, während das für ihre Verhandlungen vorgesehene Verfahren dieselben Garantien bieten wird, wie das prozessualische Verfahren der Civilgerichte. (Motive zum Reg.-Entw.).

2. Wegen des Verfahrens vor dem Oberverwaltungsgericht vgl. § 6 und § 30 des Gesetzes vom 3. Juli 1875 betreffend die Verfassung der Verwaltungsgerichte und das Verwaltungsstreitverfahren (im Anhang Anlage C.).

Die in Folge einer derartigen Veränderung erforderliche Regelung der Verhältnisse ist auf dem im §. 3. bezeichneten Wege zu bewirken.

Veränderungen solcher Gemeinde- oder Gutsbezirksgrenzen, welche zugleich Provinzialgrenzen sind, ziehen die Veränderung der letzteren ohne Weiteres nach sich.

Eine jede Veränderung der Provinzialgrenzen, welche nicht durch Gesetz erfolgt, ist durch die Amtsblätter der betheiligten Provinzen bekannt zu machen.

Zu § 4.

1. Vgl. die Anmerkung 1 zu § 3.

2. Die Bestimmung im Absatz 3., wonach Veränderungen solcher Gemeinde- oder Gutsbezirksgrenzen, welche zugleich Provinzialgrenzen sind, die Veränderung der letzteren ohne Weiteres nach sich ziehen, entspricht gleichfalls den Vorschriften der Kreisordnung (§ 3.). Da die Provinzialgrenzen überall gleichzeitig Kreisgrenzen sind, so schließt jede Veränderung solcher Gemeinde- oder Gutsbezirksgrenzen, welche zugleich Provinzialgrenzen sind, auch gleichzeitig die Veränderung von Kreisgrenzen in sich. Bezüglich der letzteren bestimmt die Kreisordnung (§ 3.), daß „Veränderungen solcher Gemeinde- oder Gutsbezirksgrenzen, welche zugleich Kreisgrenzen sind, die Veränderung dieser Kreisgrenzen und, wo die Kreis- und Wahlbezirksgrenzen zusammenfallen, auch die Veränderung der letzteren ohne Weiteres nach sich ziehen."

Veränderungen bestehender Kreisgrenzen beziehungsweise bestehender Provinzialgrenzen finden erfahrungsmäßig größtentheils nur in Folge einer im gesetzlich vorgeschriebenen Verfahren erfolgenden anderweiten Begrenzung von Gemeinden und Gutsbezirken statt und auch dann nur in geringem Umfange und machen in den bei weitem meisten Fällen sich nur in Bezug auf unbewohnte Grundstücke nothwendig; es würde somit einerseits die Verwaltung außerordentlich erschweren und andererseits die Faktoren der Gesetzgebung unverhältnißmäßig belästigen, wenn auch in diesen Fällen die Aenderung der Kreisgrenzen und sonach auch die, dieselbe bedingende Veränderung von Gemeinde- und Gutsbezirken nur im Königlichen Verordnungs- beziehungsweise legislativen Wege sollte erfolgen können. Zur Vermeidung dieser Weiterungen bestimmt daher der vierte Absatz des § 3. der Kreisordnung, daß Veränderungen solcher Gemeinde- und Gutsbezirksgrenzen, welche zugleich Kreisgrenzen sind, die Veränderungen dieser Grenzen, und wo die Kreis- und Wahlbezirksgrenzen zusammen fallen, auch der letzteren ohne Weiteres nach sich ziehen sollen, und im § 4. Absatz 3 der Provinzialordnung ist bezüglich der Provinzialgrenzen die gleichmäßige Bestimmung getroffen.

3. Ueber die Veränderungen der Grenzen von Gemeinde- und Gutsbezirken ist Folgendes gesetzlich bestimmt, und zwar bezüglich des platten Landes durch den § 1. des Gesetzes, betreffend die Landgemeindeverfassungen in den sechs östlichen Provinzen vom 14. April 1856 (G. S. S. 359), so, wie derselbe durch die Kreisordnung (§ 135. Nr. IX.) abgeändert ist:

„Den Bezirk einer ländlichen Gemeinde oder eines selbstständigen Guts bilden alle diejenigen Grundstücke, welche demselben bisher angehört haben.

Jedes Grundstück, welches bisher noch keinem Gemeinde- oder selbstständigen Gutsbezirke angehört hat, ist nach Vernehmung der Betheiligten und nach Anhörung des Kreistages durch den Oberpräsidenten mit einem solchen Bezirke zu vereinigen. Eignet sich ein solches Grundstück, nach seinem Umfange und seiner Leistungsfähigkeit, zu einem besonderen Gemeinde- oder selbst-

Zweiter Abschnitt.

Von den Provinzialangehörigen, ihren Rechten und Pflichten.

§. 5.

Provinzialangehörige sind alle Angehörigen der zu der Provinz gehörigen Kreise.

---

ständigen Gutsbezirke, so kann dasselbe mit Unserer Genehmigung dazu erklärt werden.

Die Vereinigung eines ländlichen Gemeindebezirks oder eines selbstständigen Gutsbezirks mit einem andern Bezirke kann nur unter Zustimmung der betheiligten Gemeinden und des betheiligten Gutsbesitzers, nach Anhörung des Kreistages, mit Unserer Genehmigung erfolgen.

Die Abtrennung einzelner Grundstücke, Abbaue, Kolonien von einem Gemeinde- oder selbstständigen Gutsbezirke und deren Vereinigung mit einem andern solchen Bezirke kann, wenn die betheiligten Gemeinden oder Gutsbesitzer und die Besitzer jener Grundstücke darin einwilligen, mit Genehmigung des Kreisausschusses geschehen; soll aber aus dergleichen Grundstücken ein besonderer Gemeindebezirk oder ein selbstständiger Gutsbezirk gebildet werden, so ist die Anhörung des Kreisausschusses und Unsere Genehmigung erforderlich. In diesem letzteren Wege können Bezirksveränderungen der vorbezeichneten Art, welche im öffentlichen Interesse nothwendig sind, selbst dann vorgenommen werden, wenn die Betheiligten nicht darin eingewilligt haben.

In allen vorstehend bezeichneten Fällen ist den Betheiligten der Beschluß des Kreisausschusses vor Einholung der höheren Genehmigung mitzutheilen.

Wird in Folge einer Bezirksveränderung eine Auseinandersetzung zwischen den Betheiligten nothwendig, so ist dieselbe im Verwaltungswege zu bewirken; zu ihrer Feststellung genügt, wenn die Betheiligten einig sind, die Genehmigung des Kreisausschusses; entstehen Streitigkeiten dabei, so entscheidet solche das Bezirksverwaltungsgericht. Privatrechtliche Verhältnisse dürfen durch dergleichen Veränderungen niemals gestört werden.

Eine jede Bezirksveränderung ist durch das Amtsblatt bekannt zu machen.

Der § 9. der Verordnung vom 31. März 1833 (Gesetz-Samml. S. 62.) ist aufgehoben."

Vgl. hierzu Pos. 1. und 2. und den vorletzten Absatz im Abschnitt IX. des § 135 der Kreisordnung; ferner § 3. Absatz 2 des Gesetzes vom 3. Juli 1875, betreffend die Verfassung der Verwaltungsgerichte ꝛc. (Anhang Anlage C.)

4. Wegen Veränderung städtischer Gemeindebezirke finden sich die bezüglichen Bestimmungen im § 2. der Städteordnung für die sechs östlichen Provinzen vom 30. Mai 1853 (G. S. S. 261.).

Zu § 5.

1. Es ist davon ausgegangen, daß die Provinzialangehörigkeit die Kreisangehörigkeit zur nothwendigen Voraussetzung hat. Bezüglich der Kreisangehörigkeit bestimmt der § 6. der Kreisordnung:

„Angehörige des Kreises sind, mit Ausnahme der nicht angesessenen ser-„visberechtigten Militairpersonen des aktiven Dienststandes, alle diejenigen, „welche innerhalb des Kreises einen Wohnsitz haben."

2. Der Begriff der Kreisangehörigkeit bestimmt sich nach dem Begriffe der Gemeindeangehörigkeit; danach ist kreisangehörig ein Jeder, welcher innerhalb des Kreises seinen Wohnsitz hat. Ausgenommen von der Kreisangehörigkeit sind ebenso, wie von der Gemeindeangehörigkeit, nur die servisberechtigten Militairpersonen,

§. 6.

Die Provinzialangehörigen sind berechtigt: *Rechte der Provinzialangehörigen.*

1) zur Theilnahme an der Verwaltung und Vertretung des Provinzialverbandes nach näherer Vorschrift dieses Gesetzes;
2) zur Mitbenutzung der öffentlichen Einrichtungen und Anstalten des Provinzialverbandes nach Maßgabe der für dieselben bestehenden Bestimmungen.

§. 7.

Die Provinzialangehörigen sind verpflichtet, nach näherer Vorschrift dieses Gesetzes zu den Provinziallasten beizutragen. *Beitragspflicht zu den Provinzialabgaben.*

---

soweit sie nicht im Kreise angesessen sind. Besitzen sie dagegen im Kreise Grundeigenthum oder betreiben sie in demselben ein stehendes Gewerbe, so ergiebt sich ihre Kreisangehörigkeit als eine Konsequenz, der sie als Grundbesitzer oder Gewerbetreibende treffenden Steuerpflicht. (Motive zur Kreisordnung 1869).

3. Bezüglich der Merkmale des „Wohnsitzes" nimmt die Allgemeine Gerichts-Ordnung im zweiten Titel des ersten Theils Folgendes an:

> § 10. Die Absicht, seinen beständigen Wohnsitz an einem Orte nehmen zu wollen, kann sowohl ausdrücklich, als durch Handlungen oder Thatsachen geäußert werden.
>
> § 11. Für eine solche stillschweigende Aeußerung ist es zu achten, wenn Jemand an einem gewissen Orte ein Amt, welches seine beständige Gegenwart daselbst erfordert, übernimmt, Handel oder Gewerbe daselbst zu treiben anfängt, **oder** sich daselbst Alles, was zu einer eingerichteten Wirthschaft gehört, anschafft.

Zu § 6.

Die Bestimmungen des § 6 bezüglich der Rechte der Provinzialangehörigen stimmen im Uebrigen wörtlich mit denjenigen Bestimmungen überein, mit welchen der § 7. der Kreisordnung die Rechte der Kreisangehörigen begrenzt hat. Nur die Worte im Absatz 2.: „nach Maßgabe der für dieselben bestehenden Bestimmungen" sind in der gleichmäßigen Bestimmung der Kreisordnung nicht enthalten. Dieser Zusatz ist aus dem Grunde hinzugefügt worden, um jeden Zweifel darüber auszuschließen, daß das Recht der Provinzialangehörigen auf Mitbenutzung der öffentlichen Einrichtungen und Anstalten der Provinz seine Grenze findet in den durch Reglements, Instruktionen ꝛc. für die einzelnen Provinzialinstitute festgesetzten Ordnungen; daß namentlich, wo derartige Institute nur für einzelne Theile der Provinz bestimmt sind, in diesem Rechtszustande durch die Vorschrift dieses Paragraphen nichts geändert werden soll. (Motive zum Reg.-Entw.).

Zu § 7.

1. Den Rechten der Provinzialangehörigen entspricht die im § 7 definirte Pflicht zur Aufbringung von Provinzialabgaben.

2. Die Staatsregierung hat davon Abstand nehmen zu sollen geglaubt, an dieser Stelle eine dem § 8 der Kreisordnung entsprechende Vorschrift aufzunehmen, durch welche die Provinzialangehörigen auch für verpflichtet erklärt werden, unbesoldete Aemter in der Vertretung und Verwaltung der Provinz zu übernehmen.

Abgesehen davon, daß es nicht unbedenklich erscheint, den Zwang zum Civilehrendienste auch auf solche Leistungen auszudehnen, welche eine längere Abwesenheit und eine weitere Entfernung vom Wohnorte bedingen, als die Wahrnehmung

Dritter Abschnitt.

Von Provinzialstatuten und Reglements.

§. 8.

Die Provinzialverbände sind befugt:

1) zum Erlasse besonderer statutarischer Anordnungen über solche ihre Verfassung betreffenden Angelegenheiten, hinsichtlich deren das Gesetz auf statutarische Regelung verweist, oder keine ausdrücklichen Vorschriften enthält. Das Statut darf den bestehenden Gesetzen nicht widersprechen;

2) zum Erlasse von Reglements über besondere Einrichtungen des Provinzialverbandes.

Die Provinzialstatuten und Reglements sind auf Kosten der Provinzialverbände durch die Amtsblätter der Provinz bekannt zu machen.

---

der Kreisämter, so ist auch in denjenigen Provinzen, in welchen die Selbstverwaltung bereits einen nicht unbedeutenden Umfang gewonnen hat, ein Bedürfniß zum Erlasse derartiger Zwangsvorschriften bisher nicht hervorgetreten. Die Staatsregierung hat sich deshalb der zuversichtlichen Erwartung hingegeben, daß es auch ohne Zwang an geeigneten und bereiten Kräften für die Uebernahme unbesoldeter Provinzialämter nicht mangeln wird. (Reg.-Motive).

3. In der Kommission des Abgeordnetenhauses war von einem Kommissionsmitgliede die Frage angeregt worden, ob man es auch hier, wie in der Kreisordnung und in andern Kommunalgesetzen für erforderlich halte, den Provinzialangehörigen ausdrücklich die Verpflichtung zur Annahme von Aemtern in der Provinzialverwaltung aufzulegen. Diese Frage wurde von allen Seiten verneint. Einestheils nahm man an, daß sich dazu ein Bedürfniß wenigstens zur Zeit nicht vorfinde; anderseits würde es sich auch nicht empfehlen, die so wichtigen Provinzialämter widerwilligen Elementen zwangsweise zu übertragen. Dies würde sich auch an sich kaum rechtfertigen lassen, da die wichtigste Mitwirkung bei der Selbstverwaltung in der Provinz, die Theilnahme am Provinziallandtage, am Provinzialausschuß und am Bezirkausschuß, eine regelmäßig nicht am Wohnsitz des Mitwirkenden auszuübende Thätigkeit voraussetze. Hier liegen ohnehin die Sachen ganz anders, als in einer einzelnen Stadt oder im Kreise, oder in einem Amtsbezirk, wo wenigstens oft eine Auswahl unter geeigneten freiwillig sich darbietenden Elementen überhaupt nicht gegeben sei. Die laufende Thätigkeit in der Verwaltung werde endlich in der Provinz in noch stärkerem Maße, als in der Kreisverwaltung fest angestellten und besoldeten Beamten obliegen.

4. Die näheren Bestimmungen über die Ausschreibung von Provinzialabgaben sind in den §§ 105. bis 113. enthalten. Vgl. hierüber auch § 36., § 37. Nr. 4., §§ 106., 107., § 119. Nr. 4. und § 121.

Zu § 8.

1. Der § 8. gewährt den Provinzialverbänden das gleiche Maß von Autonomie, wie solches den Kreisen im § 20. der Kreisordnung zugestanden worden ist. (Reg.-Mot.)

Das jus statuendi ist in dem § 20. der Kreisordnung zufolge der Beschlüsse des Herrenhauses den Kreisen in einem bedeutend umfangreicheren Maße gewährt worden, als dies in dem ursprünglichen Regierungsentwurf vorgesehen war, welcher unter Billigung des Abgeordnetenhauses die Befugniß der Kreise zum Erlasse statutarischer Anordnungen erheblich enger begrenzt hatte, indem er lautete:

„Für jeden Kreis kann auf Beschluß des Kreistages ein Kreisstatut errichtet werden. Dasselbe hat den Zweck, diejenigen die Kreisverfassung betreffenden Gegenstände näher zu ordnen, hinsichtlich deren das gegenwärtige Gesetz Verschiedenheiten gestattet (§§ 100. Absatz 2 und 104. Absatz 1.) oder welche sonst das Gesetz der statutarischen Regelung überweist."

Die Absicht des Herrenhauses, welches in den verschiedenen darin vertretenen Parteien hierzu noch für „alle Angelegenheiten, bezüglich deren das Gesetz keine ausdrücklichen Bestimmungen enthält", sowie über sonstige eigenthümliche Verhältnisse des Kreises das Recht zu statutarischen Anordnungen der Kreise vorbehalten wissen wollte, ergiebt, sich aus nachstehender in der Sitzung des Herrenhauses vom 26. Oktober 1872 gehaltenen Rede des Prof. Dr. Zachariä. Dieser sagte: „Ich fühle mich verpflichtet in diesem Falle den Ausführungen des Herrn Regierungskommissars gegenüber für den Vorschlag der offiziellen Kommission einzutreten, weil ich ihn prinzipiell für den richtigen halte. Die Vorschläge des Regierungsentwurfs und der offiziellen Kommission differiren besonders in zwei Punkten, von welchen der eine allerdings minder wichtig zu sein scheint, der andere aber von besonderer prinzipieller Bedeutung sein dürfte. Sie differiren erstens darin, daß der Regierungsentwurf nur von einem Kreisstatut redet, während der Vorschlag der Kommission davon spricht, es sei jeder Kreis befugt, besondere statutarische Anordnungen zu treffen; also nicht mit einer Kodifikation soll die Sache abgemacht sein, sondern überall, wo das Bedürfniß hervortritt, soll der Kreis berechtigt sein, statutarische Anordnungen zu treffen. Das Zweite und Wichtigere, worin die beiden Fassungen von einander abweichen, ist auch vom Herrn Regierungskommissarius bereits hervorgehoben worden, nämlich die Abweichung, daß nach dem Vorschlage der Regierung, die auch vom Abgeordnetenhause adoptirt ist, nur in den Fällen, wo die allgemeinen Gesetze den Kreisen Verschiedenheiten gestatten, oder wo etwas ihnen ausdrücklich zugewiesen wird, um es statutarisch zu regeln, daß nur in diesen Fällen das jus statuendi der Kreise begründet sein könne. Dieses ist es nun, was ich nicht als richtig anerkennen kann. Es stehen sich, meine Herren, in Beziehung auf das jus statuendi der Gemeinden und anderer mit einer selbstständigen Rechtssphäre existirender Korporationen zwei verschiedene Theorien gegenüber, insbesondere in Betreff des jus statuendi der Gemeinden. Die eine Theorie, die ich als die Französische bezeichnen möchte, geht davon aus, daß die Gemeinden nur untergeordnete Administrationsdistrikte seien; die andere Theorie, die die Selbstständigkeit der Gemeinden anerkennt oder davon ausgeht, sagt: sie sind an und für sich vermöge ihrer natürlichen Bestimmung und der ihnen zukommenden sittlich rechtlichen Aufgabe von Ursprung an, also originair, selbstberechtigt in ihrer Sphäre. Die erste Theorie hat natürlich die nothwendige Konsequenz, daß die Gemeinden nur das statutarisch regeln können, was ihnen durch die Gesetzgebung übertragen ist. Hier wird das jus statuendi der Gemeinden abgeleitet aus der Gesetzgebung des Staates. Nach der anderen Theorie aber, die ich immer als die richtige betrachtet und vertreten habe, gebührt jeder Gemeinde von Anfang an originair ein jus statuendi, was ihr nicht vom Staate verliehen ist, sondern was sie als autonomische Befugniß in Anspruch nehmen kann; und wenn man von dieser letzteren Ansicht ausgeht, so muß man zu der Folge kommen, daß nicht blos das, was ihr vom Staate ausdrücklich übertragen ist, von ihr auch durch Statuten geregelt werden kann, sondern Alles, was eben zu ihrer natürlichen Rechtssphäre gehört, oder als zu ihrer Sphäre gehörig anerkannt ist, und wo eben nicht gesetzliche allgemeine Bestimmungen entgegenstehen. Deshalb ist es natürlich nothwendig, diese letztere Theorie auch hier anzuerkennen. Der Kreis kann keine Statuten machen, die im Widerspruch mit allgemeinen gesetzlichen Bestimmungen stehen, aber er muß nicht blos Statuten machen können, wo ihm besonders die Erlaubniß dazu ertheilt ist, sondern auch dann, wo es sich um etwas handelt, was in seine Rechtssphäre ge-

Zweiter Titel.

Von der Vertretung und Verwaltung der Provinzialverbände.

Erster Abschnitt.

Von der Zusammensetzung der Provinziallandtage.

§. 9.

Die Provinzialversammlung (der Provinziallandtag) besteht aus Abgeordneten der Land- und Stadtkreise der Provinz.

---

hört, wenn ihm auch nicht ausdrücklich diese Befugnisse beigelegt sind. Jedenfalls muß ich auch die Nr. 2. in Schutz nehmen, daß der Kreis berechtigt sein soll, über sonstige eigenthümliche Verhältnisse und Einrichtungen des Kreises Bestimmungen zu treffen. Das sind natürlich nicht Einrichtungen, die durch die allgemeine Gesetzgebung in allgemeiner Weise geschaffen sind, sondern es handelt sich hier wirklich um eigenthümliche Verhältnisse und Einrichtungen des Kreises, und da kann es keine Gefahr haben, wenn man dem Kreise das jus statuendi wirklich beilegt, und wenn irgendwie ein sonstiges Bedenken gegen den Vorschlag der Kommission geltend gemacht werden könnte, so ist ja noch die landesherrliche Bestätigung vorbehalten, wodurch in der That jede Gefahr beseitigt wird, die durch mögliche Ueberschreitungen der natürlichen oder gesetzlich bestimmten Sphäre des jus statuendi begründet werden könnte. Aus diesem Grunde möchte ich Ihnen den Vorschlag der offiziellen Kommission zur Annahme empfehlen, um so mehr, als der Vorschlag weiter nichts, als eine Wiederholung derjenigen Festsetzungen enthält, welche in der Städteordnung ausgesprochen sind." (Sten. Ber. S. 459).

Von gleichen Gesichtspunkten aus wird, soweit es sich um statutarische Anordnungen über die Verfassung der Provinzialverbände betreffende Angelegenheiten handelt, deren Zulässigkeit zu beurtheilen sein.

2. Die Beschlußnahme über den Erlaß von Statuten und Reglements gemäß § 8. gehört nach § 35. zu den Befugnissen und Obliegenheiten des Provinziallandtages. Beschlüsse des Provinziallandtages, welche den Erlaß solcher Statuten betreffen, bedürfen nach § 119. der landesherrlichen Genehmigung. Wegen der für die Reglements nothwendigen Genehmigung vgl. § 120.

3. Die Bestimmung, daß die Provinzialstatuten und Reglements durch die Amtsblätter der Provinz auf Kosten der Provinzialverbände bekannt gemacht werden sollen, entspricht — wie die Motive zum Regierungsentwurf hervorheben — den Grundsätzen des Gesetzes vom 10. April 1872 betreffend die Bekanntmachung landesherrlicher Erlasse durch die Amtsblätter (Gesetz-Samml. S. 357.), wie auch dem bisher schon üblichen Verfahren.

4. Auf statutarische Anordnungen ist u. A. verwiesen in den §§ 11., 41., 46., 47., 91., 93.

Zu § 9.

1) Die Provinziallandtage waren bisher auf Grund des Gesetzes vom 5. Juni 1823 wegen Anordnung der Provinzialstände und der zur Ausführung des letzteren für die einzelnen Provinzen in den Jahren 1823 bis 1828 besonders erlassenen Gesetze und Verordnungen in Preußen, der Mark Brandenburg (mit der Niederlausitz) und in Pommern (mit Rügen) derart zusammengesetzt, daß sie aus drei Ständen gebildet waren, dem Stande der Ritterschaft, dem Stande der Städte und dem Stande der Landgemeinden, in den Provinzen Schlesien und Sachsen waren

sie aus vier Ständen gebildet, indem zu den genannten drei Ständen noch als vierter resp. erster Stand die Prälaten, Fürsten, Grafen und Standesherren hinzutraten.

In der Provinz Schlesien hatten im Stande der Fürsten und Standesherren die Besitzer des Fürstenthums Oels, des Fürstenthums Troppau und Jägerndorff, Preußischen Antheils, des Fürstenthums Sagan, des Fürstenthums Trachenberg, des Fürstenthums Carolath, des Herzogthums Ratibor und des Fürstenthums Pleß je eine Virilstimme, die Besitzer der Standesherrschaften Ober-Beuthen (Graf Henckel von Donnersmarck), Wartenberg (Prinz Biron von Curland), Militsch (Graf von Maltzan), Goschütz (Graf von Reichenbach), Muskau (Fürst von Pückler), und Kynast (Graf von Schoffgotsch) zusammen drei Stimmen.

In der Provinz Sachsen bestand der erste Stand aus dem Domkapitel zu Merseburg, dem Domkapitel zu Naumburg, dem Grafen zu Stolberg-Wernigerode, dem Grafen zu Stolberg-Stolberg, dem Grafen zu Stolberg-Rosla und dem Besitzer des Amts Walternienburg.

Die übrigen Stände erschienen auf dem Provinziallandtage durch Abgeordnete, welche von ihnen durch Wahl bestimmt wurden. Im Stande der Ritterschaft wählten die Besitzer von Rittergütern, resp. in der Provinz Preußen außer diesen noch die Besitzer eines kölmischen Gutes von sechs kulmischen Hufen separirten, kontribuablen Landes, welches nicht Theil eines Dorfes, sondern ein für sich bestehendes Landgut ist, sowie eines andern größeren, dem vorbezeichneten kölmischen gleichartigen Landbesitzes. Dem Stande der Ritterschaft traten noch hinzu in der Provinz Brandenburg das Domkapitel zu Brandenburg, der Graf zu Solms-Baruth, der Graf Hardenberg-Reventlow, der Herrenstand der Niederlausitz, in der Provinz Pommern der Fürst zu Putbus, mit je einer Stimme, in der Provinz Schlesien die nachstehenden Majorats- und Geschlechts-Fideikommiß-Besitzer: der Herzog von Württemberg, der Fürst von Hohenlohe, der Graf zu Stolberg-Wernigerode, der Graf von Hochberg, der Fürst von Lychnowsky, der Graf von Sandretzky, der Graf von Oppersdorf, der Graf von Althan, der Graf von Herberstein, der Graf York von Wartenburg und der Graf von Dyhrn mit zusammen einer Stimme.

Bei den Städten stand das Wahlrecht denjenigen zu, welche den Magistrat wählen. Jede einzelne derjenigen Städte, welchen Virilstimmen zustanden, wählte ihre Abgeordneten in sich. Die übrigen Städte wählten in sich Wähler, welche nach Bezirken zusammentraten und die Abgeordneten wählten.

Für den Stand der Landgemeinden wählten die Dorfgemeinden, wie die Besitzer derjenigen selbstständigen zu keiner Dorfgemeinde gehörenden Güter, welche nicht die Qualität als Rittergüter besaßen, Bezirkswähler, aus welchen die Abgeordneten gewählt wurden.

Die Wählbarkeit der Mitglieder aller Stände zu Landtagsabgeordneten war von folgenden Bedingungen abhängig: 1. Grundbesitz in auf- und absteigender Linie ererbt, oder auf andere Weise erworben, und zehn Jahre lang nicht unterbrochen, wobei im Vererbungsfalle die Zeit des Besitzes des Erblassers und des Erben zusammengerechnet wurde; 2. Vollendung des dreißigsten Lebensjahres; 3. unbescholtener Ruf. Von der Bedingung des zehnjährigen Besitzes konnte landesherrliche Dispensation stattfinden. Als Abgeordnete des Standes der Städte durften nur solche städtische Grundbesitzer gewählt werden, welche entweder zeitige Magistratsmitglieder waren, oder ein bürgerliches Gewerbe trieben. Bei dem Stande der Landgemeinden wurde zu der Eigenschaft eines Provinziallandtags-Abgeordneten der Besitz eines als Hauptgewerbe selbst bewirthschafteten Landgutes erfordert, dessen Größe bezüglich der verschiedenen Provinzen besonders festgesetzt war. (Vgl. Gesetz vom 1. Juli 1823 wegen Anordnung der Provinzialstände für das Königreich Preußen (Ostpreußen, Litthauen und Westpreußen). Ges.-Samml. S. 138. und die hierzu erlassene Allerhöchste Verordnung vom 17. März 1828. Ges.-Samml. S. 28. — Gesetz vom 1. Juli 1823 wegen Anordnung der Provinzialstände für die Mark Brandenburg und die Niederlausitz, Ges.-Samml. S. 130., und die hierzu gehörige Allerhöchste Verordnung vom 17. August 1825, Ges.-Samml. S. 193. Gesetz vom 1. Juli 1823 wegen Anordnung der Provinzialstände für Pommern und Rügen, Ges.-Samml. S. 146. nebst der zugehörigen Allerh. Verordnung vom 17. August 1825, Ges.-Samml. S. 210. — Gesetz vom 27. März 1824 wegen Anordnung der Provinzialstände für Schlesien und die Oberlausitz, Ges.-Samml. S. 62. und die zugehörige Allerh. Verordnung vom 2. Juni 1827, Ges.-Samml. S. 61. — Gesetz vom 27. März 1824 wegen Anordnung der Provinzialstände für die Provinz Sachsen, Ges.-Samml. S. 70. und die zugehörige Allerh. Verordn. vom 17. Mai 1827, Ges.-Samml. S. 47.).

2. Durch die Kreisordnung ist die Basis, auf welcher die gegenwärtigen Provinziallandtage beruhen, verloren gegangen. Es bedurfte daher eines anderen Prinzipes für die Zusammensetzung der Provinziallandtage. Die privilegirte Eigenschaft der Rittergüter ist in Bezug auf die Kreisvertretung aufgehoben, in Anerkennung des Grundsatzes, daß der Besitz eines Rittergutes an und für sich nicht länger zur Ausübung obrigkeitlicher Funktionen berechtigen, auch besondere Ansprüche auf eine hervorragende Vertretung im Kreistage nicht gewähren soll.

Es konnte daher auch die Ritterschaft, welche den wesentlichsten Faktor für die Zusammensetzung der bisherigen Provinziallandtage bildete, als Faktor für die Konstruktion der neuen Provinzialvertretungen nicht beibehalten werden. Aus demselben Grunde hat nicht allein die bevorrechtigte Stellung einzelner fideikommissarischer Besitzer von Rittergütern, sondern auch die der Fürsten und Standesherren ihre innere Berechtigung verloren. Denn die ständischen Sonderrechte der letzteren beruhen ebenfalls auf dem Besitze eines bestimmten Gutskomplexes (Standesherrschaft), deren frühere Besitzer allerdings zu ihrer Zeit Hoheitsrechte ausgeübt und eine mehr oder minder unabhängige Machtstellung eingenommen hatten.

Bei der Zusammensetzung der Kreistage ist nun zwar den noch vorhandenen Unterschieden zwischen Stadt und Land und zwischen großem und kleinem ländlichen Grundbesitze durch die Wahl in gesonderten Wahlverbänden Rechnung getragen worden. Es hat jedoch nicht in der Absicht gelegen, damit gewissermaßen neue Stände an Stelle der bisherigen zu schaffen, wie denn auch charakteristische Merkmale ständischen Wesens — wie dies z. B. die itio in partes, die Zusammensetzung des Kreisausschusses und der Kreiskommissionen aus Vertretern der verschiedenen Wahlverbände scil. Kurien, die Kuriatabstimmung &c. gewesen sein würden, — in der Kreisordnung keinen Eingang gefunden haben.

In der neuen Provinzialordnung ist daher das bisherige System der Zusammensetzung der Provinziallandtage verlassen und an Stelle desselben ein System getreten, welches auf folgenden Grundsätzen beruht:

1) jeder Kreis ist ein Wahlkreis;
2) die Wahl der Provinziallandtagsabgeordneten erfolgt durch die Kreistage;
3) jeder Kreis wählt 2 oder 3 Abgeordnete.

Die Kreise sind vermöge ihrer einheitlichen korporativen Gestaltung die natürlichen Elemente für die Bildung fester, in sich geschlossener Wahlkörper. Durch die mit Emanation der Kreisordnung erhöhten korporativen Interessen, Pflichten und Rechte bilden sie ein organisch verbundenes Ganze, mit welchem sich die Kreisangehörigen als Glieder näher und individueller geeint fühlen.

Wollte man mehrere Kreise zu einem Wahlkörper verbinden, so würde man dadurch nicht etwa neue Bildungen mit korporativem oder einheitlichem Leben schaffen, wohl aber alle diejenigen Vortheile aufgeben, welche eine Wahlbezirksbildung auf korporativer Grundlage mit sich bringt. Zu diesen Vortheilen gehört insbesondere die auf vielfachen Beziehungen und gemeinsamen Interessen beruhende nähere Bekanntschaft der Kreisangehörigen untereinander, welche eine Einigung über den oder die aufzustellenden Wahlkandidaten ohne Schwierigkeit herbeiführen wird. Anders, wenn die Wähler aus zwei oder mehreren Kreisen zur Wahl zusammentreten müssen.

Nur zu häufig ist dann entweder eine vorgängige Verständigung nicht zu erreichen und das Resultat der Wahl dem Zufall Preis gegeben, oder es werden Kompromisse geschlossen, in Folge deren Abgeordnete aus der Wahl hervorgehen, welche unter anderen Verhältnissen von keinem der betheiligten Kreise gewählt sein würden. Eine Kombinirung mehrerer Kreise zu einem Wahlbezirke würde außerdem den Aufwand an Zeit und Kosten für die Wähler nicht unerheblich vermehren und auch in dieser Beziehung zu einer Erschwerung des Wahlgeschäfts führen. Endlich würde eine Majorisirung der kleineren Kreise durch die größeren bei derartigen zusammengesetzten Wahlbezirken, insbesondere, wenn die lokalen Interessen nicht zusammenfallen, kaum zu vermeiden sein.

Was den zweiten Grundsatz betrifft, daß die Wahl der Provinziallandtagsabgeordneten für jeden Kreis durch die Kreistage vollzogen werden soll, so empfiehlt sich derselbe aus folgenden Erwägungen.

Zunächst könnte in Frage kommen, ob nicht bei der Wahl der Provinziallandtagsabgeordneten auf die gesonderten Wahlverbände zurückzugreifen gewesen sei, welche für die Wahlen der Kreistagsabgeordneten konstituirt sind. Dies hätte in zweierlei Weise geschehen können, entweder, indem man die Wahlen durch die Wahlberechtigten der einzelnen Verbände oder in der Weise, daß man sie durch die von denselben gewählten Kreistagsabgeordneten als Wahlmänner für jeden der Verbände vollziehen ließe.

Würde jedes dieser Systeme auch prinzipiell mit der Kreisordnung nicht unvereinbar sein, so würde dasselbe doch erhebliche praktische Unzuträglichkeiten mit sich geführt haben. Es erschien unthunlich, jedem der drei Wahlverbände in jedem Kreise die Wahl eines Abgeordneten einzuräumen, weil dadurch die Mitgliederzahl der Provinziallandtage unverhältnißmäßig groß werden würde. Man würde also genöthigt gewesen sein, die Wahlverbände mehrerer Kreise zu Kollektivstimmen zu verbinden; dies würde namentlich bezüglich der Verbände der Städte erforderlich gewesen sein, weil deren Einwohnerzahl in den einzelnen Kreisen sehr erheblich von einander abweicht. Hiergegen aber würden alle diejenigen Gründe in verstärktem Maße sprechen, welche vorhin gegen die Zusammenlegung mehrerer Kreise zu einem Wahlkörper geltend gemacht worden sind. Der organische Zusammenhang der Kreise würde zerrissen werden, um Wahlverbände herzustellen, die keinesweges auf so eminenter Interessengemeinschaft beruhen würden, wie diejenige der Kreise ist. Insbesondere hat sich der Gedanke, zur Bildung der Provinziallandtage, aufs Neue Urwahlen der Wahlberechtigten der einzelnen Wahlverbände zu veranlassen, schon mit Rücksicht darauf nicht empfohlen, daß der zu häufige Zusammentritt der Urwählerschaften thunlichst vermieden werden muß, wenn nicht das Interesse an den Wahlen sich verlieren soll. Es erscheint aber auch nicht rathsam, dieselbe Wählerschaft zu der Konstituirung verschiedener Organe aktiv werden zu lassen: für die höheren Verbände muß vielmehr auch eine höhere Basis gewonnen werden. Als solche aber wird der Kreistag anzusehen sein, welcher berufen ist, den Kreiskommunalverband zu vertreten. Es müßte auffällig erscheinen, wenn von dieser Regel gerade da eine Ausnahme statuirt werden sollte, wo es darauf ankommt, die geeignetsten Vertreter des Kreises für den Provinziallandtag zu ermitteln. Gerade hierzu werden die Mitglieder des Kreistages im Hinblicke auf die gemeinsame Uebung in der Verwaltung der Kreisangelegenheiten vorzugsweise befähigt sein. Die Wahl der Provinziallandtagsabgeordneten den Kreistagen zu überlassen, wird sich um so mehr empfehlen, als der Provinziallandtag, beziehungsweise die aus der Wahl desselben hervorgehenden Organe in mehrfacher Beziehung die Stellung einer höheren Instanz gegenüber den Kreisen einzunehmen bestimmt sind. Es wird den Kreistagen, welche die Kreiskommunalverwaltung zu führen haben, das Recht, den Kreisverband zu vertreten, gerade bei Bildung dieser höheren Instanz nicht verkümmert werden dürfen.

Endlich durfte die Staatsregierung auf Grund der ihr zugegangenen übereinstimmenden Mittheilungen von Behörden und Privaten als das erfreuliche Ergebniß der im Laufe des Jahres 1873 in Gemäßheit der Kreisordnung stattgehabten Wahlen zu den Kreistagen konstatiren, daß die Zusammensetzung der neuen Kreistage, mit wenigen Ausnahmen, nicht nach einseitigen politischen Parteirücksichten erfolgt ist, sondern daß zu Kreistagsabgeordneten im Allgemeinen tüchtige und durch ihre bisherige Thätigkeit im öffentlichen Leben der Gemeinde und des Kreises bewährte Männer gewählt worden sind, — wenn auch in einzelnen Kreisen Fehlgriffe vorgekommen sein mögen, welche indeß den günstigen Gesammtausfall der Wahlen nicht weiter beeinträchtigen. Auch erscheint die Annahme gerechtfertigt, daß die überwiegende Mehrzahl der Kreistage in ihrer neuen Zusammensetzung, den Intentionen des Gesetzes gemäß, in der That die verschiedenen Klassen der Bevölkerung in einer ihrer Intelligenz und dem Maße ihrer Steuerleistung entsprechenden Weise repräsentirt. Nach alledem konnte es kein Bedenken haben, ihnen die Wahl zum Provinziallandtage anzuvertrauen.

Wenn ferner jedem Kreise mindestens zwei, den bevölkerten Kreisen aber drei oder mehrere Abgeordnete zugewiesen worden sind, so ist dabei die Absicht maßgebend gewesen, die innerhalb eines jeden Kreises nebeneinander bestehenden verschiedenartigen Interessen von Stadt und Land, von Ackerbau und Industrie, von Großbesitz und Kleinbesitz u. s. w., wie sie in den Wahlverbänden zum Kreistage ihren Ausdruck gefunden haben, thunlichst zur Geltung kommen zu lassen.

Während bei der Wahl von 3 Abgeordneten die besonderen Interessen eines jeden der drei Wahlverbände innerhalb des Kreises geeigneten Falles berücksichtigt werden können, wird die Zahl von zwei Abgeordneten zu Kompromissen führen, entweder auf die Wahl eines Groß- und eines Kleingrundbesitzers oder auf die Wahl eines städtischen und eines Vertreters des platten Landes.

Wäre dagegen den Kreisen nur ein Abgeordneter zugetheilt worden, so würde die Besorgniß nicht unbegründet gewesen sein, daß alsdann das städtische Element, welches auf den Kreistagen dem ländlichen gegenüber sich mit Ausnahme weniger Kreise in der Minorität befindet, auf den Provinziallandtagen nicht ausreichend zur Geltung gelangen möchte.

Waren in den angeführten Prinzipien die einheitlichen Grundlagen des Systems für die Zusammensetzung der Provinziallandtage gewonnen, so erschien es gerechtfertigt, behufs ihrer Durchführung den Verschiedenheiten, welche die einzelnen Provinzen in Bezug auf die Dichtigkeit der Bevölkerung, auf die Anzahl der Kreise und auf die Vertheilung der Bevölkerung auf dieselben nachweisen, dadurch Rechnung zu tragen, daß, wie dies im § 10. geschehen ist, die Normaleinwohnerzahl, welche die Kreise zur Wahl von mehr als zwei Abgeordneten berechtigen soll, in den einzelnen Provinzen variirend normirt wurde. Mitbestimmend dabei war das — durch die Rücksicht auf den Aufwand an Kosten nicht allein, sondern auch an persönlichen Leistungen gebotene — Bestreben, die Gesammtzahl der Provinziallandtagsabgeordneten nicht allzusehr anwachsen zu lassen. Diese Rücksicht ließ es auch geboten erscheinen, von der Regel, daß jeder Kreis mindestens zwei Abgeordnete zum Provinziallandtage entsenden solle, in einer Provinz eine Ausnahme zu machen.

In der Provinz Schlesien konnte wegen der großen Zahl der Kreise (61) und wegen der sehr verschiedenen Einwohnerzahl derselben den kleineren Kreisen nur je 1 Abgeordneter zugetheilt werden. (§ 10.)

Von dieser Ausnahme werden jedoch nur 15 Kreise betroffen. Auch soll es der statutarischen Anordnung der Provinzialvertretung überlassen bleiben, diese kleineren Kreise mit je einem angrenzenden Kreise zu Wahlbezirken zu vereinigen (§ 11). Auf diese kombinirten Wahlbezirke würden alsdann mindestens je 2 Abgeordnete entfallen, zu deren Wahl die Kreistage beider Kreise zusammentreten müssen. (Motive zum Reg.-Entw.)

Bei der Berathung des Regierungsentwurfs in der Kommission des Abgeordnetenhauses machten sich — wie der Kommissionsbericht darlegt — bezüglich der Zusammensetzung der Provinziallandtage zwei grundsätzlich abweichende Ansichten geltend.

Das System der Regierungsvorlage, nach welchem die Abgeordneten zum Provinziallandtage von den Kreistagen, beziehungsweise in den Stadtkreisen vo dem vereinigten Wahlkollegium der Magistrate und Stadtverordneten gewählt werden sollen, fand in der Kommission entschiedene Gegner, welche, obwohl von verschiedenen Gesichtspunkten und Interessen aus, gleichmäßig das Wahlsystem der Kreisordnung für die 5 östlichen Provinzen vorzogen. An und für sich empfehle es sich, — so wurde von dieser Seite argumentirt — das in der Kreisordnung einmal im Wege der Verständigung zwischen den Parteien und Interessen zur Annahme gelangte Wahlsystem beizubehalten. Dieselben Rücksichten, welche eine Vertretung des Kreises, in den besonderen Wahlverbänden des großen Grundbesitzes, des kleinen Grundbesitzes und der Städte erforderlich gemacht haben, seien auch für die Provinzialvertretung maßgebend. Ganz gleichartige Interessengemeinschaften und Interessendifferenzen, ganz gleichartige Kommunalaufgaben liegen hier vor. Vor Allem gewähre das Wahlsystem der Kreisordnung den Minoritäten im Kreistage, insbesondere den Städten, eine viel größere Garantie, daß die Repräsentanten ihrer besonderen Interessen auch auf dem Provinziallandtage erscheinen und ihre Stimme geltend machen können. Auch sei es unzweifelhaft prinzipwidrig, die Kreistage zu Wählerschaften für die Provinziallandtage zu organisiren, welche doch selbst nicht von der gesammten Bevölkerung unter Ausgleichung der verschiedenen Gegensätze, sondern von selbstständig organisirten getrennten Wahlverbänden gewählt seien. Ja es liege sogar darin eine Gefahr für die allmälige Verschmelzung der verschiedenen Elemente im Kreise und in den Kreistagen selbst, weil die sonst sich in der gemeinsamen Thätigkeit allmälig abschwächenden Gegensätze, wo sie vorhanden, bei den Wahlen zum Provinziallandtage sich immer wieder aufs Neue verschärften. Es empfehle sich daher, auch die Wahlen zum Provinziallandtage in den drei selbstständig organisirten Wahlverbänden, des großen Grundbesitzes, des kleinen Grundbesitzes und der Städte, vornehmen zu lassen, möge man nun diese Wahlverbände zu dem Zwecke der Wahl selbstständig organisiren oder dazu die Vertreter der einzelnen Wahlverbände auf den Kreistagen heranziehen.

Die Vertheidiger dieser Anschauung beriefen sich dabei auf die von mehr als 60 Städten eingegangenen Petitionen, welche einstimmig gerade im Interesse der städtischen Elemente das Wahlsystem der Kreisordnung reklamirten.

Die Mehrheit der Kommissionsmitglieder entschied sich jedoch für das System der Regierungsvorlage. Dasselbe habe unzweifelhaft den Vorzug großer Einfachheit und stehe auch prinzipiell auf dem richtigen Boden der Vertretung der Kreise *als solcher* in der Provinzialverwaltung.

Die Provinzen stellen sich naturgemäß dar als eine Vereinigung kleinerer Kommunalverbände für solche Zwecke, denen diese in ihrer Vereinzelung nicht gewachsen seien. Es sei daher auch an sich schon naturgemäß, die Gesammtvertretung aus den Delegirten der *einzelnen Kommunalverbände* zu konstruiren. Die Provinzialverwaltung werde dem entsprechend vielfach nicht selbst verwalten, sondern durch die einzelnen Kreise die unmittelbare Verwaltung ausüben lassen, also nicht direkt eingreifen in die Interessen einzelner Gruppen der Bevölkerung, dies vielmehr den Kreisen überlassen. Von diesen Gesichtspunkten aus werde es sich auch empfehlen, daß die Provinz nicht die *einzelnen Provinzialangehörigen* direkt besteuere, sondern die Provinzialabgaben auf die *Kreise* kontingentire (§ 106.) Die bisherige Erfahrung habe schon gelehrt, daß Interessenverschiedenheiten zwischen den einzelnen wirthschaftlichen Gruppen der Bevölkerung, insbesondere zwischen Stadt und Land, in der Provinzialvertretung und Provinzialverwaltung ganz zurücktreten; höchstens stelle sich dort das Interesse der einzelnen *Gegend*, des einzelnen Kreises gegen das Interesse einer anderen Gegend oder eines anderen Kreises. Sehr selten werde die Stadt gegen das Land sich stellen.

Um sich dies klar zu machen, brauche man sich nur die Aufgaben der Provinzialverwaltung im Einzelnen zu vergegenwärtigen. Die von verschiedenen Städten befürchtete Gefahr für ihre besonderen städtischen Interessen beruhe daher auf einer falschen Anschauung von dem Wesen der Provinzialverwaltung. Die Kreistage werden bei den Wahlen zum Provinziallandtage sich wesentlich von den Rücksichten auf die Intelligenz, den Charakter und die soziale Stellung der Kandidaten leiten lassen und es sei gerade ein Vorzug des Wahlsystems des Entwurfs, daß diese Rücksichten wahrscheinlich in viel höherem Maße werden zur Geltung kommen, als bei einer direkten Berufung der einzelnen Wahlverbände zur Wahlurne. Lasse man aber die Mitglieder der Kreistage in den nach Gruppen gebildeten besonderen Abtheilungen wählen, so gefährde man gerade dadurch die wünschenswerthe allmälige Verschmelzung derselben zu einem harmonischen Ganzen in der Kreisverwaltung und gefährde so indirekt auch letztere. Man dürfe annehmen, daß die Kreistagsmajoritäten, von vereinzelten Ausnahmen vielleicht abgesehen, durchgängig bei den Wahlen zum Provinziallandtage nicht einseitig verfahren und den Grundbesitz im Gegensatz zu den Städten in unbilliger Weise bevorzugen werden. Um hierfür jedoch noch eine größere Garantie zu gewinnen (so wurde von einem Theile der Freunde der Regierungsvorlage ausgeführt), werde es sich empfehlen, diejenigen Kreise, welche nicht schon ohnehin 3 Abgeordnete wählen, zum Zweck der Wahl zusammenzulegen; wenn bei jeder Wahl mindestens 3 Abgeordnete zum Provinziallandtage gewählt würden, so werden sich Kompromisse viel leichter bilden und die Minoritäten viel eher zur Vertretung gelangen. Auch erscheine es allerdings billig, den im ganzen in geringer Zahl vorhandenen Stadtkreisen eine etwas größere Zahl von Vertretern beizulegen. Gerade die Stadtkreise mit ihrer großen sozialen und wirthschaftlichen Bedeutung für die betreffenden Provinzen seien wohl berechtigt, einen solchen Anspruch zu erheben und könnten sich dabei auch auf die verhältnißmäßig weit größeren Steuerleistungen berufen. Man gewinne dadurch jedenfalls die Gewißheit, daß eine, wenn auch kleine, Anzahl städtischer Vertreter in dem Provinziallandtag vorhanden sei. Dies werde um so wünschenswerther sein, als die vom Provinziallandtag gewählten Ausschüsse auch wichtige staatliche Befugnisse und insbesondere die Aufsicht über die städtischen Gemeinden zu führen haben.

Letztere Ausführungen wurden wiederum auch von solchen Mitgliedern bestritten, welche im Uebrigen auf dem Boden der Regierungsvorlage standen. Es sei nicht wohl gethan, den Stadtkreisen gewissermaßen ein Vorzugsrecht zu geben; man werde von Seiten der Vertreter des Grundbesitzes Gegenforderungen hervorrufen. Wolle man die großen Städte begünstigen, so empfehle es sich, auch die ganz großen Grundbesitzer, etwa solche, welche mehr als 1500 Thaler Grundsteuer zahlten, zu einer besonderen Vertretung auf den Provinziallandtagen zu verhelfen. Statt die großen Städte zu begünstigen, komme es vielmehr darauf an, den Mittelstädten, welche einen eigenen Stadtkreis nicht bilden, eine Vertretung auf dem Provinziallandtage gesetzlich sicher zu stellen und möchte es sich darum empfehlen, eine Bestimmung aufzunehmen, nach welcher Städten von 10—25,000 Einwohnern das Recht zugestanden werde, in besonderen Wahlverbänden Abgeordnete zu dem Provinziallandtag zu delegiren. Es sei zu bedauern, daß die Staatsregierung nicht bei Gelegenheit der Vorlage der Provinzialordnung die Reform des Herrenhauses in die Hand genommen und dem sogenannten befestigten Grundbesitz statt seiner unberechtigten Stellung im Herrenhause eine besondere Vertretung auf dem Provinziallandtage eingeräumt habe. Vielleicht könne man in Kompensation gegen ein besonderes Vertretungsrecht der Städte dies bei dieser Gelegenheit nachholen und wenigstens den sogenannten Magnaten Sitz und Stimme auf dem Provinziallandtage einräumen.

Diese gleichfalls in besonderen Anträgen formulirten Gedanken fanden jedoch bei der ganz überwiegenden Mehrheit der Kommission keine Unterstützung. Wenn die Frage von einer Vertretung der Standesherren, Magnaten oder sonstigen ganz großen Grundbesitzer mit der Reform des Herrenhauses zusammenhänge, so sei sie hier überhaupt nicht zu lösen und könne dazu Seitens des Abgeordnetenhauses die Initiative nicht ergriffen werden. Auch fehle es der Kommission dazu an allen statistischen Unterlagen. Eine innere Begründung des betreffenden Antrages wurde gänzlich vermißt. Nicht einmal könne zugegeben werden, daß eine etwaige separate Vertretung einzelner Städte in einem logischen Zusammenhange mit einer besonderen Vertretung der Magnaten stehe.

So wurden die auf eine besondere Vertretung von Städten bestimmter Größe und der Grundbesitzungen mit einer Grundsteuer von mehr als 1500 Thlrn. gestellten Anträge mit großer Mehrheit abgelehnt und demnächst von den Antragstellern nicht weiter verfolgt.

Von jenen Mitgliedern der Kommission, welche im Allgemeinen die Regierungsvorlage zu acceptiren bereit waren, jedoch eine Modifikation in dem oben erwähnten Sinne durch Zusammenlegung mehrerer Kreise zu Wahlverbänden, welche mindestens 3 Abgeordnete zu wählen hätten, wünschten, wurden bezügliche Anträge gestellt.

Die Antragsteller führten dabei aus, daß nach ihren Vorschlägen die Gesammtzahl der Vertreter nicht unerheblich vermindert werde, was jedenfalls als ein Vorzug zu betrachten sei. Auch würden meistens diejenigen Kreise zusammen wählen, welche schon jetzt einen Wahlkreis für den Landtag bildeten, also bereits in einem gewissen Zusammenhange stehen.

Der Vertreter der Staatsregierung erklärte sich gegen alle gestellten Anträge und gab der Regierungsvorlage in allen Beziehungen den Vorzug. Indem er sich im Allgemeinen an die oben entwickelten gegen das Wahlsystem der Kreisordnung geltend gemachten Gründe anschloß, erklärte er, daß die Staatsregierung ihrerseits großes Gewicht lege auf die dem Entwurf nicht zu bestreitenden Vorzüge der Einfachheit, und der Vertretung der einzelnen Kommunalverbände als solcher auf dem Landtage. An eine Prägravation der Städte glaube die Staatsregierung nicht. Das bei den Kreistagswahlen ohne Schwierigkeit durchzuführende System der Wahl nach den drei Wahlverbänden führe bei den Provinzialwahlen zu den allergrößten praktischen Schwierigkeiten. Die Wahlverbände der Städte, des großen Grundbesitzes und des kleinen Grundbesitzes würden sich räumlich in keiner Weise decken. Die größten Verschiedenheiten würden sich in dieser Beziehung in fast allen Provinzen herausstellen. Die einzelnen Wähler und Wahlmänner würden sich unter einander und die vorgeschlagenen Personen nicht genügend kennen; es würden sich namentlich die Wahlmänner des kleinen Grundbesitzes wesentlich auf die Empfehlung geeigneter Persönlichkeiten von Seiten Dritter verlassen müssen. Die Staatsregierung sei überzeugt, daß das System der Regierungsvorlage eine bessere Zusammensetzung der Provinziallandtage garantire, als das System der Kreisordnung. Eine Zusammenlegung von Kreisen, wie sie nach dem vorerwähnten Amendement beabsichtigt, empfehle sich nicht, weil damit die Grundlage der selbstständigen Vertretung der einzelnen Kommunaleinheiten verlassen wäre, auch die meisten andern Vorzüge der Regierungsvorlage gefährdet sein würden. Man sei auch überzeugt, daß die Kreise selbst diesem System widerstreben und daß das Wahlergebniß selbst vielfach ein rein zufälliges sein werde. Wenn in § 11 der Regierungsvorlage für Schlesien dem Provinziallandtage in beschränkter Weise das Recht, einzelne Landkreise zusammenzulegen, zugestanden sei, so sprechen dafür besondere Gründe, die nicht generalisirt werden könnten.

Eine Vermehrung der Abgeordneten der Stadtkreise habe zwar keine so entscheidende Bedenken gegen sich, sei aber doch nicht genügend gerechtfertigt, und könne man daher davon nur dringend abrathen.

Einige Mitglieder der Kommission, welche im Uebrigen gerade in Betreff einer möglichen Ausschließung der Städte besorgt waren, mißbilligten dennoch die vorgeschlagene Zusammenlegung von Kreisen und wollten darin keine Garantie für die städtischen Interessen erblicken. Sie fürchteten vielmehr, daß die nach dem Vorschlage vielfach eintretende Verminderung der Abgeordneten mehrerer zusammengelegter Kreise auf Kosten der betreffenden in den Kreisen belegenen Städte durchgeführt werden würde. (Kommissionsbericht d. Abgeordnetenh.)

Die Zusammensetzung des Provinziallandtags, wie sie nunmehr in der Provinzialordnung festgesetzt ist, entspricht im Wesentlichen dem von der Staatsregierung vorgelegten Entwurf.

3. Im Herrenhause war Seitens des Grafen zur Lippe der Antrag gestellt worden, dem § 9 folgende Fassung zu geben:

§. 10.

Zahl der Mitglieder der Provinziallandtage.

In den Provinzen Preußen, Brandenburg, Pommern und Sachsen werden für jeden Kreis zwei Abgeordnete, in der Provinz Schlesien für jeden Kreis mit weniger als 40,000 Einwohnern ein Abgeordneter, für jeden Kreis mit 40,000 oder mehr Einwohnern zwei Abgeordnete gewählt. Erreicht die Einwohnerzahl eines Kreises

1) in der Provinz Schlesien 80,000,
2) in der Provinz Preußen 60,000,
3) in den Provinzen Brandenburg und Sachsen 50,000,
4) in der Provinz Pommern 40,000 Einwohner,

so werden drei Abgeordnete gewählt.

Für jede fernere Vollzahl von 50,000 Einwohnern tritt ein Abgeordneter hinzu.

„Die Provinzialversammlung (der Provinziallandtag) besteht:
1. aus den mit Virilstimmen zu den bisherigen Provinziallandtagen berechtigten Personen und Korporationen;
2. aus den Vertretern der mit Kuriat- oder Kollektivstimmen zu den bisherigen Provinziallandtagen berechtigten Standesherren;
3. aus Abgeordneten der Land- und Stadtkreise der Provinz."

Der Graf von Pückler und von Voß hatten dagegen beantragt, den § 9., wie folgt, zu fassen:

„Die Provinzialversammlung (Provinziallandtag) besteht:
1. aus den Häuptern der vormaligen deutschen reichsständischen Häuser und den Großgrundbesitzern der Provinz, denen zur Zeit in dem Provinziallandtage eine Virilstimme zusteht;
2. aus den Oberbürgermeistern beziehungsweise Bürgermeistern der Städte von mehr als 20,000 Einwohnern;
3. aus Abgeordneten der Land- und Stadtkreise."

Beide Anträge wurden vom Herrenhause verworfen und der Paragraph nach dem Regierungsentwurf mit großer Majorität angenommen.

4. Vgl. die Anmerkungen zu §§ 10. und 14.

Zu § 10.

Aus denjenigen Gründen, welche bezüglich der Stadtkreise vorstehend in der Anmerkung 2. zu § 9 erwähnt worden sind, war von der Kommission des Abgeordnetenhauses ein Zusatzparagraph zu § 10. vorgeschlagen, dahin lautend:

„In den Provinzen Preußen, Brandenburg, Pommern und Sachsen werden für jeden Stadtkreis mit 25,000 oder mehr Einwohnern und in der Provinz Schlesien für jeden Stadtkreis mit 40,000 oder mehr Einwohnern drei Abgeordnete und für jeden Stadtkreis mit weniger als 40,000 Einwohnern zwei Abgeordnete gewählt.

Für jede über die Zahl von 25,000 beziehungsweise 40,000 überschießende Vollzahl von 25,000 Einwohnern tritt ein Abgeordneter hinzu."

Bei der Berathung im Abgeordnetenhause sprach sich der Regierungskommissarius, Geheimer Oberregierungsrath Persius gegen diesen Vorschlag, sowie gegen anderweite Abänderungsvorschläge folgendermaßen aus:

„Was den von der Kommission neu eingeschalteten § 11ª betrifft, so wird derselbe in dem Kommissionsberichte durch den Hinweis auf die große sociale und wirthschaftliche Bedeutung der Stadtkreise für die betreffenden Provinzen motivirt, welche sich dabei auch auf die verhältnißmäßig weit größeren Steuerleistungen berufen könnten. Man gewinne durch die Gewährung einer stärkeren Vertretung der Stadtkreise jedenfalls die Gewißheit, daß eine, wenn auch kleine Anzahl städtischer Vertreter in dem Provinziallandtag vorhanden sein werde. Dies aber werde um so wünschenswerther sein, als die Provinziallandtage, beziehungsweise deren Organe insbesondere auch berufen sein sollten, die Aufsicht über die kommunalen Angelegenheiten der Städte zu führen. M. H.! Meines Erachtens enthält sowohl der Vorschlag der Kommission, wie auch der noch weiter gehende des Herrn Abg. Richter ein Privilegium für die großen Städte; das wird füglich nicht in Abrede gestellt werden können. Jedenfalls wird die vorgeschlagene Bestimmung als ein solches Privilegium empfunden werden sowohl von Seiten der Landkreise, wie auch von Seiten der kleineren im Verbande der Landkreise belegenen Städte, dieses Privilegium aber wird gerade nachtheilig wirken für das städtische Element im Allgemeinen. Es ist in der That nicht unwahrscheinlich, daß, wenn den Stadtkreisen ein solches Privilegium eingeräumt wird, dann die Kreistage vieler Landkreise bei der Wahl der Provinziallandtagsabgeordneten von der Ansicht ausgehen werden, für das städtische Element sei im Provinziallandtage bereits anderweit durch das den Stadtkreisen verliehene Privilegium gesorgt, und es könnten die im Kreisverbande befindlichen Städte billiger Weise keinen Anspruch mehr erheben auf eine Berücksichtigung bei der Wahl der Provinziallandtagsabgeordneten.

M. H.! Daß die Stadtkreise und namentlich die größeren Stadtkreise verhältnißmäßig größere Steuerbeträge aufbringen als die Landkreise, ist allerdings richtig, dessenungeachtet scheint es mir nicht gerechtfertigt, ihnen eine verhältnißmäßig stärkere Vertretung zu geben als den letzteren. M. H.! Wenn Sie einmal das Prinzip der Steuerleistung annehmen, dann müssen Sie dasselbe auch allgemein, nicht nur in Bezug auf die Stadtkreise, sondern auch in Bezug auf die Landkreise statuiren. Nun werden Sie nicht in Abrede stellen können, daß ja auch die Zahl der Vertreter der einzelnen Landkreise sich anders gestalten würde, wenn Sie die Vertheilung nach dem Maßstabe der Steuern, anstatt nach dem Maßstabe der Seelenzahl vornehmen. Ich habe eine solche Berechnung anstellen lassen und darf daraus mittheilen, daß in der That auch für eine große Anzahl von Landkreisen sich eine größere Zahl von Vertretern ergeben würde, wenn Sie an Stelle der Bevölkerungszahl die Steuerleistung zum Maßstabe nehmen. Es mag sich vielleicht darüber streiten lassen, ob nicht an und für sich das Prinzip der Steuerleistung richtiger ist als das Prinzip der Bevölkerungszahl, obgleich ich vom Standpunkte der Regierung aus allen den Ausführungen beitreten zu müssen glaube, welche der Herr Abgeordnete Kieschke vorhin geltend gemacht hat gegen die Anwendung des Prinzips der Steuerleistung. Wir haben aber das Prinzip der Steuerleistung in der Kreisordnung einmal nicht adoptirt, obgleich bei den Verhandlungen über dieselbe in diesem Hohen Hause eingehend auch die Frage erörtert worden ist, ob es zweckmäßiger sei, das Prinzip der Seelenzahl durch das der Steuerleistung zu ersetzen. Nachdem aber einmal der Gesetzgeber die negative Entscheidung gefällt hat und da gestern allerseits anerkannt ist, daß wir bei der Berathung der gegenwärtigen Vorlage uns an die in der Kreisordnung zum Ausdruck gelangten Prinzipien möglichst eng anzuschließen haben, so scheint es nach meinem Dafürhalten nicht zulässig, hier das Prinzip der Steuerleistung zu acceptiren, und zwar nicht allgemein, sondern nur zu Gunsten der großen Städte. M. H.! Wenn nun aber auch der Antrag Ihrer Kommission angenommen werden sollte, würde denn dadurch die Zahl der Vertreter der Stadtkreise im Provinziallandtage erheblich vermehrt werden? Es ist dies nicht der Fall. Eine Nachweisung, die ich darüber habe aufstellen lassen und die mir vorliegt, ergiebt, daß, wenn Sie an Stelle der Regierungsvorlage den Kommissionsvorschlag setzen, für jeden Stadtkreis durchschnittlich eine Vermehrung der Zahl der Abgeordneten von nur 1 — 1½ stattfinden würde; die größeren Stadtkreise würden selbstverständlich mehr als diese Durchschnittszahl erhalten. Was aber die kleineren Stadtkreise an-

§. 11.

Den Provinziallandtagen bleibt es überlassen,[1] durch statutarische Anordnung in geeigneten Fällen zwei derjenigen angrenzenden Landkreise, welche nur je zwei Abgeordnete zu wählen haben, unter Zustimmung der betreffenden Kreistage zu Wahlbezirken zu verbinden und die Wahlorte zu bestimmen.

In der Provinz Schlesien können außerdem in gleicher Weise zwei Landkreise, deren einer nur einen und der andere nur zwei Abgeordnete zu wählen hat, sowie zwei oder drei derjenigen Landkreise, welche nur je einen Abgeordneten zu wählen haben, zu Wahlbezirken verbunden werden.

Die Wahlbezirke wählen diejenige Zahl der Abgeordneten, welche gemäß §. 10. auf die zusammengelegten Kreise trifft.

---

betrifft, so erhalten mehrere derselben nach dem Kommissionsvorschlage mehr Vertreter, als sie eigentlich nach dem Maße ihrer Steuerleistungen zu beanspruchen haben, sie würden also den Landkreisen gegenüber in einer gar nicht zu rechtfertigenden Weise bevorzugt werden.

Ich glaube, m. H., nach alle dem Sie bitten zu dürfen, bei der Regierungsvorlage stehen zu bleiben."

Das Abgeordnetenhaus nahm dennoch in seiner Majorität den oben erwähnten Kommissionsvorschlag an. Im Herrenhause wurde derselbe demnächst abgelehnt und vom Abgeordnetenhause nicht wieder aufgenommen.

Zu § 11.

1. Die Staatsregierung hatte mit Rücksicht auf die besonderen Verhältnisse der Provinz Schlesien die nachfolgende Bestimmung vorgeschlagen:

> „Dem Provinziallandtage der Provinz Schlesien bleibt es überlassen, durch statutarische Anordnung diejenigen Landkreise, welche nur einen Abgeordneten zu wählen haben, mit je einem angrenzenden Landkreise zu Wahlbezirken zu verbinden und die Wahlorte zu bestimmen.
>
> Für die Berechnung der Zahl der von diesen Wahlbezirken zu wählenden Abgeordneten sind die Bestimmungen des § 10. maßgebend.

Die Kommission des Abgeordnetenhauses wollte die Fakultät zur Zusammenlegung mehrerer kleinerer Kreise nicht blos auf die Provinz Schlesien beschränkt wissen, sondern dieselbe in gleicher Weise, wie dies jetzt im § 11. des Gesetzes geschehen ist, auf sämmtliche Provinzen, für welche die Provinzialordnung erlassen ist, ausgedehnt wissen, dabei aber diese Zusammenlegung von der Zustimmung der davon betroffenen Kreise, wie sie das jetzt erlassene Gesetz erfordert, nicht abhängig gemacht wissen.

Die Kommission erwähnte hierüber in ihrem Bericht:

„Man hielt es für unbedenklich, den Provinziallandtagen in dieser beschränkten Weise das Recht beizulegen, durch statutarische Anordnung, also unter Zustimmung der Staatsregierung, zu dem Zwecke angrenzende Landkreise zusammenzulegen, damit ohne Verminderung der Zahl der den einzelnen Kreisen zugedachten Abgeordneten eine gemeinsame Wahl derselben stattfinde, und ging andererseits von der Ansicht aus, daß dies vielfach in den Wünschen der betheiligten Kreise liegen werde, gegen den etwaigen ausdrücklich ausgesprochenen Wunsch derselben von den Provinziallandtagen aber schwerlich werde beschlossen werden. Unter dieser Voraussetzung aber sei die Annahme des Antrages, namentlich im Interesse der Städte, wünschenswerth."

Insofern letztere Voraussetzung ernstlich zur Geltung gebracht werden sollte, wäre es jedenfalls entsprechender gewesen, derselben schon im Gesetz selbst Ausdruck zu geben, und es wurde bei der Berathung im Abgeordnetenhause ein dahin zielender Antrag vom Abgeordneten von Köller gestellt, welcher im § 11. hinter den Worten „zu wählen haben" die Worte: „unter Zustimmung dieser Kreise", wie sie jetzt in dem Paragraphen enthalten sind, eingefügt wissen wollte. Der Abg. von Köller hob zur Begründung seines Antrages unter Anderem Folgendes hervor:

„M. H.! Das System der Regierungsvorlage in Bezug auf die Vertheilung der Abgeordneten auf die einzelnen Stadt- und Landkreise ist ein überaus klares und konsequentes, es sagt ganz einfach: jeder Kreis wählt mindestens zwei, die volkreicheren Kreise wählen mehrere Abgeordnete, und es tritt eine Modifikation in Bezug auf die normirende Seelenzahl nur insofern ein, als einzelne Provinzen zu volkreich sind, um ihr dieselbe Seelenzahl als Norm für einen Abgeordneten zu geben, wie der anderen. Hätte die Kommission, welche dieses Prinzip in der Hauptsache adoptirt, konsequent dabei verbleiben wollen, so würde ich gegen den Vorschlag der Kommission nichts einzuwenden haben; so aber hat die Kommission, nachdem sie soeben dieses Prinzip als das Richtige adoptirte, sich sogleich von einer gewissen Furcht befangen lassen, es möchten dabei die Städte zu kurz kommen, und hat, um da Remedur zu schaffen, ihre Zuflucht zu kleinen Hülfsmittelchen genommen, die nach meiner Meinung einmal das nicht effektuiren werden, was man beabsichtigt, zum anderen aber vielleicht einen größeren und zum Theil sogar gewiß einen größeren Schaden anrichten, als welchen man hier abwenden möchte. Die Kommission hat zuerst im § 11. den Grundsatz niedergelegt, daß zwei Landkreise kombinirt werden können, um ihre Wahl gemeinschaftlich zu vollbringen in der Absicht, daß dabei vielleicht ein städtischer Abgeordneter mehr herauskommen könnte. Nun, m. H., angenommen, dies träte ein, dann muß ich doch sagen, was liegt darin für eine Gerechtigkeit, daß man zwei Kreise zusammen schmiedet, die gar nicht zusammen wählen wollen? und ist das gerecht, daß man die kleinen Kreise von vornherein in die Minorität versetzt, sie majorisirt werden läßt, blos weil vielleicht ein städtischer Abgeordneter dabei mehr herauskommen könnte? Es sind allerdings die Kreiskorporationen, die hier wählen sollen, aber da deren Zahl sich nach der Volkszählung richtet, so sind sie ja nicht für die verschiedenen Kreise egal, denn es kommt dem volkreicheren Kreis auch eine größere Zahl von Abgeordneten auf den Kreistagen zu. Das ist also ganz naturgemäß, daß der Kreis in einer schlechteren Position bezüglich seines Wahlrechtes ist, aber das ist noch nicht genug: in einem Kreise kann doch nur gewählt werden; derjenige Kreis, der hinreisen muß nach der Kreisstadt, hat dieselben Uebel und dieselben Gefahren, die Ihnen aus den Wahlakten und den früheren Verhandlungen des Hauses bekannt sind. Sie werden sich erinnern, daß gerade, um diese abzuschneiden, um den Vorzug des einen Wahlortes vor dem anderen zu beseitigen, gerade deshalb die Gesetzgebung hat eintreten müssen, in Bezug auf die Wahl unseres Hauses die Wahlorte zu normiren. Es ist also eine Schädigung des kleineren Kreises, wenn er durch Gewalt gezwungen wird, mit dem anderen zu wählen, und ich frage Sie, ist das recht? In Bezug auf Schlesien räume ich ein, daß, weil dort der Kreise, die nur einen wählen, so viele sind, die Sache sich anders gestalten kann; aber, m. H., auch in Bezug auf Schlesien möchte ich doch bezüglich der Kombinirung zweier Kreise nur so weit gehen, daß ich sie abhängen lasse von dem Konsensus beider Kreise, und darum haben meine Freunde und ich das Amendement gestellt. Mögen Sie den § 11. der Kommission oder den § 11. der Regierungsvorlage vorziehen, so bitte ich Sie, zu bestimmen, daß die Kombinirung nur mit Zustimmung der beiden Kreise erfolgen soll. Nun, meine Herren, hat der Kommissionsvorschlag wenigstens noch das Gute, daß er dem Provinziallandtag freie Hand läßt. Käme es einmal, daß ein großer Kreis einen kleinen majorisiren will und mit Absicht vielleicht — das ist ja denkbar — den Antrag stellt, daß die Kombinirung erfolgen solle, dann hat der Provinziallandtag es in der Hand, nach dem Kommissionsvorschlage nein zu sagen und der Gerechtigkeit freien Lauf zu lassen. Die Herren Abgeordneten Richter und Schlüter gehen in ihren Anträgen soweit, daß sie diese Licenz des Provinziallandtags streichen und durch das Gesetz kurzweg bestimmen wollen: die Kombinirung muß stattfinden. M. H., daß das die Ungerechtigkeit vergrößern heißt, liegt auf der Hand."

Der Regierungskommissarius, Geheimer Oberregierungsrath Persius, sprach sich hierüber, wie folgt, aus:

„M. H.! Ich bitte Sie im Namen der Staatsregierung, sowohl die Amendements, welche zu den §§ 10. und 11. gestellt sind, als auch die Anträge der Kommission zu diesem Paragraphen abzulehnen und bei der Regierungsvorlage stehen zu bleiben.

Ich wende mich zunächst zu den Abänderungsanträgen, die zu § 11. vorliegen. M. H., die Regierungsvorlage statuirt allerdings auch eine Ausnahme von der Regel, daß jeder Kreis nur einen Wahlbezirk bilden soll, und zwar für die Provinz Schlesien mit Rücksicht auf eigenthümliche Verhältnisse, die in dieser Provinz obwalten und die in den Motiven der Regierungsvorlage näher dargelegt worden sind. Die Amendements sowohl wie die Anträge der Kommission wollen aber die Ausnahme zur Regel machen; sie setzen sich dadurch meines Dafürhaltens in Widerspruch mit dem an die Spitze gestellten Prinzip, daß die Wahlbezirksbildung auf korporativer Grundlage beruhen soll. M. H., wenn Sie zwei oder mehrere Kreise zu einem Wahlbezirk kombiniren, so schaffen Sie damit nicht Neubildungen mit korporativem oder einheitlichem Leben, sondern Sie geben nur alle diejenigen Vortheile auf, welche Wahlbezirksbildungen auf korporativer Grundlage mit sich bringen. Wenn die Mitglieder der Kreistage aus mehreren Kreisen zur Wahl der Provinziallandtagsabgeordneten an einem für viele derselben entfernten Wahlorte zusammentreten müssen, so wird eine vorherige Verständigung häufig nicht zu erreichen und das Resultat der Wahl alsdann dem Zufall preisgegeben sein. Oder aber, m. H., es werden Kompromisse geschlossen, in Folge deren Abgeordnete aus der Wahl hervorgehen, die sicherlich nicht gewählt worden wären, wenn, unter anderen Verhältnissen, jeder der zu einem Wahlbezirk vereinigten Kreise allein die Wahl zu vollziehen gehabt hätte. Ich muß ferner hinweisen auf die erhebliche Kostenvermehrung und den Zeitaufwand, die für die Wähler entstehen würden, wenn die Wahlen in großen, aus mehreren Kreisen bestehenden Wahlbezirken vorgenommen werden, und endlich auf die kaum zu vermeidende Gefahr der Majorisirung der kleineren durch die größeren Kreise. Der Herr Minister des Innern hat gestern schon ausgeführt, daß, wenn die Kreise auch nur je zwei Abgeordnete zu wählen haben, dem städtischen Element dennoch eine angemessene Vertretung auf den Provinziallandtagen zu Theil werden würde, es liegt also auch keine Veranlassung vor, aus Rücksicht auf die Städte zwei oder mehrere Kreise zu Wahlbezirken zu kombiniren.

M. H.! allerdings verdient der Vorschlag Ihrer Kommission noch immer den Vorzug vor den viel weiter gehenden Anträgen des Herrn Richter (Hagen) und würde deshalb die Regierung, wenn sie in die Lage gesetzt sein sollte, sich zwischen beiden Anträgen entscheiden zu müssen, demjenigen der Kommission den Vorzug geben, der es wenigstens in das Ermessen des Landtages legt, ob und in wie weit überhaupt eine Zusammenlegung mehrerer Kreise zu Wahlbezirken stattfinden soll. Ich würde aber für den Fall der Annahme des Kommissionsantrages auch die Annahme desjenigen Amendements befürworten, welches der Herr Abgeordnete von Köller sowohl zu dem Kommissionsvorschlage, wie auch zu der Regierungsvorlage gestellt, und welches bestimmt, daß die Kombinirung mehrerer Kreise zu einem gemeinschaftlichen Wahlbezirke von der Zustimmung der betheiligten Kreise abhängig sein solle. Wie ich bereits angedeutet habe, wird

§. 12.

Die Feststellung der Zahl der von den einzelnen Kreisen beziehungsweise Wahlbezirken zu wählenden Abgeordneten erfolgt vor jeder neuen Wahl (§§. 20. und 122.) durch den Provinzialausschuß und wird durch die Amtsblätter der Provinz zur öffentlichen Kenntniß gebracht.

Der Feststellung ist die durch die jeweilige letzte Volkszählung ermittelte Einwohnerzahl der Kreise beziehungsweise Wahlbezirke, mit Ausschluß der aktiven Militairpersonen, zu Grunde zu legen.

§. 13.

Anträge auf Berichtigung der Feststellung sind innerhalb einundzwanzig Tagen nach Ausgabe des Amtsblatts, durch welches die Feststellung veröffentlicht worden ist, bei dem Provinzialausschusse anzubringen, welcher darüber endgültig beschließt.

§. 14.

Vollziehung der Wahlen.

Die Abgeordneten der Landkreise werden von den Kreistagen gewählt.

---

sich die Besorgniß einer Majorisirung der kleineren Kreise von Seiten der größeren in einem gemeinschaftlichen Wahlbezirke nicht in Abrede stellen lassen. Wenn aber eine solche Besorgniß vorliegt, dann erscheint es meines Erachtens auch durchaus gerechtfertigt, die Kombinirung mehrerer Kreise zu Wahlbezirken abhängig zu machen von der ausdrücklichen Zustimmung der Betheiligten."

Das Abgeordnetenhaus lehnte den v. Köller'schen Antrag ab. Seitens des Herrenhauses wurde jedoch beschlossen die Worte: „unter Zustimmung der betreffenden Kreise" dem Paragraphen einzufügen, bezüglich deren der Kommissionsbericht des Herrenhauses bemerkte, „daß es nicht gerechtfertigt erscheine, die Zusammenlegung wider den Willen der Kreistage eintreten zu lassen, wohl aber mit dieser Zustimmung die Zulässigkeit der Zusammenlegung zu erweitern".

2. Wegen des Erlasses statutarischer Anordnungen vgl. §§ 8., 35. und 119. Nach § 119. bedürfen statutarische Anordnungen des Provinziallandtags der landesherrlichen Bestätigung.

Zu § 13.

Der Regierungsentwurf hatte gegen den Beschluß des Provinzialausschusses über Anträge auf Berichtigung der Feststellung der Zahl der von den einzelnen Kreisen ꝛc. zu wählenden Abgeordneten noch innerhalb zehn Tage die Klage bei dem Oberverwaltungsgerichte zulassen wollen. Bei der Berathung im Abgeordnetenhause wurde jedoch die Zulassung einer Klage bei dem Oberverwaltungsgericht hier, wo es sich lediglich um eine statistische Berechnung der Einwohnerzahl handelt, nicht für nöthig gehalten und deshalb hiervon abgesehen. (Komm.-Ber. d. Abg. H.)

Zu § 14.

Die Gründe, welche dafür maßgebend waren, die Wahl der Abgeordneten der Landkreise zum Provinziallandtag durch die Kreistage bewirken zu lassen,

Erfolgt die Bildung von Wahlbezirken, so treten die Kreistage der zu dem Wahlbezirke gehörigen Landkreise unter dem Vorsitze des von dem Oberpräsidenten zu ernennenden Wahlkommissars zu einer Wahlversammlung zusammen.

---

nicht aber, wie dies anderseits vorgeschlagen war, die Wahl der Provinziallandtagsabgeordneten hervorgehen zu lassen aus Wahlverbänden der Großgrundbesitzer, der Städte und der Landgemeinden, haben bereits in den Bemerkungen zu § 9. zum Theil mit erwähnt werden müssen.

Der Kommissionsbericht des Herrenhauses hebt bezüglich der Wahl durch die Kreistage noch Folgendes hervor: „Es standen sich zwei Ansichten gegenüber. Beide anerkannten, daß es zweckmäßig sei, die Wahlen aus dem Schooße des Kreistages hervorgehen zu lassen; sie gingen aber darin auseinander, daß nach der einen Ansicht der Kreistag als solcher, also als einheitlicher Wahlkörper wählen müsse und daß nach der andern für die Wahlen zum Provinziallandtage auf die drei verschiedenen Gruppen, welche den Kreistag bilden und in dem Wahlmodus zum Kreistag ihren Grund haben, zurückzugehen sei, also in den Landkreisen auf die drei Stände des großen Grundbesitzes, der Landgemeinden und der Stadtgemeinden, so daß die Kreistags-Abgeordneten eines jeden Standes für sich wählen.

Für die letztere Ansicht ist geltend gemacht, daß in den Kreistagen ein einträchtiges Zusammenwirken nur dadurch gesichert werde, daß jeder Stand durch sich selber vertreten sei und sich entsprechend vertreten fühle. Wenn nun der Kreistag als solcher die Mitglieder des Provinziallandtages wähle, so werde bei dieser freien Wahl eine große Agitation in den Kreistagen entstehen, und voraussichtlich auf alle anderen Verhandlungen der Kreistage bestimmend einwirken. Es werde ein Werben um Stimmen bald für den einen, bald für den anderen Stand stattfinden. Sei dagegen eine Vertretung der drei Stände auch bei den Wahlen zum Provinziallandtag durch Gesetz angeordnet, so werde die Eintracht auf den Kreistagen nicht gestört werden können, und es sei von vornherein ein einträchtiges Zusammenwirken in gemeinsamer Arbeit auch bei dem Provinziallandtage gesichert. Jeder andere Wahlmodus gebe die Zusammensetzung der Provinziallandtage mehr oder weniger dem Zufalle Preis; das Fundament der Provinzialordnung sei entschieden die Zusammensetzung der Provinziallandtage. Man könne nur dann, wenn diese die richtige sei, andere nicht zusagende Bestimmungen der Vorlage annehmen.

Diejenigen Mitglieder der Kommission, welche umgekehrt dem Kreistage als Einheit die Wahl der Provinziallandtagsmitglieder übertragen wollten, stimmten darin überein, daß eine Vertretung von Interessen der drei Stände um so weniger zulässig erscheine, als deren Existenz in dem Gesammtleben des Staats nicht mehr vorhanden sei. Sie könnten deshalb auch keine Berücksichtigung auf dem Provinziallandtage beanspruchen, höchstens seien lokale Gegensätze von Kreis zu Kreis denkbar. Die Provinzialgemeinde verfolge bestimmte Zwecke, bei denen erhebliche Gegensätze nicht entstehen können. Etwaige verschiedene Interessen der s. g. drei Stände verlören vollends dadurch ihre Bedeutung, daß die Vorlage die Steuerfrage gesetzlich ordne; lasse man allem diesem gegenüber eine Wahl nach Ständen für den Provinziallandtag zu, so erzeuge man künstlich eine Interessenvertretung. Die unmittelbare Folge werde sein, daß innerhalb der Kreistage eine vollständige Zerklüftung eintrete, weil zu leicht die Behandlung einer Angelegenheit nach Ständen verleiten würde, den künstlich wieder hervorgerufenen Gegensatz auch auf andere Verhandlungen auszudehnen."

Der Minister des Innern, Graf zu Eulenburg, sprach sich hierüber in der Sitzung des Abgeordneten-Hauses vom 9. April 1875 (Sten. B. S. 1089.) dahin aus:

§. 15.

Die Abgeordneten der Stadtkreise werden von dem Magistrate und der Stadtverordnetenversammlung beziehungsweise dem bürgerschaftlichen Repräsentantenkollegium in gemeinschaftlicher Sitzung unter dem Vorsitze des Bürgermeisters, die Abgeordneten des Stadtkreises Magdeburg werden von dem Kreistage gewählt.

„Ich will dem, was der Herr Kommissar eben sachgemäß auseinander gesetzt hat, nur zwei Worte zum Lobe der Regierungsvorlage hinzufügen. Ich glaube dieses Lob verdient sie. Was soll der Provinziallandtag anders thun als eine potenzirte Thätigkeit der Kreistage, wenn ich mich so ausdrücken darf, ausüben? Nun haben wir die Kreistage zusammengesetzt im Gegensatze zu ihrer früheren Zusammensetzung nicht mehr nach ständischen Prinzipien, sondern nach den Prinzipien einer gewissen Interessenvertretung, die in einzelnen Kreisen ungefähr auf das hinauskommen mag, was früher bestand, die aber eine ganz andere Idee repräsentirt, und die — das ist ja die Hauptsache — sich vollständig in ihrer Ausführung bewährt hat, ich kann wirklich sagen vollständig, denn es sind mit Ausnahme von vier oder fünf Kreisen, in denen die Vertretung nicht so ausgefallen ist, wie sie den Verhältnissen des Kreises entsprechend hätte ausfallen müssen, Versammlungen durch die Kreisordnung ins Leben gerufen worden, welche die Interessen des Kreises in möglichst erreichbarem Maße wirklich repräsentiren und wahrnehmen. Nun, m. H., wenn es sich darum handelt für eine Versammlung zu wählen, die, wie ich mich ausdrückte, in potenzirter Gestalt und höherer Instanz die kommunal-staatliche Thätigkeit der Kreise aufnehmen soll, welchen glücklicheren Griff kann man thun, als zu Wahlkörpern diejenigen Versammlungen zu nehmen, welche auf gesunden Prinzipien beruhend durch längeres Zusammenleben und Zusammenwirken alle diejenigen Schärfen, die zwischen ihren Mitgliedern noch bestanden haben könnten, ausgeglichen haben und nach einer gewissen Zeit sicherlich zu der Erkenntniß gekommen sein wird, welche ihrer Mitglieder die besten seien? Man hatte eine Zeitlang den Gedanken, die Provinzialvertretung in der Art zu konstruiren, daß man jedem Kreistage drei Abgeordnete gäbe, um die Interessen, die sich im Kreistage durch die Wahlen kund gegeben hätten, im Provinziallandtage wieder erscheinen zu sehen. Das war nicht ausführbar einfach wegen der großen Anzahl der Abgeordneten, die nach diesem System in den Provinziallandtag gekommen sein würden. Nachgerade bin ich der Ansicht, m. H., daß die Wahlen richtiger ausfallen werden, wenn sie in den Kreistagen durchschnittlich nur auf zwei gerichtet werden; würden jedes Mal drei gewählt werden, so würde der Gesichtspunkt des Interesses ein so vorherrschender sein, daß man ihn wesentlich bei der Wahl berücksichtigen würde; sind es nur zwei, so ist damit viel mehr Garantie gegeben, daß die Wahl auf die Tüchtigsten und auf die Besten fällt. Ich bin so überzeugt davon, daß dieser Wahlmodus der richtige ist, daß ich von dem Augenblicke an, wo die Regierung zu dem Entschluß gekommen war, diesen Wahlmodus den Häusern des Landtages zu proponiren, ruhigen Gewissens an die Ausarbeitung der ganzen Provinzialordnung und an die Feststellung der Befugnisse, welche der Provinzialversammlung zuerkannt werden sollen, gegangen bin. Ich hoffe, die Provinzialordnung wird einmal ein Schmuck unserer Gesetzgebung sein; nehmen Sie die Bestimmungen, die über die Wahl der Abgeordneten in den Entwurf aufgenommen sind, nicht heraus, ich glaube, Sie nehmen diesem Schmuck die beste Perle."

Zu § 15.

Die Bestimmung im § 15. ist übereinstimmend mit der Bestimmung im § 104. der Kreisordnung, wonach auch die Wahl der städtischen Kreistagsabge-

§. 16.

Die Vollziehung der Wahlen der Provinziallandtagsabgeordneten erfolgt nach näherer Vorschrift des diesem Gesetze beigefügten Wahlreglements.

---

ordneten durch den Magistrat und die Stadtverordnetenversammlung erfolgt, welche zu diesem Behufe unter dem Vorsitze des Bürgermeisters zu einer Wahlversammlung vereinigt werden.

Bei der Berathung im Abgeordnetenhause machte sich hiergegen insofern Widerspruch geltend, als der Abg. Richter (Hagen) die Wahl der städtischen Abgeordneten zum Provinziallandtag, unter Beseitigung der Betheiligung des Magistrats, ausschließlich durch die Stadtverordnetenversammlung bewirkt wissen wollte. Der Abg. Richter machte für seinen Vorschlag unter Anderem Folgendes geltend: „Bei der Vertretung einer Stadt auf dem Kreistage handelt es sich wesentlich um die Vertretung lokaler Interessen im Kreise, und es läßt sich ja etwas dafür sagen, daß diese lokalen Interessen von den beiden städtischen Behörden gemeinsam wahrgenommen werden. Bei der Vertretung des Stadtkreises auf dem Provinziallandtage handelt es sich weniger um das lokale Interesse der Stadt, als darum, daß bei der Wahrnehmung der Geschäfte des Provinziallandtages Ansichten, wie sie in einer solchen städtischen Bevölkerung vorhanden sind, auch hier zum Ausdruck gelangen. Nun kann man allerdings sagen: die Magistratsmitglieder gehen ja aus der Wahl der Stadtverordneten hervor. M. H.! Wenn man damit nur sagen will, daß sie sich also in Uebereinstimmung mit den Stadtverordneten befinden, dann scheint uns überflüssig, den Wahlakt noch dadurch komplizirter zu machen, daß man die Magistratsmitglieder den Stadtverordneten noch hinzutreten läßt. Es ist aber immer die Gefahr vorhanden, daß die Wahlen durch das Institut der Magistratsmitglieder einen anderen Charakter bekommen, während doch die Stadtverordneten naturgemäß die gebornen Wahlmänner der städtischen Bevölkerung für die Provinziallandtage sind 2c. 2c."

Der Berichterstatter Abg. Miquel trat dem entgegen, indem er hervorhob: „In der Kommission ist vorzugsweise geltend gemacht, daß es sich hier um einen Akt handelt, die ganze Gemeinde. Wenn man sich nun fragt, ob die Stadtverordneten die Gemeinde allein repräsentiren, so muß man das auf Grund der Städteordnung verneinen. Es tritt hier die Gesammtheit der Stadt nach Außen auf, indem sie nach Außen eine Vertretung für die ganze Stadt wählt, es ist also auch hier naturgemäß, auch auf Grund der Prinzipien der Städteordnung, daß der Magistrat mithandelt. Ganz anders ist es, wenn es sich um Wahlen innerhalb der Stadt handelt, da sollen die Organe erst gebildet werden, die die Stadt nach Außen zu repräsentiren haben."

Der Antrag des Abg. Richter wurde von dem Abgeordnetenhause verworfen. (Sten. Ber. S. 1096.).

Zu § 16.

1. Das Wahlreglement ist hinter der Provinzialordnung abgedruckt.

2. Die Wahlen der Provinziallandtagsabgeordneten müssen durch Stimmzettel erfolgen, da nach § 11. des diesem Gesetz beigefügten Wahlreglements nur solche Wahlen, welche auf dem Provinziallandtag selbst vorzunehmen sind, auch durch Akklamation, sofern Niemand Widerspruch erhebt, stattfinden können. Auch der § 9. des Wahlreglements zur Kreisordnung, welcher dahin lautet, daß

> „auf dem Kreistage selbst vorzunehmende Wahlen auch durch Akklamation stattfinden können, sofern Niemand Widerspruch erhebt"

findet auf die Wahl der Provinziallandtagsabgeordneten keine Anwendung, weil für diese Wahlen der § 16. der Provinzialordnung ausdrücklich das diesem

§. 17.

Wählbar zum Mitgliede des Provinziallandtages ist jeder selbstständige Angehörige des Deutschen Reichs, welcher das dreißigste Lebensjahr vollendet hat, sich im Besitze der bürgerlichen Ehrenrechte befindet und seit mindestens einem Jahre der Provinz durch Grundbesitz oder Wohnsitz angehört. Wählbarkeit zum Abgeordneten.

Als selbstständig gilt derjenige, welchem das Recht, über sein Vermögen zu verfügen und dasselbe zu verwalten, nicht durch gerichtliche Anordnung entzogen ist.

Gesetz beigefügte Wahlreglement als Norm vorschreibt, nach § 3. des letzteren aber die Wahl durch Stimmzettel angeordnet ist.

3. Der Regierungsentwurf hatte im § 3. der Wahlordnung bestimmen wollen, daß „für jeden zu Wählenden besonders abgestimmt werde." Zufolge Beschlusses des Abgeordnetenhauses wurde jedoch hiervon abgesehen. (Sten. Ber. S. 1099.). Es wird hiernach die Wahlversammlung in jedem Falle, wo es sich um die Vornahme mehrerer Wahlen handelt, sich vorerst schlüssig zu machen haben, ob in einem Wahlakte immer nur eine einzige Wahl vollzogen werden soll oder ob mehrere Personen in einem Wahlakte gewählt werden sollen.

Zu § 17.

1. Eine weitere Abänderung des bisherigen Systems der Provinzialvertretung von prinzipieller Tragweite enthalten die Bestimmungen über das passive Wahlrecht.

Von den seitherigen Beschränkungen in Bezug auf die Wählbarkeit zum Provinziallandtagsabgeordneten soll Abstand genommen und die Wählbarkeit außer von den allgemeinen Erfordernissen der Deutschen Reichsangehörigkeit, der Selbstständigkeit, des Besitzes der bürgerlichen Ehrenrechte und eines Lebensalters von 30 Jahren fortan nur von einem mindestens einjährigen Wohnsitze oder Grundbesitze in der Provinz abhängig gemacht werden. Bisher war die Wählbarkeit an zehnjährigen Grundbesitz bestimmter Qualität innerhalb des Wahlverbandes geknüpft, und noch die Provinzialordnung vom 11. März 1850 (Gesetz-Samml. S. 251.) erklärte (Art. 40.) nur solche Gemeindewähler für wählbar zur Provinzialvertretung, welche seit mindestens drei Jahren dem Kreise, für welchen sie gewählt werden, durch Wohnsitz oder Grundbesitz angehört haben. Da indessen die Provinziallandtagsabgeordneten berufen sind, die Angelegenheiten der gesammten Provinz zu verwalten, so erscheint es prinzipiell richtiger, den Kreis der Wählbaren auszudehnen auf alle diejenigen Personen, welche der Provinz seit mindestens einem Jahre durch Wohnsitz oder Grundbesitz angehören. Es wird damit die Möglichkeit gewährt, geeignete Kräfte für die provinzielle Selbstverwaltung auch außerhalb des eigenen Kreises zu suchen, ohne daß andererseits die Besorgniß begründet erscheint, die Kreistage würden von dieser Befugniß einen allzuhäufigen oder ungeeigneten Gebrauch machen. (Reg.-Mot.).

2. In der Kommission des Herrenhauses war der Antrag gestellt worden, im ersten Absatze des § 17. die Worte „des deutschen Reiches" durch die Worte „der Provinz" zu ersetzen. Der Antrag wurde damit begründet, daß die zu wählenden Männer die Provinz genau kennen müßten, um eine nutzenbringende praktische Thätigkeit entfalten zu können, und deshalb ihr angehörig sein sollen. Der Antrag wurde jedoch von der Kommission abgelehnt.

3. Dagegen hatte die Kommission des Herrenhauses einen anderweiten Antrag angenommen, die Worte „der Provinz" in der letzten Zeile des ersten Absatzes

im § 17. durch die Worte: „dem Kreise, beziehungsweise Wahlbezirke“ zu ersetzen. Dieser Vorschlag der Kommission wurde jedoch auf Antrag des Oberbürgermeisters Hobrecht zu Gunsten der Fassung, wie sie jetzt im § 17. enthalten ist, vom Herrenhause beseitigt, nachdem der Minister des Innern, Graf zu Eulenburg, sich hierüber, wie folgt, ausgesprochen hatte:

„Ich möchte Sie ersuchen, das Amendement des Herrn Hobrecht anzunehmen. Die Bestimmung, wie sie die Kommission gefaßt hat, halte ich für politisch nicht richtig; erstens bin ich an und für sich kein Partisan der beschränkten Wählbarkeit; wir haben auch in der neuern Gesetzgebung uns wesentlich davon losgemacht mit Ausnahme der Bestimmungen in Bezug auf das Alter. Die Garantie für das Zustandekommen einer vernünftigen Wahl liegt nach meinem Dafürhalten nur in der Zusammensetzung der wählenden Körperschaft, und kann nicht darin gesucht werden, daß man einer Versammlung von verständigen Männern vorschreiben wird, aus welchen Kreisen sie berechtigt sein sollen, ihre Vertreter zu wählen. Bei den Wahlen für den Provinziallandtag die Stimmen des Kreises gerade auf Kreiseingesessene beschränken zu wollen, scheint wirklich gar nicht motivirt zu sein; denn wenn man sie auf die Provinz beschränkt, so ist dabei ein so weiter und ein so enger Kreis gegeben, daß die Interessen der Kreise und der Provinz gewahrt sind und zur Geltung kommen können. Dabei möchte ich noch auf zwei Gesichtspunkte aufmerksam machen; erstens glaube ich, würden Sie dadurch, daß Sie die Wahl innerhalb der Provinz ganz frei geben, den Städten einen gerechtfertigten Gefallen thun, indem Sie dadurch ermöglichen, daß in irgend einem Kreise ein angesehener Mann der Provinz, der in einer Stadt wohnt, die nicht gerade diesem Kreise angehört, gewählt werden kann. Sie würden dadurch die Zahl der städtischen Vertreter, von der befürchtet wird, daß sie zu klein werden würde, auf eine angemessene Weise erhöhen. Zweitens aber: nachdem Sie die Virilstimmen auf dem Provinziallandtage abgelehnt haben, glaube ich, daß Sie die Thür offen lassen müssen denjenigen Herren, welchen Sie persönlich Alle den Eintritt in den Provinziallandtag wünschen, und von denen Sie hoffen, daß sie denselben auch erlangen werden. Ich bin zwar immer der Ansicht gewesen, daß die Herren, wenn sonst keine extraordinären Strömungen die Provinz beherrschen, in ihren Kreisen werden gewählt werden. Es kann aber der Fall eintreten, daß die Strömung gerade eines gewissen Kreises der Wahl der Herren hinderlich ist, und es wäre gewiß erwünscht, wenn Herren, die z. B. in Oberschlesien nicht gewählt werden, in Niederschlesien gewählt werden könnten. Sie würden diese Möglichkeit ausschließen, wenn Sie die Wahl auf den Kreis beschränken wollten. Ich schlage vor, dem Amendement des Herrn Hobrecht beizustimmen.“

4. Ein Antrag der Abgeordneten Richter (Hagen) und Virchow, die Wählbarkeit zum Mitgliede des Provinziallandtages anstatt mit dem „dreißigsten“ Lebensjahre, schon mit dem „vierundzwanzigsten“ Lebensjahre beginnen zu lassen, hat nicht die Zustimmung der Majorität des Abgeordnetenhauses gefunden. (Sten. Ber. S. 1120.)

5. Seitens der Abgeordneten Richter (Hagen) und Virchow war ferner der Antrag gestellt worden,

> die Oberpräsidenten, Regierungspräsidenten und Vicepräsidenten, die Beamten der Staatsanwaltschaft bei den Gerichten, die Vorsteher königlicher Polizeibehörden und die Landräthe von der Wählbarkeit zu Mitgliedern des Provinziallandtages auszuschließen.

Der Abgeordnete Richter führte zur Unterstützung seines Antrages Folgendes an:

„Die hier aufgezählten Beamten, denen die Wählbarkeit zum Provinziallandtage entzogen werden soll, gehören zu denjenigen, welche jederzeit zur Disposition gestellt werden können. Dieser Grund aber würde für mich nicht ausreichend sein, um ihnen die Wählbarkeit zu entziehen, denn man könnte alsdann den Einwand erheben, daß ja doch die genannten Beamten zum Abgeordnetenhause wählbar sind. M. H.! Ich habe den Grund für mich auch nicht durchschlagen lassen, ich müßte ja sonst auch noch viel weiter gehen und z. B. auch die Unterstaatssekretäre und Ministerialdirektoren ausschließen müssen. Für mich ist vielmehr noch ein anderer Grund maßgebend: während diese Beamten als Mitglieder dieses Hauses nur in Bezug auf ihre politische Gesammthaltung und ihre Gesammtansichten in einen Konflikt der parlamentarischen Pflichten kommen können mit ihrer amtlichen Stellung, so ist auf dem Provinziallandtage die Gefahr vorhanden, daß sie in Konflikt gerathen mit den unmittelbaren Funktionen ihres Amtes. Diese Beamten, Oberpräsidenten, Regierungspräsidenten, Landräthe sollen doch sein die Anwälte des allgemeinen Staatsinteresses, die Vertreter des allgemeinen Staatsinteresses gegenüber den engeren staatlichen Verbänden, sie sind die Wächter des Gesetzes, sie haben die Beschlüsse der engeren Verbände zu beanstanden, sie haben in allen diesen Beziehungen den Anweisungen des Ministeriums des Innern und der Staatsregierung zu folgen. M. H.! Die ganze Tendenz dieser Gesetzgebung geht doch dahin, die berufsmäßigen Verwaltungsbeamten zu ergänzen durch Laienelemente, wir würden uns damit in Widerspruch setzen, wenn wir nun gerade die berufsmäßigen Verwaltungsbeamten dieser Kategorie in diese Organe der Selbstverwaltung wieder eintreten lassen würden. Es kommt aber noch ein anderes Bedenken dazu. Durch unsere bisherige Gesetzgebung ist der Einfluß dieser Beamten, Oberpräsidenten, Regierungspräsidenten und Landräthe, insbesondere in öffentlichen Dingen ein so starker, ihre Macht ist eine so erhebliche, daß man es vermeiden sollte im Interesse der bürgerlichen Freiheit, ich will nicht einmal sagen der politischen Freiheit, durch Kumulirung von Aemtern die Machtstellung dieser Personen noch weiter zu erhöhen. Man wird vielleicht entgegnen, daß die Kreistage, die Stadtkreise ohnehin nicht geneigt sein würden, derartige Beamten in den Provinziallandtag zu wählen. M. H., ich kann das nicht annehmen. Ich hatte zufällig in den letzten Tagen die Verhandlungen des letzten Westfälischen Provinziallandtages in der Hand, da fiel mir auf, daß nach der Präsenzliste der ersten Sitzung unter zwölf Vertretern der Ritterschaft sich befanden ein Regierungspräsident und acht Landräthe. M. H.! Ob der große Grundbesitz auf den Kreistagen in manchen Provinzen künftig zum Provinziallandtag viel anders wählen wird, als die Ritterschaft, scheint mir doch überaus fraglich. Außerdem ist der Einfluß der Landräthe auch nach dieser Kreisordnung über die ländliche Bevölkerung, namentlich in Militärsachen, in Steuersachen ein so großer, daß es sehr leicht möglich ist, daß insbesondere die Vertreter des kleinen Grundbesitzes auf den Kreistagen sich der Wahl von Landräthen für den Provinziallandtag zuneigen. M. H.! Die Machtstellung der höheren Beamten aber ist doch eine so bedeutende heute, daß man die Verführung von vornherein für die Kreise ausschließen soll, namentlich für die kleineren Kreise, sich durch Wahl von Präsidenten und dergleichen gewissermaßen bei denselben besonders zu insinuiren zu Gunsten einzelner engen Kommunalverbände. Die Städteordnung kennt ja analoge Bestimmungen, die schließt alle, die mit der Aufsicht der Städte zu thun haben, die Staatsanwälte desgleichen, von der Wahl aus; wenn man in der Kreisordnung nicht ähnliche Bestimmungen getroffen hat, so kommt da in Betracht, daß die passive Wählbarkeit in der Kreisordnung ohnehin Schranken ausgesetzt ist, die hier nicht Platz greifen, daß außerdem eine erhebliche Anzahl dieser Beamtenkategorien ihren Wohnsitz in Stadtkreisen haben und dadurch von einer Wahl in den Kreistag ohnehin schon ausgeschlossen sind."

Der Minister des Innern, Graf zu Eulenburg, erwiderte hierauf:

„M. H.! Ich glaube, daß in dem Antrage, gewisse Beamtenkategorien auszuschließen, eine ganz ungerechtfertigte Beschränkung der Freiheit der Wähler und der Gewählten liegt. Zur Selbstverwaltung gehört doch auch namentlich die Befugniß, sich denjenigen Mandatar zur Vertretung seiner Interessen auszusuchen, den man dafür am geeignetsten hält; die Beamtenkategorien, von welchen hier die Rede ist, von der Theilnahme am Provinziallandtage auszuschließen zu-

§. 18.

Verlust der Wählbarkeit.

Die Wählbarkeit geht verloren, sobald eines der im §. 17. gedachten Erfordernisse bei dem bis dahin Wählbaren nicht mehr zutrifft. Sie ruht während der Dauer eines Konkurses, ferner während der Dauer einer gerichtlichen Untersuchung, wenn dieselbe wegen Verbrechen oder wegen solcher Vergehen, welche den Verlust der bürgerlichen Ehrenrechte nach sich ziehen müssen oder können, eingeleitet, oder wenn die gerichtliche Haft verfügt ist.

§. 19.

Dauer der Wahlperiode der Abgeordneten.

Die Abgeordneten zum Provinziallandtage werden auf sechs Jahre gewählt.

Jede Wahl verliert dauernd oder vorübergehend ihre Wirkung mit dem gänzlichen oder zeitweisen Aufhören einer der für die Wählbarkeit vorgeschriebenen Bedingungen. Der Provinziallandtag hat darüber zu beschließen, ob einer dieser Fälle eingetreten ist.

---

mal am Anfange der Ausführung der neuen Gesetzgebung, glaube ich, würde der Sache selbst Schaden thun. Der einzige durchschlagende Grund, aus welchem man Beamte von der Wählbarkeit zu gewissen Körperschaften ausschließt, besteht darin, daß sie in ihrer amtlichen Thätigkeit in Kollision kommen können mit denjenigen Beschlüssen, die sie als gewählte Mitglieder dieser Körperschaften gefaßt haben, indem sie vielleicht berufen sein können, später im Wege des Prozesses oder der Oberaufsicht Entscheidungen zu treffen über Beschlüsse, an deren Fassung sie selbst betheiligt gewesen sind. Nach dieser Richtung hin könnte nun der Oberpräsident in Frage kommen, dieser wird aber, wenn er in den Provinziallandtag gewählt werden soll, sagen, ich danke für das Mandat, ich habe staatliche Verpflichtungen dem Landtage gegenüber zu erfüllen als Kommissarius der Regierung u. s. w. Die Möglichkeit, daß einmal ein Oberpräsident in den Provinziallandtag gewählt werden könnte und das Mandat nicht ablehnte, scheint mir doch nicht hinreichend zu sein, um eine Spezialbestimmung in das Gesetz aufzunehmen. Im übrigen aber möchte ich noch darauf aufmerksam machen, daß die Art und Weise, wie der Herr Abgeordnete Virchow das Verhältniß der Behörden zu den Selbstverwaltungskörperschaften darstellt, nicht zutreffend scheint, er läßt überall einen Gegensatz, eine Friktion zwischen den Organen der Selbstverwaltung und den Staatsorganen durchblicken. Hoffen wir, daß das Gegentheil eintritt, und daß diese Organe nicht gegen, sondern miteinander arbeiten werden."

Der Antrag Richter-Virchow wurde demnächst vom Abgeordnetenhause verworfen. (Sten. Ber. S. 1114 bis 1120.)

6. Im Regierungsentwurf war in besonderen Paragraphen die Bestimmung vorgesehen, daß „Vater und Sohn, sowie Brüder nicht gleichzeitig sollten Mitglieder des Provinziallandtages sein dürfen". Das Abgeordnetenhaus beschloß, diesen Paragraphen zu streichen, da man solche Beschränkung für eine Versammlung von der Größe des Provinziallandtages und mit Rücksicht auf die Stellung und die Aufgaben desselben weder für nothwendig, noch für zweckmäßig erachtete.

§. 20.

Anordnung der Wahlen.

Die Vornahme der Wahlen zum Provinziallandtage wird durch den Oberpräsidenten angeordnet.

§. 21.

Die Namen der neugewählten Abgeordneten sind von dem Oberpräsidenten durch die Amtsblätter der Provinz bekannt zu machen.

Die Einführung derselben erfolgt durch den Vorsitzenden des Provinziallandtages.

§. 22.

Ersatzwahlen.

Die Ersatzwahlen für die im Laufe der Wahlperiode Ausgeschiedenen werden von denjenigen Land- und Stadtkreisen beziehungsweise Wahlbezirken vorgenommen, von denen die Ausgeschiedenen gewählt waren.

Die Vollziehung der Ersatzwahlen muß innerhalb längstens sechs Monaten und wo möglich vor dem Zusammentritte des nächsten Provinziallandtages erfolgen. Die Ersatzmänner bleiben nur bis zum Ende desjenigen Zeitraums in Thätigkeit, für welchen die Ausgeschiedenen gewählt waren.

§. 23.

Einspruch gegen das stattgehabte Wahlverfahren und Entscheidung über die Gültigkeit der Wahlen.

Gegen das stattgehabte Wahlverfahren kann jedes Mitglied der Wahlversammlung innerhalb zehn Tagen Einspruch bei dem Vorsitzenden des Wahlvorstandes erheben. Die Beschlußfassung über den Einspruch, über welchen die Betheiligten vorab zu hören sind, steht dem Provinziallandtage zu. Im Uebrigen prüft der Provinziallandtag die Legitimation seiner Mitglieder von Amtswegen und beschließt darüber.

§. 24.

Gegen die nach Maßgabe der §§. 19. und 23. gefaßten Beschlüsse des Provinziallandtages findet innerhalb zehn Tagen die Klage

---

Zu § 22.

Der Regierungsentwurf enthielt die Bestimmung, daß

„die Vollziehung der Ersatzwahlen *jedenfalls* vor dem Zusammentritt des nächsten Provinziallandtages *erfolgen* müsse.

Das Abgeordnetenhaus hatte diese Bestimmung adoptirt, im Herrenhause wurde sie jedoch dahin geändert, daß anstatt des Wortes „jedenfalls“ die Worte „wo möglich“ gesetzt wurden, weil jene Vorschrift bei allen Vakanzen, die kurze Zeit vor dem Zusammentritt des Provinziallandtags eintreten, unausführbar sei. (Komm.-Bericht des Herrenhauses S. 614).

bei dem Oberverwaltungsgerichte statt. Die Klage hat keine aufschiebende Wirkung, jedoch dürfen bis zur Entscheidung des Oberverwaltungsgerichts Ersatzwahlen nicht stattfinden.

Zweiter Abschnitt.

Von den Versammlungen der Provinziallandtage.

§. 25.

Einberufung des Provinziallandtages.

Der Provinziallandtag wird von dem Könige alle zwei Jahre wenigstens ein Mal berufen, außerdem aber so oft es die Geschäfte erfordern.

Zu § 24.

Die in den §§ 23. und 24. enthaltenen Bestimmungen wegen der Entscheidung über die Gültigkeit der Wahlen der Provinziallandtagsabgeordneten bezwecken eine möglichst richtige Vertheilung der Parteirollen im Verwaltungsstreitverfahren und die Eröffnung dieses Verfahrens auch in denjenigen Fällen, in denen der Provinziallandtag einen Wahlprotest nicht berücksichtigt hat. (Reg. Mot.)

Man hielt es zwar für zweckmäßig, eine Anfechtung der Entscheidung des Provinziallandtags über den gegen die Gültigkeit einer Wahl erhobenen Einspruch beim Oberverwaltungsgericht zu gestatten, gleichmäßig jedoch für nothwendig, ausdrücklich zu bestimmen, daß die Klage keine aufschiebende Wirkung habe; dies erfordere die Würde des Provinziallandtages und sei auch im Interesse der Klagenden unbedenklich. Andererseits sei es selbstverständlich, daß vor definitiver Entscheidung über die Gültigkeit der Wahl Neuwahlen nicht ausgeschrieben werden dürfen. (Komm.-Ber. d. Abg.-H.)

Zu § 25.

Der Regierungsentwurf von 1872/73 wollte die Zusammenberufung des Provinziallandtages unbeschränkt von der Bestimmung des Landesherrn abhängig machen, indem es dort hieß:

„Der Provinziallandtag wird, so oft es das Bedürfniß erfordert, durch den König berufen."

Die Motive machen hiefür geltend:

„Die Berufung des Provinziallandtags soll, wie bisher, nach Maßgabe des Bedürfnisses durch Allerhöchste Ordre erfolgen. Diese Bestimmung hat sich in der Praxis, auch bei den neuerworbenen Provinzen, bewährt. Sie verdient den Vorzug vor der Festsetzung regelmäßiger Einberufungstermine, bei welcher es einerseits nicht ausbleiben kann, daß es mitunter an dem nöthigen Material für die Berathung und Beschlußnahme mangeln wird, andererseits ein gleichzeitiges Tagen der Provinziallandtage mit dem allgemeinen Landtage oder mit dem Reichstage nicht immer zu vermeiden sein würde."

Nachdem jedoch bei der ersten Berathung jenes Entwurfs im Abgeordnetenhause auf die im Gesetze selbst vorzuschreibende Periodizität der Provinziallandtage besonderer Werth gelegt worden war, hat die Staatsregierung in dem letzten Entwurf, da sie prinzipielle Bedenken hiergegen nicht gehegt, die Bestimmung, wie sie jetzt im § 25. Gesetzeskraft erlangt hat, aufgenommen, daß der Provinziallandtag von dem Könige alle zwei Jahre wenigstens einmal, außerdem aber, so oft es die Geschäfte erfordern, berufen werden soll. (Motive zum Reg.-Entw.)

Diese Vorschrift wurde im Abgeordnetenhause mehrfach angefochten. Man hielt die Beibehaltung der bestehenden Einrichtung, nach welcher der König den Provinziallandtag beruft, gegenüber der veränderten Zusammensetzung und Kompetenz der Provinziallandtage nicht mehr für gerechtfertigt. Eine besondere Feierlichkeit werde in Zukunft diesem Akt nicht beiwohnen. Die Provinziallandtage treten wesentlich zur Vornahme von Wahlen und zur Theilnahme an der Kommunalverwaltung zusammen; diese Berufung sei daher ein gewöhnlicher geschäftsmäßiger Akt, der durch den Oberpräsidenten oder durch die Staatsregierung, oder durch den Minister des Innern vorzunehmen sei.

Nur in diesem Falle werde man auch dahin gelangen können, was doch sehr empfehlenswerth sei, Vorschriften darüber zu treffen, unter welchen bestimmten Voraussetzungen die Staatsregierung verpflichtet sei, den Provinziallandtag zusammentreten zu lassen. Wenn die Berufung lediglich von der Erwägung der Staatsregierung abhänge, so sei eine gedeihliche Thätigkeit des Provinziallandtags ganz in ihren Willen gestellt, was mit den großen Pflichten, welche die Provinzen in Zukunft zu übernehmen haben, nicht in Einklang zu bringen sei. Die Frage, ob die Geschäfte den Zusammentritt des Provinziallandtags erfordern, könne daher nicht allein abhängig gemacht werden von der Ansicht der Staatsregierung. Letztere müsse verpflichtet sein, den Landtag entweder auf Verlangen der Mehrheit der Landtagsmitglieder, oder auf Verlangen des Ausschusses zu berufen. Wolle man dies nicht, so müsse der Landtag mindestens alljährlich einmal zusammentreten.

Die Mehrheit der Kommission trat diesen Anschauungen jedoch nicht bei und verwarf die darauf gerichteten Amendements. Man ließ sich dabei von der Erwägung leiten, daß es sachlich keinen Unterschied involvire, ob die Berufung von dem Könige oder dem Staatsministerium oder den untergeordneten Organen desselben ausgehe, daß aber die Staatsregierung keinerlei Interesse haben könne, den Zusammentritt des Landtages zu verhindern, wenn derselbe durch die Geschäfte geboten sei. Die Kosten werden ja lediglich von der Provinz getragen und fehle es daher den Amendements an der sachlichen Begründung, insofern sie einen auch schwer zu formulirenden gesetzlichen **Zwang** zur Einberufung für gewisse Fälle einführen wollten. Von dem Verlangen der Mehrheit der einzelnen Landtagsmitglieder könne man diese Frage nicht abhängig machen, da dieselben als solche nur auf dem Landtage selbst funktioniren. Dem Provinzialausschuß aber das Recht einzuräumen, die Staatsregierung zur Einberufung des Landtages zu zwingen, empfehle sich noch weniger. Ganz unzweckmäßig sei, durch das Gesetz den jährlichen Zusammentritt des Provinziallandtages vorzuschreiben, da beim weiteren Fortgange der Entwickelung in Wahrheit, wenigstens in manchen Provinzen, dies eine unnöthige Belastung der Landtagsmitglieder herbeiführen würde. Dagegen lasse es sich wohl rechtfertigen, dem Ausschuß das Recht, die Berufung des Provinziallandtages bei der Staatsregierung zu beantragen, ausdrücklich beizulegen. Der Ausschuß werde zwar dazu auch an sich wohl für befugt zu erachten sein, wenn aber das Gesetz ihm diese Befugniß ausdrücklich beilege, so werde der Ausspruch desselben, daß die Geschäfte die Zusammenberufung des Landtages erfordern, um so gewichtiger sein und werde die Staatsregierung nur bei sehr entscheidenden Gegengründen den Antrag ablehnen können.

Aus diesen Gesichtspunkten wurde vorgeschlagen, einen neuen Paragraphen hinzuzufügen, welcher aussprechen soll:

„Der Provinzialausschuß ist befugt, die Einberufung des Provinziallandtages zu beantragen, wenn die Lage der Geschäfte dies erfordert."

Der Minister des Innern, Graf zu Eulenburg, sprach sich hierüber in der Sitzung des Abgeordnetenhauses vom 10. April 1875 (Sten. Ber. S. 1128.) folgendermaßen aus:

„M. H.! Die Bestimmungen über die Zusammenberufung des Provinziallandtages könnten in der Art getroffen werden, daß man im Gesetz sagte: der Provinziallandtag tritt an dem und dem Tage, in dem und dem Monat zusammen — dergleichen Bestimmungen kommen ja in den Kommunalordnungen vor. Allein von solchen Festsetzungen muß man absehen, da bei dem Wandel der Termine des Zusammentretens der gesetzgebenden Körperschaften im voraus ein Termin für die Provinziallandtage nicht festgesetzt werden kann, oder, wenn er festgesetzt wäre, nicht eingehalten werden könnte. Aus diesem Grunde hat man nur die Bestimmung in das Gesetz aufgenommen, daß alle zwei Jahre der Landtag zusammenberufen werden muß. Ich habe erst gehört, daß einer der Herren Vorredner gesagt hat, er lege einen Werth darauf, daß Se. Majestät die Provinziallandtage Selbst beriefe. Ich lege auch einen Werth darauf, ich glaube, daß auch die Landtage einen Werth darauf legen werden. Wenn das aber der Fall ist, dann halte ich das Amendement, welches die Kommission gestellt hat, daß der Ausschuß das Recht haben soll, die Zusammenberufung des Landtages zu beantragen, für bedenklich. Daß der Ausschuß das Recht hat, die Einberufung des Provinziallandtages zu beantragen, ist ja ganz unzweifelhaft; ich möchte das nicht Petitionsrecht nennen; es ist einfach das Recht der ständigen Vertretung des Provinziallandtages, sich über das Wünschenswerthe der Berufung desselben zu äußern. Dies geschieht ja auch schon bisher, selbst da, wo keine Provinzialausschüsse bestehen. Wenn ein Bedürfniß für die Zusammenberufung des Provinziallandtages eintritt, so wendet sich der Landtagsmarschall mit seinem Antrage an den Oberpräsidenten, und dieser an mich, damit ich bei Sr. Majestät für die Einberufung des Landtages wirke. Ich habe niemals Veranlassung genommen, dem entgegenzutreten. So wird es auch künftig sein; wenn der Ausschuß auf eine Berufung anträgt, wird dem gewillfahrt werden, falls nicht besondere Hinderungsgründe entgegenstehen. Wenn aber im Gesetze ausdrücklich gesagt wird: der Ausschuß hat das Recht, die Einberufung des Provinziallandtages zu beantragen, so wird er daraus das Recht herleiten, diese Einberufung möglicherweise auch zu verlangen — und dieses Recht will die Regierung ihm nicht geben, denn es stände dasselbe im Widerspruche mit dem Rechte des Königs, den Landtag einzuberufen. M. H.! Der Provinziallandtag hat doch einen anderen Charakter als eine Stadtverordnetenversammlung; er hat nicht blos seine kommunalen Angelegenheiten, sondern er hat auch Staatsangelegenheiten zu berathen, er ist Rathgeber bei bestimmten Gesetzgebungen.

Diese Befugnisse geben dem Landtage eine Stellung, die ihn über sonstige kommunale Versammlungen hervorhebt, und daß auch die Politik den Provinziallandtagen unter allen Umständen ganz fremd bleiben würde, wage ich nicht zu hoffen, ich glaube, es liegt in der Natur der Sache, daß sie sich gewisser politischen Strömungen nicht werden entziehen können. Unter solchen Umständen, m. H., kann sehr wohl der Fall eintreten, daß Seine Majestät einmal sagt: ich halte diesen Moment zur Einberufung des Landtages nicht für geeignet, ebenso wie die Verfassung dem Könige das Recht giebt, innerhalb eines gewissen Zeitraums den Termin für die Einberufung des Landtages der Monarchie festzusetzen.

Ich glaube, daß die Bestimmungen, welche der Gesetzentwurf enthält, vollständig hinreichen, um den Provinziallandtagen zu sichern, daß sie innerhalb bestimmter Frist und im Nothfalle außerhalb derselben einberufen werden, zugleich aber der Regierung den nöthigen Spielraum lassen, den Termin der Einberufung auf den geeignetsten Zeitpunkt festzusetzen."

Das Abgeordnetenhaus nahm zwar den oben vermerkten Zusatzparagraphen, wie ihn die Kommission vorgeschlagen hatte, an (Sten. Ber. S. 1130 u. 1320); derselbe wurde jedoch durch Beschluß des Herrenhauses wieder beseitigt. Die Kommission des Herrenhauses bemerkt in ihrem Bericht, indem sie die Ablehnung des Zusatzparagraphen empfahl: „Es wurde einstimmia anerkannt, daß die Befugniß des Provinzialausschusses, die Berufung des Provinziallandtages zu beantragen, wenn nichts Anderes beabsichtigt werde, sich von selbst verstehe und daß der Provinzialausschuß nicht blos das Recht, sondern auch die Pflicht habe, einen solchen Antrag zu stellen, falls die Lage der Geschäfte die Einberufung erfordern sollte."

§. 26.

Die Ladung der Mitglieder, die Eröffnung und Schließung des Provinziallandtages erfolgt durch den Oberpräsidenten der Provinz als Königlichen Kommissarius oder den für ihn in dieser Eigenschaft ernannten Stellvertreter.

§. 27.

Königlicher Kommissarius bei dem Provinziallandtage.

Der Königliche Kommissarius ist die Mittelsperson bei allen Verhandlungen der Staatsbehörden mit dem Provinziallandtage.

Der Kommissarius theilt dem Provinziallandtage die Vorlagen der Staatsregierung mit und empfängt die von ihm abzugebenden Erklärungen und Gutachten.

Der Königliche Kommissarius, sowie die zu seiner Vertretung oder Unterstützung abgeordneten Staatsbeamten sind befugt, den Sitzungen des Provinziallandtages und der von ihm zur Vorbereitung seiner Beschlüsse gewählten Kommissionen beizuwohnen; dieselben müssen auf Verlangen zu jeder Zeit gehört werden.

§. 28.

Oeffentlichkeit der Sitzungen des Provinziallandtages.

Die Sitzungen des Provinziallandtages sind öffentlich. Für einzelne Gegenstände kann durch besonderen, in geheimer Sitzung gefaßten Beschluß die Oeffentlichkeit ausgeschlossen werden.

Zu § 27.

Die Stellung des Oberpräsidenten als Königlicher Kommissarius bei dem Provinziallandtage erfährt nur insofern eine Aenderung, als für ihn bezw. seine Kommissarien die Befugniß in Anspruch genommen wird, an den Berathungen des Landtages zu jeder Zeit Theil zu nehmen.

Nach der bisherigen Verfassung hat der Provinziallandtagskommissarius das Recht, zu mündlichen Eröffnungen den Eintritt in die Sitzungen des Landtages zu verlangen oder eine Deputation desselben zu sich zu entbieten. Er wohnt aber den Sitzungen nicht regelmäßig bei. Es erscheint als ein nothwendiges Korrelat der den Provinziallandtagen zu gewährenden größeren Selbstständigkeit, daß der Staatsregierung Gelegenheit gegeben wird, durch ihre Kommissarien nicht nur fortlaufend Kenntniß von den Verhandlungen zu nehmen, sondern auch durch Theilnahme an den letzteren die Staats- und die Provinzialselbstverwaltung, welche sich gegenseitig unterstützen und ergänzen sollen, in fortgesetzter Verbindung mit einander zu erhalten. (Mot. zum Reg.-Entw.)

Zu § 28.

Vergl. § 32, Absatz 2 der Provinzialordnung, wonach diejenigen Gegenstände, welche Mitglieder des Provinzialausschusses, den Landesdirektor oder die ihm zugeordneten oberen Beamten persönlich berühren, auf Beschluß des Provinziallandtages in deren Abwesenheit und in geheimer Sitzung verhandelt werden dürfen, sofern dieselben nicht Mitglieder des Provinziallandtages sind.

§. 29.

Beschlußfähigkeit des Provinziallandtages.

Der Provinziallandtag kann nur beschließen, wenn mehr als die Hälfte der im § 10. vorgeschriebenen Mitgliederzahl anwesend ist.

Als anwesend gelten auch diejenigen Mitglieder, welche sich der Abstimmung enthalten.

§. 30.

Fassung der Beschlüsse nach absoluter Stimmenmehrheit.

Der Provinziallandtag faßt seine Beschlüsse nach Stimmenmehrheit. Die Stimmenmehrheit wird ohne Mitzählung derjenigen festgestellt, die sich der Abstimmung enthalten haben. Bei Stimmengleichheit gilt der gestellte Antrag als abgelehnt.

Zu § 30.

Der Regierungsentwurf hatte eine Stimmenmehrheit von mindestens zwei Drittel der Abstimmenden für solche Beschlüsse erforderlich erachtet, welche

a) eine neue Belastung der Provinzialangehörigen ohne eine gesetzliche Verpflichtung,
b) eine Veräußerung von Grundstücken,
c) eine Verwendung von Kapitalvermögen,
d) eine Veränderung des Maßstabes für die Vertheilung der Provinzialabgaben,

zum Gegenstande haben.

Bezüglich der pos. d würde eine solche Anordnung keine Bedeutung behalten haben, nachdem die im Entwurf vorgesehene Befugniß zu verschiedenartiger Feststellung des Maßstabes für die Vertheilung der Provinzialabgaben den Provinziallandtagen nicht gewährt, vielmehr in den §§ 106 ff. der Maßstab für die Vertheilung der Provinzialabgaben ein für allemal festgesetzt ist.

Jedoch auch im Uebrigen fanden die vorerwähnten Bestimmungen des Entwurfs, nach welchen der Provinziallandtag seine Beschlüsse zwar regelmäßig mit einfacher Stimmenmehrheit faßt, in den dort angeführten Fällen jedoch eine Mehrheit von zwei Drittel der Abstimmenden zur Beschlußfassung erforderlich ist, in der Kommission des Abgeordnetenhauses mehrseitigen Widerspruch. Eine große Anzahl von Kommissionsmitgliedern bezeichnete diese Bestimmungen als für die weitere Entwickelung der provinziellen Kommunalverwaltung im höchsten Grade gefährlich. Das Erforderniß einer Zweidrittelmehrheit verstoße grundsätzlich gegen das Repräsentativsystem, auf welchem heute unsere Staats- und Kommunalverwaltung beruhe, involvire die Uebermacht einer Minorität über die Majorität und stelle gewissermaßen in anderer Form die beseitigte itio in partes wieder her. Fast gegen alle wichtigen Beschlüsse werde sich in der provinziellen Verwaltung eine Minorität bilden, bestehend aus widerstrebenden Interessenten oder solchen Elementen, welche einer energischen Thätigkeit der Kommunalverwaltung überhaupt abgeneigt seien. Diese Minorität werde die nothwendigsten Beschlüsse verhindern und den Fortschritt der Verwaltung lähmen. Gehe man die einzelnen Fälle, für welche Zweidrittelmajorität erfordert werde, durch, so müsse man sich überzeugen, daß sie ganz willkürlich herausgegriffen, ebensowohl vermindert, als durch andere wichtige Beschlußfassungen vermehrt werden können. Es sei insbesondere durchaus unerfindlich, warum bei der Veräußerung vielleicht ganz unbedeutender Grundstücke und bei der Verwendung von Kapitalvermögen derartige Ausnahmebestimmungen getroffen seien, während die Beschlußfassung über Mehr- oder Minderbelastung einzelner Theile der Provinz, welche viel eher den Schutz der Minoritäten erfordere, von einer einfachen Mehrheit abhänge. Wenn der Provinziallandtag mit einfacher Mehrheit den Ausbau eines Wegenetzes oder eine sonstige, größere Ausgaben erfordernde Unternehmung beschlossen habe, so werde die Minorität hinterher die Ausführung verhindern können bei der Beschlußfassung über die Aufbringung der erforderlichen Mittel. Es sei daher angezeigt, den Absatz bezüglich der Zweidrittelmajorität ganz zu streichen, jedenfalls das Erforderniß der Zweidrittelmajorität bei der Veräußerung von Grundstücken fallen zu lassen und den Fall einer Mehr- oder Minderbelastung einzelner Theile gemäß § 110. des Gesetzes eventuell hinzuzufügen.

Die Mehrheit der Kommission, in Uebereinstimmung mit dem Vertreter der Staatsregierung, wollte diese Einwendungen nicht gelten lassen. Man könne zwar darüber streiten, ob ein Beschluß über Veräußerung von Grundstücken eine Zweidrittelmehrheit erfordere, im Uebrigen seien die bezüglichen Bestimmungen durchaus wohlbegründet. Sie entsprächen den desfallsigen Vorschriften der Kreisordnung und den bestehenden Zuständen, gewähren auch der Minorität einen angemessenen Schutz in wichtigen Fällen und verhüten die Entscheidung dieser Fragen durch zufällige kleine Majoritäten. Die Bestimmungen empfehlen sich um so mehr, als das Wahlsystem zum Provinziallandtage stets an erheblichen Mängeln leiden werde, und erfordere daher gerade das Interesse der Städte, diese Bestimmung grundsätzlich aufrecht zu erhalten.

Obwohl hierauf von den Gegnern erwidert wurde, daß diese Gründe über das Ziel hinausschießen und unter Voraussetzung ihrer Richtigkeit dann noch in vielen anderen Fällen Zweidrittelmehrheit erfordert werden müsse, sowie daß es sich hier eher um eine Vergewaltigung der Mehrheit durch die Minderheit, als um einen angemessenen Schutz der letzteren handle, zumal in den meisten Fällen dieser Art ohnehin die Genehmigung der Beschlüsse durch die Staatsregierung erforderlich sei, — nahm dennoch die Kommission in ihrer Mehrheit im Allgemeinen den erwähnten Absatz der Regierungsvorlage an, strich indeß die Bestimmung unter b und fügte anstatt der pos. d die Worte hinzu:

„eine Mehr- oder Minderbelastung einzelner Theile der Provinz gemäß § 110. dieses Gesetzes."

Das Abgeordnetenhaus erklärte sich in seiner Mehrheit überall gegen die Anforderung einer Zweidrittelmajorität (Sten. Ber. S. 1140.) und auch das Herrenhaus ließ, ungeachtet seine Kommission das Erforderniß einer Stimmenmehrheit von zwei Dritteln der Abstimmenden zu solchen Beschlüssen in Antrag brachte, welche a) eine neue Belastung des Provinzialverbandes ohne gesetzliche Verpflichtung, b) eine Veräußerung von Grundstücken und Immobiliarrechten, c) eine Verwendung von Kapitalvermögen zum Gegenstande haben, — diesen Antrag seiner Kommission fallen.

Die Kommission hatte ihren Antrag damit begründet, daß sie sagte, sie wolle auf solche Weise Uebereilungen und insbesondere Bevorzugungen einzelner Theile der Provinzen verhindern, während die Minderheit der Kommission in diesen Vorschriften eine unnöthige Bevormundung erblickte, die moralische Verantwortlichkeit jedes einzelnen Mitgliedes und die vorgesehenen Aufsichtsrechte des Staates völlig genügend erachtete, um jene Absichten der Mehrheit zu sichern.

Der Minister des Innern, Graf zu Eulenburg, hatte sich in der Sitzung des Herrenhauses vom 28. Mai 1875 (Sten. Ber. S. 456.) dafür ausgesprochen, den Beschlüssen des Abgeordnetenhauses, deren Aufnahme der Oberbürgermeister Hobrecht beantragt hatte, beizutreten. Ersterer sagte:

„Ich habe mich dafür auszusprechen, daß es der Regierung erwünscht wäre, wenn das Amendement des Herrn Hobrecht angenommen würde. Ich glaube nach näherer Erwägung, daß die Bestimmung, daß gewisse Beschlüsse nur mit zwei Drittel-Majorität gefaßt werden sollen, zweckmäßigerweise aus dem Gesetze wegbleibt. Ist die Versammlung richtig komponirt, dann braucht man ihr nach dieser Richtung hin keine Vorschriften zu ertheilen. Uebernommen ist die Bestimmung in den Entwurf wesentlich als Analogon dessen, was früher bestand.

§. 31.

Theilnahme der Mitglieder des Provinzialausschusses, des Landesdirektors und der oberen Beamten an den Sitzungen des Provinziallandtages.

Die Mitglieder des Provinzialausschusses, sowie der Landesdirektor (Landeshauptmann) und die ihm zugeordneten oberen Beamten (§§. 87. und 93.) können, sofern sie nicht selbst Mitglieder des Provinziallandtages sind, den Sitzungen desselben mit berathender Stimme beiwohnen.

Der Provinziallandtag kann jedoch beschließen, einzelne, die Mitglieder des Provinzialausschusses, den Landesdirektor oder die ihm zugeordneten oberen Beamten persönlich berührende Gegenstände in deren Abwesenheit und in geheimer Sitzung zu verhandeln, sofern dieselben nicht Mitglieder des Provinziallandtages sind.

§. 32.

Wahl des Vorsitzenden des Provinziallandtages und seines Stellvertreters.

Unter dem Vorsitze des an Jahren ältesten Mitgliedes, welchem die beiden jüngsten Mitglieder als Schriftführer und Stimmzähler

---

Ich glaube aber, daß, wie die Verhältnisse sich entwickelt haben, eine Nothwendigkeit, in dieser Beziehung eine Beschränkung eintreten zu lassen, nicht vorhanden ist. Es kommt noch dazu, daß, gerade in Bezug auf lit. a. dieses Paragraphen, der von einer Belastung des Provinzialverbandes ohne gesetzliche Verpflichtung spricht, insofern keine Gefahr ist, als ja, falls diese Verpflichtung länger als 5 Jahre dauert, noch eine staatliche Genehmigung hinzutreten müßte und der Vorbehalt dieser staatlichen Genehmigung jedenfalls so viel Garantie bietet, als eine größere Anzahl von Stimmen für den Beschluß selbst.

Ich würde anheimstellen, um keine Weiterung hervorzurufen, dem Amendement Hobrecht beizutreten."

Wie schon erwähnt, wurde der Antrag Hobrecht angenommen und somit in Uebereinstimmung mit dem Abgeordnetenhause für alle Fälle davon abgesehen, das Erforderniß einer Zweidrittelmajorität anzuordnen.

2. Der Regierungsentwurf enthielt noch einen besonderen Paragraphen:

„Kein Mitglied darf in eigener Angelegenheit an der Berathung und Abstimmung des Provinziallandtages Theil nehmen."

Dieser Paragraph wurde in der Kommission des Abgeordnetenhauses abgelehnt und anderweit nicht wieder aufgenommen, weil eine solche Bestimmung für eine große Versammlung von Abgeordneten der Provinz ebensowenig erforderlich sei, als für den Landtag der Monarchie; andererseits aber wegen ihrer Dunkelheit den Gewissenhaften unnöthig zu beschweren und zu ängstigen geeignet scheine. Ein Bedürfniß für eine solche Bestimmung sei nirgends hervorgetreten; Ehr- und Anstandsgefühl bieten hier genügende Garantieen. (Komm.-Bericht des Abg.-Hauses.)

Zu § 31.

Die Bestimmung, wonach die Mitglieder des Provinzialausschusses, sowie der Landesdirektor und die ihm beigegebenen oberen Beamten den Sitzungen des Provinziallandtages mit berathender Stimme beiwohnen können, beruht auf einer im Abgeordnetenhause gegebenen Anregung und empfiehlt sich im Interesse einer sachgemäßen Berathung der dem Provinziallandtage von dem Provinzialausschusse zu machenden Vorlagen. Auch enthält der § 123. der Kreisordnung vom 13. Dezember 1872 eine analoge Bestimmung bezüglich der Theilnahme der Mitglieder des Kreisausschusses an den Versammlungen des Kreistages. (Motive zum Reg.-Entw.)

zur Seite stehen, wählt der Provinziallandtag nach näherer Vorschrift des diesem Gesetze beigefügten Wahlreglements einen Vorsitzenden und einen Stellvertreter.

Dieselben fungiren während der Sitzungsperiode und in der darauf folgenden Zwischenzeit bis zum Zusammentritte des nächsten Provinziallandtages.

§. 33.

Der Vorsitzende leitet die Verhandlungen. Er öffnet und schließt die Sitzungen und handhabt die Ordnung in denselben. Er kann jeden Zuhörer entfernen lassen, welcher Zeichen des Beifalls oder des Mißfallens giebt oder sonst eine Störung verursacht. Geschäftsordnung des Provinziallandtages.

Im Uebrigen regelt der Provinziallandtag seinen Geschäftsgang durch eine Geschäftsordnung.

Dritter Abschnitt.

Von den Geschäften des Provinziallandtages.

§. 34.

Der Provinziallandtag ist berufen: a) Im Allgemeinen.

I. über diejenigen die Provinz betreffenden Gesetzentwürfe, sowie

---

Zu § 32.

1. Der Provinziallandtag soll seine Geschäftsordnung selbst bestimmen, auch seinen Vorsitzenden, welcher nach den bisher geltend gewesenen Provinzialverfassungs-Gesetzen vom Könige aus dem Herrenstande oder der Ritterschaft ernannt wurde, fortan selbst wählen. Letzteres erscheint ebenso zulässig wie gerechtfertigt, da der Vorsitzende nur die Verhandlungen des Provinziallandtags zu leiten, nicht aber die Beschlüsse desselben auszuführen berufen sein soll. (Motive zum Reg.-Entw.)

2. Nach dem Regierungs-Entwurf von 1873/74 sollte die Wahl des Vorsitzenden des Provinziallandtages auf die Dauer der sechsjährigen Wahlperiode erfolgen. Dagegen bestimmt der § 32. der Provinzialordnung in Uebereinstimmung mit dem neuesten Regierungsentwurf, daß der Vorsitzende nur während der Sitzungsperiode und in der darauf folgenden Zwischenzeit bis zum Zusammentritte des nächsten Provinziallandtages fungiren soll. Letztere Bestimmung dürfte vor der ersteren den Vorzug verdienen, da der Provinziallandtag möglicher Weise bei der Wahl des Vorsitzenden einen Mißgriff begehen kann, dessen Folgen für die Leitung der Geschäfte um so nachtheiliger sein werden, je länger die Funktionsperiode eines unfähigen Vorsitzenden dauert. Andererseits bedarf es keiner fürsorglichen Bestimmung, um einem tüchtigen Vorsitzenden diese Stelle auf längere Zeit zu sichern, da seine Wiederwahl ohnehin erfolgen wird. (Motive zum Reg.-Entw.)

Zu § 33.

Vgl. die Anm. zu § 32.

sonstigen Gegenstände sein Gutachten abzugeben, welche ihm zu dem Ende von der Staatsregierung überwiesen werden;

II. den Provinzialverband zu vertreten, und nach näherer Vorschrift dieses Gesetzes über die Angelegenheiten desselben, sowie über diejenigen Gegenstände zu berathen und zu beschließen, welche ihm durch Gesetze oder Königliche Verordnungen überwiesen sind, oder in Zukunft durch Gesetz überwiesen werden.

Zu § 34.

1. Der Charakter des Provinziallandtags als einer berathenden und beschließenden Versammlung soll unverändert bleiben, dagegen soll sein Geschäftskreis bez. seine Befugnisse im Sinne der Selbstverwaltung angemessen erweitert werden.

Der § 34. einerseits, und anderseits die §§ 35. bis 44. bestimmen die Kompetenz des Provinziallandtags im Allgemeinen und im Einzelnen. Den Hauptgegenstand seiner Berathungen und Beschlüsse bilden die Angelegenheiten des Provinzialverbandes. Eine wesentliche Erweiterung des bisherigen Geschäftskreises der Provinziallandtage liegt in der grundsätzlichen Ueberweisung der Verwaltung der Provinzialinstitute an dieselben, beziehungsweise die von ihnen zu wählenden Organe.

Daneben bleibt es nach wie vor die Absicht, die Provinziallandtage über legislatorische Gegenstände, welche die Provinz allein berühren, mit ihrem Gutachten zu hören. (Motive zum Reg.-Entw.).

2. Bei der Fassung des § 34. ist man davon ausgegangen, keinen Zweifel darüber bestehen zu lassen, daß das rechtsgültige Zustandekommen eines Provinzialgesetzes nicht von der vorherigen Anhörung des Provinziallandtages abhängig ist. Wollte man eine solche Bedingung vorschreiben, so würde man dadurch mit den Vorschriften der Verfassungsurkunde in Widerspruch treten. Gleichwohl wird die Staatsregierung wie bisher, so auch in Zukunft provinzielle Gesetzentwürfe den Provinziallandtagen der Regel nach zur gutachtlichen Aeußerung vorlegen, da dies im Interesse der Sache selbst erforderlich, oder doch wünschenswerth sein wird, und von dieser Regel nur dann abweichen, wenn ganz besondere Verhältnisse es bedingen. (Motive zum Reg.-Entw.).

3. Die wichtigen Bestimmungen des § 34., mit welchen sich die Kommission des Abgeordnetenhauses einverstanden erklärte, und denen sowohl das Abgeordnetenhaus, wie das Herrenhaus beigetreten ist, schreiben vor, daß die Provinziallandtage ihr Gutachten über die Provinz betreffende Gesetzentwürfe, sowie über sonstige Gegenstände abzugeben verpflichtet sind, wenn und soweit dies Gutachten von der Staatsregierung eingefordert wird. Diese Bestimmung, welche ein gesetzliches Recht auf Begutachtung den Provinziallandtagen nicht einräumt, entspricht dem bestehenden Rechtszustande. — Der Absatz 2. des § 34. definirt im Uebrigen die Kompetenz des Provinziallandtages grundsätzlich dahin, daß derselbe zu beschließen hat über alle Gegenstände, welche

a. bisher durch Gesetze oder königliche Verordnungen ihm überwiesen sind, oder
b. durch Gesetz in Zukunft ihm überwiesen werden, oder
c. nach den Vorschriften dieses Gesetzes für Angelegenheiten des Provinzialverbandes erklärt sind.

Hiernach kann die Kompetenz des Provinzialverbandes nicht über die gesetzlichen Vorschriften hinaus durch seine eigene Beschlußfassung ausgedehnt werden, bedarf es vielmehr einer besonderen gesetzlichen Ermächtigung, wenn der Provinzialverband andere Gegenstände in seinen Wirkungskreis hineinziehen will. (Komm.-Ber. des Abgeordnetenh.).

§. 35.

Zu den Befugnissen und Obliegenheiten des Provinziallandtages gehören insbesondere folgende: b) Im Besonderen.

I. Der Provinziallandtag beschließt über den Erlaß von Statuten und Reglements gemäß §. 8.

§. 36.

II. Der Provinziallandtag beschließt, in welcher Weise Staatspräſtationen, welche von dem Provinzialverbande aufzubringen sind, und deren Aufbringungsweise nicht schon durch das Gesetz vorgeschrieben ist, vertheilt werden sollen.

§. 37.

III. Der Provinziallandtag beschließt über die zur Erfüllung von Verpflichtungen oder im Interesse der Provinz erforderlichen Ausgaben.

Er beschließt zu dem Ende:

1) über die Verwendung der dem Provinzialverbande aus der Staatskasse überwiesenen Jahresrenten und Fonds nach näherer Vorschrift des Gesetzes, betreffend die Ausführung der §§. 5. und 6. des Gesetzes vom 30. April 1873. wegen der Dotation der Provinzial- und Kreisverbände;
2) über die Verwendung der Einnahmen aus sonstigem Kapital- und Grundvermögen des Provinzialverbandes, sowie über die Verwendung des Kapitalvermögens selbst;
3) über die Aufnahme von Anleihen und die Uebernahme von Bürgschaften;
4) über die Ausschreibung von Provinzialabgaben.

Zu § 35.

Beschlüsse des Provinziallandtages, welche den Erlaß von Statuten gemäß § 8. Nr. 1. und § 35. betreffen, bedürfen nach § 119. der landesherrlichen Bestätigung. Wegen der Genehmigung der Reglements vgl. § 120.

Zu § 37.

1. Das Gesetz vom 8. Juli 1875 (Ges.-Samml. S. 497.) betreffend die Ausführung der §§ 5. und 6. des Gesetzes vom 30. April 1873 wegen der Dotation der Provinzial- und Kreisverbände ist in der Anlage B. abgedruckt.

2. Beschlüsse des Provinziallandtags über die Aufnahme von Anleihen, durch welche der Provinzialverband mit einem Schuldenbestande belastet oder der bereits vorhandene Schuldenbestand vergrößert werden würde, sowie Uebernahme

§. 38.

IV. Der Provinziallandtag beschließt über die Veräußerung von Grundstücken und Immobiliarrechten.

§. 39.

V. Der Provinziallandtag beschließt über die Einrichtung des Rechnungs- und Kassenwesens, über die Feststellung des Haushaltsetats, sowie über die Dechargirung der Jahresrechnungen (§§. 101. und 104.).

§. 40.

VI. Der Provinziallandtag stellt die Grundsätze fest, nach denen die Verwaltung der Angelegenheiten des Provinzialverbandes zu erfolgen hat.

§. 41.

VII. Der Provinziallandtag beschließt über die Einrichtung von Provinzialämtern, er bestimmt die Zahl, die Besoldung sowie die Art der Anstellung der Beamten und wählt den Landes-

---

von Bürgschaften auf den Provinzialverband (§ 37. pos. 3.) bedürfen nach § 119. der Bestätigung des Ministers des Innern.

3. Beschlüsse des Provinziallandtages, welche eine Belastung des Provinzialverbandes durch Beiträge über 25 Prozent des Gesammtaufkommens an direkten Staatssteuern herbeiführen oder welche eine neue Belastung des Provinzialverbandes ohne gesetzliche Verpflichtung herbeiführen, insofern die letzterenfalls aufzulegenden Leistungen über die nächsten fünf Jahre hinaus fortbauern sollen, bedürfen nach § 119. der Bestätigung des Ministers des Innern und des Finanzministers.

Zu § 38.

Es lag in der Absicht des Regierungsentwurfs nicht bloß die Veräußerung, sondern auch die „Erwerbung" von Grundstücken und Immobiliarrechten für die Provinz von der Beschlußnahme des Provinziallandtages abhängig zu machen. Es wurde jedoch hiervon unter der Erwägung Abstand genommen, daß, wenn die Erwerbung spezieller Grundstücke im Landtage verhandelt werden müsse, dies nicht verschwiegen bleiben könne und der Preis des zu erwerbenden Grundstücks dadurch häufig sehr gesteigert werden würde, daß ferner der Landtag, der ja immer die Mittel zu bewilligen habe, nach Umständen für solche Erwerbungen besondere Instruktionen ertheilen könne, endlich auch dem Organ, welches zur Erwerbung schreite, so lange der Landtag die Mittel nicht bewilligt habe, die äußerste Vorsicht von selbst geboten sein würde. (Verhandl. des Abg.-H. Sten. Ber. S. 1142. — Kommiss.-Bericht des Herrenh. zu § 39.)

Zu § 41.

1. Nach dem Regierungsentwurf war das Wahlrecht des Provinziallandtages auf den Landesdirektor und die ihm nach § 93. zugeordneten oberen Beamten

direktor (Landeshauptmann), die demselben nach §. 93. zugeordneten oberen Beamten, sowie die sonstigen im Provinzialstatute zu bezeichnenden leitenden Beamten einzelner Verwaltungszweige.

---

beschränkt. Hiernach sollten alle übrigen Provinzialbeamten vom Provinzialausschuß angestellt werden. Die Kommission des Abgeordnetenhauses hielt es jedoch für erforderlich, dem Provinzialstatut offen zu lassen, auch andere, als Chefs einzelner Verwaltungszweige, beispielsweise des Wegebaues, der Irrenanstalten, der Kreditinstitute fungirende Beamte der Wahl durch den Provinziallandtag zu unterwerfen. Die große Wichtigkeit dieser Beamtenstellungen, sowie die vielfach unvermeidliche Selbstständigkeit ihrer Funktion wird diese Auffassung rechtfertigen. (Komm.-Ber. d. Abg.-H.)

Der Berichterstatter, Abg. Miquél fügte bei der Berathung im Abgeordnetenhause (Sten. Ber. S. 1143) noch hinzu: „Ich halte es für angezeigt, den schriftlichen Bericht hier noch etwas näher zu erläutern. Die Regierungsvorlage giebt im Allgemeinen das Recht der Anstellung sämmtlicher Provinzialbeamten dem Provinzialausschuß und reservirt dem Provinziallandtag lediglich die Anstellung des Landesdirektors und der ihm beigeordneten höheren Beamten. Nun war man in der Kommission der Meinung, daß es doch nicht richtig sei, gesetzlich den Provinziallandtag soweit zu beschränken, das es vielmehr sich empfehle, dem Provinzialstatut es frei zu stellen, andere leitende Beamte einzelner Verwaltungszweige auch der Wahl durch den Provinziallandtag zu unterstellen. M. H., wenn dem Landesdirektor obere Beamte, die lediglich als Hülfsbeamte erscheinen, beigeordnet werden, so sind diese Beamte nach meiner Ueberzeugung in der ganzen Provinzialverwaltung nicht so wichtig, wie diese leitenden Beamten, welche ganze Ressorts, ganze Verwaltungskreise unter sich haben.

Wenn die Wegeverwaltung der Provinz überwiesen wird, wird wohl zweifellos einer obersten technischen Spitze die Leitung des ganzen Wegewesens zufallen. Zwar wird naturgemäß diese leitende Spitze unter der Landesdirektion stehen, aber nicht unter den betreffenden Hülfsbeamten. Es wird nicht ausbleiben, daß der Einfluß und die Wirksamkeit eines solchen leitenden Beamten auf das ganze Wegewesen von ganz entscheidender Bedeutung ist.

Nehmen sie ein anderes Beispiel. Wenn die Provinzen sehr bedeutende Kreditinstitute haben, in Hannover z. B. die Landeskreditanstalt, so ist klar, daß ein Direktor einer solchen Landeskreditanstalt, wenn er auch im allgemeinen unter Aufsicht der Provinzialverwaltung steht, doch eine so hervorragende entscheidende Bedeutung hat, daß man ihm soviel Selbstständigkeit überlassen muß, daß es sehr gerathen ist, wichtige Stellen, wenn Staatsregierung und Provinziallandtag dies wünschen, denn das ist ja die Bedingung für die Provinzialstatute, der Wahl des Provinziallandtages zu unterstellen. Gegenüber einer Anfrage will ich noch erklären, daß der Kommissionsantrag nicht dahin zu verstehen ist, daß das Provinzialstatut alle diese oberen Beamten als der Wahl des Provinziallandtages unterworfen bezeichnen muß, es sind nur diejenigen Beamten — so ist der Satz zu verstehen — vom Provinziallandtag zu wählen, welche im Provinzialstatut als „durch die Wahl des Provinziallandtages anzustellen“ bezeichnet sind. Welche Beamte als solche bezeichnet werden sollen, hängt von der Beschlußfassung des Provinziallandtages in Uebereinstimmung mit der Staatsregierung ab.

Ich möchte nun noch darauf hinweisen, daß ja in der Regel bei der Anstellung derartiger Beamten jeder Provinziallandtag ein entscheidendes Gewicht auf die Vorschläge des Ausschusses legen wird. Er wird die Sache vorberathen, wie er alle Beschlüsse des Provinziallandtages vorzuberathen hat. Aber die Wahl des Provinziallandtages giebt doch eine Garantie, daß die in einem kleinen Körper bei solchen wichtigen Anstellungen möglichen Koterien und persönlichen Rücksichten

§. 42.

VIII. Der Provinziallandtag vollzieht die Wahlen zum Provinzialausschusse sowie nach Maßgabe der besonderen Gesetze die Wahlen zu den für Zwecke der allgemeinen Landesverwaltung angeordneten Behörden und Kommissionen; er bestellt besondere Kommissionen oder Kommissare für Zwecke der kommunalen Provinzialverwaltung (§. 99.).

Für die Vollziehung dieser Wahlen gelten die Vorschriften des diesem Gesetze beigefügten Reglements. Gegen das stattgehabte Wahlverfahren kann jedes Mitglied des Provinziallandtages innerhalb vier und zwanzig Stunden Einspruch bei dem Vorsitzenden erheben. Die endgültige Beschlußfassung über den Einspruch steht dem Provinziallandtage zu.

§. 43.

IX. Der Provinziallandtag ist befugt, Anträge und Beschwerden, welche die Provinz oder einzelne Theile derselben betreffen, an die Staatsregierung zu richten.

§. 44.

X. Der Provinziallandtag nimmt die ihm durch Gesetz übertragenen sonstigen Geschäfte wahr.

---

nicht unbedingt entscheidend sein werden, daß in solchen Fällen durch die Mehrheit des Provinziallandtages eine Korrektur doch wenigstens möglich ist."

Das Abgeordnetenhaus stimmte dem Antrag seiner Kommission bei, und auch das Herrenhaus eignete sich denselben in der Fassung, wie er jetzt im § 41. der Provinzialordnung enthalten ist, an.

2. Vgl. §§ 87. ff.

Zu § 42.

1. Der Regierungsentwurf enthielt noch einen Zusatz, daß gegen den Beschluß des Provinziallandtages über den Einspruch gegen das stattgehabte Wahlverfahren innerhalb zehn Tagen die Klage bei dem Oberverwaltungsgericht solle stattfinden dürfen. Diese Bestimmung fand jedoch die Billigung des Abgeordnetenhauses nicht. Man hielt dieselbe einestheils nicht für erforderlich, anderntheils der Würde des Provinziallandtages auch nicht wohl entsprechend. Es wurde deshalb die bezügliche Bestimmung gestrichen und die Beschlußfassung des Provinziallandtages über den Einspruch als eine endgültige bezeichnet. (Komm.-Ber. des Abgeordnetenh.).

2. Das Wahlreglement ist unmittelbar hinter der Provinzialordnung abgedruckt.

Vierter Abschnitt.

Von dem Provinzialausschusse, seiner Zusammensetzung und seinen Geschäften.

§. 45.

Zum Zwecke der Verwaltung der Angelegenheiten des Provinzialverbandes wird für jede Provinz ein Provinzialausschuß bestellt. Stellung des Provinzialausschusses im Allgemeinen.

§. 46.

Der Provinzialausschuß besteht aus einem Vorsitzenden und einer durch das Provinzialstatut festzusetzenden Zahl von mindestens sieben bis höchstens dreizehn Mitgliedern. Zusammensetzung des Provinzialausschusses.

Zu § 45.

1. Für die Ausführung bezw. die Vorbereitung der Beschlüsse des Provinziallandtags, sowie für die laufende Verwaltung der Angelegenheiten des Verbandes sollen ein Provinzialausschuß und Provinzialbeamte (§§ 87. ff.) bestellt werden.

Derartige Organe der Selbstverwaltung sind nicht nur in den neuerworbenen und den beiden westlichen Provinzen, sondern auch in der Provinz Schlesien bereits früher eingerichtet; auch in der Provinz Sachsen sind in dem Landarmenausschusse und dem Landarmendirektor ähnliche Organe für diesen Zweig provinzieller Selbstverwaltung bereits vorhanden. Nähere Mittheilungen über den Gang, welchen die Organisation der provinzial- und kommunalständischen Verwaltungen bisher genommen hat, enthält die in besonderen Beilagen zum Deutschen Reichsanzeiger und Königlich Preußischen Staatsanzeiger Nr. 33. und und 34. vom 16. und 23. Dezember 1871 abgedruckte Denkschrift über die Organisation der kommunalen Selbstverwaltung in den Preußischen Provinzen. (Motive zum Reg.-Entw.).

Die bezeichnete Denkschrift ist in der Anlage E. abgedruckt.

2. Der Regierungsentwurf wollte dem Provinzialausschuß nicht blos die Verwaltung der Angelegenheiten des Provinzialverbandes (Kommunal-Provinzialverwaltung, Provinzialgemeinde-Angelegenheiten) überweisen, sondern ihn gleichzeitig mit der Wahrnehmung von Geschäften der allgemeinen Landesverwaltung betrauen, wobei derselbe in so viele einzelne Abtheilungen (Bezirksausschüsse) zerfallen sollte, als die Provinz Regierungsbezirke enthält. Den Vorsitz im Provinzialausschuß sollte bei Berathung von Gegenständen, welche eine Angelegenheit der allgemeinen Landesverwaltung betreffen, der Oberpräsident übernehmen, während für die sonstige Geschäftsführung des Provinzialausschusses ein besonderer Vorsitzender fungiren sollte. (Vgl. Anm. zu § 47.). Die Gründe, aus welchen davon Abstand genommen wurde, dem Provinzialausschuß die Wahrnehmung von Geschäften der allgemeinen Landesverwaltung zu übertragen, man sich vielmehr entschloß, den Provinzialausschuß auf die Verwaltung der Provinzialgemeindeangelegenheiten zu beschränken, sind in der Anmerkung zu § 62. hervorgehoben.

3. Die Geschäfte des Provinzialausschusses sind in den §§ 58. bis 61. spezifizirt. Bezüglich der Mitwirkung des Landesdirektors bei der laufenden Verwaltung unter dem Provinzialausschuß vergl. die Anm. zu § 59. resp. §§ 87., 90. und 103.

Zu § 46.

1. Nach der Regierungsvorlage sollte der Vorsitzende des Provinziallands-

Außerdem ist der Landesdirektor von Amtswegen Mitglied des Provinzialausschusses.

---

tages und in dessen Behinderung der Stellvertreter desselben auch den Vorsitz im Provinzialausschuß führen.

Bei der Berathung in der Kommission des Abgeordnetenhauses hierüber erkannte man zwar an, daß durch diese Vorschrift mögliche Gegensätze auf Grund persönlicher Differenzen zwischen dem Provinziallandtage und dem Provinzialausschuß vermieden werden, hielt aber im Uebrigen den Vorschlag der Staatsregierung schon aus praktischen Gründen für nicht gerechtfertigt. Der Vorsitzende des Provinzialausschusses habe eine bedeutende fortdauernde Thätigkeit zu entwickeln und zwar eine Thätigkeit, welche Gewandtheit und Erfahrung in der praktischen Handhabung der Verwaltung voraussetze. Nicht immer werde der Vorsitzende des Provinziallandtages nach diesen Rücksichten gewählt werden. Sehr häufig werden zum Vorsitzenden in den Provinziallandtag durch Stellung, Ansehen und Popularität in der Provinz dazu wohlgeeignete Personen berufen werden, denen die für den Vorsitz im Provinzialausschuß erforderlichen Eigenschaften abgehen.

Viel eher werde sich ein ungünstiges Verhältniß zwischen dem Provinzialausschuß und dem Landesdirektor entwickeln. Letzterer führe die ganze laufende Verwaltung, habe alle Beschlüsse des Ausschusses vorzubereiten und auszuführen und müsse deshalb mit dem Ausschuß im innigsten Verhältniß stehen. Seine Stellung sei eine außerordentlich verantwortliche und erfordere die tüchtigsten in der Verwaltung erfahrensten Männer. Auch die Regierungsvorlage habe deswegen schon vorgesehen, daß die Mitglieder der Landesdirektion, beziehungsweise der Landesdirektor und die ihm beigeordneten Beamten mit berathender Stimme an den Sitzungen des Ausschusses theilnehmen können. Dies genüge jedoch nicht, das Naturgemäße sei der Vorsitz des Landesdirektors im Ausschuß; dadurch allein werde demselben die ihm zukommende Stellung gewahrt, dadurch allein werde die vom Provinzialausschuß mit der Landesdirektion gemeinsam zu führende Verwaltung der Provinz eine wirklich harmonische. In der rheinischen Städteverwaltung habe dies System sich wohl bewährt, während diejenigen Städteverfassungen, welche den Dualismus zwischen Magistrat und Stadtverordneten eingeführt haben, viel ungünstigere Erfolge erzielten. So empfehle es sich, daß das Gesetz dem Landesdirektor den Vorsitz im Provinzialausschuß überweise und der Stellvertreter desselben vom Ausschuß gewählt werde.

Dieser Vorschlag fand bei dem Vertreter der Staatsregierung sowohl, als bei der Mehrheit der Kommission keine Zustimmung.

Wenn der Landesdirektor, der schon als solcher eine so hervorragende Stellung inne habe, täglich auf dem Platze sei, alle Fäden in seiner Hand vereinige, alle Beschlüsse vorbereite und ausführe, auch noch den Vorsitz im Provinzialausschuß führe, so entstehe die Gefahr, daß der Ausschuß selbst die entscheidende, ihm vom Gesetz zugedachte Einwirkung auf die Verwaltung verliere und mehr oder weniger ein Ornament des Landesdirektors werde. Nach dem durchaus richtigen und durch die Erfahrung in Hannover und anderen Provinzen als praktisch zweckmäßig erkannten System der Regierungsvorlage, solle der Landesdirektor die Verwaltung nach den Beschlüssen des Ausschusses führen und der Kontrole des Ausschusses unterliegen. Diese Arbeitstheilung sei durchaus zutreffend. Die Thätigkeit des Ausschusses werde sich auf wichtigere Beschlußfassungen, organische Einrichtungen und Anordnungen, Anstellung der Beamten, Aufstellung von Reglements und allgemeiner Verwaltungsgrundsätze im Wesentlichen beschränken. Daneben werde die Kontrole der laufenden Verwaltung des Landesdirektors die Hauptaufgabe desselben sein. Letztere werde aber nahezu thatsächlich unmöglich, wenn der Ausschuß sich legal nur versammeln könne unter dem Vorsitz des kontrolirten Beamten. In diesem Falle werde die Gefahr entstehen, daß die Ausschußmitglieder in dem Gefühl der mehr oder minderen Abhängigkeit von dem Landesdirektor die Lust an der Arbeit und an den Beschwerden der Mitwirkung verlören. Mit den übrigens bestrittenen Erfahrungen in der Städteverwaltung und mit der Organisation der Kreisverwaltung sei die hier vorliegende Frage in keiner Weise übereinstimmend. Der Kreisausschuß sitze unter dem Vorsitz des Landraths naturgemäß, weil er sehr wichtige staatliche Funktionen zu versehen habe. Hier wie in der Stadtverwaltung fallen die oben berührten Gefahren hinweg, weil die Dinge den Mitwirkenden viel näher liegen und sie sich selbst an der laufenden Verwaltung leichter betheiligen könnten. Der Provinzialausschuß hingegen trete nur periodisch zusammen, habe mit der laufenden Verwaltung der Provinz keine ununterbrochene Verbindung und werde daher durch den Vorsitz des Landesdirektors weit stärker in den Hintergrund gedrängt. Man brauche nur die Bestimmungen des Gesetzentwurfs über die Aufgaben des Provinzialausschusses und seine Stellung zum Landesdirektor unbefangen zu prüfen, so werde man finden, daß die Uebertragung des Vorsitzes auf den Landesdirektor mit den Grundanschauungen des Gesetzes im vollen Widerspruch stehen, und werden dann die betreffenden Abschnitte völlig umgearbeitet werden müssen. Wenn, was doch zulässig, in mehreren Provinzen sogar bestehendes Recht sei, dem Landesdirektor Beamte mit beschließender Stimme beigeordnet würden, welche in Gemeinschaft mit ihm die laufende Verwaltung zu führen hätten, dann sei ohnehin offenbar die Führung des Vorsitzes durch den Landesdirektor gleichzeitig in beiden Kollegien unmöglich. Man werde daher für diesen Fall jedenfalls ganz abweichende Bestimmungen zu treffen haben. Es komme hinzu, daß die Staatsregieruug die Bestätigung des Landesdirektors fordere, während sie von einer Bestätigung des gewählten Vorsitzenden des Provinziallandtages, beziehungsweise des Provinzialausschusses Abstand genommen habe. Uebertrage das Gesetz dem Landesdirektor auch den Vorsitz im Ausschuß, so sei die staatsseitige Genehmigung der Wahl des Landesdirektors doppelt bedenklich.

Unter diesen Umständen wurde vorgeschlagen, den Vorsitz im Provinzialausschuß zwar dem Vorsitzenden im Provinziallandtag zu übertragen, die Wahl des Stellvertreters aber dem Provinzialausschuß selbst zu überlassen. Vielfach werde sich dann der Vorsitz im Provinzialausschuß für den Vorsitzenden des Provinziallandtages mehr als eine Ehrenstellung gestalten, während man es im Bedürfnißfalle in der Hand habe, die Stellvertretung einem zur praktischen Arbeit besonders geeigneten Manne zu übertragen.

Die Kommission eignete sich in erster Lesung diesen Vorschlag dahin an:

> Vorsitzender des Provinzialausschusses ist der Vorsitzende des Provinziallandtags. Der Stellvertreter wird vom Ausschuß gewählt.

In zweiter Lesung nahm die Kommission jedoch die Bestimmung dahin an, daß der Vorsitzende und sein Stellvertreter vom Provinziallandtage gewählt werden sollen, die Wählbarkeit des Landesdirektors, sowie der sonstigen Provinzialbeamten jedoch ausdrücklich ausgeschlossen ist.

Die Freunde des Vorsitzes des Landesdirektors wollten wenigstens die Wählbarkeit desselben nicht ausgeschlossen wissen. Es sei gar kein Grund vorhanden, in dieser Beziehung das freie Ermessen des Ausschusses zu beschränken. Ob eine solche Wahl zweckmäßig sei, werde abhängen von der Tradition und von den in Betracht kommenden Persönlichkeiten. Das Gesetz dürfe darüber nichts vorschreiben.

Die Mehrheit der Kommission dagegen ließ sich von der Erwägung leiten, daß das Gesetz ein klares und bestimmtes System hier zu befolgen habe. Die Verwaltung, die Kompetenz, die einzelnen Gesetzesbestimmungen werden sich wesentlich anders gestalten müssen, je nachdem der Landesdirektor als kontrolirter Beamter der laufenden Verwaltung außerhalb des Ausschusses stehe oder, nicht blos Mitglied, sondern sogar Vorsitzender des Ausschusses sei. Diese Frage müsse daher das Gesetz entscheiden. Ebensowenig wie ein Magistratsmitglied zum

Stadtverordneten gewählt werden könne, ebensowenig dürfe der Landesdirektor den Vorsitz im Ausschuß übernehmen, dessen Kontrole er unterworfen sei, möge seine Persönlichkeit noch so sehr dies Vertrauen verdienen und seine Popularität es gewinnen.

Auch von der Bestimmung des Provinzialstatuts könne man die Entscheidung dieser Frage nicht abhängig machen. Im andern Falle würde die Provinzialverwaltung in den verschiedenen Provinzen möglicherweise ein ganz verschiedenes Aussehen erhalten können und werde sogar für die weitere organische Gesetzgebung eine solche Unbestimmtheit die größten Schwierigkeiten hervorrufen. Es sei gänzlich irrig, daß der Landesdirektor ohne den Vorsitz im Provinzialausschuß eine untergeordnete Beamtenstellung einnehmen werde. Die Erfahrung werde lehren, daß die ausschließliche Handhabung der laufenden Verwaltung, die dadurch bedingte hervorragende Kenntniß aller Details der Verwaltnng, das dem Landesdirektor thatsächlich fast ausschließlich zufallende Referat im Ausschuß, die demselben zustehende Aufsichtsbefugniß über eine große Zahl von Provinzialbeamten, unter allen Umständen, die Stellung des Landesdirektors als eines höchst einflußreichen und angesehenen Beamten der Provinzialverwaltung sichern. Großes Gewicht allerdings werde daneben darauf zu legen sein, daß, wie die Vorlage es auch vorschlage, der Landesdirektor an den Sitzungen des Ausschusses mit berathender Stimme theilnehme.

Im Uebrigen sei es das Richtige, der freien Wahl des Provinziallandtages es zu überlassen, ob er seinem Vorsitzenden, beziehungsweise dessen Stellvertreter, auch den Vorsitz im Provinzialausschuß übertragen wolle; dies werde eine geeignete Wahl am allermeisten sichern. (Komm.-Ber. des Abgeordnetenh.).

Das Abgeordnetenhaus beschloß nach dem Antrage seiner Kommission, daß der Vorsitzende und sein Stellvertreter vom Provinziallandtage gewählt werden sollen, die Wählbarkeit des Landesdirektors, sowie der sonstigen Provinzialbeamten jedoch ausgeschlossen sein soll.

In der Kommission des Herrenhauses wurden wiederum mehrfache entgegengesetzte Anträge gestellt.

a) daß der Landesdirektor von Amtswegen Mitglied des Provinzialausschusses sei,
b) daß derselbe Vorsitzender des Provinzialausschusses von Amtswegen sei,
c) daß er zum Vorsitzenden oder Stellvertreter des Vorsitzenden des Provinzialausschusses nicht gewählt werden dürfe.

Bei der Berathung hierüber in der Kommission wurde hier schon Veranlassung genommen, auf die Stellung des Landesdirektors zum Provinziallandtag näher einzugehen:

Diejenigen Mitglieder der Kommission, welche dem Landesdirektor den Vorsitz im Provinzialausschusse übertragen wollten, hielten dafür, daß die dem Landesdirektor zufallende Vertretung der Provinz nach Außen eine Stellung erheische, welche derjenigen des Ober-Präsidenten nicht ganz ungleich sei; sie meinten, er werde eine durchaus unpassende Stellung erhalten, wenn der Vorsitzende des Ausschusses über ihm stehe; er werde auch das ihm, wegen besserer Information, von selbst zufallende Uebergewicht im Verhältnisse zum Provinzialausschusse in sachgemäßer Weise nur dann ausüben können, wenn er, ähnlich wie der Landrath in dem Kreisausschusse, in dem Provinzialausschusse die leitende Stellung als Vorsitzender erhalte.

Die große Mehrheit der Kommission und ebenso der Regierungskommissarius traten dieser Ansicht entgegen, und wiesen zunächst darauf hin, daß die Berufung auf den Vorsitz des Landraths im Kreisausschuß konsequenterweise eher den Vorsitz des Ober-Präsidenten, denn des Landesdirektors im Provinzialausschusse fordern möchte; auch war man darüber einig, daß irgend eine bestimmte Person sich als einen sehr tüchtigen Landesdirektor erweisen könne, ohne daß sie die Fähigkeit besitze, in genügender Weise auch das Amt des Vorsitzenden im Provinzialausschusse auszufüllen, so daß man schon aus diesem Grunde von der Bestellung

§. 47.

Der Vorsitzende, die Mitglieder des Provinzialausschusses und, aus der Zahl der letzteren, der Stellvertreter des Vorsitzenden, werden von dem Provinziallandtage gewählt.

Wahl des Vorsitzenden und der Mitglieder des Provinzialausschusses.

Für die Mitglieder ist in gleicher Weise eine mindestens der Hälfte derselben gleichkommende Zahl von Stellvertretern zu wählen.

---

des Landesdirektors zum Vorsitzenden kraft des Gesetzes abzusehen habe. Außerdem hielt man dafür, daß die Stellung des Landesdirektors als eines angestellten und demgemäß besoldeten Provinzialbeamten und die daraus sich ergebenden Konsequenzen dem Provinziallandtage und dem Provinzialausschusse gegenüber, deren Mitglieder sämmtlich im Ehrenamte sitzen, vollständig verloren gehen würden, wenn ihm der Vorsitz im Provinzialausschusse übertragen werde. Dann würde einerseits seine Verantwortlichkeit den beiden Organen gegenüber, andererseits die ihnen über seine Thätigkeit zustehende Kontrole abgeschwächt werden.

Innerhalb dieser Mehrheit machte sich übrigens die Ansicht geltend, daß dem Landesdirektor in der einen oder anderen Weise eine Stellung jedenfalls in dem Provinzialausschusse selber, nicht lediglich neben demselben zu geben sein werde, und daß auch die Gewährung dieser Stellung nicht dadurch in das Belieben jedes Provinziallandtages gestellt werden dürfe, daß man den Landesdirektor als wählbar zum Mitgliede des Provinzialausschusses erkläre. Die Stellung desselben müsse von vornherein durch das Gesetz vollständig geordnet werden. Man hielt auch dafür, daß die Verantwortlichkeit des Landesdirektors von vornherein dadurch eine größere werde, daß er im Provinzialausschusse an den Beschlußfassungen Theil nehme, solidarisch für dieselben mit einzustehen habe, und in diesem Geiste an die Ausführung derselben herantrete.

Bei der Abstimmung wurde der Antrag a. mit 12 gegen 2 Stimmen, der ad c. mit gleicher Mehrheit angenommen und der Antrag b. mit 10 gegen 4 Stimmen abgelehnt. (Komm.-Ber. d. Herrenhauses.)

Das Herrenhaus schloß sich den Anträgen seiner Kommission an, demzufolge einerseits im zweiten Absatz des § 46. bestimmt worden ist, daß der Landesdirektor von Amtswegen Mitglied des Provinzialausschusses ist, anderseits im sechsten Absatz des § 47. angeordnet ist, daß der Landesdirektor zum Vorsitzenden oder stellvertretenden Vorsitzenden des Provinzialausschusses nicht gewählt werden kann.

2. Der Regierungsentwurf hatte mit Rücksicht darauf, daß nach seiner Absicht der Provinzialausschuß in mehrere Abtheilungen (Bezirksausschüsse) zerfallen sollte, von denen je eine für jeden Regierungsbezirk gewisse Geschäfte der allgemeinen Landesverwaltung und kommunalen Provinzialverwaltung zu erledigen haben sollte, die Zahl der Mitglieder des Provinzialausschusses derart höher bestimmt, daß derselbe acht bis zweiundzwanzig Mitglieder außer dem Vorsitzenden zählen sollte. Nachdem die Geschäfte des Provinzialausschusses auf die Provinzialgemeindeverwaltung beschränkt, auch von Theilung des Provinzialausschusses in Bezirksausschüsse abgesehen worden ist, konnte die Zahl der Mitglieder des Provinzialausschusses entsprechend niedriger normirt werden.

3. Nach § 56. kann der Provinzialausschuß beschließen, einzelne den Landesdirektor persönlich berührende Gegenstände in dessen Abwesenheit zu verhandeln.

Zu § 47.

1. Wegen der Wahl des Vorsitzenden des Provinzialausschusses und dessen Stellvertreters vgl. die Anm. 1. zu § 46.

Die Zahl der Stellvertreter, sowie die Reihenfolge, in welcher dieselben einzuberufen sind, wird durch das Provinzialstatut bestimmt.

Wählbar ist jeder zum Provinziallandtage wählbare Angehörige des Deutschen Reichs (§. 17.).

Von der Wählbarkeit ausgeschlossen sind der Oberpräsident, die Regierungspräsidenten und Vizepräsidenten, sowie sämmtliche Provinzialbeamte.

---

2. Die nach Absatz 2. im § 47. zu wählenden Stellvertreter haben im Falle der Erkrankung oder sonstigen Behinderung der Ausschußmitglieder einzutreten. Für den Fall, daß ein Ausschußmitglied durch Tod oder Niederlegung seines Mandats oder aus einem der im § 48. angeführten Gründe ꝛc. dauernd aus dem Provinzialausschusse ausscheidet, muß nach § 50. eine Ersatzwahl für dasselbe durch den Provinziallandtag stattfinden.

Der Abg. Virchow hatte den Antrag gestellt, daß die nach § 47. Absatz 2. zu wählenden Stellvertreter nur dann einberufen werden sollen, wenn durch Ausscheiden von Mitgliedern des Provinzialausschusses Vakanzen in demselben eingetreten sind. Er besorgte, „daß, wenn immer wieder neue Leute einberufen werden können, und diese neuen Leute, die an den früheren Beschlüssen gar nicht Theil genommen haben, die vielleicht glauben, daß sie durch ihre Gründe die Sache wesentlich umändern können, sich vielleicht auch verpflichtet halten, ihre Meinung nochmals geltend zu machen, so eine vollständige Veränderlichkeit in die Beschlüsse des Provinzialausschusses bringen werden."

Der Berichterstatter, Abg. Miquél, entgegnete hierauf: „Ich bitte, das Amendement Virchow abzulehnen, weil ich glaube, daß die Gründe für Ablehnung — obwohl ich nicht verkenne, daß manche Momente für dasselbe sprechen — überwiegend sind. Es würde doch sehr bedenklich sein, wenn für gewöhnliche Behinderungen keine Stellvertreter da sind. Stellen Sie sich einmal die Sommerzeit vor, die Zeit wo gereist wird. Nun sind unaufschiebbare Geschäfte da, da sehe ich nicht, ob es immer möglich sein wird, überhaupt eine beschlußfähige Mehrheit zu bekommen, und dann kann man durchaus nicht verkennen, daß eine fortwährende Veränderung der Majorität eben so sehr eine Konstanz der Beschlußfassung unmöglich macht, als das Eintreten von Stellvertretern. Es ist zwar sehr schlimm, wenn Stellvertreter in eine Detailverwaltung, in eine laufende, ausübende Verwaltung eingreifen sollen, aber lange nicht so bedenklich, wenn dieses Eintreten sich nur bezieht auf Beschlußfassungen auf Grund vorliegender Referate. In dem Ausschuß wird es sich entweder um die Fortsetzung früherer Beschlüsse handeln, und da wird sich auch der Stellvertreter an den einmal gefaßten Beschluß anzuschließen haben, oder es wird ein neuer Gegenstand zur Verhandlung kommen, und da wird der Stellvertreter sich eben so gut orientiren auf Grund des Referats, als die Kommissionsmitglieder selber. Ich bitte daher, die Kommissionsvorschläge anzunehmen.

Der Antrag Virchow wurde abgelehnt.

3. Der Regierungsentwurf hatte keinerlei Beamten von der Wählbarkeit zu Mitgliedern des Provinzialausschusses ausschließen wollen. Im Abgeordnetenhause war ein Antrag angenommen worden, die Oberpräsidenten, Regierungspräsidenten und Vizepräsidenten, die Vorsteher königlicher Polizeibehörden und die Landräthe, ferner auch die Provinzialbeamten von der Wählbarkeit auszuschließen.

Das Herrenhaus trat diesen Beschlüssen insoweit bei, daß nur der Oberpräsident, die Regierungspräsidenten und Vizepräsidenten, sowie sämmtliche Provinzialbeamte von der Wählbarkeit ausgeschlossen sein sollen, dagegen die Landräthe zum Provinzialausschuß wählbar sind. Die Kommission des Herrenhauses,

Der Landesdirektor kann zum Vorsitzenden oder stellvertretenden Vorsitzenden des Provinzialausschusses nicht gewählt werden.

§. 48.

Die Wahl des Vorsitzenden, der Mitglieder des Provinzialausschusses und deren Stellvertreter erfolgt auf sechs Jahre.

Jede Wahl verliert dauernd oder vorübergehend ihre Wirkung mit dem gänzlichen oder zeitweisen Aufhören einer der für die Wählbarkeit vorgeschriebenen Bedingungen.

Der Provinzialausschuß hat darüber zu beschließen, ob einer dieser Fälle eingetreten ist. Gegen den Beschluß des Provinzialausschusses findet nach Maßgabe des §. 24. die Klage bei dem Oberverwaltungsgerichte statt.

§. 49.

Alle drei Jahre scheidet die Hälfte der gewählten Mitglieder und Stellvertreter aus und wird durch neue Wahlen ersetzt. Die Ausscheidenden bleiben jedoch in allen Fällen bis zur Einführung der neu Gewählten in Thätigkeit.

Ist die Zahl der gewählten Mitglieder beziehungsweise Stellvertreter nicht durch zwei theilbar, so scheidet das erste Mal die nächst größere Zahl aus.

Die das erste Mal Ausscheidenden werden durch das Loos bestimmt. Die Ausscheidenden sind wieder wählbar.

---

indem sie dies vorgeschlagen hatte, bemerkte hierzu, daß sie die vom Abgeordnetenhause für die Ausschließung der gedachten Beamten vorgebrachten Gründe nur für die Präsidenten als richtig anerkenne, gegentheils die Landräthe wegen ihrer umfassenden Kenntniß der Gemeindeverwaltung ganz besonders geeignet halte, um in die Bahnen der provinziellen Selbstverwaltung einzutreten. Es sei auch nicht zu besorgen, daß die Landräthe in zu großer Zahl gewählt werden würden.

Vgl. hierzu Anm. 5. zu § 17., sowie den Absatz 2. im § 62.

4. Der Regierungsentwurf enthielt eine Bestimmung, wonach Vater und Sohn, sowie Brüder, nicht gleichzeitig Mitglieder des Provinzialausschusses oder Mitglieder des Provinzialausschusses und des Provinziallandtages sein können und daß, wenn dergleichen Verwandte zugleich gewählt werden, der Aeltere allein zugelassen wird.

Diese Bestimmung wurde im Abgeordnetenhause gestrichen, da gegen die gleichzeitige Mitgliedschaft der vorbezeichneten Verwandten im Provinziallandtag überhaupt genügende Gründe nicht vorliegen, auf eine solche Verwandtschaft auch nöthigenfalls, sofern es sich um die gleichzeitige Theilnahme am Provinzialausschuß handelt, vom Provinziallandtage bei der Wahl der Mitglieder des Provinzialausschusses gebührende Rücksicht genommen werden kann. (Komm.-Ber. des Abg.-H.)

§. 50.

Für die im Laufe der Wahlperiode ausscheidenden Mitglieder und Stellvertreter haben Ersatzwahlen stattzufinden.

Die Vollziehung der Ersatzwahlen muß durch den Provinziallandtag bei dessen nächstem Zusammentritte erfolgen. Die Ersatzmänner bleiben nur bis zum Ende desjenigen Zeitraums in Thätigkeit, für welchen die Ausgeschiedenen gewählt waren.

§. 51.

Der Vorsitzende des Provinzialausschusses wird vom Oberpräsidenten, die Mitglieder des Provinzialausschusses werden von dem Vorsitzenden vereidigt und in ihre Stellen eingeführt.

Sie können aus Gründen, welche die Entfernung eines Beamten aus seinem Amte rechtfertigen (§. 2. des Gesetzes vom 21. Juli 1852, Gesetz-Samml. S. 465.), im Wege des Disziplinarverfahrens ihrer Stellen enthoben werden.

Für das Disziplinarverfahren gelten die Vorschriften, welche nach Maßgabe des §. 98. Nr. 5. gegen den Landesdirektor zur Anwendung kommen.

§. 52.

Berufung des Provinzialausschusses.

Der Provinzialausschuß versammelt sich, so oft es die Geschäfte erfordern. Die Berufung zu den Versammlungen erfolgt durch den Vorsitzenden; sie muß erfolgen auf schriftlichen Antrag des Landesdirektors oder der Hälfte der Mitglieder des Provinzialausschusses.

Durch Beschluß des Provinzialausschusses können regelmäßige Sitzungstage festgesetzt werden.

§. 53.

Geschäftsordnung des Provinzialausschusses.

Der Provinzialausschuß kann nur beschließen, wenn mehr als die Hälfte der Mitglieder, mit Einschluß des Vorsitzenden, anwesend ist.

Zu § 50.

Vgl. Anm. 2. zu § 47.

Zu § 51.

Der § 2. des Gesetzes betreffend die Dienstvergehen der nicht richterlichen Beamten ꝛc. vom 21. Juli 1852 (Ges.-Samml. S. 465) lautet:

„§ 2. Ein Beamter, welcher 1. die Pflichten verletzt, die ihm sein Amt auferlegt, oder 2. sich durch sein Verhalten in oder außer dem Amte der Achtung, des Ansehens oder des Vertrauens, die sein Beruf erfordert, unwürdig zeigt, unterliegt den Vorschriften dieses Gesetzes."

Vgl. dieses Gesetz in der Anlage D.

Die Beschlüsse werden nach Stimmenmehrheit gefaßt. Bei Stimmengleichheit giebt die Stimme des Vorsitzenden den Ausschlag.

§. 54.

Betrifft der Gegenstand der Verhandlung einzelne Mitglieder oder deren Verwandte und Verschwägerte in auf- und absteigender Linie oder bis zu dem dritten Grade der Seitenlinie, so dürfen dieselben an der Berathung und Abstimmung nicht Theil nehmen.

Ebensowenig darf ein Mitglied bei der Berathung und Beschlußfassung über solche Angelegenheiten mitwirken, in welchen es in anderer als öffentlicher Eigenschaft ein Gutachten abgegeben hat oder als Geschäftsführer, Beauftragter oder in anderer als öffentlicher Stellung thätig gewesen ist.

Zu § 53.

Die Regierungsvorlage enthielt analog dem § 138. der Kreisordnung betr. die Abstimmung im Kreisausschuß die Bestimmung, daß bei Anwesenheit einer geraden Zahl von Mitgliedern das jüngste Mitglied an der Abstimmung keinen Theil nehme. Diese wurde bei der Kommissionsberathung im Abgeordnetenhause durch die Vorschrift ersetzt, daß bei Stimmengleichheit die Stimme des Vorsitzenden den Ausschlag zu geben habe. Man fand es ungerechtfertigt, dem jüngsten Mitgliede das Stimmrecht überhaupt zu entziehen, zumal ein solcher Fall sehr oft vorkommen könne. Den Stichentscheid in die Hand des ältesten Mitgliedes zu legen, fand man gegenüber der Stellung des Vorsitzenden unpassend und hielt daher die angenommene Bestimmung noch immer für die verhältnißmäßig beste, da sie dem Herkommen am meisten entspricht. (Komm.-Ber. des Abg.-H.).

Zu § 54.

Eine gleiche Bestimmung, wie im Absatz 2. des § 54. ist auch bezüglich der Mitglieder des Kreisausschusses im § 139. der Kreisordnung getroffen, wonach die Mitglieder des Kreisausschusses bei der Berathung und Entscheidung solcher Angelegenheiten nicht mitwirken dürfen, in welchen sie in anderer Eigenschaft ein Gutachten abgegeben haben oder als Geschäftsführer, Beauftragte oder in anderer Weise thätig gewesen sind.

Es war mit Bezug hierauf die Frage entstanden, ob die Mitwirkung der Landräthe bei Beschlußfassung der Kreisausschüsse überall da für ausgeschlossen zu erachten sei, wo sie als Kommissarien der Regierung sich bereits gutachtlich geäußert haben. Diese Frage ist durch Erlaß der Ministerien des Innern und der geistlichen rc. Angelegenheiten vom 30. September 1874 (Min.-Bl. d. inn. Verw. S. 236.) verneint worden. Es heißt dort:

„Nach § 139. Absatz 2. der Kreisordnung sollen Mitglieder im Kreisausschusse bei der Berathung und Entscheidung solcher Angelegenheiten nicht mitwirken, in welchen sie in *anderer Eigenschaft* ein Gutachten abgegeben haben. Nun ist aber *der Landrath als solcher* Kommissarius der Regierung, auch bei seinem Gutachten unbeeinflußt, und in derselben Eigenschaft, nämlich *als Landrath*, ist er nach § 136. a. a. O. Vorsitzender des Kreisausschusses. Die Bestimmung des § 139. Absatz 2. a. a. O. kann hiernach unseres Erachtens auf die Herren Landräthe in Fällen der gedachten Art keine Anwendung finden."

Aus gleichem Grunde wird es unbedenklich erscheinen müssen, daß auch gegen die Stimmberechtigung des Landesdirektors über solche Angelegenheiten, in

§. 55.

Wird in Folge des gleichzeitigen Ausscheidens von mehr als der Hälfte der Mitglieder gemäß §. 54. ein Provinzialausschuß beschlußunfähig und kann die Beschlußfähigkeit auch nicht durch Einberufung unbetheiligter Stellvertreter hergestellt werden, so erfolgt die Beschlußnahme durch den Provinziallandtag.

Kann die Beschlußnahme nicht bis zum Zusammentritte des Provinziallandtages ausgesetzt bleiben, so ist durch den Oberpräsidenten aus den unbetheiligten Mitgliedern des Provinzialausschusses, beziehungsweise deren Stellvertretern, sowie aus Mitgliedern des Provinziallandtages eine besondere Kommission zu bestellen; dieselbe hat aus einer gleichen Anzahl von Mitgliedern, wie der Provinzialausschuß, zu bestehen.

§. 56.

Der Vorsitzende des Provinziallandtages und die dem Landesdirektor zugeordneten oberen Beamten (§§. 87. und 93.) können den Sitzungen des Provinzialausschusses mit berathender Stimme beiwohnen. Der Provinzialausschuß kann jedoch beschließen, einzelne den Landesdirektor oder die ihm zugeordneten oberen Beamten persönlich berührende Gegenstände in deren Abwesenheit zu verhandeln.

§. 57.

Der Provinzialausschuß regelt seinen Geschäftsgang durch eine Geschäftsordnung. Dieselbe bedarf der Genehmigung des Provinziallandtages.

§. 58.

Geschäfte des Provinzialausschusses.

Dem Provinzialausschusse liegt die Erledigung folgender Geschäfte ob:

---

welchen er zuvor in dieser seiner Eigenschaft ein Gutachten, sei es an den Provinzialausschuß oder Provinziallandtag, oder auch an die Staatsbehörden abgegeben hat, ein Einwand aus der Bestimmung im Absatz 2. des § 54. nicht zu erheben ist.

Zu § 55.

Der zweite Absatz des § 55., welcher in dem Regierungsentwurf nicht enthalten war, ist zufolge Beschlusses des Herrenhauses hinzugefügt worden. Man hielt dort die Entscheidung durch den Provinziallandtag für zu weitläufig, wenn derselbe zu diesem Zwecke besonders berufen werden müßte. Es könne sich um unbedeutende und doch dabei sehr schleunige Sachen handeln. Man wollte für diesen Fall eine Vervollständigung der Kommission herbeiführen durch Einberufung von Mitgliedern des Provinziallandtags seitens des Oberpräsidenten.

I. Der Provinzialausschuß hat die Beschlüsse des Provinziallandtages vorzubereiten und auszuführen, soweit damit nicht besondere Kommissionen, Kommissarien oder Beamte durch Gesetz oder Beschluß des Provinziallandtages beauftragt sind.

§. 59.

II. Der Provinzialausschuß hat die Angelegenheiten des Provinzialverbandes, insbesondere das Vermögen und die Anstalten desselben nach Maßgabe der Gesetze, der auf Grund von Gesetzen erlassenen Königlichen Verordnungen und der von dem Provinziallandtage beschlossenen Reglements (§. 8. Nr. 2.), sowie des von diesem festgestellten Haushaltsetats zu verwalten.

§. 60.

III. Der Provinzialausschuß hat die Provinzialbeamten zu ernennen, soweit die Ernennung derselben nicht dem Provinziallandtage

---

Zu § 59.

Dem Provinzialausschuß ist bezüglich der ihn durch § 59. übertragenen Verwaltung der Angelegenheiten des Provinzialverbandes eine weitere Beschränkung als die im § 59. selbst ausgesprochene, nicht auferlegt. Insofern daher nach § 87. zur Wahrnehmung der laufenden Geschäfte der Landesdirektor bestellt wird, liegt es ausschließlich in der Befugniß des Provinzialausschusses, zu bestimmen, welche Geschäfte der laufenden Verwaltung des Landesdirektors anheimfallen sollen, beziehungsweise bezüglich welcher Geschäfte der Provinzialausschuß sich selbst die Verfügung vorbehält. Die Bestimmung des § 58. steht dem nicht entgegen, indem der § 58., welcher die Geschäftsordnung von der Genehmigung des Provinziallandtags abhängig macht, durch welche der Provinzialausschuß seinen Geschäftsgang regeln soll, sich nur darauf bezieht, in welcher Weise und in welchen Formen der Provinzialausschuß die bei ihm zur Behandlung kommenden Geschäfte zur Erledigung bringt, nicht aber darauf, welche Geschäfte dem Provinzialausschuß obliegen und zustehen. In letzterer Beziehung disponiren die §§ 58. bis 61.

Der Berichterstatter, Abg. Miquél, hatte in dieser Beziehung in der Sitzung des Abgeordnetenhauses vom 12. April 1875 Folgendes bemerkt:

„Formelle Konflikte zwischen Provinzialausschuß und Landesdirektor können kaum gedacht werden, auch nicht nach der Regierungsvorlage. Die Konflikte haben wesentlich ihren Grund in Kompetenzstreitigkeiten zwischen verschiedenen Organen der Verwaltung. Nun mache ich darauf aufmerksam, daß das Gesetz kluger Weise den Begriff der laufenden Verwaltung nicht definirt, dagegen mit Recht an die Spitze den generellen Satz stellt, der Ausschuß verwaltet. Es gehört danach also Alles dasjenige zur laufenden Verwaltung, welches nicht der Beschlußfassung des Ausschusses unterlegen hat, und Alles, was angeblich nach der Meinung des Landesdirektors etwa zur laufenden Verwaltung gehört, gehört in demselben Augenblick nicht mehr dazu, wo der Ausschuß darüber Beschluß gefaßt hat. Demgemäß sagt das Gesetz mit Recht weiter: Der Landesdirektor bereitet die Ausschußbeschlüsse vor, hat aber sämmtliche Ausschußbeschlüsse auszuführen. (§ 90.). Er kann nicht sagen, das gehört zur laufenden Verwaltung, das geht euch nichts an; — alle Beschlüsse des Ausschusses hat der Landesdirektor auszuführen. Kompetenzstreitigkeiten können daher gar nicht entstehen, das ist völlig unmöglich.“ (Sten. Ber. S. 1153.).

vorbehalten ist (§. 41.) und deren Geschäftsführung zu leiten und zu beaufsichtigen.

§. 61.

IV. Der Provinzialausschuß hat sein Gutachten über alle Angelegenheiten abzugeben, welche ihm von den Ministern oder dem Oberpräsidenten überwiesen werden.

Fünfter Abschnitt.

Von den Provinzial- und Bezirksräthen (Behörden des Staats), ihrer Zusammensetzung und ihren Geschäften.

§. 62.

Zusammensetzung des Provinzialrathes.

Der Provinzialrath besteht aus dem Oberpräsidenten, beziehungsweise dessen Stellvertreter, als Vorsitzendem, aus einem von

---

Zu § 60.

Das Ernennungsrecht hat der Provinzialausschuß nur bezüglich derjenigen Provinzialbeamten, deren Ernennung nicht nach § 41. dem Provinziallandtag vorbehalten ist, also mit Ausnahme des Landesdirektors (Landeshauptmanns), der demselben nach § 93. zugeordneten oberen Beamten, sowie der sonstigen im Provinzialstatute zu bezeichnenden, der Ernennung durch den Provinziallandtag vorbehaltenen leitenden Beamten einzelner Verwaltungszweige.

Dagegen steht nach der Fassung des § 60. dem Provinzialausschuß die Leitung und Beaufsichtigung der Geschäftsführung sämmtlicher Provinzialbeamten, einschließlich des Landesdirektors, zu.

Letzteres war auch der Grund, aus welchem mehrseitige Vorschläge, dem Landesdirektor den Vorsitz im Provinzialausschusse zu übertragen, nicht Annahme fanden. Der Berichterstatter Abg. Miquél sagte hierüber im weiteren Verlauf seiner oben in der Anmerkung zu § 59. mitgetheilten Aeußerung Folgendes:

„Eine Unzufriedenheit des Ausschusses mit der Art und Weise der Handhabung der Verwaltung kann entstehen, in gleicher Weise, mag der Ausschuß den Vorsitz dem Landesdirektor übertragen oder nicht, denn in Beziehung auf die laufende Verwaltung handelt er ja dann für sich und nicht als Vorsitzender. Andererseits aber wird eine Hauptaufgabe des Ausschusses in der Kontrole liegen. Ich frage aber, wie kann mit völliger Unbefangenheit und ohne Rücksicht auf persönliche Verhältnisse die Kontrole über die so wichtige und ausgedehnte laufende Provinzialverwaltung vom Ausschusse gehandhabt werden, wenn der kontrolirende Beamte zugleich Vorsitzender des Ausschusses ist? Ich mache aber wieder darauf aufmerksam, daß die kontrolirende Thätigkeit des Ausschusses hier eine ganz andere Bedeutung hat, als in jeder andern Verwaltung. Weil eben thatsächlich in einer so großen Verwaltung und bei dem nur periodischen Zusammentritt der Ausschußmitglieder, welche nicht selbst an der laufenden Verwaltung sich betheiligen können, weil thatsächlich dem Landesdirektor so ungeheuer viel überlassen werden muß, weil er schließlich doch den Mittelpunkt bildet der ganzen Provinzialverwaltung, ist es um so nothwendiger, die Stellung des Ausschusses da, wo er doch wenigstens kontrolirt, völlig klar und unabhängig zu machen. Das, glaube ich, muß Jeder zugeben."

dem Minister des Innern auf die Dauer seines Hauptamtes am Sitze des Oberpräsidenten ernannten höheren Verwaltungsbeamten, welcher die Befähigung zum Richteramte besitzt, beziehungsweise dessen Stellvertreter und fünf vom Provinzialausschusse aus seiner Mitte gewählten Mitgliedern. Stellvertreter für die letzteren fünf Mitglieder werden in gleicher Weise aus der Zahl der Mitglieder des Provinzialausschusses und deren Stellvertreter gewählt.

Von der Wählbarkeit ausgeschlossen sind außer den im §. 47. Abs. 5. genannten Beamten auch die Landräthe.

Im Uebrigen finden auf die gewählten Mitglieder des Provinzialrathes die Bestimmungen der §§. 48—51. sinngemäße Anwendung.

Zu § 62.

1. Wie in der Anmerkung zu § 45. erwähnt worden ist, hatte der Regierungsentwurf vorgeschlagen, dem Provinzialausschuß nicht blos die Verwaltung der Provinzialgemeindeangelegenheiten (die kommunale Provinzialverwaltung) zu überweisen, sondern ihr gleichzeitig auch mit der Wahrnehmung von Geschäften der allgemeinen Landesverwaltung zu betrauen, dergestalt, daß bei Berathung von Gegenständen der allgemeinen Landesverwaltung der Oberpräsident den Vorsitz zu übernehmen hatte. In der allgemeinen Landesverwaltung sollte der Provinzialausschuß folgende Befugnisse und Obliegenheiten wahrzunehmen haben: „1. in höherer Instanz bei der Beaufsichtigung der Kommunalangelegenheiten der Kreise und Gemeinden, bei der Beaufsichtigung der Schulangelegenheiten und des Wegebaues, sowie in landespolizeilichen Angelegenheiten nach näherer Vorschrift der Kreis-, Gemeinde-, Schul- und Wegeordnungen, beziehungsweise der darüber zu erlassenden besonderen Gesetze mitzuwirken; 2. sein Gutachten über alle Angelegenheiten abzugeben, welche ihm von dem Oberpräsidenten oder den Ministern überwiesen werden; 3. die Revision und endgültige Feststellung der von dem Minister des Innern gemäß § 49. Abs. 1. der Kreisordnung vom 13. Dezember 1872 gebildeten Amtsbezirke, sowie jede spätere Abänderung derselben, nach vorheriger Anhörung der Betheiligten, im Einvernehmen mit dem Minister des Innern zu bewirken; 4. sofern ein Kreistag auf Aufforderung des Oberpräsidenten die Vervollständigung der von ihm gemäß § 56. der Kreisordnung vom 13. Dezember 1872 gemachten Vorschläge der zu Amtsvorstehern befähigten Personen ablehnt, auf Antrag des Oberpräsidenten darüber zu beschließen, welche Personen nachträglich in die Vorschlagsliste aufzunehmen sind."

Der Provinzialausschuß sollte aus einem Vorsitzenden und acht bis zweiundzwanzig Mitgliedern bestehen, deren Zahl innerhalb dieser Grenzen durch das Provinzialstatut dergestalt bestimmt werden sollte, daß auf jeden Regierungsbezirk 4 oder 6 Mitglieder entfallen wären. Er sollte nach Absicht des Regierungsentwurfs in so viele einzelne Abtheilungen (Bezirksausschüsse) zerfallen, als die Provinz Regierungsbezirke enthält. Der Bezirksausschuß eines jeden Regierungsbezirks sollte aus einem Vorsitzenden und den dem betreffenden Regierungsbezirke angehörigen Mitgliedern des Provinzialausschusses bestehen, den Vorsitz im Bezirksausschuß a) bei der Berathung und Beschlußfassung über Angelegenheiten der allgemeinen Landesverwaltung der Regierungspräsident, bei der Berathung und Beschlußfassung über Angelegenheiten der kommunalen Provinzialverwaltung ein von dem Provinzialausschusse zu bestimmendes Mitglied des Bezirksrathes führen, jedoch dem Vorsitzenden des Provinzialausschusses die Befugniß zustehen, den Vorsitz im Bezirksausschuß jederzeit selbst mit vollem Stimmrecht zu übernehmen. Als Geschäfte der Bezirksausschüsse waren bezeichnet:

„a) in der kommunalen Provinzialverwaltung die Wahrnehmung derjenigen Geschäfte, welche ihnen von dem Provinziallandtage oder dem Provinzialausschusse aufgetragen werden;

b) in Angelegenheiten der allgemeinen Landesverwaltung, insbesondere in Betreff ihrer Mitwirkung bei der Beaufsichtigung der Kommunalangelegenheiten der Kreise, Amtsverbände und Gemeinden, bei der Beaufsichtigung der Schulangelegenheiten und des Wegebaues, sowie in landespolizeilichen Angelegenheiten diejenigen Geschäfte, welche durch die Kreis-, Gemeinde-, Schul- und Wegeordnungen, beziehungsweise durch die darüber zu erlassenden besonderen Gesetze ihnen überwiesen werden würden, sowie die Abgabe von Gutachten über alle Angelegenheiten der allgemeinen Landesverwaltung, welche ihnen von dem Regierungspräsidenten, dem Oberpräsidenten oder den Ministern vorgelegt werden würden."

Das Abgeordnetenhaus hatte sich den Absichten des Regierungsentwurfs bezüglich der Bestimmung der Competenz des Provinzialausschusses auch über Angelegenheiten der allgemeinen Landesverwaltung im Wesentlichen angeschlossen. Dagegen machten sich bei der Berathung im Herrenhause und zwar schon bei der Kommissionsberathung ernste Bedenken geltend. Der Kommissionsbericht des Herrenhauses sagt hierüber Folgendes:

„Man hielt es, wenngleich das Urtheil über die Licht- und Schattenseiten der Kreisordnung noch nicht als abgeschlossen betrachtet werden könne, dennoch für unbedenklich, dieselbe als Ausgangspunkt für die vorliegende Berathung in's Auge zu fassen. Die wesentlichen Vorschriften dieses Gesetzes haben sich nach den gemachten Erfahrungen doch insoweit bewährt, daß auf der in demselben gegebenen Grundlage für die Fortentwickelung der Selbstverwaltung weiter gebaut werden kann. Man veranschaulichte sich, daß die einzelnen Kreise ihren Sammelpunkt und ihre Einheit in der Provinz finden. Hieraus ergebe sich in weiterer organischer Fortbildung über den Kreisgemeinden die Provinzialgemeinde, welche zur Zeit nur unvollkommen entwickelt und vertreten sei. Wie die Kreisgemeinde in dem Kreistag und in dem Kreisausschusse ihre Vertretung findet, so solle die Provinzialgemeinde in dem Provinziallandtag, in dem Provinzialausschuß und in den Bezirksausschüssen ihre Vertretung finden. In der Zutheilung der den gedachten Organen der Provinzialvertretung zustehenden Rechte und Pflichten müßten der Natur der Sache nach Abweichungen gegen die Kreisordnung stattfinden. Es frage sich, ob in dieser Beziehung in der Vorlage überall das Richtige getroffen, und den realen Interessen gebührend Rechnung getragen sei? Zur Beantwortung dieser Frage drängte sich eine Vergleichung dessen, was der Kreisvertretung obliegt, mit demjenigen, was der Provinzialvertretung obliegt, von selbst auf.

Die Organe der ununterbrochenen Thätigkeit der Kreisvertretung und der Provinzialvertretung und die wichtigsten Träger der beiderseitigen Interessen sind der Kreisausschuß, beziehungsweise der Provinzialausschuß.

Der Kreisausschuß vereinigt in sich drei verschiedene Thätigkeiten:

1. die Wahrnehmung der Interessen der Kreisgemeinde als solcher;
2. die Wahrnehmung von bestimmt bezeichneten Angelegenheiten der allgemeinen Landesverwaltung;
3. die Thätigkeit als Verwaltungsgericht.

In allen drei Beziehungen ist der Kreisausschuß die kompetente Instanz und der Kreislandrath als solcher der Vorsitzende des Kreisausschusses bei allen Berathungen. Bei der weiteren Entwickelung nach oben fällt die Einheit, welche der Kreisausschuß in seinen verschiedenen Thätigkeiten darbietet, auseinander.

Zunächst bildet sich für die verwaltungsrichterliche Thätigkeit ein besonderes Organ, das Bezirksverwaltungsgericht für jeden Regierungsbezirk.

Für den Provinzialausschuß bleiben nur die Provinzialgemeinde-Angelegenheiten und diejenigen Landesverwaltungs-Angelegenheiten, welche ihm überwiesen werden. Auch diese beiden Arten von Thätigkeiten fassen sich hier nicht mehr so einheitlich zusammen, wie in dem Kreisausschuß. Der Vorsitzende des Provinzialausschusses ist nicht, wie beim Kreisausschuß ein Staatsbeamter, sondern wird für diesen bestimmten Zweck vom Provinziallandtag gewählt. Er hat nur für die Provinzialgemeinde-Angelegenheiten den uneingeschränkten Vorsitz, für die Landesverwaltungs-Angelegenheiten soll nach der Regierungsvorlage in den betreffenden Sitzungen der Oberpräsident den Vorsitz führen; nach den Beschlüssen des anderen Hauses soll dieser nur dann den Vorsitz führen, wenn es in dem Gesetz ausdrücklich bestimmt ist. Ist hierüber nichts bestimmt, so verbleibt auch in den, dem Provinzialausschuß überwiesenen Landesverwaltungsangelegenheiten dem gewählten Vorsitzenden der Vorsitz. Die Kommission war darin einig, daß es selbstverständlich sei, daß bei Berathungen der Provinzialgemeindeangelegenheiten derjenige den Vorsitz führen müsse, der von dem Provinziallandtag dazu gewählt sei. Dagegen traten in dieser Beziehung hinsichtlich der dem Provinzialausschuß überwiesenen Angelegenheiten der allgemeinen Landesverwaltung gegen die Bestimmungen sowohl der Regierungsvorlage, als gegen die abweichenden Beschlüsse des anderen Hauses die erheblichsten Bedenken hervor. Man wies darauf hin, daß die Kreisordnung keinen Anhalt für die in Bezug auf den Provinzialausschuß zu treffende Feststellung gewähre, da in ihr eine enge Verbindung in der Verwaltung der Gemeindeangelegenheiten und der Angelegenheiten der allgemeinen Landesverwaltung angeordnet ist, welche die Vorlage in der hier fraglichen Beziehung nicht kennt. Beim Kreisausschuß, dessen alleiniger Vorsitzender der Landrath sei, erscheine diese enge Verbindung vollkommen gerechtfertigt. Hieraus lasse sich jedoch noch kein Schluß ziehen auf das höhere Organ der Provinzialvertretung, den Provinzialausschuß. Nach unten hin könne in einem beschränkten Kreise die Wahrnehmung von Interessen der allgemeinen Landesverwaltung und die der Gemeinde in eine Hand gelegt werden, weil es sich in beiden Beziehungen um untergeordnete Interessen handelt, bei denen äußerlich eine Trennung kaum wahrnehmbar sei. Nach oben würden diese Interessen so wichtig und so mannigfaltig, daß eine Wahrnehmung derselben von verschiedenen Organen geboten erscheine. Dabei seien selbstverständlich einzelne Abweichungen hiervon nicht ausgeschlossen. Wie weit und unter welchen Bedingungen in der Wahrnehmung der Angelegenheiten der allgemeinen Landesverwaltung dem staatlichen Organ abgenommen und dem kommunalen Organe zugetheilt werden könne oder müsse, das lasse sich mit Sicherheit nur in den einzelnen Fällen beurtheilen. Maßgebend müsse sein, daß die kommunale Verwaltung nicht mehr belastet, als die Staatsverwaltung erleichtert, daß ihr nicht mehr Kosten verursacht werden, daß ihr die erforderlichen Kräfte zur sachgemäßen Erledigung zu Gebote stehen, und daß die Angelegenheit einen überwiegenden kommunalen Charakter hat oder annimmt.

Die Kommission konnte sich mit der Art und Weise, wie in der Regierungsvorlage, sowie in den Beschlüssen des andern Hauses dieser Gegenstand erledigt ist, nicht einverstanden erklären.

Die Regierungsvorlage gelange nicht zur Lösung der Schwierigkeiten, wenn sie in diesen Angelegenheiten, soweit sie dieselben dem Provinzialausschuß überweist, eine gewisse staatliche Mitwirkung vorbehalte, und bestimme, daß in solchen Angelegenheiten der allgemeinen Landesverwaltung bei den diesfälligen Berathungen der Oberpräsident den Vorsitz zu führen habe. Sie überweise also diese Angelegenheiten dem Provinzialausschuß nicht als solche, welche in Zukunft einen kommunalen Charakter annehmen und so behandelt werden sollen, sondern als solche, die noch einen gewissen staatlichen Charakter behalten, und daher ihre Berathung unter dem Vorsitz des Oberpräsidenten nothwendig machen. Diese Duplizität des Vorsitzes kennt die Kreisordnung nicht. Das Bedenkliche derselben gehe am schlagendsten aus der Bestimmung hervor, wonach die Entscheidung des Oberverwaltungsgerichts eingeholt werden solle, wenn beim Mangel einer Verständigung zwischen dem Oberpräsidenten und dem Vorsitzenden des Provinzialausschusses darüber gestritten wird, ob eine Sache als Provinzialgemeindeangelegenheit oder als Landesverwaltungsangelegenheit zu betrachten sei, und ob demnach der Vorsitzende des Provinzialausschusses oder der Oberpräsident den Vorsitz zu führen habe. Der abändernde Beschluß des andern Hauses, nach welchem das Gesetz die Fälle besonders bezeichnen soll, in welchem bei Berathung einer Angelegenheit der allgemeinen Landesverwaltung der Oberpräsident den Vorsitz zu führen habe, dürfte die in Rede stehende Schwierigkeit nicht beseitigen. Auch in solchen besonders bezeichneten Fällen kann der Vorsitz streitig werden. Es würde dann das im § 118. vorgeschriebene Verfahren eintreten, welches schließlich auch zur Einholung der Entscheidung des Oberverwaltungsgerichts führt.

Nach den Beschlüssen des anderen Hauses können bei den Angelegenheiten der allgemeinen Landesverwaltung, welche dem Provinzialausschuß überwiesen werden, folgende Kompetenzstreitigkeiten eintreten:

1. ob eine streitige Angelegenheit vor das Verwaltungsgericht oder vor die Staatsbehörde gehöre;
2. ob dieselbe vor das Verwaltungsgericht oder vor den Provinzialausschuß gehöre;
3. ob eine Angelegenheit der allgemeinen Landesverwaltung vor den Provinzialausschuß oder vor die Staatsbehörde gehöre;
4. ob eine Angelegenheit der allgemeinen Landesverwaltung eine solche ist, bei deren Berathung der Oberpräsident, oder eine solche, bei deren Berathung der Vorsitzende des Provinzialausschusses den Vorsitz zu führen habe.

Ein fünfter Kompetenzstreit, auf den hier nicht weiter eingegangen werden soll, kann darüber entstehen, ob die Sache vor das ordentliche Gericht oder das Verwaltungsgericht ꝛc. gehöre.

Die Verwirrung, die Weiterungen und die Kosten, welche aus diesen Kompetenzstreitigkeiten hervorgehen können, bedürfen keiner Auseinandersetzung. Es dürfte für die Betheiligten häufig nicht mit geringen Schwierigkeiten verbunden sein, zu erfahren, welches Organ das kompetente sei.

Daß die Staatsautorität hierbei nicht gewinnen könne, liege auf der Hand. Insbesondere springe dies bei dem Oberpräsidenten, welcher in der Provinz der höchste Vertreter der Staatsautorität ist, in die Augen. Es könne vorkommen, und werde vorkommen, daß ihm von dem Provinzialausschuß der Vorsitz in diesem bestritten wird, so daß er sich erst im Wege der Klage bei dem Oberverwaltungsgericht das Recht zum Vorsitz erstreiten muß. Es könne vorkommen, und werde vorkommen, daß sein Vorsitz, welcher von vornherein den Schein des Mißtrauens auf sich hat, nicht gern gesehen wird. Die Folge davon würde sein, daß er noch weniger Einfluß auf die Berathungen hat, als wenn er nicht Vorsitzender wäre. Der Uebelstand, daß er nur den nackten Vorsitz hat und daß es für ihn nicht leicht ist, sich vorher vollständig über den Gegenstand der Beschlußfassung zu informiren, wird ihm eine umsichtige und eingehende Leitung der Sache sehr erschweren; er wird, wenn der Vorsitzende des Ausschusses tüchtig ist, eine ungemein dürftige Rolle bei seinem Vorsitz führen. In vielen Fällen dürfte er oft nicht einmal Kenntniß davon bekommen, daß eine Angelegenheit, in welcher er gesetzlich den Vorsitz zu führen hat, im Ausschuß verhandelt werde. Der Vorsitzende des Ausschusses wird, wenn er die Ueberzeugung hat, daß das Gesetz in dem betreffenden Fall den Vorsitz des Oberpräsidenten nicht verlange, ihn auch nicht einladen. Nicht selten wird auch erst im Laufe der Berathung die Nothwendigkeit des Vorsitzes seitens des Oberpräsidenten klar werden. Der Oberpräsident würde also, wenn er in der hier beregten Beziehung ganz sicher gehen wollte, genöthigt sein, fast allen Sitzungen des Provinzialausschusses beizuwohnen. Es könne ja zugegeben werden, daß der Vorsitzende des Ausschusses und der Oberpräsident so versöhnlicher Natur sind, daß sie sich gegenseitig in die Hand arbeiten und Konflikte nicht vorkommen. Hierauf komme aber beim Erlaß eines

Gesetzes wenig an. Das Gesetz muß fast mehr die Schwächen, als die Tugenden der Menschen im Auge haben.

Was in Vorstehendem von dem Oberpräsidenten und seiner Stellung zum Provinzialausschuß gesagt ist, gelte auch von dem Regierungspräsidenten und seiner Stellung zum Bezirksausschuß.

Es kam ferner in Frage, welche Angelegenheiten der allgemeinen Landesverwaltung, sei es mit oder ohne Vorbehalt des Vorsitzes des Oberpräsidenten, dem Provinzialausschuß überwiesen werden sollen. Die in der Vorlage nach den Beschlüssen des anderen Hauses in den §§ 66 bis 71. (jetzt §§ 61. und 64. bis 66.) bezeichneten Angelegenheiten sind von keiner hervorragenden Bedeutung. Die wichtigste Bestimmung in dieser Beziehung enthält der § 63. welcher vorschreibt:

> Der Provinzialausschuß hat in höherer Instanz bei der Beaufsichtigung der Kommunalangelegenheiten der Kreise und Gemeinden, bei der Beaufsichtigung der Schulangelegenheiten und des Wegebaues, sowie in landespolizeilichen Angelegenheiten nach näherer Vorschrift der Kreis-, Gemeinde-, Schul- und Wegeordnung, bezüglich der darüber zu erlassenden besonderen Gesetze, mitzuwirken.

Welche Geschäfte hiernach dem Provinzialausschuß in Angelegenheiten der allgemeinen Landesverwaltung zugewiesen werden dürften, liege im Schooße der Zukunft. Nur das muß angenommen werden, daß eine Theilung sehr wichtiger Staatshoheitsrechte zwischen dem Provinzialausschuß und den geordneten Staatsorganen in Aussicht genommen sei. Wie immerhin die Theilung ausfallen mag, so dürfte sie doch leicht zu neuen Kompetenzstreitigkeiten und zu einer weiteren Schwächung der Staatsautorität, die mit dem staatlichen Element mehr und mehr zurückgedrängt werde, führen.

Es wurde im weiteren Verlauf der Berathung in Erörterung gezogen, ob der Provinzialausschuß bei der Bestimmung, welche er nach der Vorlage haben soll, die Kräfte besitze, welche nothwendig sind, um die ihm zugedachten Angelegenheiten der allgemeinen Landesverwaltung zweckentsprechend zu erledigen. Man vergegenwärtigte sich, daß nach dem vorangeführten § 63. dem Provinzialausschuß nur eine Mitwirkung in der Oberaufsicht der dort erwähnten Angelegenheiten der allgemeinen Landesverwaltung zustehen solle. Man sagte sich aber, daß in der somit in Aussicht gestellten Theilung der Oberaufsicht, wie sie auch immer durchgeführt werde, eine neue Gefahr liege. Es werde der innere Zusammenhang, welcher aus der Natur der Dinge hervorgehe, nicht selten beeinträchtigt, und würden gerade dadurch die Verhältnisse verwickelter und die Arbeit schwieriger werden. Es wurde insbesondere von Mitgliedern der Kommission, welche den großen Städten angehören, hervorgehoben, daß nicht angenommen werden könne, daß in dem Provinzialausschuß die Kräfte vorhanden sind, welche in den schwierigen und vielfach verwickelten Verhältnissen der großen Städte bei der Mitwirkung in der Oberaufsicht betheiligt werden könnten. Dazu komme, daß der Provinzialausschuß großentheils aus Abgeordneten der großen Grundbesitzer und der Landgemeinden bestehen werde. Ohne diesen Vertretern irgend zu nahe treten zu wollen, könne man doch nicht annehmen, daß sie ein lebendiges Interesse und eine genügende Kenntniß für solche städtische Verwaltungen mitbrächten. Die Folge würde sein, daß diese Mitoberaufsicht beständig ruhen oder nothwendig machen würde, daß geeignete Kräfte, nöthigenfalls gegen Remunerationen, beschafft würden. Sie könnten nur Kosten und Weiterungen in dieser Mitoberaufsicht finden, welche sich schließlich doch als eine nutzlose herausstellen würde.

Bei der Erwägung der Frage, ob und welche Angelegenheiten der allgemeinen Landesverwaltung dem Provinzialausschuß zu überweisen seien, wurde auch darauf hingewiesen, daß die Beantwortung dieser Frage in den verschiedenen Provinzen eine verschiedene sein könne; es müsse daher diese Frage nicht bloß für die hier betheiligten 5 Provinzen, sondern auch für die übrigen Provinzen, in welchen später gleiche Gesetze in Aussicht ständen, in's Auge gefaßt werden.

Es würde nicht gerechtfertigt sein, hier schon Bestimmungen zu treffen, hinsichtlich deren es zweifelhaft sei, ob sie für die andern Provinzen aufrecht erhalten werden könnten. Es sprach sich die Besorgniß aus, daß einzelne Theile der andern Provinzen möglicherweise schon über den Zustand hinaus seien, den eine gesunde Selbstverwaltung zur nöthigen Voraussetzung habe, und wies bei dieser Gelegenheit auf England hin, welches seinen Rückgang von der Selbstverwaltung zur Büreaukratie macht, während wir den umgekehrten Weg einzuschlagen für nothwendig halten. Es wurde beispielsweise hervorgehoben, daß das wichtige Gebiet der Armenpflege in neuerer Zeit in England vollständig büreaukratisch geordnet sei. Es ergebe sich hieraus die Lehre, bei diesem großen und wichtigen Organisationswerk überall Maß zu halten, und nicht über das hinauszugehen, was durch die Wissenschaft und durch die Erfahrung gleichzeitige Anerkennung gefunden habe. Es sei sonst sehr zu besorgen, daß nach Erreichung des Erstrebten sehr bald eine Rückkehr zu dem Verlassenen stattfinden werde und in dem Rückwärtsgehen dann ebensowenig Maß gehalten würde, wie in dem Vorwärtsgehen.

Außer dem Provinzialausschuß soll für jeden Regierungsbezirk ein Bezirksausschuß als eine Mittelinstanz geschaffen werden. Auch gegen diese Einrichtung der Vorlage wurden von verschiedenen Seiten Bedenken erhoben. Man hielt den Bezirksausschuß überhaupt für entbehrlich; es wurde darauf hingewiesen, daß es eine Bezirksgemeinde nicht gebe, daß der Bezirksausschuß nur diejenigen Provinzialgemeinde-Angelegenheiten zu erledigen habe, welche der Provinzialausschuß ihm überweisen werde und daß dieser Ausschuß gewissermaßen, sofern es sich um Provinzialgemeinde-Angelegenheiten handle, nur eine Kommission des Provinzialausschusses sei, aus deren Mitgliedern er gebildet werde. Es sei nicht anzunehmen, daß dieser Ausschuß von dem Provinzialausschuß sehr in Anspruch genommen werde, der letztere könne die betreffenden Angelegenheiten selbst oder durch Kommissarien aus seiner Mitte oder durch die Kreisausschüsse wohl ebenso zweckmäßig erledigen, als durch den Bezirksausschuß. Die kommunalen Seiten desselben gäben keine Veranlassung, ihn in's Leben zu rufen. Es komme also nur seine Bedeutung für die ihm zu überweisenden Angelegenheiten der allgemeinen Landesverwaltung in Betracht. Hier drängen sich gegen die Scheidung der Angelegenheiten der allgemeinen Landesverwaltung, je nachdem bei der Berathung der Regierungspräsident oder der Vorsitzende des Bezirksausschusses oder der Vorsitzende des Provinzialausschusses den Vorsitz führt, dieselben Bedenken auf, wie beim Provinzialausschuß hinsichts des Vorsitzes des Oberpräsidenten. Die möglichen Kompetenzstreitigkeiten haben ein ebenso weites Gebiet wie bei dem Provinzialausschuß, und die Weiterungen werden dadurch vergrößert, daß der Regierungspräsident sich wegen des Tags der abzuhaltenden Sitzung mit dem Vorsitzenden des Ausschusses zu verständigen hat.

Es wurde bei diesen Erörterungen darauf hingewiesen, daß nach dem Organisationsplan für die anderweitige Einrichtung der Staatsbehörden in der Abtheilung des Innern, die hier unter der Bezeichnung „Regierung" verstanden wird, fernerhin das kollegialische Verfahren wegfallen und der Regierungspräsident die allein entscheidende Stimme haben soll. Die große Mehrheit der Kommission hielt diese Umgestaltung dem Zeitbedürfniß entsprechend und glaubte sie bei den hier stattfindenden Erwägungen als feststehend annehmen zu dürfen. Man verkannte nicht die wichtigen Dienste, welche diese Behörden durch Treue und Hingebung dem Staate geleistet, und hielt die Angriffe auf die sogenannte Büreaukratie, deren Fehler mehr in den Einrichtungen, als in den Personen lag, für sehr übertrieben. Der Hauptvorwurf, der die Regierungen treffe, bestehe darin, daß ihre Mitglieder zu viel vom Schreibtisch aus die Sachen erledigt haben, und zu wenig mit den Personen und Verhältnissen ihres Bezirks in Verkehr und Berührung gekommen seien. Es erscheine wünschenswerth, daß ein neues, frisches und belebendes Element den Regierungen zugeführt werde, wie dies schon der Minister Stein in dem seinem Immediatbericht vom 23. November 1807 beigeschlossenen Organisationsplan für nothwendig gehalten und beabsichtigt habe.

Dies geschehe am zweckmäßigsten dadurch, daß das Laienelement den Bezirksverwaltungsbehörden zugeführt werde. In dieser Beziehung billigte die Kommission das Ziel, welches die Vorlage erstrebe. Sie fand sich mit der Königlichen Staatsregierung im vollen Einverständniß darüber, daß die Beibehaltung einer Mittelinstanz zwischen Kreis und Provinz nothwendig sei. Sie hielt alle Bestimmungen der Vorlage, die darüber Zweifel gestatten, für unzulässig. Es werde dadurch das Ansehen und die gedeihliche Wirksamkeit der Regierung geschädigt, ohne daß in Bezug auf ihr Fortbestehen oder Nichtfortbestehen irgend welches Präjudiz entstehe, die künftige Gesetzgebung behalte so wie so die vollständige Freiheit ihrer Entschließungen.

Die Kommission konnte sich aber mit der Art und Weise, wie die Vorlage durch Bildung der Bezirksausschüsse die Regeneration der Regierungsbezirksverwaltung herbeiführen will, nicht einverstanden erklären.

Es erschien ihr nicht angemessen, wenn für gewisse Angelegenheiten der allgemeinen Landesverwaltung ein Bezirksausschuß bestehen solle, die Mitglieder desselben aus und von dem Provinzialausschuß wählen zu lassen. Nach der Vorlage sei der Provinzialausschuß eine vorgesetzte Instanz des Bezirksausschusses auch in den Angelegenheiten der allgemeinen Landesverwaltung, die dem letzteren zugewiesen werden. Die Berufung von dem Bezirksausschuß an den Provinzialausschuß, bei welchem dieselben Mitglieder mitstimmten, welche im Bezirksausschuß den Beschluß gefaßt hätten, könne vom Standpunkt der Gerechtigkeit aus nicht gebilligt werden, welche Zweckmäßigkeitsgründe auch dafür sprechen möchten.

Gegen die vorstehend entwickelten Ansichten in Bezug auf den Provinzialausschuß und den Bezirksausschuß, welchen die ganz überwiegende Mehrheit der Kommission zustimmte, wurde nur von einzelnen Mitgliedern Widerspruch erhoben und zwar nach entgegengesetzter Richtung hin. Von der einen Seite wurde hervorgehoben, daß der Regierungsentwurf überhaupt zu weit gehe, und daß er das Prinzip der Kreisordnung durchbreche, nach welcher ein Staatsbeamter an der Spitze des Kreisausschusses stehe. Die ganze Vorbereitung und Leitung, auch der dem Kreisausschuß überwiesenen Angelegenheiten der allgemeinen Landesverwaltung habe der Landrath, der mit den Mitgliedern dieses Ausschusses in fortwährendem lebendigen Verkehr stehe und so einen großen Einfluß auf die Erledigung der dem Kreisausschuß zugetheilten Angelegenheiten ausübe. Von der andern Seite wurde geltend gemacht, daß die Vorlage nach allen Richtungen hin das Richtige treffe, und eine, den Bedürfnissen der Zeit entsprechende Selbstverwaltung anbahne. Von einem Mitgliede wurde hierbei insbesondere hervorgehoben, daß auch in den westlichen Provinzen die bestehenden kommunalen Verhältnisse und die Lage und Bildungsstufe der kleineren Grundbesitzer, sowie der Gewerbtreibenden von der Art sei, daß die vorliegende Provinzialordnung und die Kreisordnung vom Jahre 1872 in allen wesentlichen Bestimmungen auf die Provinzen übertragen werden könne. Es würde in keiner Weise gerechtfertigt sein, mit Rücksicht auf sie das Maß der Selbstverwaltung beschränken zu wollen.

Seitens der Mehrheit der Kommission wurde erwidert, daß von einer Beschränkung der Selbstverwaltung nicht die Rede sei, sondern daß die durch die Vorlage erstrebte höhere Selbstverwaltung auf sicherern und dauernderen Grundlagen errichtet werden soll, als diejenigen, welche die Vorlage in den Provinzial- und Bezirksausschüssen darbietet.

Die große Mehrheit der Kommission war einverstanden, daß die Bestimmungen der Vorlage über den Wirkungskreis und die Zusammensetzung des Provinzialausschusses und der Bezirksausschüsse einer wesentlichen Abänderung bedürfen.

Es wurde eine Subkommission gewählt zu dem Zwecke, Vorschläge zu machen, durch welche die gegen die Vorlage dargelegten Bedenken beseitigt würden.

Das Resultat der Berathung der Subkommission besteht in Folgendem:

Es waren zwei Ansichten hervorgetreten.

Die eine ging dahin, den Provinzialausschuß lediglich mit den Provinzialgemeindeangelegenheiten zu befassen, und die ihm zugedachten Angelegenheiten der allgemeinen Landesverwaltung der Staatsbehörde vor wie nach zu belassen; den Bezirksausschuß ganz zu beseitigen und dem Regierungspräsidenten den Wirkungskreis der Regierung zu überweisen. Dem Organisationsgesetz über die Staatsverwaltungsbehörden falle dann die Aufgabe zu, die Bestimmungen über die Kompetenz des Oberpräsidenten und des Regierungspräsidenten zu geben, und die Frage zu erledigen, inwieweit in dem Wirkungskreise dieser Staatsbeamten das Laienelement herangezogen werden könne.

Die andere Ansicht ging dahin, schon in diesem Gesetz die Frage wegen Heranziehung des Laienelements zu den Angelegenheiten der allgemeinen Landesverwaltung zur Erledigung zu bringen.

Die Subkommission einigte sich in dieser letzteren Ansicht und stellte einstimmig ihre Anträge.

Ueber dieselben wurde in Verbindung mit den betreffenden Paragraphen der Vorlage eine neue Generalberathung eröffnet. Der Uebersichtlichkeit wegen erscheint es zweckmäßig, das Resultat an dieser Stelle zu geben.

Der Vorschlag der Subkommission geht im Wesentlichen dahin:

1. daß der Provinzialausschuß lediglich mit Provinzialgemeindeangelegenheiten befaßt werde, daß diejenigen Angelegenheiten der allgemeinen Landesverwaltung, welche nach der Vorlage dem Provinzialausschuß überwiesen werden sollen, sei es mit oder ohne den Vorsitz des Oberpräsidenten, einem besonderen Provinzialrath überwiesen werden.

   Dieser Provinzialrath soll bestehen aus dem Oberpräsidenten als dem ständigen Vorsitzenden, aus zwei von dem Minister des Innern für die Dauer ihres Hauptamts am Sitze des Oberpräsidenten zu ernennenden höheren Verwaltungsbeamten und aus vier von dem Provinzialausschuß aus seiner Mitte zu erwählenden Mitgliedern.

2. Der Bezirksausschuß soll ganz wegfallen; dagegen wird ein besonderer Bezirksrath gebildet. Dieser soll bestehen aus dem Regierungspräsidenten, als dem ständigen Vorsitzenden, aus zwei von dem Minister des Innern für die Dauer ihres Hauptamts am Sitze des Regierungspräsidenten zu ernennenden höheren Verwaltungsbeamten und aus vier vom Provinziallandtag zu wählenden Mitgliedern.

3. Sowohl der Provinzialrath, wie der Bezirksrath sind Staatsbehörden.

Die große Mehrheit der Kommission erklärte sich mit diesen Vorschlägen der Subkommission und mit den hieraus sich als nothwendig ergebenden weiter von derselben beantragten Abänderungen der Vorlage einverstanden.

Es wurde hervorgehoben, daß der Provinzialrath und der Bezirksrath den maßgebenden Grundsätzen der Kreisordnung mehr entspreche, als der Provinzialausschuß und der Bezirksausschuß mit den denselben nach der Vorlage zugetheilten Befugnissen in Angelegenheiten der allgemeinen Landesverwaltung.

Es wird dies in folgender Weise begründet:

Dem Kreisausschuß seien Angelegenheiten der allgemeinen Landesverwaltung übertragen, den Vorsitz in demselben habe sowohl für die Berathungen in diesen, als in den Kreisgemeindeangelegenheiten der Landrath als Staatsbeamter. Die Wichtigkeit dieser Stellung sei schon hervorgehoben worden. Bei der weiteren Entwickelung der Selbstverwaltung nach oben hin habe sich eine Theilung der Thätigkeiten nothwendig gemacht, die in dem Kreisausschuß vereinigt sind.

Es seien, wie schon erwähnt, ausgesondert die Verwaltungsstreitigkeiten. Die Gemeindeangelegenheiten der Provinz erhalten ihre Hauptvertretung in dem Provinzialausschuß. Es bleiben noch die Angelegenheiten der allgemeinen Landesverwaltung, welche zur Zeit vom Oberpräsidenten und dem Regierungspräsidenten resp. den Regierungen ressortiren.

Sowohl die Vorlage, als die Vorschläge der Kommission gehen davon aus, daß es zweckmäßig sei, in gewissen Angelegenheiten der allgemeinen Landesverwaltung das Laienelement zu betheiligen. Die Vorlage will dies in der Art, daß dem Provinzialausschuß diese Angelegenheiten überwiesen werden, und daß bei der Berathung derselben der Oberpräsident den Vorsitz führe. Nach den Beschlüssen des anderen Hauses soll derselbe den Vorsitz nur führen, soweit dies die Gesetze besonders bestimmen.

Diese Bestimmungen weichen wesentlich von den Bestimmungen der Kreisordnung ab. Nach dieser hat der Landrath bei Berathung aller Angelegenheiten, auch bei der allgemeinen Landesverwaltung die Vorbereitung, den Vorsitz bei der Berathung, den Einfluß auf die Mitglieder des Ausschusses in Folge seiner engeren Verbindungen mit denselben und seiner vielfachen Beziehungen zu ihnen. Nach der Vorlage wird in der Regel gar keine staatliche Vertretung bei der Berathung von Angelegenheiten der allgemeinen Landesverwaltung im Provinzialausschuß stattfinden, wie dies oben schon auseinandergesetzt ist. Während für die minder wichtigen Angelegenheiten der allgemeinen Landesverwaltung einem Staatsbeamten ein erheblicher Einfluß eingeräumt wird, verschwindet die staatliche Einwirkung fast ganz in den viel wichtigeren Landesverwaltungsangelegenheiten, welche zur Zeit von dem Oberpräsidenten ressortiren, und nach der Vorlage dem Provinzialausschuß zugewiesen werden sollen.

Von dem Bezirksausschuß und dem Regierungspräsidenten gilt dasselbe, was von dem Provinzialausschuß beziehentlich dem Oberpräsidenten gesagt ist.

Die Vorlage geht in den beregten wichtigen Beziehungen nicht die Wege der Kreisordnung, sie schlägt vielmehr einen abweichenden Weg ein.

Dagegen schließen sich die Vorschläge der Kommission den maßgebenden Grundsätzen der Kreisordnung enger an; sie schaffen für die in Rede stehenden Angelegenheiten der allgemeinen Landesverwaltung besondere Kollegien (Provinzialrath, Bezirksrath), in welchen der Oberpräsident, beziehungsweise der Regierungspräsident, als Vorsitzende die Stellung einnehmen, welche der Landrath in dem Kreisausschuß einnimmt. In dem Provinzialrath und in dem Bezirksrath ist ebenso wie beim Kreisausschuß, wenn auch nicht in so überwiegendem Verhältniß, das Laienelement stärker vertreten, als das Beamtenelement. Der Unterschied zwischen diesen Kollegien und dem Kreisausschuß besteht nur darin, daß in dem Kreisausschuß der Landrath der einzige Staatsbeamte ist, während in diesen Kollegien der Oberpräsident und der Regierungspräsident noch zwei stimmberechtigte Staatsbeamte zur Seite haben. Die Stimmberechtigung dieser Staatsbeamten hat ihren Grund darin, daß die Stellung derselben auch äußerlich in ihrer Bedeutung hervortritt. Abgesehen hiervon möchte auf ihre Stimmberechtigung kein großer Werth zu legen sein, obwohl dieselbe, wenn ein Vergleich mit der Kreisordnung gezogen wird, vollständig gerechtfertigt ist. Der Kreisausschuß findet einen großen Theil seiner Thätigkeit auf dem Gebiete der Kreisgemeindeangelegenheiten, der Provinzialrath hat nur Angelegenheiten der allgemeinen Landesverwaltung wahrzunehmen und in der Regel wichtigere, als diejenigen, welche dem Kreisausschuß überwiesen sind.

Der Provinzialrath und die Bezirksräthe seien aus Berufsbeamten und Ehrenbeamten gemischte Kollegien. Sie glichen in den wesentlichsten Beziehungen den jetzigen Stadtmagisträten in den alten Provinzen, die sich im großen Ganzen wohl bewährt hätten. Von den Ehrenbeamten könne nicht verlangt werden, daß sie an den Arbeiten gleich den Berufsbeamten sich betheiligen. Sie seien hauptsächlich dazu da, ihre in den verschiedensten Lebensstellungen gewonnenen Kenntnisse und Erfahrungen mitzutheilen, Vertreter der öffentlichen Meinung zu sein, eingehende Kenntniß zu nehmen von der Art und Weise, wie die Geschäfte erledigt und behandelt würden und darüber nach Außen hin Zeugniß zu geben. Um ihrem Rath Beachtung zu verschaffen, müßten sie stimmberechtigt sein. Die Nothwendigkeit der Rücksichtsnahme auf dieselben werde noch dadurch verstärkt, daß sie die Mehrheit des Kollegiums bilden. Es liege kein Grund vor, so bewährte Einrichtungen unberücksichtigt zu lassen, und von der Erfahrung absehend, nach theoretischen Auffassungen die Umgestaltung unserer Verwaltungsorgane vorzunehmen.

In den Provinzial- und Bezirksausschüssen, die, abgesehen von dem Vorsitz in einzelnen besonders bezeichneten Fällen, nur aus Ehrenbeamten beständen, würden diese sich allen insbesondere auch den in den Angelegenheiten der allgemeinen Landesverwaltung vorkommenden schwierigeren Arbeiten unterziehen und so die Pflichten ständiger Beamten übernehmen müssen. Da dies unmöglich sei, so würde man auch für den Provinzialausschuß nach Berufsbeamten, welche Mitglieder würden, sich umzusehen haben. Die dadurch entstehenden, nicht unbedeutenden Kosten würden der Provinz selbstverständlich zur Last fallen.

Es komme ferner in Betracht, daß dem Provinzialausschuß schon in seiner Vertretung der Provinzialgemeinde-Interessen Aufgaben gestellt seien, welche seine ganzen Kräfte in Anspruch nehmen, und daß man sich wohl hüten müsse, noch andere Geschäfte der allgemeinen Landesverwaltung schon jetzt auf seine Schultern zu legen. Man lasse ihm Zeit, sich zu entwickeln, sich in sich selbst zu stärken und zu kräftigen, dann dürfte in Erwägung zu ziehen sein, welche Angelegenheiten der allgemeinen Landesverwaltung ihm mit Nutzen übertragen werden können. Hierbei sei davon auszugehen, daß diejenigen Angelegenheiten der allgemeinen Landesverwaltung, welche dem Provinzialausschuß überwiesen werden sollten, derartig sein müßten, daß sie ihm vollständig und nicht mit der Beschränkung des Oberpräsidialvorsitzes überwiesen werden. Halte die Staatsregierung einen solchen Vorsitz für nothwendig, so sei es zweckmäßiger, diese Angelegenheiten bleiben bei den Staatsbehörden, oder sie werden dem Provinzialausschuß nur mit dem Vorbehalt der staatlichen Genehmigung überwiesen.

Auch die Kommission habe das Ziel im Auge gehabt, die Centralbehörden zu entlasten, alle Angelegenheiten von untergeordneter oder spezieller Bedeutung von dem Centrum nach der Peripherie zu weisen. Sie glaube dies am vollkommensten auf dem von ihr vorgeschlagenen Wege zu erreichen; diejenigen Landesverwaltungs-Angelegenheiten, welche den Provinzial- oder den Bezirksausschüssen überwiesen würden, mit der Maßgabe, daß unter dem Vorsitz des Oberpräsidenten beziehentlich Regierungspräsidenten darüber zu beschließen sei, würden der Centralverwaltung keine Erleichterung, sondern im Gegentheil durch fortwährende Kompetenzstreitigkeiten eine Vermehrung der Arbeit bringen." Die Kommission in ihrer großen Mehrheit schloß sich den vorerwähnten Anträgen ihrer Subkommission an.

Der Hauptunterschied zwischen der Regierungsvorlage resp. den Beschlüssen des Abgeordnetenhauses einerseits und den Vorschlägen der Kommission des Herrenhauses andererseits faßt sich in Nachstehendem kurz zusammen:

Die Kommissionsvorschläge überweisen diejenigen Angelegenheiten der allgemeinen Landesverwaltung, bei welchen die Heranziehung und Mitwirkung des Laienelements zweckmäßig ist, einem besonderen Provinzialrath als Staatsbehörde zur Beschließung. Dieser Provinzialrath besteht aus dem Oberpräsidenten als dem ständigen Vorsitzenden, zwei höheren Verwaltungsbeamten und vier von dem Provinzialausschuß aus seiner Mitte Erwählten als stimmberechtigten Mitgliedern.

Die Vorlage überweist die eben erwähnten Angelegenheiten der allgemeinen Landesverwaltung dem Provinzialausschuß zur Beschließung. Bei deren Berathung soll, soweit das Gesetz dies ausdrücklich bestimmt, der Oberpräsident, sonst aber der Vorsitzende des Provinzialausschusses den Vorsitz führen.

In dem ersteren Falle hat der Oberpräsident durch seine Stellung als ständiger Vorsitzender, durch seine Verbindung und seinen Verkehr mit allen Mitgliedern des Provinzialraths den Einfluß, welcher im Interesse des Staats und der Gemeinden gewünscht werden muß.

Im letzteren Falle hat der Vorsitzende des Provinzialausschusses den überwiegenden Einfluß und wird die Autorität des Oberpräsidenten in den Schatten stellen.

Dasjenige, was von dem Oberpräsidenten, dem Provinzialausschuß und dem Provinzialrath so eben bemerkt ist, gilt sinngemäß auch von dem Regierungspräsidenten, dem Bezirksrath und dem Bezirksausschuß.

Bei der Plenarberathung im Herrenhause erklärte zunächst in der Generaldiskussion der Minister des Innern, Graf zu Eulenburg, Folgendes:

„Die einzige Frage, welche zu Meinungsverschiedenheiten Veranlassung gegeben hat, ist die über die Betheiligung der kommunalen Gebilde an den allgemeinen Landesangelegenheiten. Die Voraussetzung, daß die Regierung in dieser Beziehung sich nicht klar gewesen ist, oder wenigstens in den Maßregeln, die sie vorgeschlagen hat, diese Klarheit nicht hat hervortreten lassen, kann ich wenigstens im ersten Theile nicht zugeben. Die Regierung ist sich immer bewußt gewesen, daß sie die Absicht habe, die Verwaltung allgemeiner Landesangelegenheiten auf kommunale Körperschaften in der Weise zu übertragen, daß dieselben, obwohl ihrem Ursprunge nach kommunale Körperschaften, ein Mandat des Staates ausführen sollten; sie hat sich eben immer auf den Standpunkt gestellt, daß sie die neugeschaffenen kommunalen Organe zum Zwecke der Verwaltung allgemeiner Landesangelegenheiten zu staatlichen Organen machen wollte, und hat geglaubt, dahin kommen zu können, wenn sie diesen Körperschaften als Vorsitzende staatliche Beamte gäbe, die dieselben mit dem staatlichen Wesen durchdringen und die Garantie dafür bieten würden, daß die ihnen übertragenen Angelegenheiten auch wirklich im staatlichen Sinne behandelt würden. Darüber aber kann ein Streit sich noch entspinnen, ob diese Garantie hinreichend ist, und das ist der Kernpunkt der Differenzen, welche hier aufgetreten sind. Die Regierung hat geglaubt, in der Art, wie sie in der Provinzialordnung die Organisation der staatlichen Organe der Selbstverwaltung vorgeschlagen hat, dem Bedürfnisse zu genügen. Das Abgeordnetenhaus ist dem beigetreten, und die Regierung hat keine Veranlassung gehabt, demselben gegenüber noch Bedenken gegen ihre eigenen Vorschläge zu erheben. Allein dasjenige, was in der Kommission des Herrenhauses und durch den Bericht derselben niedergelegt worden ist, und das, was heute zur Unterstützung dieser Ansichten angeführt worden ist, ist doch von einer Bedeutung, deren Abweisung von vornherein die Regierung nicht übernehmen könnte. Es kommt ihr ebenso darauf an, wie es auch dem Abgeordnetenhause darauf angekommen ist, um Gottes willen keinen Zustand zu begründen, der einen Augenblick Zweifel an der Wirksamkeit der Institution in dem Sinne, wie die Regierung sie will, aufkommen lassen könnte, und es wird ein Zweifel in dieser Beziehung eine Würdigung um so mehr finden müssen, wenn man zugleich Mittel vorschlägt, die zur Beseitigung desselben dienen sollen, ohne mit den sonstigen Grundzügen der ganzen Gesetzgebung im Widerspruch zu stehen. Ich halte nun die Kommissionsvorschläge für nicht in Widerspruch stehend mit demjenigen, was die Regierung und das Abgeordnetenhaus sich bei der Organisation der Selbstverwaltung dachten. Ich glaube, daß es wesentlich darauf ankommen wird, sich gegenseitig darüber zu verständigen, welches von den beiden Mitteln, ob dasjenige, welches das Abgeordnetenhaus, oder dasjenige, welches das Herrenhaus vorgeschlagen hat, zu dem von beiden Theilen gewünschten Ziele richtiger und sicherer führe, und aus diesen Gründen wird die Regierung, statt den Vorschlägen der Kommission einen Widerspruch entgegenzusetzen, Gelegenheit nehmen, im Abgeordnetenhause die Ansichten, die hier entwickelt worden sind, ebenfalls klarzustellen und zu versuchen, über den Weg, welcher hier vom Hause vorgeschlagen wird, eine Verständigung herbeizuführen."

Seitens der Oberbürgermeister von Forckenbeck und Becker war im Herrenhause der Antrag gestellt worden, den gesammten fünften Abschnitt aus der Provinzialordnung zu streichen, danach den nach dieser Provinzialordnung gewählten Körperschaften eine Betheiligung an den Geschäften der Landesverwaltung überhaupt nicht zu gewähren, vielmehr eine Heranziehung des Laienelements zu solchen Geschäften der späteren Gesetzgebung vorzubehalten. Ein wesentliches Motiv für die Antragsteller lag in der, nach ihrer Meinung die Städte benachtheiligenden Zusammensetzung des Provinziallandtags, wie solche in den §§ 10 ff. bestimmt ist.

Der Oberbürgermeister von Forckenbeck hob in dieser Beziehung unter Anderem hervor:

„Ich glaube, der Gegensatz zwischen den städtischen Interessen und Anschauungen und zwischen denen der Vertreter des flachen Landes ist vorhanden. Das formelle Untergewicht, in dem sich die wenigen Vertreter der Städte in der zukünftigen Provinzialvertretung befinden werden, wächst und wird noch gefährlicher, weil der materielle Gegensatz vorhanden ist. 1450 städtische Vertreter in den Wahlkorporationen für den Provinziallandtag werden gegenüber von fast 5000 Vertretern des flachen Landes die besonderen und verschiedenen Interessen der Städte bei den Wahlen zu den Provinziallandtagen nicht zu der diesen Interessen gebührenden Geltung bringen können. Als ein Vertreter städtischer Anschauungen könnte ich auch bei diesen Verhältnissen, wie sie die Vorschläge der Kommission hervorbringen, mich beruhigen, wenn es sich lediglich allein um die auch meiner Ansicht nach höchst nothwendige Konstruirung des Gemeindeverbandes der Provinz handelte. Bleibt die Aufgabe der Gesetzgebung in diesem Gesetze hierauf beschränkt, so würden wir trotz der schweren Bedenken, welche ich ausgesprochen habe, uns dem Gesetze fügen, dasselbe acceptiren, für dasselbe stimmen können.

Ganz wesentlich anders verhält sich aber die Sache, wenn den Provinziallandtagen, nach den Vorschlägen der Kommission gewählt, und deren Organen viel höhere Befugnisse der allgemeinen Staatsverwaltung übertragen werden sollen.

Auf solche Vorschläge kann ich bei einer Konstruktion der Provinziallandtage nach den Vorschlägen der Kommission für jetzt nicht eingehen. Ich müßte vielmehr abwarten, ob die so konstruirten Provinziallandtage in der Folge Objektivität allen Interessen gegenüber gezeigt haben, so daß man dann zu ihnen das Vertrauen fassen könnte, welches erforderlich ist, um ihnen auch wesentliche und schwerwiegende Befugnisse der Staatsverwaltung zu übertragen. Für jetzt ist es für diejenigen, welche so denken wie ich, unmöglich, die alten bewährten Organismen der Selbstverwaltung, wie wir sie seit 1808 in den Städten haben, die Interessen, welche in diesen Organismen leben, die Gedanken und Anschauungen, welche dieselben durchdringen, die zu unterwerfen einer — Sie nehmen mir das Wort nicht übel — so einseitig grob konstruirten Interessenvertretung, und gegen diesen Theil des Gesetzes werde ich unter allen Umständen stimmen."

Der Oberbürgermeister Hobrecht hatte zu den Vorschlägen der Kommission dahin eine Abänderung beantragt, daß außer dem Oberpräsidenten resp. Regierungspräsidenten als Vorsitzenden

a) der Provinzialrath aus dem Justitiarius beim Oberpräsidenten und fünf vom Provinzialausschusse aus seiner Mitte gewählten Mitgliedern,
b) der Bezirksrath aus dem Justitiarius beim Regierungspräsidenten und drei vom Provinziallandtage gewählten Mitgliedern bestehen solle;
c) der Provinzialrath nur beschließen könne, wenn mit Einschluß des Vorsitzenden mindestens fünf Mitglieder, der Bezirksrath, wenn mit Einschluß des Vorsitzenden mindestens drei Mitglieder anwesend sind.

Der Oberbürgermeister Hobrecht motivirte seinen Antrag dahin:

„Ich habe meinen Abänderungsantrag wieder aufgenommen, den ich schon in der Kommission gestellt und der dort in der Minorität geblieben ist. Ich glaube, wir stehen hier in der That vor dem wichtigsten Abschnitt des ganzen Gesetzes, so wichtig, daß wenn der eben gestellte Antrag, den fünften Abschnitt ganz fortzulassen, angenommen würde, wir über sehr viel verlorene Arbeit zu klagen hätten.

M. H.! Die Ordnung der Gemeindeangelegenheiten der Provinzen ist ja eine recht wichtige Aufgabe. Aber der bei weitem wichtigste Theil der Aufgabe, die man sich gestellt hat, mit der das ganze Publikum, mit der sich beide Häuser des Landtages beschäftigten, war doch die, wie weit es möglich ist, die Grundsätze fortzubilden, die in der Kreisordnung schon angenommen sind, um auch in die höheren Instanzen und für ein weiteres Gebiet das Laienelement durch Ehrenamt in den Dienst der Staatsverwaltung mit hineinzuziehen. Die Schwierigkeiten dieser Aufgabe erklären auch die scharfen Gegensätze, die hier hervorgetreten sind. Nach den heute hier gehörten Erklärungen habe ich sehr wenig Hoffnung, daß auf meinen Abänderungsantrag eingegangen wird, und doch lege ich darauf einen solchen Werth, daß ich erklären muß, ich würde für den Antrag der Kommission nicht stimmen können; ich bitte Sie daher um eine kurze Geduld, wenn ich auseinanderzusetzen suche, wie weit mir beide Anträge von einander entfernt zu stehen scheinen. Die ganze Bedeutung dieses Paragraphen, ja des ganzen fünften Abschnitts, läßt sich nicht erklären aus den übrigen Abschnitten der Provinzialordnung. Man muß zurückgreifen auf den Plan der Umgestaltung der Staatsbehörden, wie er in der Denkschrift, die der Regierungsvorlage beigelegt war, enthalten ist. Man muß auch zurückgehen auf die Erklärungen, die anderweitig von der Staatsregierung abgegeben worden sind.

Der Mittelpunkt der Umgestaltung der Staatsbehörden liegt in der Beseitigung der Regierungskollegien. Von dem, was die Regierungskollegien — es handelt sich hier insbesondere um die Abtheilung des Innern — bisher zu bearbeiten hatten, war schon vorher ein großes, wichtiges, ja das wichtigste Gebiet, welches ihre kollegiale Verfassung nothwendig gemacht hatte, die Jurisdiktion in den strittigen Angelegenheiten des öffentlichen Rechts abgelöst und durch die bei der Kreisordnung bereits beschlossene und jetzt auch durch die letzte Vorlage gesicherte Durchführung eines Organismus von Verwaltungsgerichten diesem letzteren überwiesen worden. Es ist zweitens ein großer Theil sehr wichtiger und bedeutender Sachen, die bei der Regierung bearbeitet worden sind, auf die Organe der Kommunalverwaltung überwiesen und wird ihnen in dieser Provinzialverwaltung überwiesen. Das Dezernat über die Staatschausseen und Landesmeliorationen, die alle jetzt an die Organe der Provinz überwiesen werden, nahm einen wesentlichen und bedeutenden Platz in der inneren Verwaltung ein. Wenn man nun zusammenfaßt, was dann noch übrig bleibt, so kann man allerdings zweifelhaft sein, ob da noch der nöthige Stoff vorhanden ist, um außer den drei genannten Instanzen, dem Regierungspräsidium, dem Verwaltungsgericht und den kommunalen Organen, noch eine vierte zu bilden, wie es hier in dem Bezirks- resp. Provinzialrath geschehen soll. Man muß auf die Angelegenheiten, auf die Aufgaben, die sowohl der Regierung als diesen Organen überwiesen werden können, näher eingehen, und ich muß dies deshalb besonders thun, weil ich dringend wünsche, von der Ministerbank aus eine Erklärung darüber zu hören, ob bei der tiefgehenden Differenz, die in dieser Beziehung zwischen vielen meiner Bekannten und mir besteht, jene Unrecht haben oder ich. Ich fasse die Denkschrift, die uns bisher gemachten Mittheilungen, die Erklärungen im andern Hause — Alles dahin auf, daß es nicht die Absicht ist, diese neuen Organe — gleichviel ob wir die Gestaltung des Abgeordnetenhauses beibehalten oder die von der Kommission gewählte — zur Aufsichtsinstanz für Kreise, Kommunen u. s. w. zu machen, sondern daß die Staatsaufsicht über Kreise und Kommunen den reinen Staatsbehörden verbleiben und nur in speziellen Gesetzen bestimmt werden soll, inwieweit bei dieser Aufsicht Organe der Selbstverwaltung mitzuwirken haben. Darüber möchte ich gern eine bestimmte Erklärung haben. Es liegt auch der leidenschaftlichen Entgegnung meines verehrten Freundes von Forckenbeck, der Annahme, daß die großen Städte der Aufsicht solcher Organe unterworfen werden könnten, meines Erachtens eine Voraussetzung zu Grunde, die nicht übereinstimmt mit dem, was wirklich beabsichtigt und auch nur allein möglich ist.

M. H.! Die vormundschaftlichen Befugnisse, welche der Staat über die Kreise und Kommunen ausübt, zerlegen sich in zwei ganz verschiedene Funktionen, in die Leitung und Beaufsichtigung von Amtswegen und in die Abgabe von gewissen Entscheidungen in solchen Sachen, in denen man die einzelnen Gemeinden nicht definitiv hat entscheiden lassen wollen. Diese Spruchthätigkeit in nicht strittigen Verwaltungssachen ist es, welche man den höheren Organen der Selbstverwaltung übertragen wollte und ihnen nur allein übertragen kann. Ich mache darauf aufmerksam, daß ich nirgends in der Denkschrift eine Stelle gefunden habe, in welcher direkt gesagt worden ist, der Provinzialausschuß mit dem Oberpräsidenten, der Bezirksausschuß mit dem Regierungspräsidenten an der Spitze sollen die kommunale Aufsicht führen; das habe ich nicht gefunden, sondern es heißt: der Präsident und der Oberpräsident sind die Träger der staatlichen Aufsicht unter Mitwirkung jener Organe, unter ihrer Mitwirkung in den Fällen, welche im Gesetz dafür bezeichnet werden. Und wenn man weiter hört, was die Regierung und die Vertheidiger der Vorlage im Abgeordnetenhause immer wieder hervorgehoben haben, daß man den Laien zur Theilnahme an der Selbstverwaltung in weiteren Kreisen außerhalb ihres Wohnortes nur dann heranziehen darf, wenn es sich um vereinzelte Funktionen handelt, wenn man das berücksichtigt, so ist es klar, daß die Regierung nur hat beabsichtigen können eine Mitwirkung in vereinzelten Spruchthätigkeiten, die sich wiederholen. Es sind ja auch in einzelnen Gesetzen Fälle der Art vorgesehen, z. B. in Bezug auf die Feststellung bei Bebauungsplänen, bei Bestätigung statutarischer Bestimmungen, die man nicht der Lokalbehörde definitiv überlassen will 2c. Es ist ferner auch in jener Denkschrift darauf hingewiesen worden, daß die Aufsicht in Bezug auf gewisse Angelegenheiten der Gewerbeordnung eine ähnliche Thätigkeit in Anspruch nehmen würde; auch dort handelt es sich nach meinem Dafürhalten nicht um eine kontinuirliche Leitung und Beaufsichtigung seitens des Staates, sondern nur um einzelne Spruchthätigkeiten, die einem Organe der Selbstverwaltung, dem Provinzialausschuß, nach der Vorlage des Abgeordnetenhauses, dem Provinzialrathe nach dem Beschluß unserer Kommission übertragen werden soll. Habe ich darin Recht, und wir werden ja, hoffe ich, eine Erklärung darüber hören, dann, m. H., ist doch wirklich der Hauptgrund, welcher den letzten Herrn Redner veranlaßt hat, dem Hause die vollständige Beseitigung dieses Abschnittes zu empfehlen, fortgefallen: die Besorgniß, daß hier eine allgemeine Unterstellung der größeren Städte unter Behörden der Selbstverwaltung im Plane sei, die viel zu nahe ständen und ihrer Zusammensetzung nach viel zu wenig Bürgschaft böten für eine objektive Behandlung. Die Funktion, zu welcher man den Laien heranzieht, ist eine Schöffenfunktion. Wenn hiernach Laien aufgefordert werden, in Angelegenheiten der Selbstverwaltung, in denen es eine höhere Instanz geben muß, einen Spruch in zweiter Instanz abzugeben, nachdem er gehörig vorbereitet ist, wenn dieser Stoff, der den Organen übertragen werden soll, in der angegebenen Art begrenzt und festgestellt ist, so würde ich sachlich kein Bedenken haben, den Beschlüssen des Abgeordnetenhauses zuzustimmen. Ich bin nämlich nicht besorgt, daß durch die Ueberweisung gerade dieser Gegenstände die Staatsbehörde wesentliche Rechte der Autorität des Staates aus der Hand gegeben hat, und auch um dies darzuthun, habe ich versucht, etwas näher auf den Charakter der Aufgabe einzugehen, weil es mir schien, daß in der allgemeinen Diskussion wiederholt besonders hervorgehoben wurde: es werde die Autorität der Staatsgewalt auf's Aeußerste gefährdet durch die Konstruktion dieser Behörden der Selbstverwaltung, es würden Attribute der Staatsregierung preisgegeben. Dies muß auf Mißverständniß, auf Irrthum beruhen. Ich habe darum den Grundgedanken der Kommission, hier ein besonderes Organ zu bilden, zugestimmt, und muß ihnen auch heute zustimmen, weil ich glaube, daß das künstliche Verhältniß, welches hergestellt ist durch die Einführung des wechselnden Vorsitzes in einem Verwaltungskollegium, zu großen Schwierigkeiten führen muß, ja, eigentlich innerlich etwas Unmögliches fordert. Man kann allenfalls in einer parlamentarischen Körperschaft, in einem Gerichtskollegium den Vorsitz wechseln lassen, ohne daß man das ganze Kollegium schädigt, aber in einem Verwaltungskollegium ist das nicht möglich. Ein solches Kollegium muß eine ideelle Einheit bilden, es muß eine einheitliche Person sein. Und diese Einheit drückt sich gerade im Verwaltungskollegium durch seinen Vorsitzenden aus. Wenn da plötzlich ein Wechsel des Vorsitzenden eintritt, so ist es entweder um die Selbstständigkeit des Kollegiums geschehen, oder, was in diesem Falle wahrscheinlicher wäre, der plötzlich hineingeschobene Vorsitzende wird in eine schiefe und bedenkliche Lage kommen. Ich will das nicht weiter ausführen, da es mir nicht zweifelhaft erscheint, daß auf diese Gestaltung nicht eingegangen wird. Dagegen will ich bei der Bildung eines besonderen Organs den Grundcharakter nicht beseitigen, daß es ein Organ der Selbstverwaltung sein soll, was in seiner Zusammensetzung nur unter dem Vorsitze eines dauernden Staatsbeamten und aus Laien, den Trägern von Ehrenämtern, bestehen soll. Wenn Sie den Bezirksrath und den Provinzialrath zusammensetzen aus dem Oberpräsidenten beziehungsweise Regierungspräsidenten und zwei Räthen, so ist das in der That weiter nichts, als die verkümmerte Fortsetzung des Regierungskollegiums. Tres faciunt collegium Die drei bilden ein Kollegium und die hinzugezogenen Laien spielen eine kümmerliche Rolle. Es ist nicht möglich, daß sie in diesem fortdauernden ständigen Kollegio, welches im Kern aus Berufsbeamten besteht, eine solche Selbstständigkeit und Kraft entwickeln sollten, um das Element der Selbstverwaltung so zu vertreten, wie beabsichtigt worden ist, und die unvermeidliche Folge wird sein, daß eine sehr geringe Lust in dem Laienelement vorhanden sein wird, in eine solche Stellung sich hineinzubegeben. Es wird andererseits aber ebenso, glaube ich, auch der Kreis der Berufsbeamten durch diese Einrichtung geschädigt. Es wird zwischen denjenigen vortragenden Räthen, die dem Präsidenten beigegeben, dauernd in dem neuen Kollegio sitzen, und den anderen Räthen eine unangenehme, schiefe und peinliche Stellung geschaffen. Diese beiden Gründe zusammen waren es, die mich bestimmten, schon in der Kommission, als die Grundlage der jetzigen Verfassung der Bezirks- und Provinzialräthe vorgeschlagen wurde, das Unteramendement zu stellen: der Provinzialrath — um diesen handelt es sich in diesem Paragraphen zunächst, und darauf will ich mich beschränken — solle bestehen aus dem Oberpräsidenten, dem beigeordneten Justitiarius und aus fünf von dem Provinzialausschuß zu wählenden Mitgliedern. Ich bemerke, daß ich das Wort Justitiarius gewählt habe, weil ich in der Denkschrift gelesen hatte, es sei die Absicht der Staatsregierung, bei Auflösung der kollegialischen Verfassung dem Präsidenten einen Justitiarius und eine Reihe vortragender Räthe nach Bedarf beizugeben, und daß im Oberpräsidium eine ähnliche Einrichtung eintreten solle. Das allein veranlaßte mich, um irgend eine bestimmte Person gleich zu bezeichnen, das Wort Justitiarius zu wählen. Ich bemerke anbei, ich bin kein besonderer Freund der Justitiarien in den Verwaltungskollegien gewesen und würde es sogar jetzt noch lieber sehen, wenn man statt dessen sagen möchte, einen ständigen Rath. Indessen ich wollte den allgemeinen Antrag dadurch nicht gefährden, daß ich ihn noch einmal änderte; ich wollte mir den Vortheil der Geschäftsordnung bewahren, ihn so wieder aufzunehmen, wie ich ihn in der Kommission gestellt hatte, und ich glaube, daß es im Wesentlichen gleich sein wird. Diejenigen Herren, welche überhaupt mit einer Zusammensetzung aus zwei Berufsbeamten mit Einschluß des Oberpräsidenten und fünf hinzugewählten Laien einverstanden sind, werden dem Antrag sehr wohl auch in dieser Fassung zustimmen."

Das Herrenhaus stimmte den Hobrecht'schen Anträgen nicht bei, nahm vielmehr die Anträge seiner Kommission an. Bei der demzufolge erneut im Abgeordnetenhause eintretenden Berathung und Beschlußfassung wurde die Zusammensetzung des Provinzialraths und Bezirksraths im Wesentlichen nach den Hobrecht'schen Vorschlägen, jedoch noch unter weiterer Verstärkung des Laienelements im Bezirksrath auf vier Mitglieder, sowie unter Ausschluß der Landräthe von der Wählbarkeit zur Mitgliedschaft im Provinzial- oder Bezirksrath in derjenigen Fassung angenommen, wie diese jetzt in den §§ 62. und 67. Gesetzeskraft erlangt hat, nachdem das Herrenhaus auf Grund nochmaliger Berathung hierzu seine Zustimmung ertheilt hatte. Letztere war von dem Berichterstatter des Herrenhauses, Dr. Elwanger, mit folgender Aeußerung befürwortet worden:

„Ich glaube, den § 62., welcher über den Provinzialrath handelt, vorzugsweise in's Auge fassen zu können. Alle diejenigen Gegenstände, die von höheren legislativen Standpunkten aus in Betracht kommen, reihen sich an diesen Paragraphen an.

Ich erlaube mir zunächst die einzelnen Abänderungen, die dieser Paragraph nach den Beschlüssen des anderen Hauses erfahren soll, hervorzuheben. Es ist zunächst bestimmt in der Vorlage, wie sie im anderen Hause beschlossen worden ist, daß statt zwei von dem Minister des Innern zu ernennender höherer Verwaltungsbeamten nur ein vom Minister des Innern zu ernennender höherer Beamte, und zwar ein solcher ernannt werden soll, welcher die Befähigung zum Richteramte besitzt. Also es ist ein höherer Verwaltungsbeamter weggefallen, und der andere, der geblieben ist, soll die Qualifikation zum Richteramte haben.

Ferner ist bestimmt, daß statt der vier von dem Provinzialausschuß aus seiner Mitte zu wählenden Mitglieder des Provinzialraths fünf Mitglieder gewählt werden, und endlich ist im andern Hause beschlossen, daß die Landräthe zu Mitgliedern des Provinzialraths nicht wählbar sind, wenngleich sie wählbar sind zu Mitgliedern des Provinzialausschusses. Das Hauptgewicht der hier hervorgehobenen Abänderungen liegt in der Verminderung der Berufsbeamten und in der Vermehrung der Ehrenbeamten, so also, daß statt drei Berufsbeamten einschließlich des Oberpräsidenten zwei Berufsbeamte und statt vier Ehrenbeamten fünf Ehrenbeamte in Zukunft nach den Beschlüssen des andern Hauses fungiren sollen. Die andern von mir hervorgehobenen Abänderungen sind von weniger Bedeutung, und ich glaube, daß es zu weit führen würde, hier in der Generaldiskussion auch diese Abänderungen schon zu berühren. Ich will mich daher beschränken auf die wiederholt hervorgehobene Abänderung, daß das Verhältniß der Ehrenbeamten zu den Berufsbeamten geändert ist. Während es nämlich nach den Beschlüssen dieses Hauses 4 : 3 war, soll es nach den Beschlüssen des andern Hauses 5 : 2 werden. Bevor ich nun dazu übergehe, die Bedeutung dieser Abänderung auseinanderzusetzen, erlaube ich mir, Ihrer Erwägung zu unterbreiten, ob und inwiefern das Wesen und die Natur des Provinzialrathes, wie er hier in diesem Hause beschlossen worden ist, durch Beschlüsse des anderen Hauses geändert wird. Der Provinzialrath, der ja eine Schöpfung dieses Hauses ist, soll nach unseren Beschlüssen eine Staatsbehörde sein; gerade dieser Charakter des Provinzialrathes ist ganz vorzugsweise von uns betont und in den Vordergrund geschoben. Auf dieser Eigenschaft als Staatsbehörde ergeben sich gewichtige und für die gedeihliche Entwickelung des Instituts erhebliche Folgerungen. Die Angelegenheiten der allgemeinen Landesverwaltung werden nach unseren Vorschlägen, vorausgesetzt, daß der Provinzialrath, wie wir es wünschen, zu Stande kommt, sämmtlich in die Hand des Oberpräsidenten gelegt — die Verwaltungsangelegenheiten in höherer Instanz, muß ich ausdrücklich bemerken: Ich werde das „in höherer Instanz" nicht fortwährend wiederholen, sondern ich betrachte es als selbstverständlich, daß ich von den Verwaltungsangelegenheiten in höherer Instanz hier spreche. Der Oberpräsident nimmt diese Angelegenheiten wahr, einmal allein in seiner Eigenschaft als Oberpräsident, sodann aber nimmt er gewisse Angelegenheiten der allgemeinen Landesverwaltung wahr im Provinzialrath. Im Provinzialrath führt er den Vorsitz, er leitet die Sachen ein, er hat die Ausführung. Es ist der Hinzutritt des Provinzialraths eine gewisse Beschränkung seiner Befugniß, aber im Großen und Ganzen ist es immer der Oberpräsident, in dessen Hand auch diese Angelegenheiten der allgemeinen Landesverwaltung liegen. M. H.! Durch diese Einrichtung wird eine wesentliche Vereinfachung der Geschäfte herbeigeführt. Ich darf in wenigen Worten darauf hinweisen, wie sich diese Angelegenheit gestalten würde, wenn nach der ursprünglichen Vorlage der Provinzialausschuß auch mit Angelegenheiten der allgemeinen Landesverwaltung vertraut würde. Während hier, wo der Oberpräsident die sämmtlichen Angelegenheiten der allgemeinen Landesverwaltung, sei es allein, sei es mit dem Provinzialrath zusammen, in seiner Hand hat, eigentlich nur eine Behörde besteht —

denn sämmtliche Sachen gehen zunächst an den Oberpräsidenten — würden nach der ursprünglichen Vorlage in Wirklichkeit, wenn Sie das Wesen der Sache in's Auge fassen und nicht bloß den Namen, drei Behörden bestehen. Sie haben einmal den Provinzialausschuß für solche Angelegenheiten der allgemeinen Landesverwaltung, in welchen der erwählte Vorsitzende den Vorsitz führt, Sie haben zweitens solche Angelegenheiten, in welchen der Oberpräsident den Vorsitz führt. Die Angelegenheiten sind verschieden, die Vorsitzenden sind verschieden, und wenn auch die Mitglieder dieselben sind, so ist das doch eigentlich eine derartige Trennung, daß man in Wirklichkeit von zwei Behörden sprechen kann. Wenn in's Auge gefaßt wird, daß derjenige, der in beiden Behörden etwas nachzusuchen hat, sich zunächst an den Vorsitzenden wendet, so hat er sich in dem einen Fall an den erwählten Vorsitzenden, im anderen Fall an den vorsitzenden Oberpräsidenten zu wenden. Außer diesen beiden Behörden, die nun schon Angelegenheiten der allgemeinen Landesverwaltung wahrnehmen, haben Sie endlich noch den Oberpräsidenten für diejenigen Angelegenheiten der allgemeinen Landesverwaltung, die schlechthin in seiner Hand liegen.

Nun bitte ich, m. H., die Noth der Betheiligten in's Auge zu fassen, die nach der ursprünglichen Vorlage doch in der That nicht wissen, wohin sie sich wenden sollen, ob an den Provinzialausschuß, ob an den Oberpräsidenten, ob an den erwähnten Vorsitzenden, ob an den Oberpräsidenten als Vorsitzenden des Provinzialausschusses, während nach unseren Vorschlägen sie sich nur an den einen Oberpräsidenten zu wenden und dieser die Sache in die weiteren Wege leitet. Ebenso vereinfacht sich nach unseren Vorschlägen zur Errichtung des Provinzialrathes das Kompetenzverhältniß. Die Kompetenzstreitigkeiten, die ich mir erlaubt habe bei der ersten Berathung Ihnen vorzuführen, werden wesentlich vereinfacht. Sie würden nur vorkommen in Angelegenheiten der allgemeinen Landesverwaltung zwischen dem Oberpräsidenten einerseits und dem Verwaltungsgericht andererseits. Selbstverständlich ist hierbei nicht die Rede von Kompetenzstreitigkeiten, die mit den ordentlichen Gerichten vorkommen können. Außer dieser wesentlichen Vereinfachung der Sache, die den Betheiligten zugute kommt, und die geeignet ist, sie mit dieser neuen Institution in kurzer Zeit auszusöhnen — jede neue Institution ist ja für die Betheiligten beschwerlich, bevor sie sich mit derselben vollständig vertraut gemacht haben —, kommt aber in Erwägung, daß die Staatsautorität wesentlich gewahrt, daß der Einfluß des Staates ein erheblich größerer ist. Der Oberpräsident hat die Sache einzuleiten, er hat und kann sich vorher über Alles gründlich informiren, er kann, ausgerüstet mit der vollständigsten Sachkenntniß, in den Provinzialrath treten und den Vorsitz führen und wird außerdem unterstützt von sachkundigen Beamten seines Ressorts. Er tritt ferner zu den Mitgliedern des Provinzialrathes in ein dauerndes Verhältniß, er kommt zu ihnen in amtlichem und geselligem Verkehr in viel größerem Umfange, als es sonst möglich gewesen wäre. Alle diese Momente müssen und werden wirklich dazu beitragen, seinen Einfluß und mit ihm den Einfluß der Staatsautorität auf Angelegenheiten der allgemeinen Landesverwaltung zu erhöhen und zu verstärken. Von einer Nebenbuhlerschaft, wie sie sich ja nothwendig herausstellen müßte, wenn die ursprüngliche Einrichtung, die die Vorlage beabsichtigte, zu Stande gekommen wäre, kann nun nicht mehr die Rede sein. Von einem personifizirten Mißtrauen, als welches der Oberpräsident, wenn er den Vorsitz im Provinzialausschuß führen müßte, gewissermaßen hingestellt wäre, kann auch nicht mehr die Rede sein. Im Gegentheil, die Mitglieder des Provinzialrathes werden dem Oberpräsidenten mit Vertrauen entgegenkommen und er wird hierdurch einen Einfluß gewinnen, den er im Provinzialausschuß schlechterdings nicht haben könnte.

M. H.! Der Provinzialrath bleibt auch nach den Beschlüssen des anderen Hauses so bestehen, wie ich es eben hier auseinandergesetzt habe. Der Einfluß des Oberpräsidenten und des Staats bleibt derselbe; in dieser Beziehung ändern die Beschlüsse des anderen Hauses nichts. Die Angelegenheiten der allgemeinen

Landesverwaltung werden von dem Provinzialrath auch ferner als Staatsbehörde behandelt. In allen diesen Beziehungen stimmen die Beschlüsse des Abgeordnetenhauses mit den unsrigen überein und lassen den Charakter des Provinzialraths ungeändert. Ich komme nun auf die wichtigste Abänderung, die im anderen Hause beschlossen ist. Das ist die Abänderung in Bezug auf das Stimmenverhältniß. Die Stimmen zählen nicht blos, sie wiegen auch. Wenn wir die Bedeutung dieser Abänderung uns klar machen wollen, so möchte ich bitten, zu erwägen den Einfluß, den der Oberpräsident hat, wie ich vorhin schon auseinandergesetzt habe, ein Einfluß, der von solcher Bedeutung ist, daß er die Stimmenveränderung, die nach dem Beschluß des anderen Hauses eintreten soll, vollständig aufwiegen dürfte. Es sind sogar erfahrene Männer der Ansicht, daß die Aenderung des Stimmenverhältnisses nicht zum Nachtheil des Provinzialrathes und respektive des Oberpräsidenten und in höchster Instanz des Staates ausfallen, sondern daß gerade diese Verminderung der Berufsbeamten und die schwache Vermehrung der Ehrenbeamten von Nutzen und Vortheil wäre. Sie weisen mit Recht darauf hin, daß in dem Provinzialrath die Staatselemente und die Laienelemente nicht gesondert werden dürfen, daß sie vollständig ineinander übergehen müssen, daß sie einen Körper bilden und daß sie sich selbst als solchen betrachten und von diesem Bewußtsein durchdrungen die Sache behandeln müssen, wenn dieser Körper segensreich wirken soll. Dies würde um so leichter erreicht werden, wenn das Laienelement, das der Natur der Sache nach immer mit einigem Mißtrauen erfüllt ist, in entschiedener Majorität wäre. Das Laienelement ist ja den Kräften nach, die es mit in den Provinzialrath bringt, doch das schwächere, und im Gefühl seiner Schwäche ist das Mißtrauen natürlich, und dieses Mißtrauen wird schwinden, je stärker sich das Laienelement der Zahl nach fühlt. Wenn man sich von dieser Betrachtung leiten läßt, so ist der Beschluß des andern Hauses irrelevant, jedenfalls aber ungefährlich. Wenn man aber von der entgegengesetzten Ansicht ausgeht, wenn man glaubt, auf das Zahlenverhältniß das größte Gewicht legen zu müssen, ja, m. H., dann hätten wir den Provinzialrath gar nicht so beschließen müssen, wie wir gethan haben. Wir haben nach unserem früheren Beschlusse dem Laienelement auch die Majorität eingeräumt, freilich mit vier gegen drei Stimmen, aber wenn wir das Laienelement im Provinzialrath als ein dem Berufsbeamtenelement feindliches, entgegengesetztes denken, so konnte man auch diese Majorität nicht bewilligen; dann wird das Laienelement in seiner Feindschaft geschlossen zusammenstehen gegenüber dem andern Element im Provinzialrathe; dann wäre die ganze Schöpfung eine vollständig verunglückte, auf die wir uns nichts zugute thun können, wie wir es bisher mit einiger Berechtigung geglaubt haben thun zu können. Nun ist ferner hervorgehoben worden, daß ja in einigen Provinzen die Verhältnisse doch anders liegen, wie hier, daß man ja in Erwägung zu ziehen habe, daß diese Provinzialordnung auch auf die übrigen Provinzen ausgedehnt werde, und daß gegen einige derselben die Besorgniß wohl gerechtfertigt sei, daß dort sich eine geschlossene, hartnäckige Opposition ausbilden könne, und daß diese Opposition dann verstärkt würde durch die Verstärkung des Laienelements. Ja, m. H., zunächst haben wir es doch mit den fünf östlichen Provinzen zu thun, in denen wir Elemente haben, aus denen wir mit vollem Vertrauen das Laienelement in den Provinzialrath entnehmen können. Wir werden ja an diesen Provinzialräthen, die wir schaffen, wenn der Entwurf zum Gesetz erhoben wird, Erfahrungen machen, und nach Maßgabe dieser Erfahrungen werden die Gesetze für die übrigen Provinzen ausgearbeitet werden können. Der Provinzialrath, wie er jetzt hier vorgeschlagen wird in seiner Zusammensetzung, muß ja nicht nothwendig in derselben Zusammensetzung auch in den andern Provinzen gebildet und eingeführt werden. Gerade in dieser Beziehung hat ja die Regierung immerhin noch Spielraum, dasjenige zu thun, was die Interessen des Landes erfordern. Endlich aber, m. H., wenn Sie annehmen, wenn Sie besorgen, daß aus dieser Vermehrung des Laienelements und aus der Verminderung der Berufsbeamten unter Umständen ein für den Staat erheblicher Nachtheil hervorgehen könnte, so wollen sie in Erwägung ziehen, daß auch solche Fälle im Gesetz vorgesehen sind. Sollten derartige Gegensätze in dem Provinzialrath zum Vorschein kommen, dann werden sie vorzugsweise zum Vorschein kommen auf den Grenzgebieten, da, wo es streitig wird, ob der Provinzialrath die Befugniß zu Diesem oder Jenem hat, wo es streitig wird, ob er sich in Diesem oder Jenem innerhalb der gesetzlichen Schranken bewegt. In § 118. haben wir, wie wir denselben beschlossen, die Möglichkeit gegeben, die nöthige Abhülfe zu schaffen. Der § 118. bestimmt, daß, wenn der Provinzialrath seine Befugnisse überschreitet, oder wenn er dem Gesetze entgegenhandelt, der Oberpräsident befugt ist, ihn darauf aufmerksam zu machen, und wenn er von seiner Ansicht nicht abgeht, die Entscheidung des Ober-Verwaltungsgerichts einzuholen. Dieser Gerichtshof ist lediglich aus den vom Könige angestellten Beamten gebildet. Bei der außerordentlichen Wichtigkeit dieser Aemter wird die Staatsregierung gewiß mit der äußersten Vorsicht bei ihrer Besetzung zu Werke gehen. Der § 118. hatte ursprünglich eine solche Fassung, daß man daraus herleiten könnte, die Beschlüsse des Provinzialausschusses dürften ungeachtet der Berufung des Oberpräsidenten an das Ober-Verwaltungsgericht ausgeführt werden. Wir haben hier beschlossen, klar zu stellen, daß dem nicht so sei, und unzweifelhaft zu machen, daß die Berufung des Oberpräsidenten aufschiebende Wirkung habe. Auch in dieser wichtigen Bestimmung ist das andere Haus unserem Beschlusse beigetreten, es hat blos den Zusatz beliebt, daß die Klage des Oberpräsidenten an das Ober-Verwaltungsgericht sofort angebracht werden müsse, einen Zusatz, gegen den man kein Bedenken zu tragen nöthig hat.

Sie sehen also, m. H., keine der Abänderungen des anderen Hauses in Bezug auf den Provinzialrath berührt das Wesen und die Natur des Provinzialraths, wie wir ihn hier beschlossen haben. Der Provinzialrath ist unser Kind, es ist zurückgekehrt von dem anderen Hause gesund und lebensfähig, es ist wohl etwas anders gewickelt, aber es ist nicht schief gewickelt; und, m. H., wenn wir diesen Paragraphen, wie er jetzt hier vor uns liegt, verwerfen, so ist außer allem Zweifel, daß damit die wichtige Vorlage, die das andere Haus und uns so lange beschäftigt hat, fällt. Ich kann mir nicht denken, daß dieses Haus einen solchen Beschluß fassen sollte, das würde wirklich eine Todsünde an unserem eigenen Fleisch und Blut sein." (Sten. Ber. S. 629.)

Wie oben bemerkt, schloß das Herrenhaus sich demnächst den letzten Beschlüssen des Abgeordnetenhauses an.

2. Aus dem letzten Absatz des § 62. in Verbindung mit den §§ 48. bis 51. beziehungsweise mit dem ersten Absatz des § 62. ergiebt sich Folgendes:

a. Die Wahl der fünf Laienmitglieder des Provinzialraths und der fünf Stellvertreter für dieselben findet durch den Provinzialausschuß auf die Dauer von sechs Jahren statt. (§ 48.).

b. Alle drei Jahre scheidet die Hälfte der gewählten Mitglieder und Stellvertreter aus und wird durch neue Wahlen ersetzt. Die Ausscheidenden bleiben jedoch in allen Fällen bis zur Einführung der neu Gewählten in Thätigkeit.

Das erste Mal scheiden drei Mitglieder und drei Stellvertreter aus. Die das erste Mal Ausscheidenden werden durch das Loos bestimmt. Die Ausscheidenden sind wieder wählbar. (§ 49.).

c. Die gewählten Mitglieder des Provinzialraths müssen aus der Zahl der wirklichen Mitglieder des Provinzialausschusses entnommen sein. Die Stellvertreter der Mitglieder des Provinzialraths können sowohl aus der Zahl der Mitglieder des Provinzialausschusses, wie aus der Zahl der Stellvertreter der letzteren entnommen werden. (§ 62. Absatz 1.).

d. Für die im Laufe der Wahlperiode ausscheidenden Mitglieder und Stellvertreter haben Ersatzwahlen stattzufinden.

Die Vollziehung der Ersatzwahlen muß durch den Provinzialausschuß bei dessen nächstem Zusammentritt erfolgen. Die Ersatzmänner bleiben

§. 63.

Geschäfte des Provinzialrathes in der allgemeinen Landesverwaltung.

Der Provinzialrath hat in der allgemeinen Landesverwaltung folgende Befugnisse und Obliegenheiten wahrzunehmen:

I. Der Provinzialrath hat in höherer Instanz bei der Beaufsichtigung der Kommunalangelegenheiten der Kreise und Gemeinden, bei der Beaufsichtigung der Schulangelegenheiten und des Wegebaues, nach näherer Vorschrift der Kreis-, Gemeinde-, Schul- und Wegeordnungen, mitzuwirken. Dasselbe gilt von denjenigen Angelegenheiten der allgemeinen Landesverwaltung, welche durch besondere Gesetze dem Provinzialrathe überwiesen werden.

---

nur bis zum Ende desjenigen Zeitraums in Thätigkeit, für welchen die Ausgeschiedenen gewählt waren. (§ 50).

e. Die Mitglieder des Provinzialraths werden von dem Vorsitzenden (Oberpräsidenten) vereidigt und in ihre Stellen eingeführt.

Sie können aus Gründen, welche die Entfernung eines Beamten aus seinem Amte rechtfertigen (§ 2. des Gesetzes vom 21. Juli 1852. Ges.-Samml. S. 465. vgl. oben die Anm. zu § 51.) im Wege des Disziplinarverfahrens ihrer Stellen enthoben werden.

Für das Disziplinarverfahren gelten die Vorschriften, welche nach Maßgabe des § 98. Nr. 5. gegen den Landesdirektor zur Anwendung kommen.

f. Wegen der Wählbarkeit vgl. Anm. 3. lit. c. zu § 67.

3. Der Provinzialrath ist eine Staatsbehörde. (Vgl. die Ueberschrift zu Titel 5.). Der Kommissionsbericht des Herrenhauses sagt hierüber:

„In Konsequenz der allgemeinen Diskussion über den vierten Abschnitt, welche oben in ihren Ergebnissen dargelegt ist, mußten die §§ 62. ff. dahin umgestaltet werden, daß diejenigen Organe, welche für Angelegenheiten der allgemeinen Landesverwaltung unter Heranziehung von Ehren- und Berufsbeamten gebildet werden sollen, als Staatsbehörden erscheinen.

Diesem Gedanken ist in den einzelnen Bestimmungen Rechnung getragen, und in Uebereinstimmung hiermit sind in der Ueberschrift des neuen (fünften) Abschnitts die Provinzial- und Bezirksräthe als Behörden des Staats bezeichnet.

Zu § 63.

1. An Geschäften der allgemeinen Landesverwaltung werden dem Provinzialrath für jetzt nur wenige zugewiesen — nämlich die Revision und Feststellung der Amtsbezirke (§ 64.) sowie die Ergänzung der von den Kreistagen gemachten Vorschläge der zu Amtsvorstehern befähigten Personen (§ 66.) und die Zutheilung ländlicher Bezirke zu angrenzenden städtischen Polizeibezirken (§ 65.). Es hat dies zunächst seinen Grund darin, daß die Ausübung verwaltungsjurisdiktioneller Befugnisse, welche die Kreisausschüsse mit der eigentlich verwaltenden Thätigkeit in sich vereinigen, für die Provinzialinstanz den Verwaltungsgerichten übertragen worden ist. Welche zur Zeit von den Staatsbehörden wahrgenommenen Verwaltungsgeschäfte den Provinzialräthen demnächst etwa noch zu überweisen sein möchten, muß späterer Erwägung vorbehalten bleiben. Es wird sich empfehlen, zunächst die Bildung der Provinzialausschüsse sich vollziehen zu lassen, bevor mit der Ueberweisung weiterer Geschäfte der allgemeinen Landesverwaltung an dieselben vorgegangen wird. (Reg.-Motive).

2. Die im § 63 vorgesehene Mitwirkung des Provinzialraths bei Beaufsichtigung der Kommunalangelegenheiten der Kreise und Gemeinden, sowie der

Schulangelegenheiten und des Wegebaues tritt in keinerlei Beziehung ohne Weiteres mit Erlaß der Provinzialordnung ein, sie bleibt vielmehr überall von den später zu erlassenden Bestimmungen der im § 63. bezeichneten Gesetze abhängig.

3. Hinsichtlich der von einigen Rednern geäußerten Besorgniß, daß die Mitwirkung der Provinzial- resp. Bezirksausschüsse bei Beaufsichtigung der Kommunalverwaltung der Städte in einem zu weiten Umfange Seitens der Staatsregierung in Aussicht genommen sei, resp. nach Erlaß der Provinzialordnung eintreten würde, äußerte der Regierungskommissarius, Geheime Oberregierungsrath Persius, in der Sitzung des Herrenhauses vom 29. Mai 1875:

„— — — — Die Kreisordnung ist aber auch noch in anderer Beziehung lückenhaft. Während die obrigkeitliche Selbstverwaltung auf dem platten Lande in allen Beziehungen geordnet ist, ist sie es erst theilweise in den den Kreisen angehörigen Städten und gar nicht in denjenigen Städten, welche von den Kreisverbänden eximirt sind. In polizeilichen Angelegenheiten stehen auch die den Kreisen angehörigen Städte unter der Kompetenz des Kreisausschusses, dagegen in kommunalen Angelegenheiten sind sie von dieser Kompetenz eximirt und die Stadtkreise stehen sowohl in polizeilicher, wie in kommunaler Beziehung noch einstweilen unter den Bezirksregierungen, in höherer Instanz unter dem Oberpräsidenten und dem Minister des Innern. Es ist bei der Berathung der Kreisordnung schon näher erwogen worden, inwiefern es zulässig sein würde, die Städte auch in kommunaler Beziehung unter den Kreisausschuß zu stellen. Man hat aber damals davon Abstand genommen, weil man sich sagte, der Kreisausschuß sei nach seiner Zusammensetzung nicht das geeignete Organ, welches zur Theilnahme an der Beaufsichtigung der Kommunalangelegenheiten der Städte berufen werden könne, er stände den Verhältnissen zu nahe. Es ist aber bereits sowohl in der Regierungsvorlage vom Jahre 1869, wie in den Verhandlungen des Abgeordnetenhauses über dieselbe und den späteren Kreisordnungsentwurf betont worden, daß auch bei der Beaufsichtigung der Angelegenheiten der Städte Organe der Selbstverwaltung zu betheiligen sein würden, daß aber diese Organe erst durch die Provinzialordnung geschaffen werden könnten. An dieser Stelle möchte ich eine irrthümliche Ansicht berichtigen, welche in der Diskussion mehrfach aufgestellt worden ist und zu deren Rechtfertigung man sich auf eine angebliche Aeußerung berufen hat, welche ich in der Kommission des Abgeordnetenhauses gethan haben soll. Ich soll da erklärt haben, daß es die Absicht der Staatsregierung sei, die Aufsicht über die kommunalen Angelegenheiten der Landgemeinden in zweiter Instanz und über die Angelegenheiten der Städte in erster Instanz den Bezirks- beziehungsweise Provinzialausschüssen zu übertragen. Eine solche Aeußerung habe ich nicht gethan, habe sie auch nicht thun können, weil sie mit den Motiven der Regierungsvorlage in Widerspruch gestanden hätte, deren Vertheidigung mir obliegt. Der Ausspruch ist allerdings in dem Bericht der Kommission des Abgeordnetenhauses enthalten. Ich habe aber bereits in der Kommission des Herrenhauses darauf aufmerksam gemacht, daß derselbe auf einer irrthümlichen Auffassung des Referenten beruht, welche ich übersehen habe, bei der schnellen Verlesung des Berichtes, in der Kommission des Abgeordnetenhauses zu berichtigen. Im Uebrigen ist in den Erklärungen, welche seitens der Königlichen Staatsregierung abgegeben sind, wie auch in den Motiven der Gesetzesvorlage daran fest gehalten worden, daß die Aufsicht über die kommunalen Angelegenheiten der Städte von den Regierungspräsidenten und in höherer Instanz von den Oberpräsidenten geführt werden soll, und daß den Bezirks-, beziehungsweise den Provinzialausschüssen eine Theilnahme an der Beaufsichtigung der kommunalen Angelegenheiten der Städte nur in gewissen, im Gesetz vorgesehenen Fällen eingeräumt werden soll. Es wird mir gestattet sein, aus dem vorläufigen Entwurfe einer Städteordnung, welche in dem Ministerium des Innern ausgearbeitet worden ist, aber noch nicht der definitiven Beschlußfassung des Königlichen Staatsministeriums untergelegen hat, über den jedoch, wie durch die Zeitungen bekannt geworden ist, mit den Oberbürgermeistern der größeren Städte bereits

§. 64.

II. Dem Provinzialrathe steht die Revision und endgültige Feststellung der von dem Minister des Innern gemäß §. 49. Abs. 1. der Kreisordnung vom 13. Dezember 1872. gebildeten Amtsbezirke, sowie jede spätere Abänderung derselben zu.

Die endgültige Feststellung der Amtsbezirke darf erst nach Ablauf einer öffentlich bekannt zu machenden angemessenen Frist stattfinden.

Die Beschlußnahme des Provinzialrathes über Abänderungen der gemäß §. 49. Abs. 1. der Kreisordnung gebildeten Amtsbezirke, sowie alle späteren Abänderungen derselben erfolgt im Einvernehmen mit dem Minister des Innern, nach vorheriger Anhörung der Betheiligten und des Kreistages.

Konferenzen stattgefunden haben, einzelne Bestimmungen mitzutheilen, um klar zu stellen, wie der Herr Minister des Innern die Aufsichtsführung über die Angelegenheiten der Städte sich gedacht hat. Es ist in dem Entwurfe ausdrücklich gesagt: Die Beaufsichtigung des Staates wird von dem Regierungspräsidenten und in höherer Instanz von dem Oberpräsidenten geübt. Ferner heißt es in dem Entwurfe:

> „Die Aufsichtsbehörden des Staates haben unter der in diesem Gesetze geordneten Mitwirkung des Bezirksausschusses und des Provinzialausschusses darüber zu wachen, daß die Verwaltung der Angelegenheiten der Gemeinden den Bestimmungen der Gesetze gemäß geführt werde."

In besonderen Paragraphen ist sodann bestimmt, in welchen Fällen die Bezirks- und Provinzialorgane mitwirken sollen. Nach § 71. haben sie mitzuwirken bei der Bestätigung von Gemeindebeschlüssen, welche Verwendungen aus dem Grundstücksvermögen der Gemeinde betreffen, bei Veräußerung von Grundstücken und bei Anleihen. Ferner haben sie mitzuwirken bei der Bestätigung von Ortsstatuten und bei der Entscheidung von Meinungsverschiedenheiten, welche zwischen einem kollegialischen Gemeindevorstand und der Gemeindevertretung entstehen. Das sind im Wesentlichen die Fälle, in denen nach dem vorläufigen Entwurfe einer Städteordnung eine Mitwirkung der Bezirks- und Provinzialausschüsse stattfinden soll. Es ist also die Annahme, als ob die Städte in allen Beziehungen den Organen der Selbstverwaltung unterstellt werden sollen, in der That nicht zutreffend." — — —

Zu § 64.

1. Der § 49. der Kreisordnung vom 19. Dezember 1872 enthält folgende Vorschriften:

> „Die Bildung der Amtsbezirke, sowie die etwa erforderliche Abänderung derselben erfolgt nach Anhörung der Betheiligten auf Vorschlag des nach diesem Gesetze gewählten Kreistages, durch den Minister des Innern."
>
> „Die Revision und endgültige Feststellung, sowie jede spätere Abänderung derselben findet nach näherer Vorschrift der zu erlassenden Provinzialordnung statt."

Der gegenwärtige Paragraph enthält diese vorbehaltene Vorschrift. Es wird sich, wie dies auch bei der Berathung der Kreisordnung die Absicht war, empfehlen, die Revision nicht dem Provinziallandtage selbst, sondern dem Provinzialrath zu übertragen, welcher als kleineres Kollegium besser geeignet erscheint,

§. 65.

III. Dem Provinzialrathe steht die Befugniß zu, im Einvernehmen mit dem Minister des Innern ländliche Gemeinde- und Gutsbezirke, welche innerhalb der Feldmark einer zu einem Landkreise gehörigen Stadt belegen sind oder unmittelbar an dieselbe angrenzen, bezüglich der Verwaltung der Polizei nach Anhörung der Betheiligten und des Kreistages mit dem Bezirke der Stadt zu vereinigen, sofern dies im öffentlichen Interesse nothwendig ist.

In Ermangelung einer Einigung unter den Betheiligten wird der Beitrag der betreffenden Landgemeinde, beziehungsweise des betreffenden Gutsbezirks zu den Kosten der städtischen Polizeiverwaltung von dem Bezirksrathe (§. 67.) festgesetzt, gegen dessen Beschluß die Beschwerde an den Provinzialrath stattfindet.

---

diese schwierige und sehr spezielles Eingehen auf die Verhältnisse erfordernde Arbeit auszuführen. Wenn hier der Staatsregierung ein gleichberechtigtes Votum bei der definitiven Regelung der Amtsbezirke, sowie bei späteren Abänderungen der letzteren gewährt ist, so rechtfertigt sich dies durch die Erwägung, daß es sich hierbei um einen Akt der Organisationsgewalt handelt, und daß dem Provinzialverbande dabei nur das Recht der Kontrole, nicht aber die entscheidende Stimme zugestanden werden sollte. (Reg.-Motiv.)

2. Die Bestimmung im Absatz 2., wonach die endgültige Feststellung der Amtsbezirke erst nach Ablauf einer öffentlich bekannt zu machenden angemessenen Frist stattfinden darf, ist von der Kommission des Abgeordnetenhauses zu dem Zwecke hinzugefügt, damit die Betheiligten Gelegenheit und Veranlassung erhalten, vorher die etwa gewünschten Abänderungsvorschläge beim Provinzialrath einzubringen.

Zu § 65.

Die Bestimmung des § 65. war im Regierungsentwurf nicht enthalten, sie ist durch Beschluß des Abgeordnetenhauses auf Antrag des Abg. Sachse, gegen welchen der Vertreter der Staatsregierung nichts zu erinnern fand, hinzugefügt worden. Der Abg. Sachse hatte seinen Antrag mit folgender Aeußerung motivirt:

„M. H.! Der § 65. der Provinzialordnung setzt in Gemäßheit des § 49. der Kreisordnung fest, in welcher Art die Revision und endgiltige Festsetzung der gebildeten Amtsbezirke sowie jede spätere Aenderung derselben stattfinden soll. Nach der Bestimmung der Kreisordnung § 48. ad 4. sollen nun Gemeinden und Gutsbezirke, welche eine örtlich verbundene Lage haben, zu einem und demselben Amtsbezirke gehören. In Betreff der zu einem Landkreise gehörigen Städte und der in ihrem Bezirke gelegenen Gutsbezirke und ländlichen Gemeinden ist aber eine solche Bestimmung nicht getroffen. In Folge dessen haben sich nun namentlich in Betreff der Verwaltung der Polizei wirklich — man kann sagen schreiende Uebelstände herausgestellt, deren Beseitigung dringend nothwendig ist. Es sind deshalb von verschiedenen Städten dem Hohen Hause auch Petitionen zugegangen, welche die Abhilfe dieser Unzuträglichkeiten beantragen und verlangen, daß den Städten das Recht ertheilt werde, in solchen Fällen die gedachten Gutsbezirke, resp. ländlichen Gemeindebezirke in den Stadtbezirk einzuverleiben. Dies ist nun zwar gegenwärtig durch die Provinzialordnung nicht zu bewerkstelligen, vielmehr erst durch die zu erwartende Gemeinde- resp. Städteordnung. Bezüglich der Polizeiverwaltung aber kann jedenfalls eine Vereinigung der gedachten Städte mit den ländlichen Gemeinde- und Gutsbezirken schon jetzt in der Provinzial-

§. 66.

IV. Lehnt ein Kreistag auf Aufforderung des Oberpräsidenten die Vervollständigung der von ihm gemäß §. 56. der Kreisordnung vom 13. Dezember 1872. gemachten Vorschläge der zu Amtsvorstehern befähigten Personen ab, so hat der Provinzialrath auf Antrag des Oberpräsidenten darüber zu beschließen, ob und welche Personen nachträglich in die Vorschlagsliste aufzunehmen sind.

§. 67.

Zusammensetzung des Bezirksrathes.

Bis zum Erlaß des Gesetzes über die Organisation der allgemeinen Landesverwaltung wird für jeden Regierungsbezirk ein Bezirksrath gebildet. Derselbe besteht aus dem Regierungspräsidenten, beziehungsweise dessen Stellvertreter als Vorsitzenden, aus einem von dem Minister des Innern auf die Dauer seines Hauptamtes am Sitze des Regierungspräsidenten ernannten höheren Verwaltungsbeamten, welcher die Befähigung zum Richteramte besitzt, beziehungsweise dessen Stellvertreter und vier von dem Provinzialausschusse gewählten Mitgliedern. Für die letzteren vier Mitglieder werden in gleicher Weise vier Stellvertreter gewählt.

Mitglieder des Provinzialrathes können nicht Mitglieder des Bezirksrathes sein.

---

ordnung ausgesprochen werden, sobald es im öffentlichen Interesse nothwendig erscheint. Dies ist nun der Zweck meines Antrages. Ich hoffe auch, daß die Königl. Staatsregierung, welche jedenfalls, ebenso wie wir, diese schreienden Uebelstände anerkennen wird, sich mit dem Antrage einverstanden erklären wird." (Sten. Ber. S. 1177.)

Zu § 66.

Der § 56. der Kreisordnung bestimmt:

„Der Amtsvorsteher wird von dem Oberpräsidenten ernannt. Die Ernennung erfolgt auf Grund von Vorschlägen des Kreistages, in welche aus der Zahl der Amtsangehörigen die zu Amtsvorstehern befähigten Personen aufzunehmen sind. In welcher Art eine Vervollständigung dieser Vorschläge erfolgen kann, bestimmt die Provinzialordnung."

Es war bei dieser Vorschrift der Kreisordnung die Möglichkeit in's Auge gefaßt worden, daß ein oder der andere Kreistag Personen, welche qualifizirt sind, zu dem Amte eines Amtsvorstehers nicht in Vorschlag bringen und auf diese Weise den Kreis der Auszuwählenden verringern könnte. Um für solche Ausnahmefälle Abhülfe verschaffen zu können, ist in dem § 66. der Provinzialausschuß ermächtigt worden, auf Antrag des Oberpräsidenten die Vorschläge des Kreistages in denjenigen Fällen zu ergänzen, wo letzterer unbegründeter Weise sich weigern sollte, eine solche Ergänzung selbst eintreten zu lassen. (Reg.-Motiv.)

Zu § 67.

1. Bezüglich der Zusammensetzung und Kompetenz des Bezirksrathes vgl. die Anm. 1. zu § 62.

Von der Wählbarkeit ausgeschlossen sind außer den im §. 47. Abs. 5. genannten Beamten auch die Landräthe.

Im Uebrigen finden auf die gewählten Mitglieder des Bezirksrathes die Bestimmungen des §. 47. Abs. 4. und 5. sowie der §§. 48. bis 51. sinngemäße Anwendung.

---

2. Bei der Berathung in der Kommission des Abgeordnetenhauses über den Abschnitt von den Provinzial- und Bezirksausschüssen, resp. Provinzial- und Bezirksrath unter dem Vorsitz des Oberpräsidenten resp. Regierungspräsidenten verbreitete sich, wie der Kommissionsbericht ausführt, die Diskussion vorzugsweise über die Frage wegen der Beibehaltung der Regierungsbezirke, der Bezirksregierungen beziehungsweise der Regierungspräsidenten und die Stellung derselben.

Wie dies schon in der Generaldiskussion des Abgeordnetenhauses von gewichtigen Stimmen geschehen, bekämpften verschiedene Kommissionsmitglieder die Beibehaltung der Regierungsbezirke und der Bezirksregierungen beziehungsweise der Regierungspräsidenten mit der größten Entschiedenheit und forderten, daß dieselben schon durch dieses Gesetz wenigstens für verschiedene Provinzen definitiv beseitigt werden sollen. Man führte aus, daß mit der Beibehaltung der Regierungsbezirke und der in der Denkschrift der Staatsregierung über die Reorganisation der allgemeinen Landesverwaltung*) näher bezeichneten Kompetenz des Regierungspräsidenten, die Einheitlichkeit der Provinzialverwaltung, die Mitwirkung der provinziellen Organe bei der Staatsverwaltung und damit die wesentlichsten Grundlagen der neuen Organisation durchweg gefährdet seien. Wenn den Regierungspräsidenten, wie die Staatsregierung offenbar beabsichtige, eine große Anzahl Räthe beigeordnet würden, so werde zwar das auch jetzt nur dem Namen nach bestehende Kollegialsystem der Regierungen durch das bureaukratische System ersetzt sein, im Uebrigen werde Alles beim Alten bleiben, eine Verminderung der besoldeten Beamten nicht eintreten und eine lebendige Theilnahme des Provinzialausschusses bez. Provinzialrathes an den allgemeinen staatlichen Angelegenheiten sich nicht entwickeln können. Man müsse sich auf das Aeußerste davor hüten, bei der Einführung der Selbstverwaltung und der dadurch bedingten stärkeren Heranziehung unabhängiger Kräfte zur Mitwirkung bei den öffentlichen Angelegenheiten die übergroße Zahl besoldeter Staatsbeamten unvermindert zu lassen. Geschehe dies, so werde man bald in die gegenwärtige Beamtenhierarchie zurückfallen und die geistigen und materiellen Kräfte des Volkes bis zum Uebermaß in Anspruch nehmen. Schon jetzt zeige sich, daß die Einführung der Kreisordnung keineswegs die Masse der Geschäfte und der Schreibereien in der erwarteten Weise vermindert habe. Es gelte daher, hier mit aller Entschiedenheit einzutreten, wo der eigentliche Sitz des Widerstandes der Beamtenhierarchie, der Patronage und der sonst interessirten Kreise mit dem neuen System zusammenstoße.

Von anderer Seite wurden zwar diese Anschauungen, wenn auch nicht in der vollen Schärfe, für richtig gehalten. Man glaubte jedoch einräumen zu müssen, daß die Frage, ob und in welchen Provinzen die Regierungsbezirke, beziehungsweise die Regierungspräsidenten gänzlich entbehrlich seien, in diesem Gesetz zur definitiven Lösung nicht gelangen könne. Diese Frage werde erst durch das von der Regierung selbst für nothwendig erklärte Gesetz über die Reorganisation der allgemeinen Landesverwaltung entschieden werden können.

Einige Kommissionsmitglieder sprachen schon jetzt ihre Ansicht aus, daß die Bezirkseintheilung, wenn nicht in allen Provinzen, so doch in der überwiegend größten Zahl derselben dauernd unentbehrlich sein werde, und hielten es daher

*) Vgl. in der Einleitung.

um so weniger für gerathen, dieser Frage näher zu treten, bevor das Gesammtbild der demnächstigen Behördenorganisation klar vorliege.

Der Regierungskommissar hielt an der Vorlage mit größter Entschiedenheit fest. Die Beibehaltung der Regierungsbezirke, Regierungspräsidenten und der Bezirksausschüsse sei gerade für eine gute Provinzialverwaltung durchaus nothwendig. Man brauche nur die in der Denkschrift bezeichneten, den Regierungspräsidenten beizulegenden Geschäfte einzeln sich vorzuführen, um zu begreifen, daß diese große Summe einzelner laufender Geschäfte dem Oberpräsidenten beziehungsweise dessen Räthen unter Mitwirkung des Provinzialausschusses nicht sämmtlich übertragen werden könne; anderenfalls werde die Provinzialverwaltung unter der Masse einzelner laufender Verwaltungsgeschäfte ersticken und das Wichtigere aus den Augen verlieren. Es werde beabsichtigt, den Bezirksausschüssen eine Mitwirkung bei der Aufsicht über die städtische Verwaltung in erster Instanz und über die Verwaltung der Landgemeinden in zweiter Instanz zu übertragen. Die Mitwirkung des Regierungspräsidenten bei der Schulverwaltung sei unentbehrlich unter der von der Staatsregierung zu Grunde gelegten Voraussetzung, daß für jede Provinz nur ein Oberschulkollegium unter dem Oberpräsidenten fungire. Die große Selbstständigkeit, welche durch die Kreisordnung den Landräthen und Kreisausschüssen eingeräumt sei, erfordere eine rege Einwirkung der Regierungspräsidenten, um einen geordneten und gleichmäßigen Gang der Kreisverwaltungen zu erhalten. In keinem Falle sei dies Gesetz der Ort, Fragen dieser Art zur Entscheidung zu bringen, vielmehr sei die Durchführung wichtiger Spezialgesetze, beispielsweise einer Wegeordnung, des Gesetzes über den Waldschutz, die Einführung der neuen Städteordnung und anderer organischer Gesetze, ohne die Einführung von Bezirksausschüssen geradezu unthunlich.

Der inzwischen erschienene Herr Minister des Innern bestätigte nicht blos die Richtigkeit der Ausführungen des Herrn Regierungskommissars, sondern gab auch folgende Erklärung ab:

> „Dem gesammten Verwaltungsorganisationsplane sei wesentlich unverändert zum Grunde gelegt der Begriff und die vorhandene Bildung der Provinzen. Die angeregte Frage, ob ein Beamter (Oberpräsident) an der Spitze der Provinz genügen werde, zur Ausführung und Beaufsichtigung der gesammten Provinzialverwaltung, müsse er entschieden verneinen. Er gebe hiermit die bestimmte Erklärung ab, daß die Staatsregierung unter keinen Umständen auf die Regierungsbezirke und Regierungspräsidenten verzichten werde.
>
> Entscheidend in dieser Beziehung sei die Erwägung für die Regierung, wie sie es nicht glaube verantworten zu können, die bestehenden Verwaltungsorganisationen derartig zu alteriren, daß sie gleichzeitig einerseits mit weittragenden, noch nicht überall erprobten Neugestaltungen im Gebiete der Selbstverwaltung, und andererseits mit tief eingreifenden Umgestaltungen der Staatsverwaltungsbehörden vorgehe, und damit möglicherweise eine höchst bedenkliche Unsicherheit in die neue Organisation hineintrage. Das Staatsministerium habe sich einstimmig gegen eine Beseitigung der Regierungen resp. Regierungspräsidenten erklärt.
>
> Den Regierungspräsidenten lediglich als Delegirten des Oberpräsidenten hinzustellen, sei durchaus unpraktisch, weil man dadurch die nothwendige Bezirksinstanz abschneiden würde. Diese Bezirksinstanz der Regierung resp. des Regierungspräsidenten müsse vielmehr als feststehend angesehen werden. Ueber Fragen einzelner, das Bestehen dieser Instanz jedoch nicht alterirender Modifikationen derselben werde eine Verständigung ja möglich bleiben. Die Kommission könne, wenn zur Zeit lediglich die Frage der Bezirksausschüsse in der Provinzialordnung von ihr zu prüfen sei, von den in der Organisationsdenkschrift ihr gegebenen Grundzügen ausgehen; man müsse sich zur Zeit daran halten, daß die jetzige Regierungs-Verwaltungsorganisation und namentlich die Regierungspräsidenten feststehen.

Von diesen Gesichtspunkten aus erscheinen der Staatsregierung die Abänderungsvorschläge verschiedener Abgeordneten nicht acceptabel und undurchführbar."

Diese Erklärung veränderte für die Kommission die Sachlage sehr wesentlich. Da nun die Entscheidung der vorliegenden Frage zugleich von der politischen Erwägung abhing, ob man das Zustandekommen der Provinzialordnung von der Lösung der geschilderten Differenzen in diesem Gesetze abhängig machen wolle, entschied sich die große Mehrheit der Kommission dieser Lage gegenüber für die Vertagung der Frage wegen der Regierungsbezirke bis zum Erlaß des Gesetzes über die allgemeine Landesverwaltung, und erklärte sich bereit, ohne der Frage wegen der *definitiven* Beibehaltung der Regierungsbezirke und der Regierungspräsidenten zu präjudiziren, örtliche Bezirksausschüsse unter Vorsitz des Regierungspräsidenten als eine wenigstens vorläufige Institution in's Leben zu rufen. — — Die Mehrheit der Kommission stellte sich hiernach auf den Standpunkt, daß die thunlichste Durchführung des Grundsatzes der *Einheitlichkeit* der Staats- und Kommunalverwaltung in der ganzen Provinz höchst wünschenswerth sei und daß man von diesem Grundsatze nur abweichen dürfe, soweit das *praktische* Bedürfniß dies unbedingt erfordere. Einestheils müsse man jedoch aber anerkennen, daß erst bei Erlaß des Gesetzes über die Behördenorganisation und beim weiteren Fortschreiten der Spezialgesetzgebung auf dem Gebiet der Verwaltung klar übersehen werden könne, ob und in wie weit ein solches Bedürfniß und in welchen Provinzen vorliege. Andererseits könne man nicht verantworten, das Zustandekommen der ganzen Provinzialordnung von einer zur Zeit mehr theoretischen Meinungsverschiedenheit abhängig zu machen. Die Staatsregierung habe anerkannt, daß die Vorlegung eines besonderen Gesetzes über die Behördenorganisation nicht länger verschoben werden könne. Wenn nach den Intentionen der Staatsregierung die Regierungen aufgehoben werden und an die Stelle derselben Regierungspräsidenten treten sollten, so sei die Entscheidung der Frage, ob und welche Räthe denselben beizuordnen, nicht mehr Gegenstand des Organisationsgesetzes, vielmehr werden derartige Stellen nach dem veränderlichen jeweiligen Bedürfniß im Etat zu bewilligen sein. Der Landtag habe es daher in der Hand, ein übermäßiges Anwachsen des Verwaltungsapparates zu verhindern. Wenn man nur verhüte, daß die Gesetzgebung nicht schon jetzt die Erhaltung der Regierungsbezirke und der Regierungspräsidenten als definitive Einrichtungen anerkenne, so präjudizire man der schließlichen Lösung dieser Frage nicht und dabei könne man und müsse man sich gegenüber den Erklärungen der Staatsregierung zur Zeit beruhigen.

Von diesem Standpunkt sind die Amendirungen der Kommission zu verstehen. Sie acceptiren den Bestand der heutigen Regierungsbezirke, das Fungiren der Bezirksausschüsse für dieselben und die Stellung des Regierungspräsidenten nach der Vorlage nur als vorläufige Thatsache und verweisen die definitive Regelung der betreffenden Fragen auf das Gesetz über die Organisirung der allgemeinen Landesverwaltung.

Der Vertreter der Staatsregierung acceptirte zwar diesen Standpunkt der Kommissionsmehrheit nicht, bestritt aber ebensowenig, daß damit den praktischen Aufgaben der Gesetzgebung vorerst genügt werden könne.

Das Abgeordnetenhaus trat den Absichten seiner Kommission bei und beschloß, über die Einrichtung der Bezirksausschüsse und, um deren provisorischen Charakter zu kennzeichnen, folgende Bestimmungen zu geben:

„*Der Provinzialausschuß kann in einzelne Abtheilungen (Bezirksausschüsse) zerlegt werden, welche die ihnen übertragenen Geschäfte in örtlich abgegrenzten Bezirken wahrzunehmen haben; das Gesetz über die Organisation der allgemeinen Landesverwaltung wird hierüber die erforderlichen Bestimmungen treffen.*

Bis zum Erlaß dieses Gesetzes wird für jeden Regierungsbezirk ein Bezirksausschuß gebildet."

In welcher Weise die Beschlüsse des Abgeordnetenhauses bezüglich des Bezirksausschusses resp. des Provinzialausschusses demnächst bei der Berathung im Herrenhause eine Umgestaltung dahin erhielten, daß außer dem Provinzialausschuß, welchem ausschließlich die Verwaltung der Provinzialgemeindeangelegenheiten verbleibt, ein besonderer Provinzialrath und ein besonderer Bezirksrath geschaffen wurde, die letzteren allein zur Mitwirkung in Angelegenheiten der allgemeinen Landesverwaltung, in welcher Weise demnächst das Abgeordnetenhaus unter grundsätzlicher Acceptirung dieser Beschlüsse einige Veränderungen in der Zusammensetzung des Provinzialraths und Bezirksraths beschloß, für welche dann die Zustimmung des Herrenhauses erfolgte, ist im Wesentlichen aus der Anmerkung zu § 62. zu ersehen. Es erhielt hierbei der § 67. diejenige Fassung, wie sie in der Provinzialordnung jetzt enthalten ist. Der Eingang, welcher darauf hindeutet, daß die Anordnung über Einrichtung der Bezirksräthe nur „bis zum Erlaß des Gesetzes über die Organisation der allgemeinen Landesverwaltung“ in Kraft bleiben soll, soll den im Abgeordnetenhause hervorgetretenen Wünschen auf Beseitigung der Regierungsbezirke resp. Regierungspräsidenten Ausdruck verschaffen, und der Einrichtung einen provisorischen Charakter verleihen. Der bezügliche Passus ist jedoch insofern nicht von besonderer Erheblichkeit, da die spätere Gesetzgebung selbstredend in keiner Weise hierdurch gebunden ist. Die gedachten Eingangsworte des § 67. finden noch ihre nähere Erläuterung in der nachfolgenden Aeußerung, mit welcher der Abg. Miquél in der Sitzung des Abgeordnetenhauses vom 7. Juni 1875 in der Schlußverhandlung über die vom Herrenhause zurückgelangte Vorlage die Hinzufügung dieser Eingangsworte empfahl. Er sagte:

„M. H., es bleibt nun noch eine Frage kurz zu berühren übrig, die Frage wegen der Bezirksräthe. Wir hatten in der Kommission des Abgeordnetenhauses ursprünglich die Absicht, die Frage wegen der Bezirksregierungen, der Regierungsbezirke und der Bezirksausschüsse schon jetzt definitiv in diesem Gesetze zur Lösung zu bringen. Wir wollten den Versuch machen, ob wir nicht die Regierungsbezirke und die Regierungen schon jetzt völlig beseitigen könnten. Dieser Versuch scheiterte an zwei Dingen, einmal an dem ganz unbedingten Widerstreben der Staatsregierung, welche erklärte: eine Aufhebung der Regierungen und der Regierungsbezirke schon jetzt acceptiren wir unter keinen Umständen, es ist das Beschluß des Staatsministeriums. Aber ich will ganz offen sein, es scheiterte dieser Versuch auch daran, daß mehr und mehr die Mitglieder der Provinzialordnungskommission an der Richtigkeit ihrer eigenen Ansicht irre wurden,

(Hört! rechts.)

daß sie mehr und mehr zweifelhaft in der Frage wurden: sind die Regierungsbezirke und die Regierungen überall zu entbehren? Ist es möglich, sie jetzt schon zu streichen, wo wir die neuen Organe in der Provinz erst in's Leben rufen? oder muß man dafür wenigstens einen längeren Zeitraum und mehr Erfahrungen abwarten? Wir nahmen daher die Bezirksausschüsse an, aber wir acceptirten sie nur als Provisorien; wir sagten: wir wollen definitiv nicht über die Einführung der Bezirksräthe oder der Bezirksausschüsse entscheiden, darüber soll definitiv entschieden werden bei Gelegenheit des Gesetzes über die allgemeine Landesverwaltung. Das Herrenhaus hat statt dessen die Bezirksräthe als definitive Institutionen eingestellt. Wir acceptiren nach meinen Vorschlägen diesen Vorgang des Herrenhauses nicht, wir bleiben in dieser Beziehung auf unserem Standpunkt stehen.“

3. Inhalts des § 67. in Verbindung mit den §§ 47. Absatz 4. und 5. und 48. bis 51. gelten bezüglich der Wahl und Stellung der Bezirksrathsmitglieder folgende Bestimmungen.

a) Die Wahl der vier Laienmitglieder des Bezirksraths und der vier Stellvertreter für dieselben findet durch den Provinzialausschuß auf die Dauer von sechs Jahren statt. (§ 48.)

b) Alle drei Jahre scheiden zwei der gewählten Mitglieder und zwei Stellvertreter derselben aus und werden durch neue Wahlen ersetzt. Die Aus-

§. 68.

Geschäfte des Bezirksrathes in der allgemeinen Landesverwaltung.

Der Bezirksrath hat bei der Beaufsichtigung der Kommunalangelegenheiten der Kreise, Amtsverbände und Gemeinden, bei der Beaufsichtigung der Schulangelegenheiten und des Wegebaues nach näherer Vorschrift der Kreis-, Gemeinde-, Schul- und Wegeordnungen mitzuwirken. Dasselbe gilt von denjenigen Angelegenheiten der allgemeinen Landesverwaltung, welche durch besondere Gesetze dem Bezirksrathe überwiesen werden.

§. 69.

Geschäftsordnung des Provinzialrathes und des Bezirksrathes.

Der Provinzialrath und der Bezirksrath können nur beschließen, wenn mit Einschluß des Vorsitzenden mindestens fünf Mitglieder an-

---

scheidenden bleiben jedoch in allen Fällen bis zur Einführung der neu Gewählten in Thätigkeit.

Die das erste Mal Ausscheidenden werden durch das Loos bestimmt. Die Ausscheidenden sind wieder wählbar. (§ 49.)

c) Wählbar zum Bezirksrath ist jeder zum Provinziallandtage wählbare Angehörige des deutschen Reiches (§ 17.), d. i. jeder Angehörige des deutschen Reichs, welcher das dreißigste Lebensjahr vollendet hat, sich im Besitz der bürgerlichen Ehrenrechte befindet, seit mindestens einem Jahre der Provinz durch Grundbesitz oder Wohnsitz angehört, und welchem das Recht über sein Vermögen zu verfügen und dasselbe zu verwalten, nicht durch gerichtliche Anordnung entzogen ist. Ausgeschlossen von der Wählbarkeit sind jedoch der Oberpräsident, die Regierungspräsidenten und Vicepräsidenten (unbeschadet deren von Amtswegen erfolgenden Eintritts als Vorsitzende des Bezirksraths), die Landräthe, sämmtliche Provinzialbeamte. (§ 47. Abs. 4. und 5.)

Die Mitglieder des Provinzialraths sind zwar nicht von der Wählbarkeit zu Mitgliedern des Bezirksraths ausgeschlossen. Sie werden aber, falls solche Wahl auf sie fällt und sie dieselbe annehmen, gleichzeitig aus dem Provinzialrath ausscheiden und bezüglich dieser Stellung eine Ersatzwahl für sie stattfinden müssen, da Mitglieder des Provinzialrathes nicht Mitglieder des Bezirksraths sein können. (§ 67. Abs. 2.)

d) Die Mitglieder des Bezirksraths werden von dem Vorsitzenden (Regierungspräsidenten) vereidigt und in ihre Stellen eingeführt.

e) Bezüglich der disziplinarischen Stellung der Bezirksrathsmitglieder gelten die Bestimmungen des § 51. Absatz 2. und 3.

Zu § 68.

Vgl. die Anmerkungen 1. bis 3. zu § 63. Es gilt bezüglich der im § 68. vorgesehenen Mitwirkung des Bezirksraths bei der Beaufsichtigung der Kommunalangelegenheiten der Kreise, Amtsverbände und Gemeinden, der Schulangelegenheiten und des Wegebaues, sowie der Mitwirkung in sonstigen Angelegenheiten der allgemeinen Landesverwaltung dasselbe, was in der Anm. zu § 63. über die Kompetenz des Provinzialraths hinsichtlich dieser Angelegenheiten erwähnt ist. Der Bezirksrath tritt in keiner Beziehung ohne Weiteres mit Erlaß der Provinzialordnung in eine Mitwirkung bei der Beaufsichtigung der vorbezeichneten Angelegenheiten oder in eine anderweite Mitwirkung in Angelegenheiten der allgemeinen Landesverwaltung ein, diese Mitwirkung bleibt vielmehr in aller Beziehung von den später zu erlassenden Bestimmungen der im § 68. erwähnten Gesetze abhängig.

wesend sind. Die Beschlüsse werden nach Stimmenmehrheit gefaßt. Bei Stimmengleichheit giebt die Stimme des Vorsitzenden den Ausschlag.

Die Bestimmungen des §. 54. finden auf die Mitglieder des Provinzialrathes und des Bezirksrathes gleichmäßige Anwendung.

Wird in Folge des gleichzeitigen Ausscheidens mehrerer Mitglieder gemäß §. 54. ein Provinzialrath oder ein Bezirksrath beschlußunfähig, und kann die Beschlußfähigkeit auch nicht durch Einberufung unbetheiligter Stellvertreter hergestellt werden, so wird mit der Erledigung der Angelegenheit durch den Minister des Innern, beziehungsweise durch den Oberpräsidenten ein anderer Provinzialrath beziehungsweise Bezirksrath beauftragt.

Der Provinzialrath und der Bezirksrath sind befugt, in den ihrer Beschlußfassung unterliegenden Angelegenheiten die Betheiligten, beziehungsweise deren mit Vollmacht versehenen Vertreter zur mündlichen Verhandlung vorzuladen.

Im Uebrigen wird das Verfahren vor den Provinzial- und Bezirksräthen durch ein von dem Minister des Innern zu erlassendes Regulativ geordnet, soweit dasselbe nicht durch besondere gesetzliche Bestimmungen geregelt ist.

Zu § 69.

Mit Rücksicht auf § 54. dürfen Mitglieder des Provinzialraths oder Bezirksraths in dem Falle an der Berathung und Abstimmung nicht Theil nehmen, wenn der Gegenstand der Verhandlung diese Mitglieder oder deren Verwandte und Verschwägerte in auf- und absteigender Linie oder bis zu dem dritten Grade der Seitenlinie betrifft.

Ebensowenig darf ein Mitglied des Provinzialraths oder Bezirksraths bei der Berathung und Beschlußfassung über solche Angelegenheiten mitwirken, in welchen es in anderer als öffentlicher Eigenschaft ein Gutachten abgegeben hat oder als Geschäftsführer, Beauftragter oder in anderer öffentlicher Stellung thätig gewesen ist. Vgl. hierüber den in der Anm. zu § 54. erwähnten Ministerialerlaß vom 30. September 1874 (Min.-Bl. d. inn. Verw. S. 236.). Danach wird aus der Abgabe von Gutachten, welche der Oberpräsident, Regierungspräsident oder die dem Provinzialrath resp. Bezirksrath angehörigen höheren Verwaltungsbeamten in ihrer amtlichen Eigenschaft über solche Gegenstände zuvor erstattet haben, welche demnächst im Provinzial- oder Bezirksrath zur Berathung oder Beschlußfassung gelangen, ein Hinderungsgrund gegen ihre Theilnahme an dieser Berathung resp. Beschlußfassung nicht obwalten.

2. Während die ausdrücklich für Verwaltungsstreitsachen erklärten Gegenstände in dem bestimmt geordneten kontradiktorischen Verfahren vor den Verwaltungsgerichten zur Entscheidung gelangen, erfordern — wie in der Kommission des Abgeordnetenhauses unter Zustimmung des Vertreters der Staatsregierung zur Geltung gebracht wurde — auch sonstige Beschlußfassungen des Provinzialraths resp. Bezirksraths, insbesondere über Anträge Einzelner oder Gemeinden, oder Entscheidungen in der Aufsichtsinstanz über die Kommunalverwaltung,

§. 70.

Zuständig in erster Instanz ist

a) für Beschlüsse in allgemeinen Landesangelegenheiten, welche sich auf Grundstücke beziehen, der Bezirksrath der belegenen Sache,

b) für alle sonstigen Fälle der Bezirksrath desjenigen Bezirks, in welchem die Person oder Korporation wohnt oder ihren Sitz hat, auf deren Angelegenheit sich die Beschlußfassung bezieht.

Oertliche Zuständigkeit der Bezirksräthe in allgemeinen Landesangelegenheiten.

§. 71.

Sind die Grundstücke in mehreren Bezirken belegen, oder ist es zweifelhaft, zu welchem Bezirke sie gehören, so wird der zuständige Bezirksrath durch den Oberpräsidenten oder durch den zuständigen Minister bestimmt, je nachdem die betreffenden Bezirke derselben Provinz oder verschiedenen Provinzen angehören.

Dasselbe findet statt, wenn die Personen oder Korporationen, deren Angelegenheit den Gegenstand der Beschlußfassung bildet, in mehreren Bezirken wohnen oder ihren Sitz haben.

§. 72.

In welchen Fällen gegen die Beschlüsse des Bezirksrathes die Beschwerde an den Provinzialrath zulässig ist, bestimmen die im §. 68. erwähnten Gesetze.

Beschwerden gegen die Beschlüsse der Bezirksräthe.

---

mündliches und nöthigenfalls kontradiktorisches Verhandeln der Betheiligten vor dem Provinzialausschuß resp. Bezirksausschuß. Der Vertreter der Staatsregierung stellte in Aussicht, daß hierüber, insbesondere mit Rücksicht auf die Bestimmungen der Kreisordnung, welche Beschlußsachen und Verwaltungsstreitsachen noch nicht scheide, ein besonderer Gesetzentwurf werde vorgelegt werden. Bis dahin empfehle es sich, wenigstens dem Provinzialrath resp. Bezirksrath die Befugniß zu geben, nach einem vom Minister des Innern regulirten Verfahren, die Interessirten mündlich zu hören und das Verfahren selbst analog den Grundsätzen des Verwaltungsstreitverfahrens einzurichten. (Komm.-Ber. d. Abg.-H.).

Zu § 72.

Im § 63. ist bereits ausgesprochen, daß der Provinzialrath in höherer Instanz bei der Beaufsichtigung und Anordnung über diejenigen Angelegenheiten mitwirken soll, welche demnächst durch § 68. als der mitwirkenden Aufsicht und Verfügung des Bezirksraths unterliegend bezeichnet sind. Der § 72. giebt der hiernach beabsichtigten Ueberordnung des Provinzialraths über den Bezirksrath weiteren Ausdruck, indem er ausspricht, daß die im § 68. erwähnten Gesetze bestimmen sollen, in welchen Fällen gegen die Beschlüsse des Bezirksraths die Beschwerde an den Provinzialrath zulässig ist. Von einigen Seiten im Abge-

§. 73.

Die Frist zur Einlegung der Beschwerde beträgt ein und zwanzig Tage, sofern nicht für einzelne Fälle eine andere Frist gesetzlich bestimmt ist.

§. 74.

In allen Fällen, in welchen gegen die Beschlüsse des Bezirksrathes die Beschwerde an den Provinzialrath zuläfsig ist, steht dieselbe aus Gründen des öffentlichen Interesses auch dem Vorsitzenden des Bezirksrathes zu.

§. 75.

Will der Vorsitzende die Beschwerde einlegen, so hat er dies dem Bezirksrathe sofort anzuzeigen. Die Zustellung des Beschlusses an den Betheiligten bleibt in diesem Falle einstweilen, jedoch längstens drei Tage, ausgesetzt. Sie erfolgt mit der Eröffnung, daß im öffentlichen Interesse die Beschwerde eingelegt worden sei. Ist die Zustellung ohne diese Eröffnung erfolgt, so gilt die Beschwerde als zurückgenommen.

Die Gründe der Beschwerde sind dem Betheiligten zur schrift-

---

ordnetenhause waren, wie überhaupt gegen die Beibehaltung von Bezirksverwaltungsbehörden, so insbesondere noch dagegen Bedenken erhoben worden, daß die Provinzialbehörde als Rekursinstanz gegen die Bezirksbehörde solle entscheiden können. Aus dieser Rücksicht war auch bei § 65., als dort in Ermangelung einer Einigung unter den Betheiligten über den Beitrag zu den Kosten der Polizeiverwaltung, welche einem mit dem angrenzenden städtischen Polizeibezirk bezüglich der Polizeiverwaltung zu vereinigenden ländlichen Gemeinde- 2c. Bezirk aufzuerlegen sind, die Festsetzung hierüber dem Bezirksrath übertragen, gegen dessen Beschluß aber die Beschwerde an den Provinzialrath zugelassen wurde, hiergegen Seitens des Abg. Richter (Hagen) eingewendet:

„M. H.! Ich habe nur das Bedenken, daß hier zum ersten Male eine Berufung vom Bezirksausschuß an den Provinzialausschuß eingeführt wird. Ich habe dem Kommissionsbericht entnommen, daß große Bedenken vorhanden sind, beide Ausschüsse als Instanzen übereinander hinzustellen. Ich möchte nicht, daß bei dieser Gelegenheit aus einer solchen speziellen Veranlassung dieses wichtige Prinzip von vornherein, wie ich glaube, gegen den Willen der Majorität, in unsere Gesetzgebung eingebürgert werde. Ich möchte deshalb bitten, jedenfalls die letzten Worte, die von der Berufung vom Bezirksausschusse an den Provinzialausschuß handeln, zum Gegenstande einer besonderen Abstimmung zu machen." (Sten. Ber. S. 1177.).

Das Abgeordnetenhaus theilte diese Bedenken nicht, nahm vielmehr sowohl in diesem Spezialfall, wie auch im Allgemeinen bei den §§ 63. und 72. diejenige Fassung an, welche es außer Zweifel stellte, daß der Provinzialrath für die durch Gesetz zu bezeichnenden Fälle als Rekursinstanz über die Entscheidungen des Bezirksraths bestimmt sein soll.

lichen Erklärung innerhalb einer bestimmten, von einer bis zu vier Wochen zu bemessenden Frist mitzutheilen.

Nach Ablauf der Frist sind die Verhandlungen dem Provinzialrathe einzureichen.

§. 76.

Erlaß von Polizeiverordnungen unter Mitwirkung der Provinzial- und Bezirksräthe.

Der Oberpräsident ist befugt, unter Zustimmung des Provinzialrathes gemäß §§. 6. 12. und 15. des Gesetzes über die Polizeiverwaltung vom 11. März 1850. (Gesetz-Samml. S. 265.) für mehrere Kreise, für einen oder mehrere Bezirke oder für den Umfang der ganzen Provinz gültige Polizeivorschriften zu erlassen und gegen die Nichtbefolgung derselben Geldstrafen bis zum Betrage von dreißig Mark anzudrohen.

Zu § 76.

1. Hinsichtlich der den Provinzialbehörden event. den Bezirksbehörden zu gewährenden Befugniß, unter Zustimmung des Provinzialraths resp. Bezirksraths Polizeiverordnungen zu erlassen, bemerken die Motive zum Regierungsentwurf (in welchen nach Lage der von ihm im Uebrigen beabsichtigten Organisation an Stelle des Provinzialraths und Bezirksraths der Provinzialausschuß und Bezirksausschuß genannt waren) Folgendes:

„Nach § 76. soll die Befugniß zum Erlasse von Polizeistrafverordnungen für mehrere Kreise, für einen oder mehrere Regierungsbezirke oder für den Umfang der ganzen Provinz dem Oberpräsidenten unter Zustimmung des Provinzialausschusses, in Fällen, die keinen Aufschub zulassen, nach § 79. die gleiche Befugniß für mehrere Kreise oder für den Umfang des ganzen Regierungsbezirks dem Regierungspräsidenten unter Zustimmung des Bezirksausschusses und vorbehaltlich der nachträglichen Zustimmung des Provinzialausschusses beigelegt, die Befugniß der Bezirksregierungen zum Erlaß von Polizeiverordnungen aber aufgehoben werden. Diese Bestimmungen entsprechen den Prinzipien des Reorganisationsplans für die allgemeine Landesverwaltung, welche eine Erweiterung der Kompetenz der Oberpräsidenten in Aussicht nehmen. Auch erscheint es in der That zweckmäßig, die Befugniß zum Erlasse von Polizeistrafverordnungen an Stelle der Bezirksregierungen dem Oberpräsidenten und nur in Ausnahmefällen dem Regierungspräsidenten (§ 79.) zu übertragen, da die überwiegende Mehrzahl der schon bisher von den Bezirksregierungen erlassenen Polizeiverordnungen solche Gegenstände betreffen, welche eine gleichmäßige Regelung in allen Regierungsbezirken der Provinz angezeigt erscheinen lassen. Es sind hier beispielsweise die Bau- und Feuerpolizeiordnungen, die Verordnung über die Anmeldung Neuanziehender und die Kontrole der Fremden u. s. w. zu erwähnen."

Die Kommission des Abgeordnetenhauses erkannte an, daß die im Regierungsentwurf vorgesehenen Vorschriften gegenüber dem bestehenden Rechte erhebliche Fortschritte enthalten und den allgemeinen Grundsätzen der neuen Verwaltungsorganisation durchaus entsprechen. Dieselben haben demnächst im Wesentlichen die Zustimmung des Landtages gefunden.

2. **Gesetz über die Polizeiverwaltung** vom 11. März 1850. (Ges.-Samml. S. 265.)

Wir Friedrich Wilhelm ꝛc. ꝛc.
verordnen unter Zustimmung beider Kammern, was folgt:

§ 1. Die örtliche Polizei-Verwaltung wird von den nach den Vorschriften der Gemeinde-Ordnung dazu bestimmten Beamten (Bürgermeistern, Kreisamtmännern, Oberschulzen) im Namen des Königs geführt — vorbehaltlich der im § 2. des gegenwärtigen Gesetzes vorgesehenen Ausnahme.

Die Ortspolizeibeamten sind verpflichtet, die ihnen von der vorgesetzten Staatsbehörde in Polizeiangelegenheiten ertheilten Anweisungen zur Ausführung zu bringen.

Jeder, der sich in ihrem Verwaltungsbezirke aufhält oder daselbst ansässig ist, muß ihren polizeilichen Anordnungen Folge leisten.

§. 2. In Gemeinden, wo sich eine Bezirksregierung, ein Land-, Stadt- oder Kreisgericht befindet, sowie in Festungen und in Gemeinden von mehr als 10,000 Einwohnern, kann die örtliche Polizeiverwaltung durch Beschluß des Ministers des Innern besonderen Staatsbeamten übertragen werden. Auch in anderen Gemeinden kann aus dringenden Gründen dieselbe Einrichtung zeitweise eingeführt werden.

§ 3. Die Kosten der örtlichen Polizeiverwaltung sind, mit Ausnahme der Gehälter der von der Staatsregierung im Falle der Anwendung des § 2. angestellten besonderen Beamten, von den Gemeinden zu bestreiten.

§ 4. Ueber die Einrichtungen, welche die örtliche Polizeiverwaltung erfordert, kann die Bezirksregierung besondere Vorschriften erlassen. Die für den Bezirk des Appellationsgerichtshofes zu Köln bestehenden gesetzlichen Bestimmungen wegen Anstellung von Polizeikommissarien werden hierdurch nicht berührt. Ebenso bleiben vorläufig die Distriktskommissarien in der Provinz Posen in Wirksamkeit.

Die Ernennung aller Polizeibeamten, deren Anstellung den Gemeindebehörden zusteht, bedarf der Bestätigung der Staatsregierung.

§ 5. Die mit der örtlichen Polizeiverwaltung beauftragten Behörden sind befugt, nach Berathung mit dem Gemeindevorstande[1]) ortspolizeiliche für den Umfang der Gemeinde gültige Vorschriften zu erlassen und gegen die Nichtbefolgung derselben Geldstrafen bis zum Betrage von 3 Thlr. anzudrohen.

Die Strafandrohung kann bis zu dem Betrage von 10 Thlr. gehen, wenn die Bezirksregierung ihre Genehmigung dazu ertheilt hat.[2])

Die Bezirksregierungen haben über die Art der Verkündigung der ortspolizeilichen Vorschriften, sowie über die Formen, von deren Beobachtung die Gültigkeit derselben abhängt, die erforderlichen Bestimmungen zu erlassen.[2])

§ 6. Zu den Gegenständen der ortspolizeilichen Vorschriften, gehören:

a) der Schutz der Personen und des Eigenthums;
b) Ordnung, Sicherheit und Leichtigkeit des Verkehrs auf öffentlichen Straßen, Wegen und Plätzen, Brücken, Ufern und Gewässern;

[1]) Für die zu den Amtsbezirken im Geltungsgebiet der Kreisordnung vom 13. Dezember 1872 gehörigen Gemeinden und Gutsbezirke ist der Amtsvorsteher mit der Polizeiverwaltung betraut. (§ 59. der Kreisordnung.) Der Gemeindevorsteher ist nur Organ des Amtsvorstehers für die Polizeiverwaltung. (§ 29. l. c.) Das Recht zum Erlaß von Polizeistrafverordnungen für die zu den Amtsbezirken gehörigen Gemeinden ꝛc. ist deshalb im § 62. der Kreisordnung den Amtsvorstehern übertragen, welche dabei an die Zustimmung des Amtsausschusses, event. des Kreisausschusses gebunden sind. Der § 62. der Kreisordnung lautet:

§ 62. Das durch die §§ 5. ff. des Gesetzes vom 11. März 1850 (Ges.-S. S. 265) der Ortspolizeibehörde für den Umfang einer Gemeinde ertheilte Recht zum Erlaß von Polizeistrafverordnungen wird auf den Amtsvorsteher mit der Maßgabe übertragen, daß er nicht nur für den Umfang einer einzelnen Gemeinde oder eines einzelnen Gutsbezirks, sondern auch für den Umfang mehrerer Gemeinden oder Gutsbezirke und für den Umfang des ganzen Amtsbezirks unter Zustimmung des Amtsausschusses, auch im Falle des § 7. des Gesetzes, derartige Verordnungen zu erlassen befugt ist.

Versagt der Amtsausschuß die Zustimmung, so kann dieselbe auf Antrag des Amtsvorstehers durch den Kreisausschuß ergänzt werden.

[2]) An Stelle der Bezirksregierung tritt nach § 82. der Provinzialordnung jetzt der Oberpräsident bezüglich der Ertheilung der Genehmigung zu den im Absatz 2. des § 5. zugelassenen höheren Strafbeträgen; ebenso bezüglich der im Absatz 3. des § 5. vorgesehenen Bestimmungen.

c) der Marktverkehr und das öffentliche Feilhalten von Nahrungsmitteln;
d) Ordnung und Gesetzlichkeit bei dem öffentlichen Zusammensein einer größeren Anzahl von Personen;
e) das öffentliche Interesse in Bezug auf die Aufnahme und Beherbergung von Fremden; die Wein-, Bier- und Kaffeewirthschaften und sonstige Einrichtungen zur Verabreichung von Speisen und Getränken;
f) Sorge für Leben und Gesundheit;
g) Fürsorge gegen Feuersgefahr bei Bauausführungen, sowie gegen gemeinschädliche und gemeingefährliche Handlungen, Unternehmungen und Ereignisse überhaupt;
h) Schutz der Felder, Wiesen, Weiden, Wälder, Baumpflanzungen, Weinberge u. s. w.;
i) alles andere, was im besonderen Interesse der Gemeinden und ihrer Angehörigen polizeilich geordnet werden muß.

§ 7. Zu Verordnungen über Gegenstände der landwirthschaftlichen Polizei ist die Zustimmung der Gemeindevertretung erforderlich. Die Berathung erfolgt unter dem Vorsitze des mit der örtlichen Polizeiverwaltung beauftragten Beamten.

§ 8. Von jeder ortspolizeilichen Verordnung ist sofort eine Abschrift an die zunächst vorgesetzte Staatsbehörde einzureichen.

§ 9. Der Regierungspräsident [1]) ist befugt, jede ortspolizeiliche Vorschrift durch einen förmlichen Beschluß unter Angabe der Gründe außer Kraft zu setzen.

Dem Beschlusse muß, mit Ausnahme dringender Fälle, eine Berathung mit dem Bezirksrathe vorhergehen. Die Erklärung des Letzteren ist entscheidend:

1. wenn eine ortspolizeiliche Vorschrift außer Kraft gesetzt werden soll, weil sie das Gemeindewohl verletzt;
2. wenn es sich darum handelt, eine Verordnung über Gegenstände der landwirthschaftlichen Polizei wegen ihrer Unzweckmäßigkeit aufzuheben.

§ 10. Die Bestimmungen der §§ 8. und 9. finden auch auf die Abänderung oder Aufhebung ortspolizeilicher Vorschriften Anwendung.

§ 11. Die Bezirksregierungen sind befugt, für mehrere Gemeinden ihres Verwaltungsbezirks oder für den ganzen Umfang desselben gültige Polizei-Vorschriften zu erlassen und gegen die Nichtbefolgung derselben Geldstrafen bis zu dem Betrage von 10 Rthlrn. anzudrohen.

Der Minister des Innern hat über die Art der Verkündigung solcher Vorschriften, sowie über die Formen, von deren Beobachtung die Gültigkeit derselben abhängt, die erforderlichen Bestimmungen zu erlassen.

§ 12. Die Vorschriften der Bezirksregierungen (§ 11.) können sich auf die im § 6. dieses Gesetzes angeführten und alle anderen Gegenstände beziehen, deren polizeiliche Regelung durch die Verhältnisse der Gemeinden oder des Bezirks erfordert wird.

§ 13. Zum Erlasse solcher Vorschriften der Bezirksregierungen, welche die landwirthschaftliche Polizei betreffen, ist die Zustimmung des Bezirksrathes erforderlich.

§ 14. Die Befugniß der Bezirksregierungen, sonstige allgemeine Verbote und Strafbestimmungen in Ermangelung eines bereits bestehenden gesetzlichen Verbotes mit höherer Genehmigung zu erlassen, ist aufgehoben.

§ 15. Es dürfen in den polizeilichen Vorschriften (§§ 5. und 11.) keine Bestimmungen aufgenommen werden, welche mit den Gesetzen oder den Verordnungen einer höheren Instanz im Widerspruch stehen.

§ 16. Der Minister des Innern ist befugt, soweit Gesetze nicht entgegenstehen, jede polizeiliche Vorschrift durch einen förmlichen Beschluß außer Kraft zu setzen. [2])

[1]) Im § 9. tritt an Stelle des Regierungspräsidenten jetzt der Oberpräsident. Vgl. § 83. der Provinzialordnung.

[2]) Vgl. § 84. der Provinzialordnung.

§. 77.

Solche Polizeivorschriften sind unter der Bezeichnung: „Polizeiverordnung" und unter Bezugnahme auf die betreffenden Bestimmungen dieses und des Gesetzes vom 11. März 1850. zu erlassen und durch die Amtsblätter derjenigen Bezirke bekannt zu machen, in welchen dieselben Geltung erlangen sollen.

Die Genehmigung des Königs ist hierzu erforderlich, wenn die polizeiliche Vorschrift von dem Könige oder mit dessen Genehmigung erlassen war.

§ 17. Die Polizeirichter haben über alle Zuwiderhandlungen gegen polizeiliche Vorschriften (§§ 5. und 11.) zu erkennen, und dabei nicht die Nothwendigkeit oder Zweckmäßigkeit, sondern nur die gesetzliche Gültigkeit jener Vorschriften nach den Bestimmungen der §§ 5., 11. und 15. dieses Gesetzes in Erwägung zu ziehen.

§ 18. Für den Fall des Unvermögens des Angeschuldigten ist auf verhältnißmäßige Gefängnißstrafe zu erkennen. Das höchste Maß derselben ist 4 Tage statt 3 Thlr. und 14 Tage statt 10 Thlr.

§ 19. Die bisher erlassenen polizeilichen Vorschriften bleiben so lange in Kraft, bis sie in Gemäßheit dieses Gesetzes aufgehoben werden.

§ 20. Die den Polizeibehörden nach den bisherigen Gesetzen zustehende Exekutionsgewalt wird durch die vorstehenden Bestimmungen nicht berührt.

Jede Polizeibehörde ist berechtigt, ihre polizeilichen Verfügungen durch Anwendung der gesetzlichen Zwangsmittel durchzusetzen.

Wer es unterläßt, dasjenige zu thun, was ihm von der Polizeibehörde in Ausübung dieser Befugniß geboten worden ist, hat zu gewärtigen, daß es auf seine Kosten zur Ausführung gebracht werde — vorbehaltlich der etwa verwirkten Strafe und der Verpflichtung zum Schadenersatze.

§ 21. Alle diesem Gesetze entgegenstehenden Bestimmungen sind aufgehoben.

Urkundlich unter Unserer Höchsteigenhändigen Unterschrift und beigedrucktem Königlichen Insiegel.

Gegeben Charlottenburg, den 11. März 1850.

(L. S.) **Friedrich Wilhelm.**

Graf v. Brandenburg. v. Ladenberg. v. Manteuffel. v. d. Heydt.
v. Rabe. Simons. v. Schleinitz. v. Stockhausen.

3. Kreisordnung vom 13. Dezember 1872.

„§ 78. Der Landrath ist befugt, unter Zustimmung des Kreisausschusses nach Maßgabe der Vorschriften des Gesetzes über die Polizeiverwaltung vom 11. März 1850 (Ges.-Samml. S. 265.) für mehrere Amtsbezirke oder für den ganzen Umfang des Kreises gültige Polizeivorschriften zu erlassen und gegen die Nichtbefolgung derselben Geldstrafen bis zum Betrage von 10 Thalern anzudrohen. Das durch die §§ 5. beziehungsweise 9. des Gesetzes vom 11. März 1850 der Bezirksregierung*) beziehungsweise dem Regierungspräsidenten*) beigelegte Recht:

über die Art der Verkündigung der ortspolizeilichen Vorschriften, sowie über die Formen, von deren Beobachtung die Gültigkeit derselben abhängt, die erforderlichen Bestimmungen zu erlassen, sowie ortspolizeiliche Vorschriften außer Kraft zu setzen,

steht denselben in gleichem Umfange auch fortan bezüglich der kreispolizeilichen Vorschriften zu."

*) An Stelle der Bezirksregierung beziehungsweise des Regierungspräsidenten hat nach §§ 82. Absatz 2. und 83. der Provinzialordnung jetzt der Oberpräsident das Recht auszuüben, über die Art der Verkündigung orts-, amts- oder kreispolizeilicher Vorschriften, sowie über die Formen, von deren Beobachtung die Gültigkeit derselben abhängt, zu bestimmen, sowie diese Vorschriften außer Kraft zu setzen. — Vgl. auch § 84. der Provinzialordnung.

§. 78.

Ist in einer gemäß §. 77. verkündeten Polizeiverordnung der Zeitpunkt bestimmt, mit welchem dieselbe in Kraft treten soll, so ist der Anfang ihrer Wirksamkeit nach dieser Bestimmung zu beurtheilen; enthält aber die verkündete Polizeiverordnung eine solche Zeitbestimmung nicht, so beginnt die Wirksamkeit derselben mit dem achten Tage nach dem Ablaufe desjenigen Tages, an welchem das betreffende Stück des Amtsblattes, welches die Polizeiverordnung verkündet, ausgegeben worden ist.

§. 79.

In allen Fällen, welche keinen Aufschub zulassen, ist der Regierungspräsident in gleicher Weise wie der Oberpräsident (§. 76.) befugt, unter Zustimmung des Bezirksrathes für mehrere Kreise oder für den Umfang des ganzen Bezirks gültige Polizeivorschriften zu erlassen. Solche Polizeivorschriften bedürfen der nachträglichen Zustimmung des Provinzialrathes. Wird die Zustimmung nicht innerhalb sechs Monaten nach dem Tage der Publikation der Polizeiverordnung ertheilt, so hat der Oberpräsident dieselbe außer Kraft zu setzen.

§. 80.

Die Bestimmungen der §§. 77. und 78. finden auf die von dem Regierungspräsidenten zu erlassenden Polizeivorschriften gleichmäßig Anwendung.

§. 81.

Die Befugniß der Bezirksregierungen zum Erlasse von Polizeivorschriften wird von dem Zeitpunkte ab aufgehoben, wo die Bildung der Provinzial- und Bezirksräthe erfolgt sein wird.

§. 82.

Die Ertheilung der Genehmigung zum Erlasse orts- und amtspolizeilicher Vorschriften mit einer Strafandrohung bis zum Betrage

---

Zu § 79.

Vgl. die Anm. 1. zu § 76.

Zu § 81.

Vgl. die Anm. 1. zu § 76.

von dreißig Mark gemäß §. 5. des Gesetzes vom 11. März 1850. steht an Stelle der Bezirksregierung fortan dem Oberpräsidenten zu.

Ingleichen hat der Oberpräsident an Stelle der Bezirksregierung über die Art der Verkündigung orts-, amts- und kreispolizeilicher Verordnungen, sowie über die Formen, von deren Beobachtung die Gültigkeit derselben abhängt, zu bestimmen.

§. 83.

Die Befugniß, orts-, amts- oder kreispolizeiliche Vorschriften außer Kraft zu setzen, steht an Stelle des Regierungspräsidenten fortan dem Oberpräsidenten unter Zustimmung des Provinzialrathes zu.

§. 84.

Bei der Befugniß des Ministers des Innern, jede (orts-, amts-, kreis-, bezirks- oder provinzial-) polizeiliche Vorschrift außer Kraft zu setzen, soweit Gesetze nicht entgegenstehen (§. 16. des Gesetzes vom 11. März 1850.), behält es sein Bewenden.

§. 85.

Polizeiliche Vorschriften der Ministerien.

Soweit die Gesetze ausdrücklich auf den Erlaß besonderer polizeilicher Vorschriften (Verordnungen, Anordnungen, Reglements rc.) durch die Centralbehörden verweisen, sind die Minister befugt, innerhalb ihres Ressorts dergleichen Vorschriften für den ganzen Geltungsbezirk dieses Gesetzes zu erlassen und gegen die Nichtbefolgung derselben Geldstrafen bis zum Betrage von dreißig Mark anzudrohen.

Zu § 82.

Bei Ertheilung der im § 82. vorbehaltenen Genehmigung des Oberpräsidenten zum Erlasse von orts- und amtspolizeilichen Vorschriften mit einer Strafandrohung zu höheren, als den nach § 5. des Gesetzes vom 11. März 1850 in der Kompetenz der Ortspolizeiverwalter und der Amtsvorsteher liegenden Beträgen, (vergl. oben Anm. 1. zu § 76.) ist der Oberpräsident nicht an eine Anhörung oder Zustimmung des Provinzialraths gebunden, hat hierüber vielmehr allein zu entscheiden. Der von den Abgeordneten Richter (Hagen) und Virchow gestellte Antrag die Ermächtigung des Oberpräsidenten zur Ertheilung dieser Genehmigung von der Zustimmung des Provinzialraths abhängig zu machen, wurde vom Abgeordnetenhause nicht angenommen. (Sten. Ber. S. 1198.)

Zu § 83.

Vgl. § 9. des Gesetzes über die Polizeiverwaltung vom 11. März 1850, §§ 62. und 78. der Kreisordnung vom 13. Dezember 1872 (abgedruckt oben in den Anmerkungen 2. und 3. zu § 76.) welche durch § 83. der Provinzialordnung die hier vorgezeichnete Abänderung erfahren.

Die gleiche Befugniß steht dem Minister für Handel, Gewerbe und öffentliche Arbeiten zu bezüglich der Uebertretungen

a) der Vorschriften der Eisenbahn-Polizeireglements,

b) der zur Regelung der Schifffahrt und Flößerei auf den mehrere Provinzen durchziehenden öffentlichen Wasserstraßen zu erlassenden polizeilichen Verordnungen.

Zum Erlasse der im § 367. Nr. 5. des Strafgesetzbuches für das Deutsche Reich gedachten Verordnungen sind für das ganze Geltungsgebiet dieses Gesetzes auch die zuständigen Minister befugt.

Zu § 85.

1. Der Regierungsentwurf, welcher sich im § 85. von der gegenwärtigen Fassung der Provinzialordnung dadurch unterschied, daß die hierin vorfindlichen Worte „durch die Centralbehörden" dort fehlten, bemerkt in den Motiven Folgendes:

„In verschiedenen Gesetzen werden die Minister mit dem Erlasse von Anordnungen beauftragt, welche nur durch gleichzeitigen Erlaß von Strafbestimmungen in ihrer Wirksamkeit gesichert werden können. So ermächtigt das Gesetz vom 7. Mai 1853, betreffend die Beförderung von Auswanderern, in den §§ 5. und 6. den Handelsminister, durch Reglement Kontrolen vorzuschreiben, denen sich die konzessionirten Auswanderungsunternehmer und Agenten zu unterwerfen haben, und die Reichsgewerbeordnung vom 21. Juni 1869 erklärt im § 38. die Centralbehörden für befugt, Vorschriften darüber zu erlassen, in welcher Weise Trödler, Pfandleiher und Gesindevermiether ihre Bücher zu führen und welcher polizeilichen Kontrole sie sich zu unterwerfen haben. Die Reichsgesetzgebung wird voraussichtlich Veranlassung haben, öfter in ähnlicher Weise auf die Landescentralbehörden zurückzugreifen. Für solche Fälle erscheint es erforderlich, auch den Ministern das Recht zum Erlasse von Strafbestimmungen zu geben, sofern nicht schon das Gesetz selbst eine ausdrückliche Strafbestimmung enthält, wie beispielsweise eine solche Strafbestimmung im § 360. Nr. 12. des Reichsstrafgesetzbuches vorgesehen ist, wonach mit Geldstrafe bis zu 50 Thlrn. oder mit Haft bestraft wird, wer als Pfandleiher bei Ausübung seines Gewerbes den darüber erlassenen Anordnungen zuwiderhandelt. Bisher wurde dem Bedürfnisse dadurch genügt, daß die Ressortminister die Bezirksregierungen beauftragten, kraft der den letzteren durch das Gesetz vom 11. März 1850 beigelegten Befugniß die erforderlichen Strafbestimmungen zu erlassen. Allein abgesehen davon, daß dieses Verfahren schon dem Buchstaben des bisherigen Gesetzes nicht entsprechen mochte, würde dasselbe jedenfalls in Zukunft nicht beibehalten werden können, wenn der Erlaß von Provinzialpolizeiverordnungen den Oberpräsidenten unter Zustimmung des Provinzialausschusses (resp. Provinzialrathes) übertragen wird. Es würde der Stellung der Provinzialräthe zu den Ministern nicht entsprechen, wenn die ersteren die von den letzteren erlassenen polizeilichen Anordnungen einer materiellen Prüfung unterwerfen wollten, die ihnen jedoch nicht vorenthalten werden könnte, wenn sie die zum Vollzuge jener Anordnungen erforderlichen Strafbestimmungen erlassen sollen.

Außerdem giebt es Materien auf verschiedenen Gebieten der Polizei, welche eine gleichmäßige Regelung im ganzen Staatsgebiete oder doch in mehreren Provinzen erheischen, deren spezielle Regelung im Wege der Gesetzgebung aber nicht angezeigt erscheint, sei es, weil das Bedürfniß ein nur vorübergehendes ist, wie für verschiedenartige sanitätspolizeiliche Vorschriften beim Ausbruche von Epidemien und Seuchen, sei es, weil das Bedürfniß mit der weiteren Entwickelung der Wissenschaft und Industrie erfahrungsmäßig schnell wechselt, wie bezüglich der polizeilichen Vorschriften über die Aufbewahrung oder Beförderung explodirender Stoffe. Die spezielle Regelung solcher Materien wird besser durch Polizeiverordnungen erfolgen, welche dem wechselnden Bedürfnisse jederzeit Rechnung tragen können, und wird sich das Gesetz deshalb darauf zu beschränken haben, auf den Erlaß solcher Verordnungen unter genauer Bezeichnung ihres Gegenstandes und unter gleichzeitiger Androhung einer bestimmten Strafe für die Uebertretung der zu erlassenden Verordnungen hinzuweisen, wie dies im § 367. Nr. 5. des Reichsstrafgesetzbuchs bezüglich der Aufbewahrung und Beförderung explodirender Stoffe geschehen ist.

Auf diesen Erwägungen beruhen die Bestimmungen des § 85, wonach in den Fällen, in denen die Gesetze ausdrücklich auf den Erlaß besonderer polizeilicher Anordnungen oder Verordnungen verweisen, auch den Ministern die Befugniß zustehen soll, innerhalb ihres Ressorts dergleichen Anordnungen oder Verordnungen für den Umfang des ganzen Staates oder für einzelne Landestheile zu erlassen und die Zuwiderhandlungen, sofern das Gesetz nicht schon selbst eine bestimmte Strafe androht, mit einer Strafe zu bedrohen, welche jedoch das für Provinzialpolizeiverordnungen vorgeschriebene Strafmaß nicht übersteigen darf."

In der Kommission des Abgeordnetenhauses fand über § 85. eine eingehende Erörterung statt. Der Kommissionsbericht rekapitulirt hierüber: „Bisher hat das Recht, Polizeiverordnungen für den ganzen Umfang der Monarchie oder für einzelne Theile derselben zu erlassen, den Ministern nicht zugestanden. Der Herr Vertreter der Staatsregierung erklärte nun, daß, wo das Bedürfniß zum Erlaß einer Polizeiverordnung für den ganzen Staat oder mehrere Provinzen vorgelegen, die Staatsregierung sich in vielleicht nicht ganz korrekter Weise damit zu helfen gesucht habe, daß sie den Erlaß gleichmäßiger Polizeiverordnungen von den einzelnen Regierungen gefordert habe; dies werde beim Inkrafttreten der vorstehenden Bestimmungen in Zukunft nicht mehr möglich sein. Das Bedürfniß von generellen Polizeiverordnungen für den ganzen Staat oder mehrere Provinzen dauere indessen fort. Die Vorschriften des § 85. seien daher eine nothwendige Folge der vorhergehenden Bestimmungen und stehen damit in einem unzertrennlichen Zusammenhange. Die Staatsregierung könne es nicht darauf ankommen lassen, ob diese für unbedingt unerläßlich erachteten Polizeivorschriften für den ganzen Staat oder mehrere Provinzen von allen einzelnen Provinzialausschüssen resp. Provinzialräthen genehmigt würden; in vielen Fällen seien ganz gleichmäßige Vorschriften für den ganzen Staat unbedingt nothwendig. Die Regierungsvorlage beschränke das Recht der Minister zum Erlasse von Polizeiverordnungen auf den Fall, wo die Gesetze ausdrücklich auf den Erlaß besonderer Polizeiverordnungen hinweisen. Hierin könne unmöglich irgend eine Gefahr gefunden werden.

In der Kommission erkannte man zwar an, daß oft der Erlaß gleichmäßiger Vorschriften für die ganze Monarchie oder doch für größere Theile derselben erforderlich sei, glaubte jedoch einestheils, es werden die Provinzialräthe in solchen Fällen stets bereit sein, im Anschluß an das Vorgehen der andern Provinzen ihre Zustimmung zu gleichmäßigen Vorschriften zu geben, anderntheils gehe doch jedenfalls die Staatsregierung zu weit, wenn sie überall da das Recht des Erlasses von Polizeiverordnungen für die Minister in Anspruch nehme, wo die Gesetze auf den Erlaß von besonderen polizeilichen Anordnungen oder Verordnungen generell verweisen, ohne die zum Erlaß berufene Behörde zu bezeichnen. Zugestehen könne man nur, daß die Minister, wo die Gesetze ihnen den Erlaß polizeilicher Verordnungen, Anordnungen oder Reglements übertrügen, die Nichtbefolgung derselben mit Geldstrafen bis zu 30 Mark bedrohen können.

Der Herr Vertreter der Staatsregierung und einzelne Kommissionsmitglieder wandten dagegen ein, daß damit dem praktischen Bedürfnisse nicht werde genügt werden. Verschiedene Bestimmungen der Reichsgesetze verweisen beispielsweise auf den Erlaß von polizeilichen Anordnungen ohne die dazu berufenen Behörden ausdrücklich zu nennen, insbesondere sei dies der Fall bei den in dem

§. 86.

Bezüglich der Bekanntmachung der im §. 85. gedachten polizeilichen Vorschriften und des Zeitpunktes ihres Inkrafttretens gelten die Bestimmungen der §§. 77. und 78.

Sechster Abschnitt.

Von den Provinzialbeamten.

§. 87.

Zur Wahrnehmung der laufenden Geschäfte der kommunalen Provinzialverwaltung wird ein Landesdirektor (Landeshauptmann) bestellt, welcher von dem Provinziallandtage auf mindestens sechs bis höchstens zwölf Jahre zu wählen ist. Landesdirektor (Landeshauptmann).

Der Landesdirektor (Landeshauptmann) bedarf der Bestätigung des Königs. Wird die Bestätigung versagt, so schreitet der Pro-

---

Reichsstrafgesetzbuch mit Strafe bedrohten Zuwiderhandlungen gegen die für den Transport von Pulver und andern explodirenden Stoffen erlassenen Verordnungen. Ebenso habe das Reich ein Eisenbahnpolizeireglement erlassen und die Strafandrohung auf die Uebertretung desselben müsse durch die Behörden der einzelnen Staaten geschehen, ohne daß das Eisenbahnpolizeireglement dieselben näher bezeichne. Fälle dieser Art erfordern doch unzweifelhaft eine gleichmäßige Regelung in der ganzen Monarchie.

Hierauf wurde erwidert, der Erlaß von Vorschriften über die Art des Transports von explodirenden Stoffen, deren Uebertretung das Reichsgesetz mit bestimmten Strafen bedrohe, sei überhaupt nicht unter den Begriff des Erlasses von Polizeiverordnungen zu bringen, man sei jedoch bereit, bei dieser Gelegenheit, da allerdings die Bestimmungen dieses Gesetzes das desfallsige Bedürfniß dringlich machen, hierüber eine spezielle Vorschrift aufzunehmen, müsse es aber ablehnen, hier die schwierige staatsrechtliche Frage von der Grenzscheide zwischen dem Rechte der Gesetzgebung und dem Erlaß von Ausführungsverordnungen generell zu entscheiden. Ebenso halte man es unbedenklich, dem Minister für Handel, Gewerbe und öffentliche Arbeiten das Recht zu gewähren, die Uebertretung der Vorschriften des Eisenbahnpolizeireglements mit Geldstrafen bis zu 30 Mark zu bedrohen. Weiter zu gehen sei nicht rathsam und gegenüber dem behaupteten Bedürfniß nicht geboten.

Die Mehrheit der Kommission schloß sich diesen Ausführungen an, denen auch das Abgeordnetenhaus durch Annahme der bezüglichen Kommissionsvorschläge beitrat, welchen letzteren auf Antrag des Abg. von Köller nur noch hinzugefügt wurde, daß auch bezüglich der zur Regelung der Schifffahrt und Flößerei auf den mehrere Provinzen durchziehenden öffentlichen Wasserstraßen zu erlassenden polizeilichen Verordnungen dem Minister für Handel ꝛc. gleiche Befugniß des Erlasses von Strafverboten zusteht. (Sten. Ber. S. 1200.)

2. Strafgesetzbuch für das deutsche Reich.

§ 367. Mit Geldstrafe bis zu fünfzig Thalern oder Haft wird bestraft:

5) Wer bei der Aufbewahrung oder bei der Beförderung von Giftwaaren, Schießpulver oder anderen explodirenden Stoffen oder Feuerwerken, oder bei Ausübung der Befugniß zur Zubereitung oder Feilhaltung dieser Gegenstände, sowie der Arzeneien, die deshalb ergangenen Verordnungen nicht befolgt.

vinziallandtag zu einer neuen Wahl. Wird auch diese Wahl nicht bestätigt, so kann der Minister des Innern die kommissarische Verwaltung der Stelle auf Kosten des Provinzialverbandes anordnen. Dasselbe findet statt, wenn der Provinziallandtag die Wahl verweigert oder den nach der ersten Wahl nicht Bestätigten wieder wählt.

Die kommissarische Verwaltung dauert so lange, bis die Wahl des Provinziallandtages, deren wiederholte Vornahme ihm jederzeit zusteht, die Bestätigung erlangt hat.

Der Provinzialausschuß ist berechtigt, zur Uebernahme der kommissarischen Verwaltung geeignete Personen in Vorschlag zu bringen.

Zu § 87.

1. Bei der Berathung im Abgeordnetenhause war vom Abg. Schlüter der Antrag gestellt worden, die Anstellung eines Landesdirektors nicht allgemein anzuordnen, dieselbe vielmehr fakultativ hinzustellen, und die Bestimmungen über die laufende Verwaltung event. Anstellung eines Landesdirektors im Provinzialstatut zu ordnen. Der Regierungskommissarius, Geheime Oberregierungsrath Persius, entgegnete hierauf: „Ich bin der Ansicht, daß der Landesdirektor eine fundamentale Institution der ganzen Organisation ist, deren Herstellung nicht wohl von der Beschlußnahme eines einzelnen Provinziallandtages abhängig gemacht werden kann. Herr Schlüter hat zur Unterstützung seines Amendements bemerkt, es würde durch die Institution des Landesdirektors nur wieder eine Vermehrung des büreaukratischen Beamtenthums herbeigeführt werden. M. H., man mag darüber denken, wie man will, ich glaube, man wird anerkennen müssen, daß, wenn der Kreis der Thätigkeit der Provinzen so weit gezogen wird, wie dies nach dem vorliegenden Gesetz und nach dem Dotationsgesetz geschehen soll, dann ein besoldetes Beamtenthum auch von Seiten der Provinzen nicht gut wird entbehrt werden können. Die Provinzen werden angestellte Beamte haben müssen, welche ihre Kräfte und ihre Zeit ausschließlich den ihnen obliegenden vielen und wichtigen Geschäften zu widmen haben."

Der Antrag Schlüter fand nicht die Zustimmung des Abgeordnetenhauses.

2. Nach der Regierungsvorlage war die Dauer des Amtes des Landesdirektors auf 6 oder 12 Jahre bestimmt. Man hielt dies nicht für zweckmäßig. Einige Kommissionsmitglieder wollten für die erste Wahl die Dauer von 6 Jahren gesetzlich fixiren und erst die zweite Wahl auf 12 Jahre gestatten. Andere wollten die Bestimmung der Dienstdauer des Landesdirektors dem Provinziallandtage beziehungsweise dem Statut ganz anheim stellen. Schließlich einigte man sich zu der Bestimmung, daß der Landesdirektor auf mindestens 6 und höchstens 12 Jahre zu wählen sei, so daß der Provinziallandtag die Dienstzeit des Landesdirektors zwischen diesen Minimal- und Maximaljahren frei bestimmen kann. (Komm.-Ber. des Abgeordnetenh.).

3. Die in der Regierungsvorlage geforderte Bestätigung des Landesdirektors fand in der Kommission des Abgeordnetenhauses vielfache Anfechtung. Eine große Anzahl von Kommissionsmitgliedern hielt die Bestätigung des Landesdirektors durch den König für nicht gerechtfertigt. Der Landesdirektor sei ausschließlich Kommunalbeamter, fungire nach der Vorlage niemals in staatlichen Angelegenheiten. Alle Gründe, welche man für das Erforderniß der Bestätigung bei den Kommunalbeamten geltend gemacht, seien aus ihrer Mitwirkung bei staatlichen Angelegenheiten und der Verwaltung obrigkeitlicher Befugnisse hergeleitet. Außerdem habe der Landesdirektor lediglich die Beschlüsse des Ausschusses auszuführen, stehe also in dieser Beziehung ganz anders, als die Bürgermeister

in den Städten, wenigstens wo dieselben Vorsitzende eines besonderen Magistratskollegiums seien.

Müsse man dennoch das Bestätigungsrecht einräumen, so dürfe man sich unter keinen Umständen auf die Anordnung einer kommissarischen Verwaltung im Falle der Nichtbestätigung einlassen. Dies könne dahin führen, daß die Staatsregierung die ganze laufende Verwaltung der Provinz in ihre Hand bringe und die Selbstständigkeit der Provinzialverwaltung gänzlich in Frage stelle. Man müsse daher für den Fall der Nichtbestätigung des gewählten Landesdirektors bis zum Zustandekommen einer bestätigten Wahl dem Provinzialausschuß das Recht geben, die interimistische Verwaltung durch eines seiner Mitglieder zu führen oder mindestens der Regierung die Verpflichtung auflegen, den kommissarischen Verwalter aus der Mitte der Ausschußmitglieder zu entnehmen. Demgemäß wurde eventuell für den Fall, daß die Kommission die Bestätigung eines Landesdirektors überhaupt annehme, der Antrag gestellt,

statt des dritten Satzes des Alinea 2. zu setzen:

„Wird auch diese Wahl nicht bestätigt, so werden die Geschäfte von einem Mitgliede des Provinzialausschusses in Vertretung geführt, welches vom Provinzialausschusse gewählt wird.

Der Regierungskommissar erklärte, daß die Staatsregierung auf die Bestätigung des Landesdirektors durch den König ein entscheidendes Gewicht lege. Die Staatsregierung habe ihre Einwirkung auf die Provinzialverwaltung, insbesondere das Aufsichtsrecht über dieselbe auf das Alleräußerste eingeschränkt. Die Wahlen des Provinzialausschusses, sowie der Vorsitzenden des Provinziallandtages und des Provinzialausschusses seien ganz freigegeben.

Wenn die Staatsregierung sich aber auf den Vorbehalt der Bestätigung des Landesdirektors beschränke, so dürfe man ihr dies Recht nicht verweigern in einem Augenblick, wo die Staatsregierung wichtige, bisher vom Staate verwaltete Angelegenheiten nebst den entsprechenden bedeutenden Fonds auf die Provinzen übertrage. Die von den Gegnern des Bestätigungsrechts hervorgehobene Unterscheidung zwischen obrigkeitlichen und Kommunalbefugnissen könne nicht in's Gewicht fallen. Die sogenannten kommunalen Aufgaben seien bisher vom Staat als Staatsangelegenheiten behandelte Verwaltungszweige der wichtigsten Art, an welchen der Staat auch in Zukunft ein sehr wesentliches Interesse zu nehmen hätte. Man brauche in dieser Beziehung nur an den Chausseebau, an das Hebeammenwesen und Anderes zu erinnern.

Diesen Ausführungen traten verschiedene Kommissionsmitglieder bei. Die Gewährung des Bestätigungsrechts sei gerade deswegen hier um so unbedenklicher, als der Landesdirektor keine politische Person sei und die eigentliche Verwaltung der freigewählte Provinzialausschuß führe, dessen Beschlüsse der Landesdirektor vorzuberathen und auszuführen habe. Nichtsdestoweniger sei nicht zu verkennen, daß der gute Fortschritt der Provinzialverwaltung wesentlich von der Persönlichkeit des Landesdirektors abhänge, und daß die Staatsregierung bei der großen Bedeutung der Provinzialverwaltung wohl berechtigt sei, irgend eine Einwirkung auf die Bestellung des Landesdirektors zu fordern. Ein Mißbrauch dieses Rechts sei gegenüber der Vertretung einer ganzen Provinz kaum denkbar. Selbst, wenn man das Bestätigungsrecht im Interesse des Staates nicht für erforderlich halte, könne man dasselbe doch gegenüber den entschiedenen Erklärungen der Staatsregierung einräumen. Auch die in einzelnen Provinzen bereits bestehenden Landesdirektoren (Landeshauptleute) seien zur Zeit der Bestätigung unterworfen, ohne daß daraus irgend welche Unzuträglichkeiten erwachsen seien.

Das oben erwähnte eventuelle Amendement bezeichnete der Herr Regierungskommissar als unannehmbar, da dasselbe thatsächlich das Bestätigungsrecht der Staatsregierung illusorisch mache. Der Ausschuß werde es dann in der Hand haben, die kommissarische Verwaltung vielleicht durch noch weniger geeignete Personen so lange es dem Landtage beliebe, führen zu lassen.

Von anderer Seite wurde hervorgehoben, daß die Führung der kommissa-

§. 88.

Für den Fall einer Behinderung des Landesdirektors, sowie im Falle der Erledigung der Stelle desselben bestellt der Provinzialausschuß einen Stellvertreter bis zur Aufnahme der Geschäfte durch den Landesdirektor, beziehungsweise bis zum Eintritte einer kommissarischen Verwaltung nach Maßgabe des §. 87.

Weder der kommissarische Vertreter, noch der Stellvertreter des

---

rischen Verwaltung durch Ausschußmitglieder überhaupt faktisch unausführbar sei. Die Thätigkeit des Landesdirektors erfordere einen ganzen Mann, und es sei kaum anzunehmen, daß zur Führung dieser Geschäfte sich im Ausschuß geeignete Mitglieder vorfinden.

Anderseits werde es sich empfehlen, für den Fall der Nichtbestätigung des Landesdirektors dem Ausschuß das Recht einzuräumen, zur Uebernahme der kommissarischen Verwaltung geeignete Personen in Vorschlag zu bringen. Wenn auch die Staatsregierung auf die so in Vorschlag gebrachten Personen nicht beschränkt sei, so werde sie doch auch auf dieselben wesentliche Rücksicht zu nehmen haben und in eine schwierige Lage kommen, wenn sie die vorgeschlagenen Personen ohne genügenden Grund zurückweise. Aus diesen Erwägungen ging das Amendement hervor:

„Der Provinzialausschuß ist berechtigt, zur Uebernahme der kommissarischen Verwaltung geeignete Personen in Vorschlag zu bringen."

Die Kommission nahm nach wiederholter bestimmter Erklärung des Regierungskommissars, daß die Staatsregierung auf die Bestätigung des Landesdirektors ein entscheidendes Gewicht lege, den zweiten und dritten Absatz des § 87. an, gleichzeitig auch das letzterwähnte Amendement. (Komm.-Ber. des Abg.-H.).

Das Abgeordnetenhaus schloß sich, ungeachtet auch hier noch von einigen Seiten die Nothwendigkeit der Bestätigung des Landesdirektors bestritten wurde, den Beschlüssen seiner Kommission an, welche im Herrenhause gleichmäßig adoptirt wurden.

4. Welche Geschäfte der kommunalen Provinzialverwaltung als „laufende" Geschäfte vom Landesdirektor wahrzunehmen sind, welche Geschäfte dieser Verwaltung dagegen der Verfügung des Provinzialausschusses vorbehalten werden, darüber hat allein der Provinzialausschuß zu entscheiden. Der Landesdirektor ist an dessen Entscheidung hierüber gebunden. Vgl. hierzu die Anm. zu § 59.

5. Der Landesdirektor ist nach § 46. Abs. 2. von Amtswegen Mitglied des Provinzialausschusses. Vgl. die Anmerkungen 1. und 3. zu § 46.

6. Der Landesdirektor gehört mit zu den „Provinzialbeamten." Es geht dies sowohl aus der Ueberschrift zum sechsten Abschnitt, wie auch aus Pos. 2. des § 98. hervor, wo bestimmt ist, daß dem Landesdirektor das Disziplinarstrafrecht gegen die „übrigen" Provinzialbeamten zusteht.

Zu § 88.

1. Die Eingangsworte zum § 88. lauteten nach der Fassung des Abgeordnetenhauses: „Im Falle einer Behinderung." Zufolge Beschlusses des Herrenhauses wurden, um für den Fall der Behinderung des Landesdirektors das Vorhandensein eines Stellvertreters zu sichern, anstatt dessen die Worte: „Für den Fall einer Behinderung" gewählt, welche andeuten sollen, daß die Wahl eines Stellvertreters im Voraus erfolgen muß. (Komm.-Ber. des Herrenh.).

2. Der Absatz 2. des § 88. ist auf Beschluß des Herrenhauses hinzugefügt worden. Man hielt die Ausschließung, wie sie dort angeordnet ist, für nothwendig, weil einerseits der kommissarische Vertreter nach Umständen ein höchst unerwünschtes Element im Provinzialausschusse sein könne, andererseits dessen offenbar peinliche Lage noch erschwert werden dürfte. (Komm.-Ber. d. Herrenh.).

Landesdirektors sind als solche stimmberechtigte Mitglieder des Ausschusses.

§. 89.

Der Landesdirektor (Landeshauptmann) wird von dem Oberpräsidenten in sein Amt eingeführt und vereidigt.

§. 90.

Der Landesdirektor (Landeshauptmann) führt unter der Aufsicht des Provinzialausschusses die laufenden Geschäfte der kommunalen Provinzialverwaltung. Er bereitet die Beschlüsse des Provinzialausschusses vor und trägt für die Ausführung derselben Sorge.

Er ist der Dienstvorgesetzte sämmtlicher Provinzialbeamten.

Der Landesdirektor vertritt den Provinzialverband nach Außen in allen Angelegenheiten, insbesondere auch da, wo die Gesetze eine Spezialvollmacht verlangen. Er verhandelt Namens des Provinzialverbandes mit Behörden und Privatpersonen, führt den Schriftwechsel und zeichnet alle Schriftstücke.

§. 91.

Urkunden, mittelst deren der Provinzialverband Verpflichtungen übernimmt, müssen unter Anführung des betreffenden Beschlusses des Provinziallandtages beziehungsweise des Provinzialausschusses von

---

Zu § 90.

1. In der Kommission des Herrenhauses war beantragt worden, im ersten Absatze des § 90. die Worte „unter der Aufsicht des Provinzialausschusses" zu streichen. Dieser Antrag wurde damit motivirt, daß nach dem Beschlusse zu § 46. der Landesdirektor selber Mitglied des Ausschusses sei, mit und in demselben wirke, also nicht wohl unter seiner Aufsicht stehen könne, vielmehr mit diesem unter der Aufsicht des Landtages selber stehe. Der Antrag wurde jedoch gegen zwei Stimmen abgelehnt, da die große Mehrheit annahm, daß es auf die vielleicht etwas schroff gefaßten Worte in keiner Weise ankomme, daß aber nach der Absicht des Gesetzes der Provinzialausschuß allerdings eine wesentlich kontrolirende Thätigkeit dem Landesdirektor gegenüber üben solle und müsse, und dieses Verhältniß in keiner Weise verdunkelt werden dürfe." (Komm.-Ber. d. Herrenh.).

Vgl. die Anmerkungen zu §§ 59. und 103.

2. Durch die im Herrenhause erfolgte Hinzufügung des zweiten Absatzes im § 90.:

„Er ist der Dienstvorgesetzte sämmtlicher Provinzialbeamten"

wurde bezweckt, die Bestimmung im § 98. sub 2. noch klarer zu stellen.

Zu § 91.

Nach der Fassung des zweiten Absatzes des § 91. im Regierungsentwurf sollte dem Provinziallandtag vorbehalten sein, in den von ihm für einzelne Verwaltungszweige und Anstalten zu erlassenden Reglements in Betreff der Vollziehung von Urkunden und Vollmachten zur Vereinfachung der Geschäfte anderweite Bestimmung zu treffen. In der Kommission des Abgeordnetenhauses dem Landesdirektor (Landeshauptmann) und von zwei Mitgliedern des Provinzialausschusses unterschrieben und mit dem Amtssiegel des Landesdirektors versehen sein. In denjenigen Fällen, in denen es der Genehmigung der Staatsaufsichtsbehörde bedarf, ist dieselbe der Ausfertigung in beglaubigter Form beizufügen.

Dem Provinziallandtage bleibt vorbehalten, für einzelne Verwaltungszweige und Anstalten in Betreff der Vollziehung von Urkunden und Vollmachten zur Vereinfachung der Geschäfte anderweite statutarische Bestimmung zu treffen.

§. 92.

Der Landesdirektor (Landeshauptmann) ist befugt, für die Geschäfte der kommunalen Provinzialverwaltung die vermittelnde und begutachtende Thätigkeit der Kreis-, Amts- und Gemeindebehörden in Anspruch zu nehmen.

---

wurde jedoch der zweite Absatz dahin amendirt, daß dergleichen vereinfachende Bestimmungen über die Vollziehung von Urkunden und Vollmachten nicht in Form von Reglements, sondern mittelst statutarischer Vorschriften zu treffen sind. Man ging dabei davon aus, daß es sich hier um eine Verfassungsfrage handle und daß eine gleichmäßige Regelung dieser Legitimationsform in allen Provinzen und daher die Mitwirkung der Staatsregierung dabei wünschenswerth sei. (Komm.-Ber. des Abgeordnetenh.).

Zu § 92.

1. Die Bestimmung, welche dem Landesdirektor die Befugniß beilegt, für die Geschäfte der kommunalen Provinzialverwaltung die vermittelnde und begutachtende Thätigkeit der Kreis-, Amts- und Gemeindebehörden in Anspruch zu nehmen, beruht auf der Erwägung, daß, wenn der Provinzialausschuß und das Landesdirektorium anregend wirken, wenn sie in gewissen Richtungen, namentlich in wirthschaftlichen Beziehungen die Provinzialinteressen mit eigener Initiative fördern sollen, sie in einem lebendigen Kontakte mit den einzelnen Gemeinden und Kreisen der Provinz stehen und zu deren Behörden in eine geordnete Beziehung gebracht werden müssen. (Motive zum Reg.-Entw.)

2. In der Kommission des Herrenhauses wurde anerkannt, daß die nach § 92. eventuell zu verlangende Thätigkeit nicht zu weite Ansprüche stellen dürfe. Es sei selbstverständlich, daß nur eine Thätigkeit nachgesucht werden könne, welche innerhalb der Amtssphäre der Behörde, beziehentlich des Beamten liege. (Komm.-Ber. des Herrenh.)

Insbesondere wird es nicht zulässig erscheinen, daß der Landesdirektor von den Kreis-, Amts- oder Gemeindebehörden büreaumäßige Arbeiten verlangt. Es folgt dies aus dem Wortlaut des § 92. Daß diesem Wortlaut die Anforderung büreaumäßiger Arbeiten nicht entspricht, ist durch den Erlaß der Ministerien des Innern und für die landwirthschaftlichen Angelegenheiten vom 3. Februar 1875 (Min.-Bl. d. inn. Verw. S. 61.) anerkannt, welcher bezüglich der wörtlich gleichlautenden Bestimmung des § 66. der Kreisordnung, wonach der Landrath und der Kreisausschuß befugt sind, für die Geschäfte der allgemeinen Landes- und Kreiskommunalverwaltung ꝛc.

§. 93.

Dem Landesdirektor (Landeshauptmann) können nach näherer Bestimmung des Provinzialstatuts zur Mitwirkung bei Erledigung der Geschäfte der gesammten, oder einzelner Zweige der kommunalen Provinzialverwaltung noch andere vom Provinziallandtage zu wählende obere Beamte mit berathender oder beschließender Stimme zugeordnet werden. Sie werden von dem Landesdirektor in ihre Aemter eingeführt und vereidigt. Andere obere Beamte.

Werden dem Landesdirektor obere Beamte mit beschließender Stimme zugeordnet, so hat das Provinzialstatut auch darüber Bestimmung zu treffen, welche der durch dieses Gesetz dem Landesdirektor allein überwiesenen Geschäfte von demselben unter Mitwirkung jener Beamten zu erledigen sind.

„die vermittelnde und begutachtende Thätigkeit des Amtsvorstehers in Anspruch zu nehmen"

gelegentlich der Entscheidung, daß hiernach die Inanspruchnahme der Amtsvorsteher zur speziellen Durchführung des Verfahrens bei Abgabenregulirungen nicht statthaft erscheine, ausdrücklich hervorhebt, daß die Anforderung büreaumäßiger Arbeiten von den Amtsvorstehern dem § 66. der Kreisordnung, der für die Geschäfte der allgemeinen Landesverwaltung nur die vermittelnde und begutachtende Thätigkeit der Amtsvorsteher in Anspruch zu nehmen gestattet, nicht entspricht.

3. Die Kreis- oder Ortskommunalkassen sind zu einer Mitwirkung in den Geschäften des Provinzialverbandes nicht verpflichtet. Ein in der Kommission des Herrenhauses gestellter Antrag, welcher die gedachten Kassen hierzu verpflichten wollte, wurde abgelehnt. Man wollte nicht ohne Noth die Verpflichtungen der Kreise und Gemeinden vermehren, da, wenn nöthig, Spezialkassen eingerichtet, eventuell aber Vereinbarungen mit den Kommunalsteuer-Empfängern leicht getroffen werden können.

Zu § 93.

1. Die Anstellung von anderen oberen Beamten neben dem Landesdirektor wird sich bei weiterer Entwickelung der provinziellen Selbstverwaltung sehr bald als nothwendig herausstellen. In der Provinz Hannover sind diese Beamten mit dem Landesdirektor zu einem Kollegium vereinigt, während in den übrigen Provinzen der rein bureaukratischen Verfassung der Vorzug gegeben ist. Es war umsomehr davon abzusehen, in dieser Beziehung bestimmte Normen für alle Provinzen zu geben, als die Verwaltungsbedürfnisse derselben sehr verschiedene sind und sich daher in der einen Provinz das eine, in der anderen das andere System empfehlen wird. Es ist deshalb im § 93. ausgesprochen, daß durch Provinzialstatut dem Landesdirektorium je nach provinziellen Zweckmäßigkeitsrücksichten eine büreaukratische oder kollegialische Verfassung gegeben werden darf. Beide Systeme haben sich in der Praxis bewährt. (Reg.-Motive.)

2. Da im Gesetze eine Reihe wichtiger Geschäfte nur dem Landesdirektor übertragen sind, indem man dabei anscheinend nur das büreaukratische System vorausgesetzt hat, hielt die Kommission des Abgeordnetenhauses es für erforderlich, durch einen Zusatz klarzustellen, daß für den Fall der Zuordnung von oberen Beamten mit beschließender Stimme das Provinzialstatut darüber Bestimmung treffen könne, ob und welche dieser Geschäfte unter Mitwirkung jener Beamten zu erledigen sind. (Komm.-Ber. d. Abg.-Haus.)

§. 94.

Büreau-, Kassen- ꝛc. Beamte der kommunalen Provinzialverwaltung.

Die Stellen der zur Wahrnehmung der Büreau-, Kassen- und sonstigen Geschäfte der kommunalen Provinzialverwaltung erforderlichen Beamten werden von dem Provinziallandtage nach Zahl, Diensteinnahme und Art der Besetzung (auf Lebenszeit, auf Zeit, auf Kündigung) auf Vorschlag des Provinzialausschusses durch den Haushaltsetat bestimmt.

Die Besetzung dieser Stellen erfolgt vorbehaltlich der Bestimmung des §. 41. durch den Provinzialausschuß. Die Beamten werden von dem Landesdirektor (Landeshauptmann) in ihre Aemter eingeführt und vereidigt. Sie erhalten ihre Geschäftsinstruktionen von dem Provinzialausschusse.

§. 95.

Beamte der Provinzialinstitute ꝛc.

Ueber die an den einzelnen Provinzialinstituten und in der Provinzial-Chaussee- und Wegeverwaltung anzustellenden Beamten, sowie über die Art der Anstellung derselben wird durch die für jene Institute und jenen Verwaltungszweig zu erlassenden Reglements beziehungsweise die für dieselben festzustellenden Etats bestimmt.

Bis zum Erlasse neuer Reglements bleiben die bestehenden Reglements in Geltung.

§. 96.

Dienstliche Verhältnisse der Provinzialbeamten.

Sämmtliche Provinzialbeamte haben die Rechte und Pflichten mittelbarer Staatsbeamten. Die besonderen dienstlichen Verhältnisse

---

Zu § 94.

Unter die im Sinne des § 94. zur Wahrnehmung der „sonstigen" Geschäfte der kommunalen Provinzialverwaltung erforderlichen Beamten, sind auch die hierzu erforderlichen technischen Beamten zu rechnen. Im Regierungsentwurf war außer den Büreau- und Kassengeschäften noch der technischen und sonstigen Geschäfte besonders Erwähnung geschehen. Im Herrenhause wurde jedoch das Wort „technischen" vor den Worten „und sonstigen" deshalb gestrichen, um auch nur den Schein zu vermeiden, als sollten alle Techniker zu den Subaltern- bez. Unterbeamten gezählt werden. (Komm.-Ber. d. Herrenhauses.) Inwieweit diese Beamten den oberen oder leitenden Beamten zugezählt oder gleichgestellt werden, und danach der Wahl durch den Provinziallandtag unterliegen, wird nach § 41. durch das Provinzialstatut bestimmt.

Zu § 95.

Vgl. § 25. des Dotationsgesetzes vom 8. Juli 1875 in der Anlage B.

Zu § 96.

In Betreff der Grundsätze über die Anstellung, Entlassung und Pensionirung der Provinzialbeamten bedarf das nach § 96. von dem Provinziallandtage derselben werden durch ein von dem Provinziallandtage zu erlassendes Reglement geordnet.

§. 97.

Hinsichtlich der Besetzung der Stellen von Provinzialbeamten mit Militair-Invaliden gelten die in Ansehung der Städte erlassenen gesetzlichen Vorschriften.

---

zu erlassende Reglement betreffend die dienstlichen Verhältnisse der Provinzialbeamten nach dem Schlußpassus im § 120. der Genehmigung des Ministers des Innern.

Zu § 97.

1. Allerh. Kabinetsordre vom 4. Juli 1832 (G.-S. S. 181.) betr. die Zusammenstellung der die Städteordnung ergänzenden und erläuternden Bestimmungen:

„zu § 157.

a. Zu den Stellen der besoldeten städtischen Unterbedienten dürfen keine andere als versorgungsberechtigte Militairinvaliden gewählt werden. Doch ist diese Verpflichtung auf diejenigen Stellen, welche eine höhere oder eigenthümliche Geschäftsbildung erfordern, nur in soweit zu beziehen, als versorgungsberechtigte Militairinvaliden vorhanden sind, welche diese Bildung besitzen.

b. Diejenigen Magistratsunterbeamten, welche blos zu mechanischen Dienstleistungen bestimmt sind, dürfen auch auf Kündigung angenommen werden. Von dieser Kündigung ist aber nur unter den Formen Gebrauch zu machen, welche die Geschäftsanweisung für die Regierungen vom 31. Dezember 1825 vorschreibt."

2. Reglement über die Civilversorgung und Civilanstellung der Militairpersonen des Heeres und der Marine vom Feldwebel abwärts vom 16. Juni 1867, genehmigt durch Allerh. Kabinetsordre vom 20. Juni 1867. (Min.-Bl. der inn. Verw. S. 280.).

„§ 11. Hinsichtlich der städtischen Kommunen bewendet es bei den bestehenden gesetzlichen Bestimmungen, wonach die städtischen Behörden verpflichtet sind, zu den besoldeten städtischen Unterbedientenstellen keine andern, als versorgungsberechtigte Militairinvaliden zu wählen, diese Verpflichtung jedoch auf diejenigen Stellen der städtischen Subalternen, welche eine höhere oder eine eigenthümliche Geschäftsbildung erfordern, sich nur in soweit bezieht, als versorgungsberechtigte Militairinvaliden vorhanden sind, welche diese Geschäftsbildung besitzen. Bei der Wahl der Kämmerei-Rendanten und Kommunalkassenbeamten behalten die städtischen Behörden freie Hand."

§ 12. Hinsichtlich der Besetzung der Stellen bei den städtischen Instituten verbleibt es bei den hierüber bestehenden statutarischen Anordnungen.

§ 23. Sobald eine Stelle im städtischen Kommunaldienst offen ist (§§ 11., 12.), bei deren Besetzung die Verpflichtung zur Berücksichtigung versorgungsberechtigter Militairinvaliden besteht, für welche qualifizirte Berechtigte sich aber nicht gemeldet haben, so hat der Gemeindevorstand eine öffentliche Aufforderung an die Berechtigten behufs ihrer Bewerbung um die vakante Stelle in dem Anzeiger*) des betreffenden Regierungsamtsblattes und sofern das Kreisblatt amtliche Anzeigen unentgeltlich aufnimmt, auch durch dieses zu er-

*) Die Bekanntmachung erfolgt kostenfrei. Reskr. v. 27. Mai 1857. Min.-Bl. der inn. Verw. S. 131.

lassen. Diese Aufforderung muß die Angabe des mit der betreffenden Stelle verbundenen Einkommens, sowie der dafür zu leistenden Dienste enthalten.

§ 24. Findet sich binnen drei Monaten nach öffentlicher Aufforderung kein qualifizirter, versorgungsberechtigter Bewerber, so berichtet der Gemeindevorstand, unter Angabe der verschiedenen Bewerber und der Gründe, aus welchen die Anstellung derselben unterblieben, an die vorgesetzte Regierung.

§ 25. Die Regierung prüft die vom Gemeindevorstand (§ 24.) angegebenen Gründe und hat: a) in denjenigen Fällen, wo das Einkommen der vakanten Stelle — Gehalt und sonstige Emolumente zusammengenommen — jährlich nur 50 Thlr. und weniger beträgt, zunächst die Annahme eines der Bewerber auf Probe anzuordnen oder aber die Besetzung der Stelle durch einen Nichtversorgungsberechtigten zu genehmigen, b) wenn das Gesammteinkommen der vakanten Stelle mehr als 50 Thlr. jährlich beträgt und sich in Folge des Aufrufes des Gemeindevorstandes (§ 23.) geeignete versorgungsberechtigte Militair-Invaliden nicht gefunden haben, auch bei der Regierung selbst solche nicht notirt sind, wegen Ermittelung und Ueberweisung qualifizirter Individuen, mit dem betreffenden General-Kommando resp. mit dem Oberkommando der Marine (§§ 21. und 22.) in Verbindung zu treten. Bleiben diese Maßnahmen ohne Erfolg, dann ist die Genehmigung des Oberpräsidiums zur definitiven Besetzung der vakanten Stelle durch nicht zu den versorgungsberechtigten Militair-Invaliden gehörige Personen einzuholen.

§ 26. Bei ständischen Instituten ist hinsichts der Ermittelung von Militair-Anwärtern (§ 12.) nach den vorstehenden Grundsätzen (§§ 23—25.) ebenmäßig zu verfahren.

Gegen das vorstehend in den §§ 23. bis 26. vorgezeichnete Verfahren wurden im Abgeordnetenhause Bedenken zur Geltung gebracht, daß dasselbe im Verhältniß zu demjenigen Verfahren, welches die Staatsbehörden bei Besetzung der Stellen mit Versorgungsberechtigten zu befolgen haben, ein ungerechtfertigt komplizirtes sei, indem die Staatsbehörden nach dem Reglement vom 16./20. Juni 1867 lediglich mit dem Generalkommando zu verkehren haben, und, wenn es ihnen nicht gelingt, auf diesem Wege oder durch direkte Meldung qualifizirte Bewerber für die betreffenden Stellen zu erhalten, sie in der Disposition bei der Besetzung derselben nicht weiter beschränkt sind. Das Abgeordnetenhaus nahm mit Rücksicht hierauf eine Resolution dahin an:

„die Königl. Staatsregierung aufzufordern, bezüglich Ausführung der Vorschrift des § 97. der Provinzialordnung das für die Anstellung von Militairinvaliden bei den Staatsbehörden geltende Verfahren eintreten zu lassen."

Es wurde hierbei davon ausgegangen, daß die *gesetzlichen* Anordnungen über die Verpflichtung der Kommunen zur Berücksichtigung der Militairinvaliden hiervon nicht berührt würden, die vorbezeichneten §§ 23. bis 26. jedoch nur *reglementarische* Anordnungen für die Städte seien und deshalb aus § 97. nicht ohne Weiteres folge, daß auch bezüglich der Anstellung der Provinzialbeamten ein gleiches komplizirtes Verfahren statthaben müsse.

3. Nachdem die Vorschriften über die Versorgung der Militairpersonen im Civilstaatsdienst nunmehr für das gesammte Reichsgebiet Geltung erlangt haben, sind demgemäß den anstellenden Behörden gegenüber die Inhaber von Civilversorgungs- oder Civilanstellungsscheinen, welche den bezüglichen Schematen des Reglements vom 16./20. Juni 1867 entsprechen, im Allgemeinen gleichberechtigt, ohne Rücksicht auf die Staatsangehörigkeit. Indeß ist es gestattet, den Inhabern von Civilanstellungsscheinen des Preußischen Staates den Vorzug vor solchen Inhabern des Civilversorgungsscheins zu geben, die einem andern Bundesstaat angehören. (Vgl. Staatsministerialbeschluß vom 17. Mai 1870. Min.-Bl. der inn. Verw. S. 221.).

§. 98.

In Betreff der Dienstvergehen der Provinzialbeamten finden die Vorschriften des Gesetzes vom 21. Juli 1852. (Gesetz-Samml. S. 465.) mit folgenden Maßgaben Anwendung:

1) Gegen den Landesdirektor (Landeshauptmann) und die im §. 41. gedachten Provinzialbeamten ist die Festsetzung von Ordnungsstrafen nur in dem auf Entfernung aus dem Amte gerichteten Verfahren zulässig.

2) Gegen die übrigen Provinzialbeamten steht die den Ministern und den Provinzialbehörden beigelegte Befugniß zur Verhängung von Ordnungsstrafen dem Landesdirektor zu; jedoch dürfen die von ihm festzusetzenden Geldbußen den Betrag von dreißig Mark nicht übersteigen.

Außerdem steht

3) den Vorstehern von Provinzialanstalten die Befugniß zu, gegen die ihnen nachgeordneten Anstaltsbeamten, mit Ausnahme der oberen Anstaltsbeamten, Geldbußen bis zu zehn Mark festzusetzen.

4) Gegen die Disziplinarverfügungen des Landesdirektors und der Vorsteher von Provinzialanstalten findet innerhalb zehn Tagen die Klage bei dem Verwaltungsgerichte statt.

5) In dem auf Entfernung aus dem Amte gerichteten Verfahren tritt an die Stelle des Regierungspräsidenten der Landesdirektor und, sofern das Verfahren gegen den letzteren selbst oder einen der im §. 41. gedachten Provinzialbeamten gerichtet ist, der Minister des Innern, an die Stelle der Bezirksregierung, beziehungsweise des Disziplinarhofes, das Verwaltungsgericht und an die Stelle des Staatsministeriums das Oberverwaltungsgericht.

Die Vertreter der Staatsanwaltschaft bei dem Verwaltungsgerichte und dem Oberverwaltungsgerichte werden vom Minister des Innern ernannt. Die Verhandlung vor

---

4. Die Städte und die ständischen Institute sind bei der Auswahl unter mehreren versorgungsberechtigten Stellenbewerbern an die im § 4. des Reglements vom 16./20. Juni 1867 für die Anstellungen im unmittelbaren Staatsdienste bestimmte Reihenfolge der Militairanwärter nicht gebunden (Reskr. v. 7. Juni 1869. Min.-Bl. d. inn. Verw. S. 193.) — sie können also Inhaber des Civilanstellungsscheines anstellen, auch wenn sich Inhaber des Civilversorgungsscheines zu der in Rede stehenden Stelle gemeldet haben.

dem Verwaltungsgerichte und dem Oberverwaltungsgerichte findet im mündlichen Verfahren statt. Das Gutachten des Disziplinarhofes ist nicht einzuholen.

Das Verfahren kann mit Rücksicht auf den Ausfall der Voruntersuchung durch Beschluß des Verwaltungsgerichts eingestellt werden.

6) Die Bestimmung des §. 16. Nr. 1. des Gesetzes vom 21. Juli 1852. findet auch auf die Provinzialbeamten, mit Ausnahme der im §. 41. gedachten, Anwendung.

Siebenter Abschnitt.

Von den Provinzialkommissionen.

§. 99.

Für die unmittelbare Verwaltung und Beaufsichtigung einzelner Anstalten, sowie für die Wahrnehmung einzelner Angelegenheiten des Provinzialverbandes können besondere Kommissionen oder Kommissare bestellt werden. Die Einsetzung, die Begrenzung der Zuständigkeit und die Art und Weise der Zusammensetzung derselben hängt von dem Beschlusse des Provinziallandtages ab. Die Wahl der Mitglieder steht dem Provinzialausschusse zu, sofern sich nicht der Provinziallandtag dieselbe für einzelne Kommissionen oder Kommissare selbst vorbehält.

Die Kommissionen oder Kommissare empfangen von dem Provinzialausschusse ihre Geschäftsanweisung und führen ihre Geschäfte unter der Aufsicht desselben.

Zu § 98.

Das Disziplinargesetz vom 21. Juli 1852 ist — mit Auslassung derjenigen Bestimmungen, welche auf die Provinzialbeamten nicht in Anwendung kommen können — in der Anlage D. abgedruckt.

Zu § 99.

1. Für die unmittelbare Verwaltung und Beaufsichtigung einzelner Anstalten, sowie für die Wahrnehmung einzelner Angelegenheiten des Provinzialverbandes wird es sich unter Umständen empfehlen, neben dem Provinzialausschusse besondere Spezialkommissionen bezw. Kommissare zu bestellen. In der schon bisher bestandenen Befugniß der Provinziallandtage, für einzelne Angelegenheiten dergleichen Kommissionen oder Kommissare zu bestellen, wird daher nichts geändert. (Motive zum Reg.-Entw.).

2. Nach dem Regierungsentwurf lautete der Schlußpassus im § 99. dahin, daß die qu. Kommissionen und Kommissare ihre Geschäfte

„unter der Aufsicht des Provinzialausschusses und unter der Leitung des Landesdirektors“

Schlußbestimmung.

§. 100.

Die Mitglieder des Provinziallandtages, des Provinzialausschusses und der Provinzialkommissionen, sowie die gewählten Mit-

---

zu führen haben.

Die Kommission des Abgeordnetenhauses hielt es jedoch für unangemessen, diese Kommissionen oder Kommissare unter die „Leitung des Landesdirektors" zu stellen. Dies entspreche nicht der grundsätzlichen Stellung des Landesdirektors, der die laufende Verwaltung nach den Anweisungen und Beschlüssen des Provinzialausschusses zu führen hat, und daher auch nicht berufen sein kann, die nach den Instruktionen des Provinzialausschusses verwaltenden Kommissionen oder Kommissare zu leiten.

Die betreffende Bestimmung wurde daher ohne Widerspruch des Regierungskommissarius gestrichen. (Komm.-Ber. des Abgeordnetenh.).

Ein im Abgeordnetenhause vom Abg. Kieschke gestellter Antrag, am Schlusse des § 99. noch die Worte hinzuzufügen

„und unter Mitwirkung des Landesdirektors"

wurde abgelehnt. Der Berichterstatter, Abg. Miquél, hatte hierüber geäußert: „Es hat nicht in der Meinung der Kommission gelegen, indem sie die Worte „und unter der Leitung des Landesdirektors" strich, nun dem Landesdirektor jede Mitwirkung bei der Thätigkeit der Verwaltung der Kommission zu entziehen; man hat die Frage, wie weit der Landesdirektor mitwirkt, theils entschieden gehalten durch die allgemeine Stellung des Landesdirektors in der laufenden Verwaltung, theils aber geglaubt, es müsse diese Frage in concreto entschieden werden durch die Geschäftsordnung. Wenn wir das Amendement des Kollegen Kieschke annehmen, so würde doch noch die Geschäftsordnung die Instruktion für die betreffende Kommission bestimmen müssen, wie sich die Mitwirkung des Landesdirektors im Einzelnen gestalten soll; mit dem allgemeinen Ausdruck „Mitwirkung" wäre an sich noch nichts gewonnen; würde aber aus diesem gesetzlichen Ausdruck „unter Mitwirkung des Landesdirektors" etwa hergeleitet, daß die Kommissionen ohne Zuziehung und Mitwirkung des Landesdirektors überall gar nicht handeln könnten, dann würde ich dagegen sein, denn das scheint mir zu weit zu gehen, da würde der Zweck der Kommissionen vielleicht ganz oder theilweise gefährdet werden können. In der Beziehung aber bin ich mit dem Kollegen Kieschke ganz einverstanden, daß es ganz bedenklich und sehr verkehrt sein würde, jede Einwirkung des Landesdirektors auf die Geschäftsthätigkeit der Kommissionen für einzelne Zweige der Verwaltung auszuschließen. Daß dadurch die Einheitlichkeit der ganzen laufenden Verwaltung würde gefährdet werden, darin stimme ich ihm durchaus bei, ich kann aber nicht finden, daß in dieser Beziehung eine Gefahr ist; die allgemeine Stellung des Landesdirektors giebt eine genügende Garantie, und die Geschäftsordnung beziehungsweise die Geschäftsinstruktion müssen das Uebrige thun. Sollte also das Haus das Amendement des Kollegen Kieschke ablehnen, so kann ich wohl konstatiren, daß das Haus damit jedenfalls nicht aussprechen will, daß jede Mitwirkung des Landesdirektors auszuschließen sei, vielmehr davon ausgeht, daß die Art und Weise der Mitwirkung aus der allgemeinen Stellung des Landesdirektors sich ergebe." (Sten. Ber. S. 1211.).

3. In der Kommission des Abgeordnetenhauses wurde ausdrücklich unter Zustimmung des Regierungskommissarius festgestellt, daß der Provinziallandtag Inhalts des § 99. auch berechtigt ist, die Einsetzung ständiger Kommissionen an den Provinzialausschuß zu delegiren und daß es daher einer ausdrücklichen Bestimmung über das Recht des letzteren, ständige Kommissionen oder Kommissare zur Besorgung einzelner Verwaltungszweige zu ernennen, nicht bedürfe. (Komm.-Ber. des Abgeordnetenh.).

glieder der Provinzial- und Bezirksräthe erhalten eine ihren baaren Auslagen entsprechende Entschädigung.

Ueber die Höhe derselben beschließt der Provinziallandtag.

Achter Abschnitt.

Von dem Provinzialhaushalte.

§. 101.

Aufstellung und Feststellung des Provinzialhaushaltsetats.

Ueber alle Einnahmen und Ausgaben entwirft der Provinzialausschuß einen Haushaltsetat für ein oder mehrere Jahre. Derselbe

---

Zu § 100.

In der Kommission des Herrenhauses war der Antrag gestellt worden, für die Provinziallandtagsmitglieder die Entschädigung wegfallen zu lassen.

Aus der eingehenden Diskussion über diesen Antrag, an welcher sich auch der Minister des Innern abwehrend betheiligte, ist hervorzuheben, daß für den Antrag geltend gemacht wurde, daß durch ihn die Wahl von wohlhabenderen Männern, als geeigneteren Elementen für den Provinziallandtag gesichert, und verhindert werde, daß bestimmte Personen sich zur Wahl herandrängen, bezw. aus der Betheiligung am Landtage ein Gewerbe machen. Es wurde ferner geltend gemacht, daß das Prinzip der Diätenlosigkeit, welches bereits bei dem Reichstage, dem Herrenhause und bei den Kreistagen im Geltungsbereiche der Kreisordnung vom 13. Dezember 1872 herrsche, weiter zur Geltung zu bringen sei.

Der Minister des Innern führte dagegen aus, daß hier nicht der Ort sei, um die allgemeine Frage zu entscheiden; daß der mehr konservativen Zusammensetzung der Provinziallandtage gegenüber das Korrektiv der Diätenlosigkeit jedenfalls nicht erforderlich erscheine. Es sei um so bedenklicher, eine dahingehende Bestimmung zu treffen, als bisher die Provinziallandtagsdeputirten Diäten bezogen.

In gleichem Sinne sprachen sich die meisten Mitglieder der Kommission aus, und betonten auch, daß man nur eine mäßige Entschädigung im Betrage der baaren Auslagen im Auge habe, diese aber billigerweise nicht versagt werden könne. Neben den baaren Auslagen liefe das größere Opfer der Zeitversäumniß. Die baaren Auslagen seien bei den ungleichen Entfernungen des Wohnsitzes der einzelnen Mitglieder sehr ungleich. Bei der Beseitigung jeder Entschädigung könnte man dahin kommen, ganze Kategorien von Personen, ja ganze Gegenden, in denen geringe Wohlhabenheit herrsche, indirekt auszuschließen. — — — Endlich wurde darauf hingewiesen, daß durch die Annahme der Diätenerhöhung für die Abgeordneten das Herrenhaus den Grundsatz, Entschädigung zu gewähren, schon gebilligt, und bei der jetzigen Verweigerung derselben, ungeachtet seit fünfzig Jahren die Provinziallandtagsmitglieder solche erhalten, mit sich selbst in Widerspruch treten würde.

Nach der Fassung des § 100. sei die Feststellung eines Pauschquantums zulässig, welches, abgesehen von den Reisekosten, nach den Auslagen derjenigen Mitglieder bemessen werden könnte, welche die wenigsten Auslagen hätten. Den Mitgliedern am Sitze des Provinziallandtages brauche überhaupt keine Entschädigung bewilligt zu werden (Komm. Ber. d. Herrenh.).

Der Antrag wurde in der Kommission gegen vier Stimmen abgelehnt und bei der Plenarberathung im Herrenhause nicht wieder aufgenommen.

wird vom Provinziallandtage festgestellt und durch die Amtsblätter der Provinz veröffentlicht.

§. 102.

Bei Vorlegung des Haushaltsetats hat der Provinzialausschuß über die Verwaltung und den Stand der Angelegenheiten des Provinzialverbandes Bericht zu erstatten.

§. 103.

Der Provinzialausschuß, beziehungsweise in Ausführung der Beschlüsse desselben der Landesdirektor (Landeshauptmann) haben dafür zu sorgen, daß der Haushalt nach dem Etat geführt werde.

Der Landesdirektor erläßt die Einnahme- und Ausgabeanweisungen an die Provinzial- (Landes-) Hauptkasse.

Etatsüberschreitungen und außeretatsmäßige Ausgaben dürfen nur unter Verantwortung des Provinzialausschusses stattfinden und bedürfen der Genehmigung des Provinziallandtages.

Zu § 101.

Die Bestimmungen wegen der Aufstellung des Etats und der Revision der Jahresrechnungen sind im Wesentlichen den Vorschriften der Kreisordnung (§§ 127. und 129.) nachgebildet. Jedoch findet hinsichtlich der Etatsperiode insofern ein Unterschied statt, daß der nach den Beschlüssen des Provinziallandtags verwaltende Provinzialausschuß unter Beachtung dieser Beschlüsse berechtigt sein soll, den Etat sowohl für ein Jahr als für mehrere Jahre aufzustellen (Komm.-Ber. d. Abgh.)

Zu § 103.

Im Regierungsentwurf lautete der Absatz 1. des § 103:

„der Landesdirektor (Landeshauptmann) hat dafür zu sorgen, daß der Haushalt nach dem Etat geführt werde."

Anstatt dieser Bestimmung wurde zufolge Antrages der Kommission des Abgeordnetenhauses die Fassung beschlossen, wie sie jetzt im ersten Absatz des § 103. sich vorfindet.

Inhalts des Kommissionsberichts fand man es unzulässig, daß der Landesdirektor angewiesen wird, dafür zu sorgen, daß der Haushalt nach dem Etat geführt werde. Dies stehe im Widerspruch mit der allgemeinen Stellung des Landesdirektors zum Ausschuß.

Nach §§ 45. und 59. hat der Ausschuß die Angelegenheiten des Provinzialverbandes zu verwalten. Nach §. 90. hat der Landesdirektor die Beschlüsse des Ausschusses vorzubereiten und für ihre Ausführung Sorge zu tragen.

Werde hier dem Landesdirektor ohne Einschränkung die gesetzliche Pflicht auferlegt, dafür zu sorgen, daß der Haushalt nach dem Etat geführt werde, so sei der Landesdirektor nicht bloß berechtigt, sondern sogar verpflichtet, solche Beschlüsse des Ausschusses unausgeführt zu lassen, von denen er persönlich glaube, daß sie den Etat überschreiten oder außerhalb des Etats liegen.

Man müsse daher klarstellen, daß der Landesdirektor in allen Fällen die Beschlüsse des Ausschusses auszuführen habe, und nicht berufen sei, sich denselben zu widersetzen, weil sie etwa gegen den Etat verstoßen könnten. (Komm.-Ber. d. Abgh.)

§. 104.

Die Jahresrechnungen der Provinzialhauptkasse, sowie der Kassen der einzelnen Provinzialanstalten sind von den Rendanten derselben innerhalb vier Monaten nach Schluß des Rechnungsjahres zu legen und dem Provinzialausschusse einzureichen.

Letzterer hat die Revision der Rechnungen zu veranlassen und dieselben mit seinen Bemerkungen dem Provinziallandtage zur Prüfung, Feststellung und Entlastung vorzulegen. Nach erfolgter Entlastung sind Auszüge aus den Rechnungen durch die Amtsblätter der Provinz zur öffentlichen Kenntniß zu bringen.

§. 105.

Ausschreibug von Provinzialabgabe.

Der Provinziallandtag kann die Ausschreibung von Provinzialabgaben beschließen.

Bis zum Erlasse eines besonderen Gesetzes über die Kommunalbesteuerung gelten hierüber folgende Bestimmungen.

§. 106.

Grundsätze über die Vertheilung und Aufbrigung der Provinzialabgabe.

Die Vertheilung der Provinzialabgaben erfolgt auf die einzelnen Land- und Stadtkreise nach dem Maßstabe der in ihnen aufkommenden direkten Staatssteuer mit Ausschluß der Gewerbesteuer vom Hausirgewerbe.

Zu § 104.

Es wird vom Beschlusse des Provinziallandtages abhängig sein, ob bezüglich des Provinzialhaushalts das Rechnungsjahr mit dem Kalenderjahr zusammenfallen oder innerhalb des letzteren seinen Anfang nehmen soll. (Komm.-Ber. d. Abgh.)

Zu § 105.

Beschlüsse des Provinziallandtags, welche eine Belastung des Provinzialverbandes durch Beiträge über fünf und zwanzig Prozent des Gesammtaufkommens an direkten Staatssteuern betreffen, bedürfen der Bestätigung der Minister des Innern und der Finanzen. Gleicher Bestätigung bedürfen Beschlüsse des Provinziallandtags, welche eine neue Belastung des Provinzialverbandes ohne gesetzliche Verpflichtung betreffen, insofern die aufzulegenden Leistungen über die nächsten fünf Jahre hinaus fortdauern sollen (§ 119.).

Zu § 106.

Nach der Regierungsvorlage sollte die Provinz die einzelnen Provinzialangehörigen direkt besteuern (Individualsteuersystem).

Bei der Festellung des Maßstabes, nach welchem die Provinzialabgaben aufzubringen sind, sollten im Wesentlichen die Grundsätze der Kreisordnung maßgebend sein, mit der gewichtigen Ausnahme jedoch, daß der Fiskus, sonstige Korporationen, Aktiengesellschaften, Kommanditgesellschaften und die Forensen von den Provinzialabgaben von ihrem Einkommen frei bleiben.

Die Provinzialabgaben sollten zugleich mit den Staatssteuern und in der für dieselben bestimmten Art eingezogen werden. Im Uebrigen sind nach der Regierungsvorlage die Spezialbestimmnngen analog den desfallsigen Vorschriften der Kreisordnung beibehalten.

Bei der Besprechung dieser Vorschläge in der Kommission des Abgeordnetenhauses, an welcher auch der Geheime Oberfinanzrath Rhode theilnahm, ergab sich sofort, daß dieselben bei der ganz überwiegenden Mehrheit der Kommission auf keine Zustimmung zu rechnen hätten. Die in den Regierungsmotiven angeführten Gründe für die Freilassung des Fiskus und anderer juristischer Personen, sowie der Forensen von der Besteuerung ihres Einkommens, resp. bezüglich des Fiskus der bei der Kreisbesteuerung an Stelle der Heranziehung seines Einkommens eingetretenen Erhöhung von 50 Prozent seines Grundsteuersolls (§ 14. Absatz 3. der Kreisordnung) wurden nicht für durchschlagend gehalten. Wenn man auch anerkannte, daß möglicherweise bei den nicht zu verkennenden Unzuträglichkeiten, welche die vielfach Doppelbesteuerung herbeiführende Heranziehung der Aktiengesellschaften und Kommanditgesellschaften in der Provinzialbesteuerung veranlasse, diese Frage anders geregelt werden könne, als im Kreise, so glaubte man doch derselben jetzt nicht näher treten zu können, zumal die Regierungsvorlage selbst die Bestimmungen über die Veranlagungen der Provinzialabgaben nur als provisorische, bis zum Erlaß eines besonderen Gesetzes über die kommunale Besteuerung bezeichne. Der Erlaß eines solchen Gesetzes sei allerdings für alle Kommunalverbände eine dringende Nothwendigkeit und könne nach der eigenen vom Regierungskommissar bezeugten Ansicht der Staatsregierung nicht länger verschoben werden; um so weniger empfehle es sich aber, für die Zwischenzeit wiederum von dem System der Kreisordnung abweichende Vorschriften in Bezug auf die eximirten Personen zu treffen. Den Fiskus ganz von den Provinzialabgaben frei zu lassen, sei um so weniger zu rechtfertigen, als dieselben wesentlich durch die Ausgaben für den Wegebau veranlaßt werden würden und daher eine solche Befreiung bei der ungleichen Vertheilung des fiskalischen Grundbesitzes in den einzelnen Provinzen eine große Ungleichheit der Belastung herbeiführe. Man thue daher wohl, in allen diesen Beziehungen sich an die unter großen Schwierigkeiten im Wege des Kompromisses unter den Parteien und mit der Staatsregierung vereinbarten Grundsätze der Kreisordnung zu halten.

Dies sei aber auch noch aus einem andern eben so gewichtigen Grunde rathsam. Das individuelle Steuersystem der Regierungsvorlage führe für die Provinzen große praktische Schwierigkeiten herbei. Viel richtiger sei es, die Provinzialabgaben auf die einzelnen Kreise zu vertheilen und gleich den übrigen Kreisabgaben innerhalb der Kreise aufbringen zu lassen. Dies vereinfache das ganze Geschäft außerordentlich, führe von selbst zur Beibehaltung der Grundsätze der Kreisordnung in Beziehung auf den zur Anwendung kommenden Maßstab und entspreche auch der ganzen Stellung der Provinz, wie ihrer Verwaltungsthätigkeit zu den einzelnen Kreisen.

Nachdem eine prinzipielle Abstimmung gezeigt hatte, daß die Kommission grundsätzlich den vorstehend entwickelten Anschauungen einstimmig beitrete, handelte es sich darum, die denselben entsprechenden Spezialbestimmungen zu formuliren. Hierbei kam zunächst in Frage, ob es entsprechend sei, dem Provinziallandtage die Befugniß einzuräumen, die einzelnen direkten Staatssteuern bei dem aufzustellenden Maßstabe in verschiedener Weise in Rechnung zu stellen, derart, daß analog den Bestimmungen der Kreisordnung über die Repartition der Kreissteuern die Vertheilung der Provinzialabgaben auf die einzelnen Land- und Stadtkreise nach dem Maßstabe der in ihnen aufkommenden direkten Staatssteuern (ausschließlich der Hausirsteuer) erfolgen, wobei „die Grund- und Gebäudesteuer hierbei mindestens mit der Hälfte und höchstens mit dem vollen Betrage desjenigen Prozentsatzes heranzuziehen, mit welchem die Klassen- und klassifizirte Einkommensteuer belastet wird, die Gewerbesteuer von der Heranziehung ganz freigelassen, aber keinen Falls dazu mit einem höheren Prozentsatze, als die Grund- und Gebäudesteuer herangezogen werden dürfe, und sofern die Gewerbesteuer in Berechnung gezogen werde, die von dem Gewerbebetriebe auf dem platten Lande aufkommende Gewerbesteuer der Klasse A. I. mit demselben Prozentsatze, wie die Grund- und Gebäudesteuer in Rechnung zu stellen sei."

Man überzeugte sich jedoch, wenn auch unter Widerspruch einzelner Kommissionsmitglieder, daß für die Beibehaltung eines besonderen Maßstabes bei dem von der Kommission angenommenen Systeme keine genügenden Gründe sprechen, und entschied sich deshalb dafür, die Vertheilung der Provinzialabgaben auf die einzelnen Kreise durchgängig in allen Provinzen nach dem Maßstabe der in den Kreisen aufkommenden direkten Staatssteuern mit Ausschluß der Hausirgewerbesteuer stattfinden zu lassen.

Nach den Beschlüssen der Kommission tritt bezüglich der Vertheilung der Provinzialabgaben folgendes Verfahren ein: Sobald die durch Auflagen zu deckende Summe feststeht, wird zur Vertheilung des aufzubringenden Gesammtbetrages auf die einzelnen Kreise geschritten.

Zu diesem Behuf werden die in den einzelnen Kreisen aufkommenden Staatssteuern unter Abrechnung der nach § 107. der Kreiskommunalbesteuerung entzogenen, sowie unter Hinzurechnung der der kommunalen Besteuerung unterworfenen, obwohl von der Staatsbesteuerung befreiten, Vermögensobjekte ermittelt und festgestellt. So ergiebt sich die verhältnißmäßige Leistungsfähigkeit der einzelnen Kreise zu kommunalen Zwecken. Nunmehr wird das gesammte Abgaben-„Soll" der Provinz nach diesem Verhältniß auf die einzelnen Kreise vertheilt, um dort nach dem gesetzlich bestehenden Maßstabe der Erhebung von Kreissteuern auf die einzelnen Steuerpflichtigen des Kreises repartirt zu werden. Die Kreise haben dann ihr so erhobenes Kontingent an die Provinzialkasse abzuführen.

Hieraus ergiebt sich, daß der vom Provinziallandtag zu beschließende Maßstab der Heranziehung der einzelnen Staatssteuern nur auf die Generalvertheilung unter den einzelnen Kreisen möglicherweise einwirken kann, auf die Belastung der einzelnen Kreisangehörigen aber keinen Einfluß übt. Die bei Berathung der Kreisordnung hervorgetretenen Meinungsverschiedenheiten in Beziehung auf die Heranziehung der einzelnen Steuern können also hier nicht maßgebend sein. Vielmehr würden Verschiedenheiten des Maßstabes bei Erhebung der Provinzialabgaben nach diesem System nur dann und nur für die Kreise in ihrem Verhältniß zu einander eine Wirkung haben, wenn die Staatssteuern nach ganzen Kreisen verschieden und ungleich veranlagt sein sollten.

Einzelne Kommissionsmitglieder behaupteten dies nun zwar für die Grundsteuer, welche in einzelnen Kreisen unverhältnißmäßig hoch oder niedrig veranlagt worden sei.

Die Majorität der Kommission wollte jedoch in diesem Einwand keinen genügenden Gegengrund erblicken. Auch andere Steuern, insbesondere die Einkommensteuer, seien nicht überall gleich veranlagt und innerhalb der einzelnen Kreise habe sich auch eine ungleiche Veranlagung der Grundsteuer ergeben. Endlich werden ja bei einer etwaigen ungleichen Veranlagung der Grundsteuer in einzelnen Kreisen unter der Voraussetzung der gleichen Heranziehung aller Staatssteuern, die übrigen Steuern um so stärker herangezogen. Außerdem könne man bei den provisorischen Bestimmungen dieses Gesetzes auf solche mehr zufällige Verschiedenheiten keine Rücksicht nehmen. Bestimme man einfach, daß die generelle Vertheilung der Kontingente auf die einzelnen Kreise nach Maßgabe ihrer kommunalen Leistungsfähigkeit Platz zu greifen habe, so stehe man auf einem prinzipiell richtigen Boden und gewinne zudem den außerordentlichen Vortheil, daß in der Provinzialverwaltung alle Streitigkeiten über den Maaßstab der Erhebung der Provinzialsteuern in Wegfall kommen. Dies sei auch deswegen sehr wichtig, weil dadurch etwaige Mängel in der Vertretung einzelner Wirthschaftsgruppen, wie sie früher zur Erörterung gekommen, erheblich an Gefahr verlieren.

Der Vertreter der Staatsregierung hielt es trotz dieser Erörterungen für richtiger, die Beschlüsse erster Lesung, nach welchen bei der Generalvertheilung der Provinzialabgaben auf die Kreise die Grund- und Gebäudesteuer mindestens mit der Hälfte und höchstens mit dem vollen Betrage desjenigen Prozentsatzes in Berechnung gezogen werden kann, mit welchen die Klassen- und die klassifizirte Einkommensteuer berechnet wird, die Gewerbesteuer aber vorbehaltlich einer Spezialbestimmung für die Gewerbesteuer der Klasse A. I. ganz außer Berechnung gelassen werden kann, beizubehalten. Es sei rathsam, wenigstens in dieser beschränkten Weise dem Provinziallandtage freie Bewegung zu gewähren, da allerdings, wie er bezeugen müsse, auch bei der Verwaltung des Landarmenwesens der Wunsch hervorgetreten sei, auf die verschiedene Veranlagung der Kreise Rücksicht nehmen zu können.

Die Kommission beharrte jedoch fast einstimmig bei ihren Anschauungen. (Komm.-Ber. des Abgeordnetenh.). Diesen trat hiernächst auch das Abgeordnetenhaus bei.

In der Kommission des Herrenhauses und bei der Plenarberathung des letzteren kamen erneut die Streitfragen, wie weit an sich die Grund- und Gebäude- bezw. die Gewerbesteuer eine gerechte Besteuerung enthalten, bezw. ob und inwieweit auf sie für Zwecke der kommunalen Besteuerung zurückzugreifen sei, zu lebhafterer Erörterung. Insbesondere wurde von Vertretern der Städte geltend gemacht, daß durch Heranziehung der Gewerbesteuer eine Ueberlastung der Stadtkreise gegenüber den übrigen Kreisen hervorgerufen werden würde, anderseits auch eine gleichmäßige Besorgniß einer verhältnißmäßigen Ueberlastung der Stadtkreise begründet sein würde, wenn nur ein Theil der Grundsteuer, nicht aber die volle Grundsteuer zur Berechnung für den Ansatz der Provinzialabgaben gestellt würde.

Der Kommissionsbericht des Herrenhauses spricht sich hierüber folgendermaßen aus:

„Es wird hier nicht der Ort sein, auf diese Fragen näher einzugehen, um so weniger, als einerseits von mehreren Seiten anerkannt wurde, daß diese Fragen keineswegs völlig spruchreif sind, andererseits vielfach zugestanden wurde, daß sie hier, wo bis zu dem Erlasse des von der Königlichen Staatsregierung in Aussicht gestellten allgemeinen Kommunalsteuergesetzes es sich lediglich um ein Provisorium handelt, überall nicht zu einem Abschlusse zu bringen sind.

Einverständniß herrschte weiter darüber, daß der vom Abgeordnetenhause vorgeschlagene Weg der Vertheilung der Provinzialsteuern auf die Kreise vor der Regierungsvorlage insofern den Vorzug verdiene, als er nicht nur einen ganz bestimmten Vertheilungsmaßstab für die Provinzialsteuern vorzeichne, und damit vom Provinziallandtage jeder Streit über die Steuerfrage fern gehalten werde, sondern auch insofern, als er der einfachere sei, da die besondere Veranlagung, wie sie von der Königlichen Staatsregierung vorgeschlagen war, mit allen ihren Nebenarbeiten als zu weitläufig sich herausstellen würde.

Der Kommissarius des Herrn Finanzministers widersprach diesen Ausführungen, setzte nochmals die für die Regierungsvorlage sprechenden Gründe auseinander und empfahl die Annahme der in Rede stehenden Paragraphen nach der Regierungsvorlage.

Er hob insbesondere hervor:

„Zunächst komme nur in Frage, ob die Vorlage der Regierung — Vertheilung der Bedarfssumme auf die Einwohner der Provinz direkt, — oder der Abgeordneten — Vertheilung auf die Kreise — vorzuziehen sei.

Die Regierung bleibe dabei, ihr Vorschlag sei, da es sich in Erwartung des allgemeinen Kommunalsteuergesetzes nur um ein Provisorium handle, der einfachere Weg, da die Einziehung mittelst Zuschlägen zu den Staatssteuern erfolge.

Der Vorschlag der Abgeordneten, an sich zwar auch einfach, werde weitläufig durch die Heranziehung der sogenannten fingirten Steuern der juristischen Personen ꝛc. und sei insofern inkonsequent, als er die Gewerbesteuer voll nehme,

§. 107.

Bei dieser Vertheilung kommen die Behufs Aufbringung der Kreis- beziehungsweise der städtischen Kommunalabgaben in den einzelnen Land- und Stadtkreisen nach den Vorschriften der §§. 14 bis 16. der Kreisordnung vom 13. Dezember 1872, beziehungsweise des § 4. Abs. 3. der Städteordnung vom 30. Mai 1853 besonders veranlagten Steuerbeträge auf Höhe der Staatssteuern, welche von dem ihnen zu Grunde liegenden Einkommen, Grundsteuerreinertrage, Gebäudesteuernutzungswerthe, oder nach dem Umfange des Gewerbe- oder Bergbaubetriebes zu entrichten wären, mit in Anrechnung. Dagegen bleiben die von einer Belastung mit Kreis- und Gemeindeabgaben ganz oder theilweise befreiten Steuerbeträge (§§. 17. und 18.

---

während doch viele Kreise sie bei der Untervertheilung gar nicht oder nur theilweise heranziehen, was in gewissem Umfange auch für die Gebäude- und Grundsteuer gelte."

Man war jedoch im Allgemeinen geneigt, den Beschlüssen des Abgeordnetenhauses beizutreten.

Von einzelnen Seiten wurde jedoch dafür gehalten, daß die Heranziehung auch der vollen Grund-, Gebäude- und Gewerbesteuer bedenklich sei, und daß es der Billigkeit und Gerechtigkeit mehr entsprechen werde, wenn hier eine Berücksichtigung eintrete. Es wurde dem entsprechend der Antrag gestellt, „die Grund-, Gebäude- und Gewerbesteuer zur Hälfte zu den Provinzialabgaben heranzuziehen."

Zur Begründung ist besonders darauf hingewiesen, daß dem in der Kreisordnung gegebenen Vertheilungsmaßstabe, welcher sich praktisch eingelebt und fast überall dahin geführt habe, daß die Grund-, Gebäude- und Gewerbesteuer nicht über die Hälfte ihres Betrages hinaus herangezogen worden, der Vertheilungsmaßstab der Vorlage entschieden gegenübertrete, da er ein für alle Male feststelle, daß jene Steuern voll herangezogen werden sollen; wenn man im Prinzipe schon für die Heranziehung nur der Hälfte jener Steuern zu den Kreisabgaben die gewichtigsten Gründe geltend machen könne und bei den Verhandlungen über die Kreisordnung geltend gemacht habe, so sei es durchaus unzulässig, für die Vertheilung der Provinzialsteuern die fraglichen Steuern voll zur Anrechnung zu bringen, weil alsdann aller Annahme nach sehr bald die meisten Kreise dazu schreiten werden, denselben Vertheilungsmaßstab für alle Kreisabgaben zu beschließen.

Gegen diesen Antrag wurde von mehreren Seiten Widerspruch erhoben, da man die Tragweite nicht übersehen könne und sich ergeben habe, daß die Ansicht, von der bei Einbringung des Antrags ausgegangen, daß eine Erleichterung der Stadtkreise eintreten werde, sich als unrichtig herausgestellt habe.

Der Antrag wurde aber von der Kommission und demnächst auch im Plenum des Herrenhauses angenommen. Das Abgeordnetenhaus legte jedoch auf die Wiederherstellung seines Beschlusses entscheidenden Werth, welchem Beschlusse sich demnächst auch das Herrenhaus anschloß.

2. Die Kreise sind nicht verpflichtet, die weitere Umlage der auf den Kreis fallenden Summen der Provinzialabgaben auf die einzelnen Gemeinden und Gutsbezirke nach dem im § 106. der Provinzialordnung bezeichneten Maßstab zu bewirken. Vielmehr erfolgt diese Umlage gleich den übrigen Kreisbedürfnissen nach den auf Grund der Vorschriften der Kreisordnung erfolgten Kreistagsbeschlüssen. (§ 108.)

der Kreisordnung, §. 4. Abs 7 ff. der Städteordnung) mit Einschluß der Steuerbeträge der Militairpersonen außer Ansatz.

Zu § 107.

1. Kreisordnung vom 13. Dezember 1872. (G.-S. S. 661.)

b) Beitragspflicht zu den Kreisabgaben.

§ 9. Die Kreisangehörigen sind verpflichtet, zur Befriedigung der Bedürfnisse des Kreises Abgaben aufzubringen, insofern der Kreistag nicht beschließt, diese Bedürfnisse aus dem Vermögen des Kreises oder aus sonstigen Einnahmen zu bestreiten (§ 116. Nr. 3.).

Grundsätze über die Vertheilung und Aufbringung der Kreis-Abgaben.

§ 10. Die Vertheilung der Kreisabgaben darf nach keinem anderen Maßstabe, als nach dem Verhältnisse der von den Kreisangehörigen zu entrichtenden, direkten Staatssteuern, beziehungsweise der Mahl- und Schlachtsteuer, und zwar nur durch Zuschläge zu denselben, beziehungsweise zu den nach §§ 14. und 15. zu ermittelnden fingirten Steuersätzen der Forensen, juristischen Personen ꝛc. erfolgen.

Die Grund-, Gebäude und die von dem Gewerbebetriebe auf dem platten Lande aufkommende Gewerbesteuer der Klasse A. I. ist hierbei mindestens mit der Hälfte und höchstens mit dem vollen Betrage desjenigen Prozentsatzes heranzuziehen, mit welchem die Klassen- und klassifizirte Einkommensteuer belastet wird. Im Uebrigen kann die Gewerbesteuer von der Heranziehung ganz frei gelassen, darf aber keinenfalls dazu mit einem höheren Prozentsatze, als die Grund- und Gebäudesteuer herangezogen werden. Ausgeschlossen von der Heranziehung bleibt die Gewerbesteuer vom Hausirgewerbe.

Die drei untersten Stufen der Klassensteuer (§ 9. zu a des Gesetzes vom 1. Mai 1851 Ges.-S. S. 193.) können von der Heranziehung zu den Kreisabgaben ganz freigelassen oder dazu mit einem geringeren Prozentsatz, als die übrigen Stufen der Klassensteuer und die klassifizirte Einkommensteuer herangezogen werden. In diesem Falle ist den mahl- und schlachtsteuerpflichtigen Städten ein verhältnißmäßiger Erlaß an ihrem Gesammtantheile an den Kreisabgaben zu gewähren.

Für die mahl- und schlachtsteuerpflichtigen Städte ist bei Vertheilung der Kreisabgaben die Einkommensteuer nur nach Abzug der Mahl- und Schlachtsteuer-Vergütigung von 20 Thlrn. (§ 2. zu b. des Gesetzes vom 1. Mai 1851) die Mahl- und Schlachtsteuer aber mit der Maßgabe in Anwendung zu bringen, daß die Mahlsteuer nur mit zwei Drittheilen ihres Rohertrages herangezogen werden darf. Haben diese Städte eine Militärbevölkerung, so ist von der nach Vorstehendem ermittelten Summe eine nach Verhältniß der Militärbevölkerung zur Civilbevölkerung zu bemessende Quote abzusetzen.

Von dem hiernach ermittelten Betrage der Mahl- und Schlachtsteuer noch einen Abzug bis höchstens zwanzig Prozent zu beschließen, bleibt der Kreisvertretung überlassen.

§ 11. Unter Anwendung des nach diesen Grundsätzen (§ 10.) vom Kreistage beschlossenen Vertheilungsmaßstabes wird das Kreisabgabensoll für die einzelnen Gemeinden und selbstständigen Gutsbezirke im Ganzen berechnet und denselben zur Untervertheilung auf die einzelnen Steuerpflichtigen nach demselben Maßstabe, zur Einziehung, sowie zur Abführung im Ganzen an die Kreiskommunalkasse überwiesen.

Den Städten bleibt die Beschlußnahme darüber, wie ihre Antheile an den Kreisabgaben aufgebracht werden sollen, vorbehalten.

Feststellung des Kreisabgaben-Vertheilungsmaßstabes.

§ 12. Der Maßstab, nach welchem die Kreisabgaben zu vertheilen sind, ist für jeden Kreis bis zum 30. Juni 1874 ein für alle Mal festzustellen und demnächst unverändert zur Anwendung zu bringen. Der Kreistag ist jedoch befugt, hierbei zu den Kreisabgaben für Verkehrsanlagen die Grund- und Gebäudesteuer, sowie die von dem Gewerbebetriebe auf dem platten Lande aufkommende Gewerbesteuer der Klasse A. I. innerhalb der im § 10. festgesetzten Grenzen mit einem höheren Prozentsatze als zu den übrigen Kreisabgaben heranzuziehen, beziehungsweise nach Maßgabe des § 10. Absatz 3. die drei untersten Stufen der Klassensteuer von der Heranziehung zu diesen Kreisabgaben ganz freizulassen oder dazu mit einem geringeren Prozentsatz heranzuziehen.

Kommt ein gültiger Kreistagsbeschluß über den Vertheilungsmaßstab innerhalb der festgesetzten Zeit nicht zu Stande, so werden bis zur Herbeiführung dieses Beschlusses die Kreisabgaben auf die sämmtlichen direkten Staatssteuern mit Ausschluß der Hausirgewerbesteuer und auf die Mahl- und Schlachtsteuer nach Maßgabe des § 10. Absatz 1. und 4. gleichmäßig vertheilt.

Der Kreistag kann den festgestellten Maßstab von fünf zu fünf Jahren einer Revision unterziehen.

Wo gegenwärtig mit Königlicher Genehmigung zu bestimmten Zwecken Kreisabgaben nach besonderer Vertheilungsart erhoben werden, behält es dabei bis zum 31. Dezember 1875 sein Bewenden, sofern nicht der Kreistag schon in der Zwischenzeit auch hierfür den Uebergang zu dem, nach dem gegenwärtigen Gesetze festgestellten Maßstabe für die Vertheilung der Kreisabgaben beschließt. Vom 1. Januar 1876 ab tritt der nach diesem Gesetze festzustellende Maßstab (Absatz 1. und 2.) auch für die bezeichneten Abgaben von selbst in Kraft.

Mehr- oder Minderbelastung einzelner Kreistheile.

§ 13. Sofern es sich um Kreiseinrichtungen handelt, welche in besonders hervorragendem oder in besonders geringem Maße einzelnen Kreistheilen zu Gute kommen, kann der Kreistag beschließen, für die Kreisangehörigen dieser Kreistheile eine nach Quoten zu bemessende Mehr- oder Minderbelastung eintreten zu lassen. Die Mehrbelastung kann nach Maßgabe der Beschlüsse des Kreistages durch Naturalleistungen ersetzt werden.

Heranziehung der Forensen, juristischen Personen u. s. w. zu den Kreisabgaben.

§ 14. Diejenigen physischen Personen, welche, ohne in dem Kreise einen Wohnsitz zu haben, beziehungsweise in demselben zu den persönlichen Staatssteuern veranlagt zu sein, in demselben Grundeigenthum besitzen, oder ein stehendes Gewerbe, oder außerhalb einer Gewerkschaft Bergbau betreiben (Forensen), mit Einschluß der nicht im Kreise wohnenden Gesellschafter einer offenen Handelsgesellschaft oder einer Kommanditgesellschaft (Art. 85. und 150. des Allgemeinen Deutschen Handelsgesetzbuches) sind verpflichtet, zu denjenigen Kreisabgaben beizutragen, welche auf den Grundbesitz, das Gewerbe, den Bergbau oder das aus diesen Quellen fließende Einkommen gelegt werden.

Ein Gleiches gilt von den juristischen Personen, von den Kommanditgesellschaften auf Aktien und Aktiengesellschaften (Art. 173. und 207. des Handelsgesetzbuches), sowie Berggewerkschaften, welche im Kreise Grundeigenthum besitzen oder ein stehendes Gewerbe- oder Bergbau betreiben.

Der Fiskus kann zu den Kreisabgaben wegen seines aus Grundbesitz, Gewerbe- und Bergbaubetrieb fließenden Einkommens nicht herangezogen, dagegen mit der Grund- und Gebäudesteuer um die Hälfte desjenigen Prozentsatzes stärker belastet werden, mit welchem die Klassen- und klassifizirte Einkommensteuer dazu herangezogen wird. Im Falle des § 12. (Abs. 2.) tritt diese Belastung auch ohne Beschluß des Kreistags ein.

Bergwerksbesitzer, welche in dem Umfange ihres Bergwerksbetriebes den in der Klasse A. I. der Gewerbesteuer veranlagten Gewerbetreibenden gleichstehen, sind zu den Steuersätzen der Klasse A. I. einzuschätzen und nach Maßgabe dieser Einschätzung zu den Kreisabgaben heranzuziehen.

§ 15. Die Einschätzung der Forensen, der Bergwerksbesitzer, der Kommanditgesellschaften auf Aktien, der Aktiengesellschaften und der juristischen Personen zu den Kreisabgaben erfolgt, soweit sie zu den, der Vertheilung der letzteren, zum Grunde gelegten Staatssteuern (§ 10.) nicht schon unmittelbar herangezogen sind, von dem Kreisausschuß, nach den für die Veranlagung dieser Staatssteuern bestehenden gesetzlichen Vorschriften, unter Anwendung des für die Kreisabgaben bestimmten Antheilsverhältnisses.

Unzulässigkeit einer Doppelbesteuerung desselben Einkommens.

§ 16. Niemand darf von demselben Einkommen in verschiedenen Kreisen zu den Kreisabgaben herangezogen werden. Es muß daher dasjenige Einkommen, welches einem Abgabenpflichtigen aus seinem außerhalb des Kreises belegenen Grundeigenthume, oder aus seinem außerhalb des Kreises stattfindenden Gewerbe- oder Bergbaubetriebe zufließt, bei Feststellung des im Kreise zu veranlagenden Einkommens desselben außer Berechnung gelassen werden. Dies geschieht durch Absetzung der bezüglichen Einkommensquote von dem zur Staatssteuer veranlagten Gesammteinkommen und durch verhältnißmäßige Herabsetzung des festgestellten Steuersatzes.

Befreiung von den Kreisabgaben.

§ 17. Die dem Staate gehörigen, zu einem öffentlichen Dienste oder Gebrauche bestimmten Liegenschaften und Gebäude, die Königlichen Schlösser, sowie die im § 4. zu c. und d. des Gesetzes vom 21. Mai 1861, betreffend die anderweite Regelung der Grundsteuer (G.-S. S. 253. und die im § 3. zu 2. bis 6. des Gesetzes vom 21. Mai 1861, betreffend die Einführung einer allgemeinen Gebäudesteuer (G.-S. S. 317.) bezeichneten Grundstücke und Gebäude sind von den Kreislasten befreit.

§ 18. Bis zur anderweiten gesetzlichen Regelung bleiben die Dienstgrundstücke der Geistlichen, Kirchendiener und Elementarschullehrer gleichfalls von den Kreislasten befreit. Auch ist bis zu dieser Regelung die Besteuerung des Diensteinkommens der unmittelbaren und mittelbaren Staatsbeamten nur insoweit zulässig, als die Beiträge derselben zu den Bedürfnissen der Gemeinde ihres Wohnorts nicht bereits das in Gemäßheit der §§ 2. und 3. des Gesetzes vom 11. Juli 1822 (G.-S. S. 184.) bestimmte Maximum erreichen, und auch dann nur innerhalb der Grenzen des im § 3. am angeführten Orte bestimmten höchsten Satzes. Ebenso findet der § 10. des Gesetzes vom 11. Juli 1822 auf die Heranziehung zu den Kreisabgaben Anwendung.

Beschwerden wegen der Veranlagung der Kreisabgaben.

§ 19. Beschwerden der Gemeinden und einzelner Kreisangehörigen wegen ihrer Heranziehung oder Veranlagung zu den Kreisabgaben unterliegen, mit Vorbehalt der Bestimmungen der §§ 78. und 79. Titel 14. Theil II. des Allgemeinen Landrechts und des Gesetzes vom 24. Mai 1861, betreffend die Erweiterung des Rechtsweges (Ges.-Samml. von 1861 S. 241 ff.), der Entscheidung des Verwaltungsgerichts; jedoch sind Beschwerden wegen Ueberbürdung zuvor beim Kreisausschusse (§§ 130. ff.) zur nochmaligen Prüfung und Entscheidung anzubringen.

2. Städteordnung vom 30. Mai 1853. (Ges.-Samml. S. 263.).

§ 4. Alle Einwohner des Stadtbezirks sind zur Mitbenutzung der öffentlichen Gemeindeanstalten der Stadt berechtigt und zur Theilnahme an den städtischen Gemeindelasten nach den Vorschriften dieses Gesetzes verpflichtet.

Die Bestimmungen besonderer Stiftungen, welche mit dergleichen städtischen Gemeindeanstalten verbunden sind, sowie die hinsichtlich solcher Anstalten auf besonderen Titeln beruhenden Privatrechte, werden hierdurch nicht berührt.

Wer, ohne in dem Stadtbezirke zu wohnen, daselbst Grundbesitz hat, oder ein stehendes Gewerbe betreibt, ist dennoch verpflichtet, an denjenigen Lasten Theil zu nehmen, welche auf den Grundbesitz, oder das Gewerbe, oder auf das aus jenen Quellen fließende Einkommen gelegt sind. Dieselbe Verpflichtung haben juristische Personen, welche in dem Stadtbezirke Grundeigenthum besitzen oder ein stehendes Gewerbe betreiben.

Wo städtische Gemeindeabgaben durch Zuschläge zur Klassen- oder klassifizirten Einkommensteuer erhoben werden, müssen alle diejenigen, welche im Stadtbezirk sich aufhalten, um dort ihren Unterhalt zu erwerben, sobald sie daselbst eine dieser Steuern zu entrichten haben, auch die gedachten Zuschläge zahlen. Wo eine Kommunalsteuer anderer Art eingeführt ist, sind dergleichen Personen bei einem Aufenthalt von mehr als drei Monaten im Stadtbezirk vom Ablauf des dritten Monats an zu jener Steuer beizutragen verpflichtet. Zu den auf den Grundbesitz oder auf das stehende Gewerbe gelegten Lasten sind auch die in § 3. erwähnten Militairpersonen verpflichtet, wenn sie im Stadtbezirk mit Grundeigenthum angesessen sind, oder ein stehendes Gewerbe treiben. Von anderen direkten Gemeindeabgaben und Lasten sind dieselben, mit Ausnahme der Militairärzte rücksichtlich ihres Einkommens aus einer Civilpraxis, frei; von Verbrauchssteuern bleiben nur die Militairspeiseeinrichtungen und ähnliche Anstalten in dem bisherigen Umfange befreit.

In wieweit zu den Gemeindeabgaben und Lasten auch Waldungen herangezogen werden können, ist nach den besonderen Verhältnissen derselben zu den Gemeinden zu bemessen. Der Provinziallandtag hat darüber nähere Bestimmungen zu treffen, welche der Genehmigung des Königs bedürfen.

Bis zum Erlaß solcher Bestimmungen können Waldbesitzer zu den Gemeindeabgaben und Lasten in höherem Maße als seither nicht herangezogen werden.

Die im § 2. des Gesetzes vom 24. Februar 1850 (Ges.-S. S. 62.) bezeichneten ertragsunfähigen oder zu einem öffentlichen Dienste oder Gebrauche bestimmten Grundstücke sind nach Maßgabe der Kabinetsordre vom 8. Juni 1834 (Ges.-S. S. 87.), die Dienstgrundstücke der Geistlichen, Kirchendiener und Elementarschullehrer aber überhaupt von den Gemeindeauflagen befreit.

Zeitweilige Befreiungen von Gemeindeabgaben und Leistungen für neu bebaute Grundstücke sind zulässig.

Alle sonstige, nicht persönliche Befreiungen können von den Stadtgemeinden abgelöst werden, und hören auf, wenn die Entschädigung festgestellt und gezahlt ist; bis dahin bestehen dieselben in ihrem bisherigen Umfange fort, erstrecken sich jedoch nur auf den gewöhnlichen Zustand, nicht auf außerordentliche Leistungen.

Die Befreiung und der Anspruch auf Entschädigung erlöschen, wenn sie in Städten, wo die Gemeindeordnung vom 11. März 1850 bereits eingeführt ist, nicht binnen Jahresfrist nach deren Einführung bei dem Gemeindevorstand (Magistrat) angemeldet sind, und in den anderen Städten nicht binnen Jahresfrist nach Einführung der gegenwärtigen Städteordnung bei demselben angemeldet worden. Die Entschädigung wird zum zwanzigfachen Betrage des Jahreswerthes der Befreiung nach dem Durchschnitt der letzten zehn Jahre vor der Verkündigung dieser Städteordnung geleistet.

Steht ein anderer Entschädigungsmaßstab durch speziellen Rechtstitel fest, so hat es hierbei sein Bewenden. Der Entschädigungsbetrag wird durch Schiedsrichter, mit Ausschluß der ordentlichen Rechtsmittel, festgestellt; von diesen wird der eine von dem Besitzer des bisher befreiten Grundstücks, der andere von der Gemeindevertretung ernannt. Der Obmann ist, wenn sich die Schiedsrichter über dessen Ernennung nicht verständigen können, von der Aufsichtsbehörde zu ernennen.

Die Geistlichen, Kirchendiener und Elementarschullehrer bleiben von den direkten persönlichen Gemeindeabgaben hinsichtlich ihres Diensteinkommens in soweit befreit, als ihnen diese Befreiung zur Zeit der Verkündigung der Gemeindeordnung vom 11. März 1850 zustand. Geistliche und Schullehrer bleiben von allen persönlichen Gemeindediensten, soweit dieselben nicht auf ihnen gehörigen

§. 108.

In den einzelnen Land- und Stadtkreisen erfolgt die Aufbringung der auf sie treffenden Antheile an den Provinzialabgaben gleich den übrigen Kreis- und beziehungsweise Gemeindebedürfnissen nach den Vorschriften der Kreisordnung vom 13. Dezember 1872, beziehungsweise der Städteordnung für die sechs östlichen Provinzen vom 30. Mai 1853 und des Gesetzes, betreffend die Verfassung der Städte in Neuvorpommern und Rügen, vom 31. Mai 1853.

§. 109.

Wo gegenwärtig mit landesherrlicher Genehmigung zu bestimmten Zwecken Provinzialabgaben nach besonderer Vertheilungsart erhoben werden, behält es dabei bis zum 31. Dezember 1879. sein Bewenden; es bleibt jedoch dem Provinziallandtage überlassen, schon in der Zwischenzeit die Vertheilung auch dieser Provinzialabgaben nach Maßgabe der §§. 106. und 107. zu beschließen.

§. 110.

Mehr- und Minderbelastung einzelner Theile der Provinz.

Sofern es sich um Provinzialeinrichtungen handelt, welche in besonders hervorragendem oder in besonders geringem Maße einzelnen Theilen der Provinz zu Gute kommen, kann der Provinziallandtag beschließen, für die betreffenden Kreise eine nach Quoten der direkten

---

Grundstücken lasten, befreit; Kirchendiener in soweit, als ihnen diese Befreiung zur Zeit der Verkündigung der Gemeindeordnung vom 11. März 1850 zustand.

Alle übrige persönliche Befreiungen sind ohne Entschädigung aufgehoben.

Wegen der Besteuerung des Diensteinkommens der Beamten sind die Vorschriften des Gesetzes vom 11. Juli 1822 (Ges.-S. S. 184.) und der Kabinetsordre vom 14. Mai 1832 (Ges.-S. S. 145.) anzuwenden.

Durch die in diesen Gesetzen bestimmten Geldbeiträge sind die Beamten zugleich von persönlichen Diensten frei. Sind sie jedoch Besitzer von Grundstücken, oder betreiben sie ein stehendes Gewerbe, so müssen sie die mit diesem Grundbesitz resp. Gewerbe verbundenen persönlichen Dienste entweder selbst, oder für den Fall der Verhinderung durch Stellvertreter leisten.

Zu § 108.

1. Die Bestimmungen der Kreisordnung über die Vertheilung der Kreisabgaben (§§ 9. bis 19. der Kreisordnung) sind vorstehend bei § 106. abgedruckt. Vergl. hierzu die Anmerkungen in Hahn's Kommentar zur Kreisordnung §§ 9. bis 19.

2. Die Bestimmungen über die Aufbringung der Gemeindebedürfnisse in den Städten der sechs östlichen Provinzen enthält der zu § 106. abgedruckte § 4. der Städteordnung für diese Provinzen resp. der § 5. der Städteordnung für Neuvorpommern und Rügen vom 31. Mai 1853. (G.-S. S. 292.)

Staatssteuern zu bemessende Mehr- oder Minderbelastung eintreten zu lassen.

Die Mehrbelastung kann nach Maßgabe der Beschlüsse des Provinziallandtages durch Naturalleistungen ersetzt werden.

§. 111.

Die Vertheilung der Provinzialabgaben auf die einzelnen Land- und Stadtkreise liegt dem Provinzialausschusse ob.

Der Betrag der von dem Provinziallandtage ausgeschriebenen Provinzialabgaben, sowie die Vertheilung desselben auf die Kreise sind durch die Amtsblätter der Provinz öffentlich bekannt zu machen. In dem Ausschreiben ist der Bedarf für Verkehrsanlagen besonders anzugeben. In Betreff der Aufbringung dieses Theils der Provinzialabgaben von Seiten der Landkreise gelten die Vorschriften des §. 12. Abs. 1. Satz 2. der Kreisordnung vom 13. Dezember 1872.

Zu § 110.

Die Bestimmung im § 110. ist konform mit § 13. der Kreisordnung. (Vgl. oben in den Anm. zu §§ 106. und 107.).

Die qu. Bestimmung im § 13. der Kreisordnung war bei dessen Berathung im Herrenhause (Sitzung v. 4. Oktober 1872. Sten. Ber. S. 420.) durch den Regierungskommissarius, Geheimen Oberregierungsrath Persius, folgendermaßen erläutert worden:

„Der § 13. bestimmt, daß Mehrbelastungen einzelner Theile stattfinden und nach Maßgabe der Beschlüsse des Kreistages durch Naturalleistungen ersetzt werden können; der Kreistag hat also zunächst in Geld festzustellen, welche Beiträge ein bestimmter Kreistheil mehr zu leisten hat, als der übrige Kreis, und ist es dem Kreistage alsdann gestattet, zu beschließen, daß an Stelle der präzipualen Geldleistungen Naturalprästationen nach den anschlagsmäßigen Preisen geleistet werden dürfen. Wenn also beispielsweise ein Chausseebau auszuführen ist, welcher einer bestimmten Gegend vorzugsweise zum Vortheil gereicht, so kann der Kreistag beschließen: zu den Kosten bringt der ganze Kreis auf, ich will sagen, eine Summe von 5000 Thalern und die adjacirenden Ortschaften als Präzipualleistung eine gleich hohe Summe. Es ist den adjacirenden Ortschaften jedoch gestattet, entweder diese Summe in Geld abzuführen, oder statt der Summe folgende Naturalleistungen zu leisten; so und so viele Fuhren Kies, die angerechnet werden zu dem Preise von so und so vielen Thalern für die Schachtruthe, so und so viele Fuhren Lehm, so und so viel Schachtruthen Steine, zum Preise von so und so viel Thalern u. s. w. Also in der Weise soll die Sache in Gemäßheit der Bestimmungen des § 13. geordnet werden."

Zu § 111.

Der zweite Absatz des § 111. ist zu verstehen im Zusammenhang mit dem § 12. Absatz 1. der Kreisordnung. (Dieser ist oben in der Anm. zu § 107. abgedruckt.) Dort wird vorgeschrieben, daß der Kreistag zu den Kreisabgaben für Verkehrsanlagen die Grund- und Gebäudesteuer, so wie auf dem platten Lande die Gewerbesteuer der Klasse A. I. innerhalb der im § 10. der Kreisordnung festgesetzten Grenzen mit einem höheren Prozentsatz als zu den übrigen Kreis-

§. 112.

Reklamationen gegen die Veranlagung zu den Provinzial-abgaben.

Reklamationen der Kreise gegen die Vertheilung der Provinzialabgaben unterliegen der Beschlußfassung des Provinzialausschusses.

Die Frist zur Anbringung der Reklamationen beträgt einundzwanzig Tage. Sie beginnt mit dem Tage der Bekanntmachung der zu entrichtenden Abgabenbeträge.

Gegen den Beschluß des Provinzialausschusses findet innerhalb einundzwanzig Tagen die Klage bei dem Verwaltungsgerichte statt.

§. 113.

Die Zahlung der Provinzialabgabe darf durch die Reklamation beziehungsweise Klage nicht aufgehalten werden, muß vielmehr mit Vorbehalt der späteren Rückerstattung des etwa zu viel Bezahlten zu den bestimmten Terminen erfolgen.

Dritter Titel.

Von der Aufsicht über die Verwaltung der Angelegenheiten der Provinzialverbände.

§. 114.

Die nach Maßgabe dieses Gesetzes zu handhabende Aufsicht über die Verwaltung der Angelegenheiten der Provinzialverbände

---

abgaben heranzuziehen, beziehungsweise die drei untersten Stufen der Klassensteuer ganz oder theilweise frei zu lassen befugt ist.

Um klar zu stellen, daß für denjenigen Theil der Provinzialabgaben, welcher für Verkehrsanlagen erhoben wird, nach ihrer Kontingentirung auf die Kreise den letzteren die gleiche Befugniß bleibt, beziehungsweise, daß bei der Erhebung dieser Provinzialabgaben die Beschlüsse des Kreistages über den Maßstab bei Erhebung von Kreisabgaben zu Verkehrszwecken gleichmäßig zur Anwendung kommen, bestimmt der Absatz 2. des § 111., daß in dem Ausschreiben über die Erhebung von Provinzialabgaben der Bedarf für Verkehrsanlagen besonders anzugeben ist. (Komm.-Ber. d. Abg.-H.)

Zu § 112.

Das Recht der Reklamation gegen die Vertheilung der Provinzialabgaben steht in Konsequenz der gegenüber dem Regierungsentwurf eingetretenen Abänderungen über diese Vertheilung nicht den einzelnen Provinzialangehörigen, sondern den Kreisen allein zu. (Komm.-Ber. d. Abg.-H.)

Zu § 114.

1. Nach der in den Motiven zum Regierungsentwurf ausgesprochenen Absicht des letzteren sind die Vorschriften des dritten Titels bestimmt, das staatliche

wird von dem Oberpräsidenten, in höherer Instanz von dem Minister des Innern geübt.

Die Beschwerde an die höhere Instanz ist innerhalb einundzwanzig Tagen zulässig.

§. 115.

Die Aufsichtsbehörden haben mit den ihnen in diesem Gesetze zugewiesenen Mitteln darüber zu wachen, daß die Verwaltung den Bestimmungen der Gesetze gemäß geführt und in geordnetem Gange erhalten werde.

Interesse zu wahren, ohne die Selbstverwaltung der Provinzialverbände unnöthig einzuschränken. In der Kommission des Abgeordnetenhauses, deren Anträgen sich das Plenum des Hauses hiernächst anschloß, erkannte man an, daß von Einzelheiten abgesehen, die Bestimmungen des Regierungsentwurfs, mit denen im Wesentlichen die jetzt zum Gesetz gewordene Provinzialordnung übereinstimmt, nicht zu weit gehend seien und der Provinzialverwaltung mit Vertrauen entgegenkommen. Von keiner Seite wurde verkannt, daß die Provinzialverwaltung nicht ganz von der Einwirkung des Staates losgelöst werden dürfe und daß man den Staatsbehörden das Recht der Kenntnißnahme und äußersten Falls gegenüber einem möglichen Verfall der Provinzialverwaltung auch eine gesetzlich geordnete und begrenzte Einwirkung zugestehen müsse. (Komm.-Ber. d. Abg.-H.)

2. Vgl. die Anm. zu § 115.

Zu § 115.

1. In der Kommission des Abgeordnetenhauses war von einer Seite die Berechtigung der Bestimmung im § 115. bestritten worden, nach welchem der Zweck der Aufsicht des Staates auch dahin geht, darüber zu wachen, daß die Verwaltung in geordnetem Gange erhalten werde. Man hielt diesen Ausdruck für nicht ganz klar und fürchtete, daß er bei extensiver Auslegung zu Mißbräuchen führen könne.

Einestheils fand man jedoch die besten Garantien in der gesetzlichen Beschränkung der den Staatsbehörden zustehenden Einwirkungsmittel. Andrerseits war die Kommission darin einig, daß die erwähnte Bestimmung des § 115. nicht willkürlich extendirt werden könne, insbesondere nicht das subjektive Ermessen der Staatsregierung über die Angemessenheit oder Zweckmäßigkeit einzelner Verwaltungsmaßregeln involvire. Diese zu beurtheilen, solle lediglich den Organen der Provinzialverwaltung zustehen und die Aufsicht daher nicht den Zweck haben, die Zweckmäßigkeit solcher Verwaltungsmaßregeln zu überwachen und zu kritisiren. Anders stehe es, wenn die ganze Verwaltung in Unordnung gerathe und sich zeige, daß dieselbe den durch das Gesetz den Provinzen auferlegten Aufgaben und Pflichten überhaupt nicht mehr genüge. Dies auszudrücken, sei lediglich der Zweck des § 115. und es werde kaum gelingen, einen zutreffenderen Ausdruck zu finden.

Nach diesen Erwägungen, denen auch der Regierungskommissar im Wesentlichen beitrat, beruhigten sich die betreffenden Kommissionsmitglieder und blieben im Uebrigen die §§ 114. und 115. im Wesentlichen unangefochten. Nur wurde durch die Einschaltung im § 114., daß die dort bezeichnete Aufsicht lediglich nach Maßgabe dieses Gesetzes zu handhaben sei, so wie durch die Aufnahme der Bestimmung in § 115., daß den Aufsichtsbehörden lediglich die ihnen in diesem Gesetz zugewiesenen Mittel zustehen, der auch schon in der Regierungsvorlage enthaltene Gedanke klarer gestellt. (Komm.-Ber. d. Abg.-H.)

§. 116.

Die Aufsichtsbehörden sind zu dem Ende befugt, über alle Gegenstände der Verwaltung Auskunft zu erfordern, die Einsicht der Akten, insbesondere auch der Haushaltsetats und Jahresrechnungen zu verlangen und Geschäftsrevisionen, sowie in der Verbindung mit denselben, Kassenrevisionen an Ort und Stelle zu veranlassen.

§. 117.

Der Oberpräsident ist befugt, an den Berathungen des Provinzialausschusses und der Provinzialkommissionen entweder selbst oder durch einen zu seiner Vertretung abzuordnenden Staatsbeamten Theil zu nehmen.

§. 118.

Der Oberpräsident ist befugt und verpflichtet, Beschlüsse des Provinziallandtages, des Provinzialausschusses, der Provinzialkommissionen, des Provinzialrathes und der Bezirksräthe, welche deren Befugnisse überschreiten oder die Gesetze verletzen, von Amtswegen oder auf Veranlassung des Ministers des Innern mit aufschiebender

---

2. Die den Aufsichtsbehörden durch die Provinzialordnung zugewiesenen Mittel, mit denen sie darüber zu wachen haben, daß die Verwaltung den Bestimmungen der Gesetze gemäß geführt und in geordnetem Gange erhalten werde, sind in den §§ 116. bis 122. bestimmt. Danach wird die Aufsicht des Staates, soweit sie demselben zusteht, durch den Oberpräsidenten geführt. Derselbe ist berechtigt, an den Berathungen der Provinzialkörperschaften Theil zu nehmen, Beschlüsse derselben, welche die Gesetze verletzen oder ihre Befugnisse überschreiten, beim Oberverwaltungsgericht anzufechten, und endlich darüber zu wachen, daß die Verwaltung den Bestimmungen der Gesetze gemäß geführt und im geordneten Gang erhalten werde. Die letztere Bestimmung bezeichnet nur den Zweck der Beaufsichtigung und zugleich daher die Grenze derselben. Die dem Oberpräsidenten vom Gesetz zur Durchführung dieses Rechtes, beziehungsweise zur Abstellung vermeintlicher Mängel der Provinzialverwaltung gegebenen Mittel beschränken sich jedoch auf die Befugniß, gegen den Landesdirektor die Disziplinaruntersuchung zu veranlassen. Würden solche Mängel der Provinzialverwaltung, welche dieselbe in Unordnung bringen, in den Beschlüssen des Provinziallandtages oder des Provinzialausschusses ihren Grund haben, so steht der Staatsregierung dagegen keinerlei Abhilfmittel zu, Alles jedoch vorbehaltlich der Bestimmungen der §§ 119. und 120. über die Genehmigung einzelner Beschlüsse des Provinziallandtages und des Rechts der Auflösung. (Komm.-Ber. d. Abg.-H.)

Zu § 116.

Nach dem Regierungsentwurf sollte dem Oberpräsidenten das Recht zugestanden werden, die „Einsendung" der Akten ꝛc. zu verlangen. Diese Bestimmung ist zufolge Beschlusses des Abgeordnetenhauses dahin verändert worden, daß dem Oberpräsidenten die Befugniß zustehen soll, die „Einsicht" der Akten ꝛc. zu verlangen.

Wirkung anzufechten und sofern eine das Vorhandensein dieser Voraussetzungen begründende schriftliche Eröffnung fruchtlos geblieben ist, über ihre Ausführung sofort die Entscheidung des Oberverwaltungsgerichts einzuholen. Die Anfechtung erfolgt mittelst Klage im Verwaltungsstreitverfahren.

Wird der Beschluß einer Provinzialkommission beanstandet, so ist die Angelegenheit zunächst dem Provinzialausschusse zur Beschlußnahme vorzulegen.

§. 119.

Beschlüsse des Provinziallandtages, welche folgende Angelegenheiten betreffen:

1) den Erlaß von Statuten gemäß §. 8. Nr. 1. und §. 35.,
2) Mehr- oder Minderbelastungen einzelner Theile der Provinz gemäß §. 110.,
3) Aufnahme von Anleihen, durch welche der Provinzialverband mit einem Schuldenbestande belastet oder der bereits vorhandene Schuldenbestand vergrößert werden würde, sowie Uebernahme von Bürgschaften auf den Provinzialverband,
4) eine Belastung des Provinzialverbandes durch Beiträge über fünfundzwanzig Prozent des Gesammtaufkommens an direkten Staatssteuern,
5) eine neue Belastung des Provinzialverbandes ohne gesetzliche Verpflichtung, insofern die aufzulegenden Leistungen über die nächsten fünf Jahre hinaus fortdauern sollen,

bedürfen in den Fällen zu 1. der landesherrlichen Genehmigung, in den Fällen zu 2. und 3. der Bestätigung des Ministers des Innern, in den Fällen zu 4. und 5. der Bestätigung der Minister des Innern und der Finanzen.

Zu § 119.

1. Unter den im § 119. Pos. 3. bezeichneten Anleihen sind die vorübergehenden, sogenannten schwebenden Anleihen nicht zu verstehen, welche behufs vorübergehender Deckungen im Laufe des Verwaltungsjahres kontrahirt, aus den laufenden Mitteln zur Rückzahlung gelangen. Es ist dies im Kommissionsbericht des Abgeordnetenhauses als in Uebereinstimmung mit dem Vertreter der Staatsregierung ausdrücklich konstatirt verzeichnet worden.

2. Zur Veräußerung von Grundvermögen des Provinzialverbandes ist eine Genehmigung der Staatsbehörden nicht vorgeschrieben. Der Regierungsentwurf hatte auch die Veräußerung von Grundvermögen des Provinzialverbandes von

§. 120.

Der Genehmigung der zuständigen Minister bedürfen ferner die von dem Provinziallandtage gemäß §. 8. Nr. 2., §§. 35. und 95. für folgende Provinzialinstitute und Verwaltungszweige zu beschließenden Reglements:

1) Landarmen- und Korrigendenanstalten,
2) Irren-, Taubstummen-, Blinden- und Idiotenanstalten,
3) Hebammenlehrinstitute,
4) Provinzialhülfs- und Darlehnskassen,
5) Versicherungsanstalten.

Dieser Genehmigung unterliegen jedoch die gedachten Reglements nur insoweit, als sich die Bestimmungen derselben beziehen:

in Betreff der zu 1. und 2. gedachten Anstalten auf die Aufnahme, die Behandlung und Entlassung der Landarmen, Korrigenden, Irren, Taubstummen, Blinden und Idioten beziehungsweise auf den Unterricht derselben,

in Betreff der Hebammenlehrinstitute zu 3. auf die Aufnahme, den Unterricht und die Prüfung der Schülerinnen,

in Betreff der Provinzialhülfs- und Darlehnskassen zu 4. auf die Grundsätze, nach denen die Gewährung von Darlehnen zu erfolgen hat,

in Betreff der Versicherungsanstalten zu 5. auf die Organisation und die Verwaltungsgrundsätze.

Ingleichen bedarf das im §. 96. vorgeschriebene Reglement über die dienstlichen Verhältnisse der Provinzialbeamten der Genehmigung des Ministers des Innern in Betreff der Grundsätze über die Anstellung, Entlassung und Pensionirung der Beamten.

---

staatlicher Genehmigung abhängig machen wollen. In der Kommission des Abgeordnetenhauses hielt man jedoch einstimmig diese Genehmigung nicht für erforderlich, im Gegentheil für unnöthig belästigend. Die Provinzen besitzen kein großes Grundvermögen und werden auch in Zukunft schwerlich solches besitzen. Das Grundeigenthum der Provinzen wird regelmäßig in den Gebäuden der einzelnen Dienstzweige, beziehungsweise in den behufs des Wegebaues erworbenen Grundstücken bestehen. Während beim Wegebau oft kleine, nicht zur Verwendung gekommene Grundstücke zur Veräußerung gelangen, erscheine die Zustimmung der Staatsregierung bei Veräußerung von Gebäuden eben so wenig, als bei der Beschlußfassung über den Ersatz derselben durch Ankauf oder Neubau erforderlich. Aus diesen Gründen ist die bezügliche Bestimmung des Regierungsentwurfs gestrichen worden. (Komm.-Ber. d. Abgeordnetenh.).

Zu § 120.

Inhalts der Regierungsvorlage sollten alle vom Provinziallandtage über die einzelnen Verwaltungszweige der Provinz beschlossenen Reglements der

§. 121.

Wenn ein Provinzialverband die ihm gesetzlich obliegenden, von der Behörde innerhalb der Grenzen ihrer Zuständigkeit festgestellten Leistungen zu erfüllen verweigert oder unterläßt, so entscheidet auf Antrag der Behörde das Oberverwaltungsgericht im Verwaltungsstreitverfahren.

§. 122.

Auflösung der Provinziallandtage.

Auf den Antrag des Staatsministeriums kann ein Provinziallandtag durch Königliche Verordnung aufgelöst werden. Es sind

---

Genehmigung der Staatsregierung unterliegen. Dies hielt man in der Kommission des Abgeordnetenhauses für zu weit gehend. Es würde die freie Bewegung der Provinzialverwaltung völlig lahm legen, wenn über jeden Verwaltungszweig und über jede Anstalt und Einrichtung ein Reglement beschlossen und auch in Zukunft alle Veränderungen eines solchen Reglements der Zustimmung der Ministerien unterliegen sollten. Man müsse dies Recht der Staatsregierung auf bestimmte, in dem Gesetz hervorzuhebende Fälle beschränken und auch in diesen Fällen die Reglements nicht bezüglich aller ihrer einzelnen Bestimmungen, sondern nur solcher Grundsätze derselben zur Genehmigung bringen, welche im weiteren Fortgange der Verwaltungsgesetzgebung sich zu einer Regelung durch Gesetz eignen und einer gleichmäßigen Behandlung im ganzen Staate bedürfen.

Der Regierungskommissar trat für die Vorlage in ihrem vollen Umfange ein und hob hervor, daß das Recht der Genehmigung aller Reglements bisher der Staatsregierung zugestanden habe und von derselben mit der größten Loyalität und ohne Belästigung der Provinzialverwaltung gehandhabt sei. Andererseits aber liege eine Korrespondenz der Provinzialverwaltungen mit den Ministerien über den Inhalt der Reglements gerade im Interesse der Provinzialverwaltung selbst. Das Ministerium könne so die in den einzelnen Provinzen getroffenen Einrichtungen den übrigen Provinzen mittheilen und zweckmäßige Rathschläge ertheilen. Jedenfalls müsse die Staatsregierung darauf bestehen, die Reglements der wichtigeren Institute und Provinzialeinrichtungen zu genehmigen, da es sich hier um Fragen handele, welche wahrscheinlich demnächst eine gesetzliche Ordnung erhalten. Bis dahin sei aber eine Einwirkung der Staatsregierung auf eine gleichmäßige und zweckmäßige Behandlung der einschlagenden Fragen unbedingt geboten.

Die Kommission beschloß jedoch, die staatliche Genehmigung der qu. Reglements auf diejenigen Institute zu beschränken, welche in dem hierauf auch im Landtag selbst definitiv angenommenen § 120. aufgeführt sind und bezüglich dieser auch nur, insoweit sich sich auf die dort ausdrücklich aufgeführten Angelegenheiten beziehen. In allen übrigen Beziehungen, und soweit nicht durch anderweitige Gesetze weitere Einschränkungen vorgeschrieben werden, steht der Provinzialverwaltung bezüglich der Reglements vollkommen freie Disposition zu. (Komm.-Ber. des Abgeordnetenh.).

2. Durch § 25. des Dotationsgesetzes vom 8. Juli 1875 (vergl. in d. Anl. B.) ist angeordnet, daß die näheren Bestimmungen über die Verwaltung aller im Dotationsgesetz genannten Provinzialinstitute und Verwaltungszweige durch besondere, von den Vertretungen der betreffenden Kommunal- (Provinzial-) Verbände zu erlassende Reglements getroffen werden sollen, und daß diese Reglements der Genehmigung der zuständigen Minister nach Maßgabe der Bestimmungen des § 120. der Provinzialordnung bedürfen.

sodann Neuwahlen anzuordnen, welche innerhalb drei Monaten, vom Tage der Auflösung an, erfolgen müssen. Der neugewählte Landtag ist innerhalb sechs Monaten nach erfolgter Auflösung zu berufen.

Im Falle der Auflösung eines Provinziallandtages bleiben die von demselben gewählten Mitglieder des Provinzialausschusses und der Provinzialkommissionen bis zum Zusammentritte des neu gebildeten Provinziallandtages in Wirksamkeit.

Vierter Titel.

Schluß-, Uebergangs- und Ausführungsbestimmungen.

§. 123.

Die gegenwärtige Provinzialordnung tritt mit dem 1. Januar 1876. in Kraft.

§. 124.

In allen Provinzen ist noch im Laufe des Jahres 1875. zur Wahl der Mitglieder der Provinziallandtage gemäß den Bestimmungen des gegenwärtigen Gesetzes zu schreiten.

Für diese ersten Wahlen sind die Obliegenheiten des Provinzialausschusses (§§. 12. und 13.) von dem Oberpräsidenten wahrzunehmen.

§. 125.

Von dem im §. 123. gedachten Zeitpunkte ab gehen die Rechte und Pflichten der bisherigen provinzialständischen Verbände auf die nach §. 1. dieses Gesetzes gebildeten Provinzialverbände über.

Die bisherigen provinzialständischen Ausschüsse und Kommissionen bleiben bis zur anderweitigen Beschlußnahme der nach diesem Gesetze gewählten Provinziallandtage über ihren Fortbestand und ihre Zusammensetzung in Wirksamkeit.

§. 126.

Für die Haupt- und Residenzstadt Berlin gelten bis zum Erlaß des im §. 2. gedachten Gesetzes folgende Bestimmungen:

Zu § 126.

1. Nach Absatz 1. des § 126. in Verbindung mit § 15. werden bis zum Erlaß des im § 2. vorgesehenen Gesetzes über die Bildung eines besonderen

1) Die Mitglieder der nach §. 24. des Gesetzes vom $\frac{\text{1. Mai 1851}}{\text{25. Mai 1873}}$ (Gesetz-Samml. für 1873. S. 213.) gebildeten Bezirkskommission für die klassifizirte Einkommensteuer werden nach Maßgabe der Bestimmungen des §. 15. dieses Gesetzes gewählt.

2) Der Erlaß polizeilicher Vorschriften erfolgt nach Maßgabe der Bestimmungen des Gesetzes über die Polizeiverwaltung vom 11. März 1850. (Gesetz-Samml. S. 265.).

3) Die Funktionen des Verwaltungsgerichts nimmt das Verwaltungsgericht für den Regierungsbezirk Potsdam wahr.

§. 127.

Alle in dem gegenwärtigen Gesetze vorgeschriebenen Fristen sind präklusivisch. Dieselben sind nach Maßgabe der bürgerlichen Prozeßgesetze zu berechnen, welche am Sitze der Behörde, deren Entscheidung angerufen wird, in Geltung stehen.

§. 128.

Die Verwaltung der zur Zeit bestehenden besonderen kommunalständischen Verbände, soweit sie die Fürsorge für Landarme, Geistes-

---

Kommunalverbandes aus der Stadt Berlin und angrenzenden Gebieten die Mitglieder der Bezirkskommission für die klassifizirte Einkommensteuer in der Stadt Berlin von dem Magistrate und der Stadtverordnetenversammlung in gemeinschaftlicher Sitzung unter dem Vorsitz des Bürgermeisters gewählt. Die erste Einschätzungskommission ist von der Stadtverordnetenversammlung allein zu wählen.

2. Während mit Einführung der Provinzialordnung für die übrigen Provinzen die Befugniß der Bezirksregierungen, Polizeivorschriften zu erlassen, in Wegfall kommt (§ 81.), muß selbstverständlich bis zum Erlaß des Gesetzes über den Kommunalverband Berlin diese bisher dem Polizeipräsidium zustehende Befugniß erhalten bleiben. Bis dahin erachtete man es auch für unbedenklich, das Verwaltungsgericht für den Regierungsbezirk Potsdam auch für Berlin in Funktion bleiben zu lassen.

Zu § 128.

Der Regierungsentwurf hatte bezüglich der kommunalständischen Verbände nur eine Bestimmung folgenden Inhalts vorgesehen:

„Die Umbildung beziehungsweise Aufhebung der kommunalständischen Verbände und ihrer Organe erfolgt durch besondere Gesetze.

Bis dahin bleiben die bisherigen kommunalständischen Einrichtungen in Wirksamkeit, und haben die Mitglieder der Kommunallandtage und der von denselben gewählten Kommissionen ihre Funktionen fortzusetzen. Auch können Ergänzungswahlen stattfinden."

Die Motive enthielten hierüber folgende Erläuterung:

kranke, Taubstumme, Blinde und Idiote betrifft, ist spätestens bis zum 1. Januar 1878. mit allen Rechten und Pflichten auf die Provinzialverbände zu übertragen.

Soweit die betreffende Regelung in der obigen Frist nicht durch Uebereinkommen zwischen den gegenwärtigen Vertretungen der kommunalständischen Verbände und der nach diesem Gesetze zu bildenden Provinzialvertretung, unter Genehmigung des Ministers des Innern, zu Stande kommt, erfolgt dieselbe, unbeschadet aller Privatrechte Dritter, durch Königliche Verordnung.

Streitigkeiten, welche bei der Ausführung entstehen, unterliegen der Entscheidung des Oberverwaltungsgerichts.

Im Uebrigen erfolgt die Umbildung beziehungsweise Aufhebung der kommunalständischen Verbände und ihrer Organe durch besondere Gesetze.

„Die provinzialständischen Gesetze der Jahre 1823 und 1824 (§ 57.) enthalten die Bestimmung:

> Die in jedem einzelnen Landestheile des ständischen Verbandes bestehenden Kommunalverhältnisse gehen auf die Gesammtheit nicht über, wenn solches nicht durch gemeinschaftliche Uebereinkunft beschlossen wird. Bis dahin dauern daher die bisherigen Kommunalverfassungen dieser einzelnen Landestheile in ihrer observanzmäßigen Einrichtung fort und Wir gestatten, daß für diese Angelegenheiten ꝛc. jährlich besondere Kommunallandtage gehalten werden."

Es blieben daher bestehen bezw. wurden nach dem Vorbilde der provinzialständischen Verbände reorganisirt:

1) in der Provinz Brandenburg die Kommunallandtagsverbände der Kurmark, Neumark und der Niederlausitz;
2) in der Provinz Pommern die kommunalständischen Verbände von Altpommern und von Neuvorpommern;
3) in der Provinz Sachsen der Kommunallandtagsverband der Altmark und
4) in der Provinz Schlesien der Kommunallandtagsverband der Oberlausitz.

Jeder dieser durch lange historische Zusammengehörigkeit eng verbundenen, mit Korporationsrechten ausgestatteten Kommunallandtagsverbände bildet einen eigenen Landarmenverband, besitzt seine besonderen Irren-, Taubstummen-, Blinden-, Heil- und Pflegeinstitute, seine eigene Hülfskasse, gemeinsame Fonds beziehungsweise Schulden. Wie sehr durch diese Verhältnisse der kommunale Wirkungskreis der Provinzialstände beschränkt, ja in den Provinzen Brandenburg und Pommern fast absorbirt worden ist, läßt sich aus der „Uebersicht der Ausgaben und Einnahmen der Provinzialständischen und kommunalständischen Verbände" erkennen, welche den beiden Häusern des Landtages vor Kurzem mitgetheilt und auf welche hier zu verweisen ist.

Auf thunlichste Beseitigung dieses Hindernisses der Reform wird daher zwar Bedacht genommen werden müssen. Einer Auflösung der Kommunallandtagsverbände, unter Uebertragung ihrer Angelegenheiten auf die Provinzialverbände, stellen sich jedoch große, in der Natur der Verhältnisse begründete Schwierigkeiten entgegen, welche nicht sofort zu überwinden sind. Es wird eine eingehende Prüfung der Frage vorbehalten bleiben müssen, welche von den mannigfachen Angelegenheiten und Geschäften der kommunalständischen Verbände sich zur Ueberleitung auf die Provinz eignen, oder für welche Gegenstände die Verbände etwa noch zu erhalten sein möchten. Diese Prüfung wird sachgemäß den neuzubildenden Provinziallandtagen zu überlassen und je nach dem Ausfalle derselben die Auflösung bezw. Reform der Kommunallandtagsverbände durch besondere Gesetze herbeizuführen sein."

Die Bestimmung des Regierungsentwurfs, daß die Umbildung und Aufhebung der kommunalständischen Verbände und ihrer Organe durch besondere Gesetze erfolgen soll und bis dahin die bisherigen Einrichtungen in voller Wirksamkeit bleiben sollen, wurden in der Kommission des Abgeordnetenhauses von vielen Seiten mit großer Entschiedenheit angegriffen. Es wurde ausgeführt, daß die kommunalständischen Verbände der Provinzen Brandenburg, Pommern und Schlesien die wichtigsten Verwaltungszweige besorgen, welche dieses Gesetz den neuen Provinzialorganen im Uebrigen zuweist. Insbesondere gehören dahin das Landarmenwesen und die Fürsorge für Geisteskranke, Taubstumme, Blinde und Idioten. So lange dies fortdauere, werden die provinziellen Organe lahm gelegt werden, oder aber es werden dieselben namentlich nach Ueberweisung der Dotation gezwungen und in der Lage sein, einen Existenzkampf mit den kommunalständischen Organen zu beginnen und dieselben nach und nach zu erdrücken. Letzteres würde aber zu sehr unangenehmen Reibungen und zur Vergeudung der zu harmonischem Wirken berufenen Kräfte der Selbstverwaltung führen. Bestehen könnten die kommunalständischen Verbände auf die Dauer in keinem Falle. Unter diesen Umständen empfehle es sich, sie schon jetzt ganz aufzuheben, ihre Kompetenz auf die neuen Provinzialorgane zu übertragen und die Regelung der vermögensrechtlichen dabei entstehenden Fragen dem Oberverwaltungsgericht zu überlassen.

Der Vertreter der Staatsregierung widersetzte sich den aus diesen Anschauungen hervorgegangenen Anträgen mit voller Bestimmtheit. Auch die Staatsregierung verkenne nicht, daß mindestens eine Umbildung der kommunalständischen Organe und eine theilweise Uebertragung ihrer Kompetenz auf die Provinziallandtage erforderlich sei. Dies könne aber nur durch ein besonderes Gesetz geschehen, welches schwierige und weitläufige Ermittelungen, bezw. Verhandlungen mit den Organen der kommunalständischen Verbände voraussetze. Die Staatsregierung beabsichtigte keineswegs, hiermit unnöthig zu säumen. Das über die von den kommunalständischen Organen verwalteten Institute und Einrichtungen sowie das über deren Besitzstand der vorjährigen Vorlage der Provinzialordnung beigelegte Verzeichniß zeige, um welche verwickelten und schwierigen Verhältnisse es sich hier handele. Uralte Institutionen stehen hier in Frage; es sei nicht wohlgethan, schablonenmäßig hier durch die Gesetzgebung einzugreifen.

Die Mehrheit der Kommission trat zunächst den Ausführungen des Regierungskommissarius bei und nahm in erster Lesung die Regierungsvorlage unverändert an.

Weiteres Nachdenken über den fraglichen Gegenstand hatte jedoch verschiedene Kommissionsmitglieder überzeugt, daß man doch jetzt schon einen Schritt weiter gehen könne und müsse. Es sei, so wurde ausgeführt, doch unbedenklich, grundsätzlich die Aufhebung der kommunalständischen Verbände innerhalb eines bestimmten Zeitraumes vorzuschreiben, die erforderliche Regelung der Verhältnisse unbeschadet von Privatrechten dem Minister des Innern zu überlassen und etwa entstehende Streitigkeiten dem Oberverwaltungsgericht zuzuweisen.

Von anderer Seite hielt man dafür, daß es wesentlich darauf ankomme, gleichzeitig mit dem Inslebentreten der Provinzialordnung oder wenigstens innerhalb eines bestimmten Zeitraumes die Fürsorge für die Landarmen, Geisteskranken, Taubstummen, Blinden und Idioten von den kommunalständischen Verbänden auf die Provinzialorgane zu übertragen. Sei dieses durchgeführt, so könne ohne Bedenken die Umbildung, beziehungsweise Aufhebung, der Kommunalstände einem weiteren Gesetz vorbehalten werden. Man halte es dann sogar für ziemlich gleichgültig, ob die Kommunalstände für die Verwaltung ihres Vermögens und

§. 129.

Mit dem Tage des Inkrafttretens des gegenwärtigen Gesetzes treten alle mit den Vorschriften desselben im Widerspruch stehenden oder mit denselben nicht zu vereinigenden gesetzlichen Bestimmungen außer Geltung.

§. 130.

Der Minister des Innern ist mit der Ausführung des gegenwärtigen Gesetzes beauftragt und erläßt die hierzu erforderlichen Anordnungen und Instruktionen.

Urkundlich unter Unserer Höchsteigenhändigen Unterschrift und beigedrucktem Königlichen Insiegel.

Gegeben Bad Ems, den 29. Juni 1875.

(L. S.) **Wilhelm.**

Fürst v. Bismarck. Camphausen. Gr. zu Eulenburg. Leonhardt. Falk. v. Kameke. Achenbach. Friedenthal.

---

ihrer besonderen Stiftungen oder einzelner mit der Provinzialverwaltung nicht kollidirender Institute und Einrichtungen fortbestehen oder nicht. Die Vertreter der letzteren Ansicht stellten einen Antrag, welcher mit dem § 128. der gegenwärtigen Provinzialordnung übereinstimmend ist, und sowohl in der Kommission, wie im Abgeordnetenhause und Herrenhause die Zustimmung fand.

2. Wenn es im Absatz 3. des § 128. heißt: „hierbei entstehende Streitigkeiten unterliegen der Entscheidung des Verwaltungsgerichtes," so ist dies im Zusammenhang zu verstehen mit dem Inhalt des Absatzes 2., nach welchem, falls ein Uebereinkommen zwischen den Kommunalständen und der neuen Provinzialvertretnng nicht zu Stande kommt, eine Königliche Verordnung die Angelegenheit ordnen soll, unbeschadet aller Privatrechte. Danach ist also klar, daß das Oberverwaltungsgericht über die Existenz von Privatrechten nicht zu entscheiden hat, sondern nur über diejenigen staatsrechtlichen Fragen, die entstehen bei Ausführung der in Rede stehenden Königlichen Verordnung.

Es wurde dies gegenüber einem zur Sprache gebrachten Zweifel in der Sitzung des Abgeordnetenhauses vom 14. April 1875 Seitens des Berichterstatters Abg. Miquél besonders hervorgehoben. (Sten.-Ber. S. 1234.)

Wahl-Reglement *).

§. 1.

Der Wahlvorstand besteht aus dem Vorsitzenden des Provinziallandtages, beziehungsweise dem vom Oberpräsidenten ernannten Wahlkommissar, dem Landrathe, dem Bürgermeister oder deren Stellvertreter als Vorsitzenden und aus zwei oder vier Beisitzern, welche von der Wahlversammlung aus der Zahl der Wähler zu wählen sind. Der Vorsitzende ernennt einen der Beisitzer zum Protokollführer.

§. 2.

Während der Wahlhandlung dürfen im Wahllokale weder Diskussionen stattfinden, noch Ansprachen gehalten, noch Beschlüsse gefaßt werden.

Ausgenommen hiervon sind die Diskussionen und Beschlüsse des Wahlvorstandes, welche durch die Leitung des Wahlgeschäfts bedingt sind.

§. 3.

Die Wahl erfolgt durch Stimmzettel.

§. 4.

Die Wähler werden in der Reihenfolge, in welcher sie in der Wählerliste verzeichnet sind, aufgerufen.

Jeder aufgerufene Wähler legt den Stimmzettel uneröffnet in die Wahlurne.

§. 5.

Die während des Wahlakts erscheinenden Wähler können an der nicht geschlossenen Wahl Theil nehmen.

---

*) Vgl. die Anm. zu § 16. der Provinzialordnung.

Sind keine Stimmen mehr abzugeben, so erklärt der Wahlvorstand die Wahl für geschlossen; der Vorsitzende nimmt die Stimmzettel einzeln aus der Wahlurne und verliest die darauf verzeichneten, von einem Beisitzer, welchen der Vorsitzende ernennt, laut zu zählenden Namen.

§. 6.

Ungültig sind:

1) Stimmzettel, welche keinen oder keinen lesbaren Namen enthalten,
2) Stimmzettel, aus welchen die Person des Gewählten nicht unzweifelhaft zu erkennen ist,
3) Stimmzettel, auf welchen mehr Namen, als zu wählende Personen oder der Name einer nicht wählbaren Person verzeichnet ist,
4) Stimmzettel, welche einen Protest oder Vorbehalt enthalten.

§. 7.

Alle ungültigen Stimmzettel werden als nicht abgegeben betrachtet. Ueber die Gültigkeit der Stimmzettel entscheidet vorläufig der Wahlvorstand. Die Stimmzettel sind dem Wahlprotokolle beizufügen und so lange aufzubewahren, bis über die gegen das Wahlverfahren erhobenen Einsprüche rechtskräftig entschieden ist.

§. 8.

Als gewählt sind diejenigen zu betrachten, welche die absolute Stimmenmehrheit (mehr als die Hälfte der Stimmen) erhalten haben.

Ergiebt sich keine absolute Stimmenmehrheit, so wird zu einer engeren Wahl zwischen denjenigen zwei Personen geschritten, welche die meisten Stimmen erhalten haben. Bei Stimmengleichheit entscheidet das von dem Vorsitzenden zu ziehende Loos darüber, wer auf die engere Wahl zu bringen, beziehungsweise wer als schließlich gewählt zu betrachten ist.

§. 9.

Die Wahlprotokolle sind von dem Wahlvorstande zu unterzeichnen.

§. 10.

Der Vorsitzende des Wahlvorstandes hat die Gewählten von der auf sie gefallenen Wahl mit der Aufforderung in Kenntniß zu setzen, sich über die Annahme oder Ablehnung innerhalb längstens fünf Tagen zu erklären. Wer diese Erklärung nicht abgiebt, wird als ablehnend betrachtet.

§. 11.

Wahlen, welche auf dem Provinziallandtage selbst vorzunehmen sind, können auch durch Akklamation stattfinden, sofern Niemand Widerspruch erhebt.

Anlage A.

Gesetz

betreffend

die Dotation der Provinzial- und Kreisverbände. Vom 30. April 1873.

(Ges.-Samml. S. 187.)

Wir **Wilhelm**, von Gottes Gnaden König von Preußen rc. verordnen, mit Zustimmung beider Häuser des Landtages, was folgt:

§. 1.

Aus den Einnahmen des Staatshaushalts wird

1) zur Ausstattung der Provinzialverbände von Preußen, Brandenburg, Pommern, Posen, Schlesien, Sachsen, Schleswig-Holstein, Westfalen und der Rheinprovinz, sowie des Stadtkreises Frankfurt a. M., der Hohenzollernschen Lande und des Jadegebietes mit Fonds zur Selbstverwaltung,
die Summe von jährlich zwei Millionen Thaler,
und

2) zur sofortigen und unmittelbaren Gewährung von Fonds für die Durchführung der Kreisordnung, insbesondere zur Bestreitung der Kosten des Kreisausschusses und der Amtsverwaltung in den Provinzen Preußen, Brandenburg, Pommern, Schlesien und Sachsen, sowie zur Ausstattung der übrigen Provinzen und Landestheile mit gleichartigen Fonds für die Durchführung der zu erlassenden ähnlichen Gesetze:
die Summe von jährlich einer Million Thaler,
vom 1. Januar 1873 ab zur Verfügung gestellt.

§. 2.

Die Vertheilung der im § 1. bestimmten Summen unter die ebendaselbst genannten kommunalen Verbände und Landestheile erfolgt zur einen Hälfte nach dem Maßstabe des Flächeninhalts, zur andern Hälfte nach dem Maßstabe der durch die Zählung vom 1. Dezember 1871 festgestellten Zahl der Civilbevölkerung.

§. 3.

Diejenigen Fonds, welche nach § 1. Nr. 2. auf jede der Provinzen Preußen, Brandenburg, Pommern, Schlesien und Sachsen entfallen, werden nach demselben

Maßstabe (§ 2.) auf die einzelnen Landkreise dieser Provinzen vertheilt und denselben zur Durchführung der Kreisordnung, insbesondere für die Kosten des Kreisausschusses und der Amtsverwaltung (§ 1. Nr. 2.) vom 1. Januar 1873 ab dauernd überwiesen. In gleicher Weise und nach gleichem Maßstabe wird der Gesammtbeitrag, welchen der Staat nach § 70. Abs. 1. der Kreisordnung vom 13. Dezember 1872 zu den Kosten der Amtsverwaltung zu leisten hat, den gedachten Landkreisen überwiesen, sobald und insoweit die im § 70. a. a. O. bezeichneten Aufwendungen für den Fiskus erspart werden.

§. 4.

Außerdem werden vom 1. Januar 1873 ab bis zu dem Tage, an welchem die Provinzialordnung in Kraft tritt, aus den Antheilen der Provinzen Preußen, Brandenburg, Pommern, Schlesien und Sachsen an der Dotation von 2 Millionen Thaler (§ 1. Nr. 1.) jährlich 480,000 Thaler entnommen und den einzelnen Landkreisen dieser Provinzen nach dem Maßstabe des § 2. für die Zwecke der Kreisordnung (§ 1. Nr. 2.) vorläufig überwiesen.

Ein Anspruch auf dauernde Belassung der vorläufig überwiesenen Summe steht den Kreisen nicht zu. Die spätere Verwendung derselben erfolgt nach näherer Vorschrift der Provinzialordnung.

§. 5.

Soweit über die im § 1. bezeichneten Summen nicht bereits durch die Vorschriften der §§ 2. 3. und 4. Verfügung getroffen ist, erfolgt die Bestimmung über die Verwendung und die Ueberweisung durch besondere Gesetze.

Bis zum Erlasse derselben sind die Jahresbeträge der zur Verfügung gestellten Summen, soweit dieselben jeweilig noch nicht ihre bestimmungsmäßige Verwendung gefunden haben, zu einem für Rechnung der betheiligten Verbände zu verwaltenden und zinsbar zu belegenden Fonds zu vereinnahmen.

Eine Nachweisung über die Bestände des Fonds ist dem Landtage alljährlich vorzulegen.

§. 6.

Die Ueberweisung weiterer Summen, aus dem Staatshaushaltsetat, unter Uebertragung der entsprechenden Ausgabeverpflichtungen, bleibt vorbehalten.

§. 7.

Der Minister des Innern und der Finanzminister sind mit der Ausführung dieses Gesetzes beauftragt.

Urkundlich unter Unserer Höchsteigenhändigen Unterschrift und beigedrucktem Königlichen Insiegel.

Gegeben St. Petersburg, den 30. April 1873.

(L. S.) **Wilhelm.**

Graf v. Roon. Fürst v. Bismarck. Graf v. Itzenplitz. Graf zu Eulenburg. Leonhardt. Camphausen. Falk. v. Kameke. Graf v. Königsmarck.

Anlage B.

Gesetz

betreffend

die Ausführung der §§. 5. und 6. des Gesetzes vom 30. April 1873. wegen der Dotation der Provinzial- und Kreisverbände. Vom 8. Juli 1875.

(Ges.-Samml. S. 497.)

Wir **Wilhelm**, von Gottes Gnaden König von Preußen ꝛc. verordnen zur Ausführung der Vorschriften in den §§ 5. und 6. des Gesetzes vom 30. April 1873., betreffend die Dotation der Provinzial- und Kreisverbände (Gesetz-Samml. S. 187.), mit Zustimmung beider Häuser des Landtages, was folgt:

§. 1.

Ueberweisung einer Summe von (4,480,000 Thaler) 13,440,000 Mark jährlich an die neu auszustattenden Provinzialverbände und Landestheile.

Behufs Ausstattung mit Fonds zur Selbstverwaltung wird den Provinzialverbänden von Preußen, Brandenburg, Pommern, Posen, Schlesien, Sachsen, Schleswig-Holstein, Westfalen und der Rheinprovinz, den Stadtkreisen Berlin und Frankfurt a. M., dem Landeskommunalverbande der Hohenzollernschen Lande und dem Provinzialverbande von Hannover für das demselben durch die beiden Gesetze vom 23. März 1873. (Gesetz-Samml. S. 107. und 119.) einverleibte Jadegebiet, außer der zu diesem Zwecke durch das Gesetz vom 30. April 1873. zur Verfügung gestellten Summe von jährlich 6,000,000 Mark (2 Millionen Thaler) eine fernere Summe von jährlich 7,440,000 Mark (2,480,000 Thaler) aus den Einnahmen des Staatshaushalts, unter Uebertragung der entsprechenden Ausgabeverpflichtungen, überwiesen.

§. 2.

Die Vertheilung der im §. 1. gedachten Gesammtsumme von 13,440,000 Mark erfolgt zu einer Hälfte nach dem Maßstabe des Flächeninhaltes, zur anderen Hälfte nach dem Maßstabe der Zahl der Civilbevölkerung, wie solche durch die Volkszählung im Dezember 1875. festgestellt wird. Die hiernach auf die einzelnen Kommunalverbände entfallenden Jahresrenten werden durch Königliche Verordnung festgestellt. Bis zu der nach Maßgabe derselben zu bewirkenden Ausgleichung erhalten vorläufig an Jahresrenten:

1)	der Provinzialverband von Preußen	2,465,166	Mark,
2)	" " " Brandenburg	1,539,531	"
3)	" " " Pommern	1,131,114	"
4)	" " " Posen	1,160,073	"
5)	" " " Schlesien	2,081,058	"
6)	" " " Sachsen	1,229,319	"
7)	" " " Schleswig-Holstein	730,581	"
8)	" " " Westfalen	1,017,285	"
9)	" " der Rheinprovinz	1,735,755	"
10)	" Stadtkreis Berlin	264,897	"
11)	" " Frankfurt a. M.	36,090	"
12)	" Landeskommunalverband der Hohenzollernschen Lande	47,865	"
13)	" Provinzialverband von Hannover für das demselben einverleibte Jadegebiet	1,266	"

§. 3.

Ueberweisung der in den Jahren 1873, 1874 und 1875 zinsbar belegten Dotationsfonds an die neu auszustattenden Provinzialverbände und Landestheile.

Außer den im §. 2. festgestellten Jahresrenten werden den ebendaselbst gedachten Kommunalverbänden aus den Kapitalbeständen des gemäß §. 5. des Gesetzes vom 30. April 1873. gebildeten Fonds folgende Summen nebst den auf dieselben entfallenden Antheilen an den, den Kapitalien bis zu dem Zeitpunkte ihrer Ueberweisung (§. 17.) zugewachsenen Zinsen überwiesen:

1)	dem Provinzialverbande von Preußen	2,085,696	Mark,
2)	" " " Brandenburg	1,172,106	"
3)	" " " Pommern	990,513	"
4)	" " " Posen	1,546,011	"
5)	" " " Schlesien	1,748,493	"
6)	" " " Sachsen	1,037,646	"
7)	" " " Schleswig-Holstein	952,929	"
8)	" " " Westfalen	1,363,284	"
9)	" " der Rheinprovinz	2,326,635	"
10)	" Stadtkreise Berlin	345,519	"
11)	" " Frankfurt a. M.	47,079	"
12)	" Landeskommunalverbande der Hohenzollernschen Lande	62,433	"
13)	" Provinzialverbande von Hannover für das Jadegebiet	1,656	"

§. 4.

Verwendungszwecke der den neu auszustattenden Provinzialverbänden und Landestheilen zu gewährenden Summen.

Die Ueberweisung der in den §§. 2. und 3. gedachten Summen an die im §. 2. unter Nr. 1—12. genannten Kommunalverbände erfolgt zur Verwendung für folgende Zwecke:

1) Fürsorge für den Neubau von chaussirten Wegen und Unterstützung des Gemeinde- und Kreiswegebaues,
2) Beförderung von Landesmeliorationen, soweit sie nach Zweck und Umfang eine nicht über das provinzielle Interesse hinausgehende Bedeutung haben,
3) Bestreitung der Kosten des Landarmen- und Korrigendenwesens, beziehungsweise Gewährung von Beihülfen hierzu an die Landarmenverbände,

4) Fürsorge beziehungsweise Gewährung von Beihülfen für das Irren-, Taubstummen- und Blindenwesen,
5) Unterstützung milder Stiftungen, Rettungs-, Idioten- und anderer Wohlthätigkeitsanstalten,
6) Leistung von Zuschüssen für Vereine, welche der Kunst und Wissenschaft dienen, desgleichen für öffentliche Sammlungen, welche diese Zwecke verfolgen, Erhaltung und Ergänzung von Landesbibliotheken, Unterhaltung von Denkmälern,
7) für ähnliche im Wege der Gesetzgebung festzustellende Zwecke.

Soweit ad 1. die Staatsregierung zur Ausführung von Chausseebauten für Rechnung der Staatskasse oder zur Unterstützung von anderen als Staatschausseebauten sich verpflichtet hat, muß der betreffende Kommunalverband auf Verlangen der Staatsregierung in diese Verpflichtungen eintreten.

Ergeben sich bei den zu Neu- und Umbauten der Staatschausseen, sowie zu Prämien für Chausseeneubauten im Staatshaushaltsetat ausgesetzten Fonds Ersparnisse, so sind dieselben unter die im §. 2. genannten Kommunalverbände nach dem daselbst angegebenen Maßstabe zu vertheilen.

§. 5.

Außerdem sind zugleich bestimmt:

I. die den Provinzialverbänden (§. 2. Nr. 1. bis 9.) überwiesenen Summen:

zur Bestreitung der Kosten des Provinziallandtages und der Provinzialverwaltung mit Einschluß der Kosten der Verwaltungsgerichte, beziehungsweise der Deputationen für das Heimathswesen, soweit diese Kosten den Provinzialverbänden zur Last fallen. Auch können daraus Beihülfen an die Kreise zur Durchführung der Kreisordnung vom 13. Dezember 1872. gewährt werden;

II. die dem Landeskommunalverbande der Hohenzollernschen Lande überwiesenen Summen:

zur Bestreitung der Kosten des Kommunallandtages und der Landeskommunalverwaltung mit Einschluß der Kosten des Verwaltungsgerichts, soweit die letzteren dem Landeskommunalverbande zur Last fallen.

§. 6.

Die dem Provinzialverbande von Hannover für das Jadegebiet durch die §§. 2. und 3. überwiesenen Summen sind zu den in dem §. 1. des Gesetzes vom 7. März 1868., betreffend die Ueberweisung einer Summe von jährlich 500,000 Thalern an den provinzialständischen Verband der Provinz Hannover (Ges.-Samml. S. 223.), aufgeführten Zwecken zu verwenden.

§. 7.

Folgende Institute werden, unter Uebertragung aller dem Staate bezüglich derselben und der dazu gehörigen Vermögensobjekte zustehenden Rechte und obliegenden Verpflichtungen, den nachstehend genannten Provinzialverbänden zur Verwaltung und Unterhaltung überwiesen: Uebertragung der Verwaltung und Unterhaltung mehrerer bisher von den Staatsbehörden verwalteten Irren-, Taubstummen-, Waisen- und anderer Anstalten an die Provinzialverbände.

I. dem Provinzialverbande von Preußen:
1) die Taubstummenanstalt zu Königsberg,
2) das Königliche große Hospital im Löbenicht zu Königsberg;
II. dem Provinzialverbande von Pommern:
1) das Hospital St. Petri zu Stettin,
2) das Königliche Waisenhaus zu Stargard,
3) das Gertruder Hospital zu Treptow a. d. Tollense,
4) das Hospital St. George zu Treptow a. d. Tollense,
III. dem Provinzialverbande von Sachsen:
die Landwaisenanstalt bei Langendorf;
IV. dem Provinzialverbande von Schleswig-Holstein:
1) die Irrenanstalt zu Schleswig,
2) das Taubstummeninstitut zu Schleswig;
V. dem Provinzialverbande von Westfalen:
die Taubstummenanstalten zu Büren, Soest, Langenhorst und Petershagen.

§. 8.

Uebereignung des Hülfskassenfonds an die Provinzialverbände der acht älteren Provinzen.

Die durch die Königliche Botschaft am 7. April 1847. und den Abschied an die zum Vereinigten Landtage versammelten Stände vom 24. Juli desselben Jahres zur Errichtung von Hülfskassen in den Provinzen Preußen, Brandenburg, Pommern, Posen, Schlesien, Sachsen, Westfalen und der Rheinprovinz zinsfrei gewährten Fonds von zusammen zwei Millionen Thaler in Staatsschuldscheinen und 500,000 Thaler baar werden unter Aufhebung des bei der Gewährung gemachten Vorbehalts wegen Zurückziehung derselben bei nicht statutenmäßiger Verwendung oder nach erfolgtem Anwachsen derselben auf das Doppelte, den betreffenden Provinzialverbänden, vorbehaltlich der zwischen einzelnen Provinzialverbänden wegen Nichtübereinstimmung ihrer Grenzen mit den Grenzen der jetzigen kommunalständischen Verbände vorzunehmenden Auseinandersetzung, als ein ihnen gehöriges Vermögen überwiesen. Für die Auseinandersetzung gelten die Bestimmungen des §. 3. der Provinzialordnung.

Die Verwaltung dieser Fonds verbleibt bis auf Weiteres den jetzt mit der Verwaltung beauftragten Kommunal- und Provinzialverbänden.

§. 9.

Den Vertretungen der im §. 8. Abs. 2. genannten Verbände steht die freie Verfügung über den gesammten Zinsgewinn der Hülfskassen zu gemeinnützigen Zwecken im Interesse dieser Verbände zu, während die ursprünglichen Dotationsfonds, sowie die denselben bisher hinzugewachsenen Kapitalbestände, als Kapitalbestand zur Gewährung von Darlehnen zu erhalten sind.

§. 10.

Uebereignung der Provinzialmeliorationsfonds an mehrere Provinzialverbände der älteren Provinzen.

Die für die Provinzen Preußen, Brandenburg, Pommern, Westfalen und die Rheinprovinz beziehungsweise für einzelne Theile derselben gegründeten Provinzialmeliorationsfonds werden den Verbänden dieser Provinzen, soweit ihnen dieselben noch nicht eigenthümlich gehören, übereignet.

Ebenso geht die Verwaltung und Verwendung dieser Fonds, soweit dieselbe bisher den Behörden des Staates zustand, auf die gedachten Provinzialverbände über. Die Fonds sind zu Darlehnen für dauernde Bodenverbesserungen aller Art in denjenigen Landestheilen zu verwenden, für welche sie nach den zur Zeit bestehenden Einrichtungen bestimmt sind.

Außerdem dürfen Bewilligungen erfolgen zu Waldanlagen, Obstbaumplantagen und sonstigen Baumpflanzungen zu Verbesserungen des Wirthschaftsbetriebes u. s. w.

Ueber den Zinsgewinn der Meliorationsfonds steht den Provinzialverbänden die freie Verfügung zu.

§. 11.

Uebereignung der Schlesischen Vieh-Assekuranzfonds an den Provinzialverband von Schlesien.

Die in Ausführung des Gesetzes vom 30. Juni 1841 (Gesetz-Sammlung S. 285.) in der Provinz Schlesien angesammelten Fonds werden, unter Aufhebung der für die drei Regierungsbezirke dieser Provinz bestehenden Viehversicherungsgesellschaften, dem Provinzialverbande von Schlesien zur Verwaltung und Verwendung im Interesse der Rindviehzucht derjenigen Bezirke, für welche diese Fonds angesammelt sind, überwiesen.

§. 12.

Ueberweisung von Zuschüssen für das Hebammenwesen an einzelne Provinzialverbände.

Die bisher vom Staate zu Beihülfen und Prämien für Hebammen und Hebammenzöglinge geleisteten Zuschüsse werden den betheiligten Kommunalverbänden überwiesen. Demgemäß erhöhen sich die diesen Kommunalverbänden nach §. 2. dieses Gesetzes, beziehungsweise nach §. 1. des Gesetzes vom 7. März 1868. (Gesetz-Samml. S. 223.) aus den Einnahmen des Staatshaushalts zu gewährenden Jahresrenten für den Provinzialverband von Preußen um die Summe von jährlich 1641 Mark, für den Provinzialverband von Hannover um die Summe von jährlich 60 Mark, für den Provinzialverband der Rheinprovinz um die Summe von jährlich 930 Mark, für den Stadtkreis Frankfurt a. M. um die Summe von jährlich 1200 Mark, für den Landeskommunalverband der Hohenzollernschen Lande um die Summe von jährlich 258 Mark.

§. 13.

Uebertragung der Verwaltung und Unterhaltung der Hebammenlehrinstitute an die Provinzialverbände.

Folgende Hebammenlehrinstitute werden unter Uebertragung aller dem Staate bezüglich derselben und der dazu gehörigen Vermögensobjekte zustehenden Rechte und obliegenden Verpflichtungen und unter Gewährung der aus der Staatskasse bisher geleisteten Zuschüsse, den nachstehend genannten Provinzialverbänden zur Verwaltung und Unterhaltung überwiesen:

1) dem Provinzialverbande von Preußen:
   die Hebammenlehrinstitute zu Gumbinnen und Danzig mit einem Zuschusse von jährlich 18,645 Mark;
2) dem Provinzialverbande von Brandenburg:
   das Hebammenlehrinstitut zu Frankfurt a. d. O. mit einem Zuschusse von jährlich 7548 Mark;
3) dem Provinzialverbande von Pommern:
   das Hebammenlehrinstitut zu Stettin mit einem Zuschusse von jährlich 9090 Mark;

4) dem Provinzialverbande von Posen:
das Hebammenlehrinstitut zu Posen mit einem Zuschusse von jährlich 6819 Mark;

5) dem Provinzialverbande von Schlesien:
die Hebammenlehrinstitute zu Breslau und Oppeln mit einem Zuschusse von jährlich 18,663 Mark;

6) dem Provinzialverbande von Sachsen:
die Hebammenlehrinstitute zu Magdeburg, Wittenberg und Erfurt mit einem Zuschusse von jährlich 17,319 Mark;

7) dem Provinzialverbande von Hannover:
die Hebammenlehrinstitute zu Hannover, Hildesheim, Celle, Osnabrück und Aurich mit einem Zuschusse von jährlich 38,214 Mark;

8) dem Provinzialverbande von Westfalen:
das Hebammenlehrinstitut zu Paderborn mit einem Zuschusse von jährlich 3,342 Mark.

Die den vorgenannten Provinzialverbänden nach §. 2. dieses Gesetzes, beziehungsweise nach §. 1. des Gesetzes vom 7. März 1868. (Gesetz-Samml. S. 223.) aus den Einnahmen des Staatshaushalts zu gewährenden Jahresrenten werden demgemäß um die angegebenen Beträge der bisher zur Unterhaltung der Hebammenlehrinstitute aus der Staatskasse geleisteten Zuschüsse erhöht.

Ebenso erhöht sich die dem Provinzialverbande der Rheinprovinz nach §. 2. dieses Gesetzes zu gewährende Jahresrente um den Betrag desjenigen Zuschusses, welcher bisher in Höhe von 4972 Mark 50 Pfennigen zur Unterhaltung des Provinzial-Hebammenlehrinstituts zu Cöln aus der Staatskasse geleistet worden ist.

§. 14.

Uebertragung der Verwaltung und Unterhaltung der Ackerbau-, Wiesen- und Obstbauschulen an die Provinzialverbände.

Die Unterstützung niederer landwirthschaftlicher Lehranstalten (Ackerbau-, Obstbau-, Wiesenbau- u. s. w. Schulen) erfolgt unter Ueberweisung der aus der Staatskasse im Jahre 1875 geleisteten Zuschüsse vom 1. Januar 1876. ab durch die im §. 20. aufgeführten Kommunalverbände.

Zugleich erhöhen sich die den einzelnen Verbänden nach §. 2. dieses Gesetzes beziehungsweise §. 1. des Gesetzes vom 7. März 1868. und des Gesetzes vom 11. März 1872. zu gewährenden Jahresrenten um diejenigen Beträge, welche im Jahre 1875. zur Unterstützung derartiger Schulen innerhalb der einzelnen Kommunalverbände aus der Staatskasse gezahlt worden sind, wogegen die für diese Schulen vertragsmäßig bestehenden Verpflichtungen des Staates auf die betreffenden Kommunalverbände übergehen.

§. 15.

Ueberweisung von Staatsnebenfonds an die Provinzialverbände.

Den Provinzialverbänden von Preußen, Brandenburg, Schlesien, Sachsen, Hannover, Westfalen und der Rheinprovinz, sowie dem Kommunalverbande des Regierungsbezirks Wiesbaden werden die in der Anlage verzeichneten Staatsnebenfonds des Ministeriums des Innern zur Verwaltung und Verwendung mit allen bisher der Staatsverwaltung hinsichtlich dieser Fonds zustehenden Rechten und obliegenden Verpflichtungen überwiesen.

§. 16.

Erhöhung der Renten des Provinzialverbandes von Hannover und des Kommunalverbandes des Regierungsbezirks Wiesbaden zu Wohlthätigkeitszwecken.

Es erhält ferner aus den Einnahmen des Staatshaushalts:

1) der Provinzialverband von Hannover zur Gewährung von Zuschüssen für Armen- und Wohlthätigkeitsanstalten eine Summe von jährlich 1170 Mark,
2) der Kommunalverband des Regierungsbezirks Kassel für Zwecke der Armenpflege eine Summe von jährlich 2850 Mark,
3) der Kommunalverband des Regierungsbezirks Wiesbaden zur Gewährung von Zuschüssen für Blinden- und Krankenanstalten eine Summe von jährlich 2400 Mark.

Die dem Provinzialverbande von Hannover und dem Kommunalverbande des Regierungsbezirks Wiesbaden nach dem Gesetze vom 7. März 1868. (Gesetz-Samml. S. 223.), beziehungsweise dem Gesetze vom 11. März 1872. (Gesetz-Samml. S. 257.), zu gewährenden Jahresrenten werden demgemäß um die vorangegebenen Beträge erhöht.

§. 17.

Zeitpunkt der Ueberweisung der Fonds und Renten.

Die Ueberweisung sämmtlicher Fonds und Renten an die in den §§. 1. ff. gedachten Kommunalverbände erfolgt am 2. Januar 1876., beziehungsweise vom 1. Januar 1876. ab.

Von letzterem Zeitpunkte ab gehen zugleich auf die betreffenden Kommunalverbände die ihnen durch dieses Gesetz auferlegten Verpflichtungen über.

Die bei dem im §. 3. gedachten Fonds vorhandenen Effekten werden in Anrechnung auf die für jeden der betheiligten Kommunalverbände sich ergebende Summe nach dem Kurs der Berliner Börse vom 2. Januar 1876. überwiesen.

§. 18.

Uebertragung der Verwaltung und Unterhaltung der Staatschausseen an die Provinzialverbände ꝛc.

Den Provinzialverbänden von Preußen, Brandenburg, Pommern, Posen, Schlesien, Sachsen, Schleswig-Holstein, Hannover, Westfalen und der Rheinprovinz, den Kommunalverbänden der Regierungsbezirke Kassel und Wiesbaden, den Stadtkreisen Berlin und Frankfurt a. M. und dem Landeskommunalverbande der Hohenzollernschen Lande wird ferner die Verwaltung, einschließlich der technischen Bauleitung, sowie die Unterhaltung der bereits ausgebauten Staatschausseen und derjenigen chaussirten Straßen übertragen, welche aus den den betreffenden Kommunalverbänden durch dieses Gesetz, beziehungsweise durch die früheren Dotationsgesetze überwiesenen Fonds ausgebaut werden und nicht in die Verwaltung und Unterhaltung an Dritte übergehen.

Zugleich mit der Unterhaltung der bereits ausgebauten Staatschausseen geht das Eigenthum an denselben nebst allen Nutzungen und Pertinenzien einschließlich der Chausseewärter- und Einnehmerhäuser auf die Kommunalverbände über.

Den Provinzialverbänden bleibt es überlassen, die Verwaltung und Unterhaltung der ihnen überwiesenen Staatschausseen auf engere Kommunalverbände nach Maßgabe der mit denselben zu treffenden Vereinbarung zu übertragen.

Eine solche Uebertragung muß erfolgen hinsichtlich derjenigen Straßenstrecken, welche der Staat auf Grund des §. 9. der Verordnung vom 16. Juni 1838. (Gesetz-Samml. S. 353.) übernommen hat, sofern es die betheiligte Stadtgemeinde verlangt. Kommt über den zu diesem Zweck auszusondernden Antheil an der Provinzialdotation zwischen dem Provinzialverband und der betreffenden Stadtgemeinde eine Vereinbarung nicht zu Stande, so entscheidet das Oberverwaltungsgericht über die Höhe der zu gewährenden jährlichen Geldrente nach Verhältniß der aufzuwendenden Kosten.

Die Verwaltung und Unterhaltung derjenigen Staatschausseen, deren Kosten bisher aus berg- oder forstfiskalischen Fonds bestritten sind, verbleibt auch fernerhin dem Staate.

§. 19.

Die der Staatsbauverwaltung nach gesetzlichen Bestimmungen obliegenden Verpflichtungen zur Leitung der Neu- und Unterhaltungsbauten hinsichtlich der chaussirten oder unchaussirten Straßen außer den Staatschausseen gehen gleichfalls auf die betreffenden Kommunalverbände über. Dasselbe gilt von den der Staatsbauverwaltung den Provinzial- und Bezirksstraßen gegenüber obliegenden Verpflichtungen.

§. 20.

Für die Uebernahme der Verwaltung und Unterhaltung der Staatschausseen einschließlich der Kosten der Besoldung und Pensionirung des für die obere Leitung der Neu- und Unterhaltungsbauten, sowie für die Beaufsichtigung der Chausseen neu anzustellenden, beziehungsweise schon vorhandenen Beamtenpersonals wird den im §. 18. genannten Kommunalverbänden eine Jahresrente von 19 Millionen Mark gewährt. Von dieser Rente erhalten:

1)	der Provinzialverband von Preußen	1,581,840 Mark,
2)	= = = Brandenburg	940,400 =
3)	= = = Pommern	656,540 =
4)	= = = Posen	401,520 =
5)	= = = Schlesien	1,522,170 =
6)	= = = Sachsen	1,549,510 =
7)	= = = Schleswig-Holstein	1,001,690 =
8)	= = = Hannover (einschließlich des Jadegebiets)	1,896,890 =
9)	= = = Westfalen	1,746,340 =
10)	= Kommunalverband des Regierungsbezirks Kassel	1,071,110 =
11)	= = = = Wiesbaden	639,598 =
12)	= Stadtkreis Frankfurt a. M.	114,072 =
13)	= Provinzialverband der Rheinprovinz	1,605,850 =
14)	= Stadtkreis Berlin	160,500 =
15)	= Landeskommunalverband der Hohenzollernschen Lande	111,970 =
		15,000,000 Mark.

Der Rest der 4 Millionen Mark wird auf die vorgenannten Kommunalverbände nach dem Maßstabe und den Vorschriften im §. 2. dieses Gesetzes vertheilt; bis zu dem Erlaß der hierin vorgesehenen Königlichen Verordnung wird der Vertheilung vorläufig die Volkszählung vom Dezember 1871. zum Grunde gelegt.

Die den Kommunalverbänden nach §. 2. dieses Gesetzes, beziehungsweise nach §. 1. des Gesetzes vom 7. März 1868. (Gesetz-Samml. S. 223.) und des Gesetzes vom 11. März 1872. (Gesetz-Samml. S. 157) zu gewährenden Jahresrenten werden demgemäß um die angegebenen Beträge erhöht.

§. 21.

Die dem Staate nach dem Patente vom 27. Dezember 1865., betreffend verschiedene Abänderungen der Vorschriften der Wegeordnung über die Instandsetzung und Unterhaltung der Nebenlandstraßen und die Beaufsichtigung der Nebenwege (Verordnungsblatt für das Herzogthum Holstein, 1866. S. 1 ff.), obliegenden Verpflichtungen zur theilweisen Erstattung der Baukosten und zur Uebernahme der ausgebauten Nebenlandstraßen im früheren Herzogthum Holstein gehen auf den Provinzialverband von Schleswig-Holstein über. Demselben wird hierfür, unter Anrechnung auf die ihm nach §. 20. zufallende Rente, der von dem früheren Herzogthum Holstein aufzubringende Landesbeitrag zur Unterhaltung der Staatschausseen und der auf die Staatskasse übergehenden Nebenlandstraßen im Betrage von 66,300 Mark überwiesen.

Bis zu einer Auseinandersetzung zwischen den Herzogthümern Schleswig und Holstein mit Bezug auf das aus dem erwähnten Patent entspringende Verhältniß ruht die Verpflichtung des Provinzialverbandes zur theilweisen Erstattung der Baukosten und zur Uebernahme solcher neu ausgebauten Nebenlandstraßen im Herzogthum Holstein, deren Baupläne nicht bereits bei Erlaß dieses Gesetzes die regierungsseitige Genehmigung erhalten haben.

Desgleichen werden dem Landeskommunalverbande der Hohenzollernschen Lande die Beiträge, welche von den Gemeinden und Markungsbesitzern zur Anlegung und Unterhaltung der unmittelbaren, bezw. der Staatsstraßen nach dem §. 2. des Sigmaringischen Gesetzes über die Theilnahme an den Straßenbaukosten vom 6. Juni 1840. (Sammlung der Sigmaringischen Gesetze 1840. S. 228 ff.) und dem §. 1. des Hechingischen Gesetzes vom 16. August 1842., betreffend die Uebernahme sämmtlicher mit der Anlage und Unterhaltung der Staatsstraßen verbundenen Kosten auf die Fürstliche Staatskasse (Verordnungs- und Intelligenzblatt 1842. S. 321 ff.), zu zahlen sind, im Betrage von 21,160, Mark, gleichfalls unter Anrechnung auf die im §. 20. angegebene Rente überwiesen.

Die dem Staate nach dem §. 11. des Gesetzes vom 2. Oktober 1862., betreffend die Erbauung chaussirter Verbindungsstraßen (Verordnungsblatt für Nassau 1862. S. 176 ff.), obliegende Verpflichtung zur Unterhaltung der dem Verkehr übergebenen Straßen geht auf den Kommunalverband des Regierungsbezirks Wiesbaden über.

§. 22.

Die Verwaltung und Unterhaltung der Staatschausseen geht auf die im §. 18. aufgeführten Kommunalverbände vom 1. Januar 1876. ab über.

Von demselben Zeitpunkte ab erfolgt die Ueberweisung der im §. 20. angegebenen Renten. Desgleichen gehen von diesem Zeitpunkte die sämmtlichen Verpflichtungen, welche dem Staate gegenüber dem angestellten Chaussee-Aufsichtspersonale obliegen, auf die betreffenden Kommunalverbände über.

§. 23.

Sofern die erforderlichen administrativen und technischen Organe von den betreffenden Kommunalverbänden bis zum 1. Januar 1876. nicht beschafft werden können, wird die Verwaltung der im §. 22. gedachten Chausseen einstweilen, jedoch längstens bis zum 1. Januar 1878., durch den Staat fortgeführt.

Die Kosten der Verwaltung, einschließlich der Unterhaltung der Chausseen, werden aus den den einzelnen Kommunalverbänden durch den §. 20. überwiesenen Renten bestritten.

Ebenso wird in dem vorbezeichneten Zeitraum bis zum Uebergange der Chausseebauverwaltung auf die Kommunalverbände die Ausführung derjenigen Chausseebauten, zu denen die Staatsregierung sich verpflichtet hat (§. 4. Alin. 2.) oder die von den Vertretungen der im §. 18. gedachten Kommunalverbände neu beschlossen worden sind, durch die staatlichen Organe bewirkt.

Die Kosten dieser Chausseebauten, ingleichen die Unterstützungen von anderen als Staatschausseebauten, welche bereits zugesichert sind oder neu zugesichert werden, sind aus den Summen zu bestreiten, welche den betreffenden Kommunalverbänden zu diesen Zwecken überwiesen worden sind.

§. 24.

Die durch §. 8. des Hannoverschen Chausseebaugesetzes vom 20. Juni 1851. dem Königlichen Ministerium des Innern gewährte Ermächtigung, andere Straßen in die Klasse der Staatschausseen aufzunehmen und aufgenommene aus dieser zu entfernen, wird aufgehoben.

§. 25.

Die näheren Bestimmungen über die Verwaltung der in diesem Gesetze genannten Provinzialinstitute und Verwaltungszweige werden durch besondere von den Vertretungen der betreffenden Kommunalverbände zu erlassende Reglements getroffen.

Diese Reglements bedürfen der Genehmigung der zuständigen Minister nach Maßgabe der Bestimmungen des §. 120. der Provinzialordnung für die Provinzen Preußen, Brandenburg, Pommern, Schlesien und Sachsen.

Bis zum Erlasse dieser Reglements bleiben die bestehenden Verwaltungsvorschriften in Kraft.

Die Verwaltung der den Stadtkreisen Berlin und Frankfurt a. M. durch dieses Gesetz übertragenen Fonds und Verwaltungszweige erfolgt nach Maßgabe der Städteordnung vom 31. Mai 1853. beziehungsweise der Verordnung vom 26. September 1867., betreffend die Kreisverfassung im Gebiet des Regierungsbezirks Wiesbaden.

An der Zuständigkeit wegen der Verleihung und Festsetzung der Präbenden in dem mit dem Königlichen großen Hospital im Löbenicht zu Königsberg verbundenen Marienstift wird durch die Uebertragung der Verwaltung dieses Hospitals an den Provinzialverband von Preußen nichts geändert.

§. 26.

Ueberweisung der für die Kreise außerhalb des Geltungsbereichs der Kreisordnung vom 13. Dezember 1872. zur Verfügung gestellten Kreisfonds an die betreffenden Provinzial- und Kommunalverbände.

Von der durch den §. 1. Nr. 2. des Gesetzes vom 30. April 1873. für die Durchführung der Kreisordnung und der zu erlassenden ähnlichen Gesetze aus den Einnahmen des Staatshaushalts zur Verfügung gestellten Summe von jährlich einer Million Thaler werden vom 1. Januar 1876. ab alljährlich:

1)	dem Provinzialverbande von Posen	220,317 Mark,
2)	= = = Schleswig-Holstein	135,819 =
3)	= = = Hannover	284,076 =
4)	= = = Westfalen	194,874 =
5)	= = der Rheinprovinz	333,411 =
6)	= Kommunalverbande des Regierungsbezirks Kassel	91,428 =
7)	= = = = Wiesbaden	55,146 =
8)	= Stadtkreise Frankfurt a. M.	6,798 =
9)	= Landeskommunalverbande der Hohenzollernschen Lande	8,898 =

überwiesen, um dieselben bis zum Erlasse weiterer gesetzlicher Bestimmungen über deren Verwendung zinsbar zu belegen, oder zu den in den §§. 4. 13. 14. und 20. angegebenen Zwecken zu verwenden.

Zu gleichem Zwecke werden den genannten Kommunalverbänden aus den Kapitalbeständen des gemäß §. 5. des Gesetzes vom 30. April 1873. gebildeten Fonds am 2. Januar 1876. folgende Summen nebst den auf dieselben entfallenden Antheilen an den, den Kapitalien bis dahin zugewachsenen Zinsen überwiesen:

1)	dem Provinzialverbande von Posen	660,951 Mark,
2)	= = = Schleswig-Holstein	407,457 =
3)	= = = Hannover	852,228 =
4)	= = = Westfalen	584,622 =
5)	= = der Rheinprovinz	1,000,233 =
6)	= Kommunalverbande des Regierungsbezirks Kassel	274,284 =
7)	= = = = Wiesbaden	165,438 =
8)	= Stadtkreise Frankfurt a. M.	20,394 =
9)	= Landeskommunalverbande der Hohenzollernschen Lande	26,694 =

Die Ueberweisung der bei den Fonds vorhandenen Effekten erfolgt in Anrechnung auf die für jeden dieser Verbände sich ergebende Summe nach dem Kurs der Berliner Börse vom 2. Januar 1876.

§. 27.

Scheidet gemäß §. 4. der Kreisordnung vom 13. Dezember 1872. eine Stadt aus einem Landkreise aus, so ist derjenige Theil der dem letzteren auf Grund der §§. 3. und 4. des Gesetzes vom 30. April 1873. zur Durchführung der Kreisordnung überwiesenen Summe, welcher nach dem im §. 2. jenes Gesetzes vorgeschriebenen Maßstabe auf die ausscheidende Stadt entfallen würde, nach eben diesem Maßstabe auf sämmtliche Landkreise der betreffenden Provinz zu vertheilen und um den hiernach auf jeden Landkreis entfallenden Betrag die Dotation desselben zu erhöhen.

Diese Bestimmung findet auch auf die seit Erlaß des Gesetzes vom 30. April 1873. bereits ausgeschiedenen Städte Anwendung.

§. 28.

Die Minister der Finanzen, des Innern, der geistlichen, Unterrichts- und Medizinalangelegenheiten, für Handel, Gewerbe und öffentliche Arbeiten und für die landwirthschaftlichen Angelegenheiten sind mit der Ausführung dieses Gesetzes beauftragt.

Urkundlich unter Unserer Höchsteigenhändigen Unterschrift und beigedrucktem Königlichen Insiegel.

Gegeben Carlsruhe, den 8. Juli 1875.

(L. S.) **Wilhelm.**

Fürst v. Bismarck. Camphausen. Gr. zu Eulenburg. Leonhardt. Falk. v. Kameke. Achenbach. Friedenthal.

Anlage zu §. 15.

Staats-Nebenfonds

des

Ministeriums des Innern.

Es erhält:	Nr.	folgende Staats-Nebenfonds	mit einem Kapitalbestande von Thalern	mit einem Jahresbetrage von Thalern
I. Der Provinzialverband von Preußen,	1.	den Pferde-Demobilmachungsfonds für den Kreis Memel im Regierungsbezirke Königsberg zur Beihülfe der Provinzialarmenpflege für invalide Krieger und für Wittwen und Waisen der im Kriege Gebliebenen	1,525 Thlr. in Staatsschuldscheinen.	53 Thlr. 11 Sgr 3 Pf.
	2.	den zu gleichem Zwecke bestimmten Demobilmachungsfonds im Regierungsbezirke Gumbinnen	21,564 Thlr. 17 Sgr. 4 Pf. theils in Hypotheken, theils in Staatspapieren, theils baar.	1,100 Thlr
	3.	den aus der Vermögensmasse des aufgehobenen Klosters der barmherzigen Brüder zu Alt-Schottland gebildeten Krankenpflegefonds zur Unterbringung unvermögender Kran-		

Es erhält:	Nr.	folgende Staats-Nebenfonds	mit einem Kapitalbestande von Thalern	mit einem Jahresbetrage von Thalern
		ken des Regierungsbezirks Danzig in dem städtischen Hospital zu Danzig und zur Unterstützung solcher Kranken in ihrer Heimath	15,100 Thlr.	549 Thlr. 2 Sgr. 6 Pf.
II. Der Provinzialverband von Brandenburg,	4.	den aus Beständen der ehemaligen Kursächsischen Generalbrandkasse gebildeten Fonds zur Unterstützung Hülfsbedürftiger, deren Gebäude ihrer Feuergefährlichkeit wegen abgerissen werden müssen und solcher, welche durch Brandunglück oder durch Gewitterschläge an ihren Gebäuden Schaden erlitten haben, sowie zur Unterstützung armer Gemeinden bei Anschaffung von Schlauchspritzen und Löschgeräthschaften im Regierungsbezirke Potsdam	6,250 Thlr. in Staatsschuldscheinen, 44 Thlr. 7 Sgr. 9 Pf. baar.	190 Thlr.
	5.	den aus Beständen der ehemaligen Kursächsischen Generalbrandkasse für gleiche Zwecke gebildeten Fonds im Regierungsbezirke Frankfurt a. d. O.	1,400 Thlr. in Staatspapieren.	54 Thlr.
	6.	den Buderschen Stiftungsfonds zur Unterstützung armer Wenden im Regierungsbezirke Frankfurt a. d. O. . . .	Thlr. Sgr. Pf. 4,950 — — in Staatspapieren, 18,318 1 2 in Hypotheken-Dokumenten, 760 16 9 baar. 24,028 17 11	1,183 Thlr.
III. Der Provinzialverband v. Schlesien,	7.	den Fonds zu Unterstützungen bei Brandschäden und Epidemien im Regierungsbezirke Oppeln	450 Thlr. in Staatsanleihen.	17 Thlr.
	8.	den Fonds zur Unterstützung durch Ueberschwemmung Verunglückter daselbst	—	118 Thlr.

Es erhält:	Nr.	folgende Staats-Nebenfonds	mit einem Kapitalbestande von Thalern	mit einem Jahresbe[trage] von Thalern
IV. Der Provinzialverband v. Sachsen,	9.	den aus den Beständen der ehemaligen Kursächsischen Generalbrandkasse gebildeten Fonds zu den unter Nr. 4. angegebenen Zwecken im Regierungsbezirke Magdeburg . .	1,475 Thlr. in Staatspapieren, 53 Thlr. 21 Sgr. 3 Pf. baar.	47 Thlr.
	10.	den aus den Beständen der ehemaligen Kursächsischen Generalbrandkasse gebildeten Fonds zu den unter Nr. 4. angegebenen Zwecken im Regierungsbezirke Merseburg . . .	34,375 Thlr.	1,314 Thlr. 3 Sgr.
	11.	desgleichen im Regierungsbezirke Erfurt	6,875 Thlr. in Staatspapieren.	265 Thlr. 8 Sgr.
	12.	den General-Armenfonds zu Heiligenstadt im Regierungsbezirke Erfurt zur Unterstützung armer Bewohner des Eichsfeldes	—	722 Thlr.
	13.	den Fonds zu außerordentlichen Unterstützungen im Regierungsbezirke Merseburg, soweit die Verwaltung desselben bisher der Abtheilung des Innern der Regierung zu Merseburg zustand	10,300 Thlr.	466 Thlr. 7 Sgr.
	14.	den Stift-Merseburger-Ueberschußfonds zu Unterstützungen für die Armenkassen und Schulen, sowie an Hülfsbedürftige im Stifte Merseburg	24,456 Thlr. 29 Sgr. 2 Pf.	757 Thlr.
V. Der Provinzialverband von Hannover,	15.	den Eichsfeldschen General-Armenfonds der Provinz Hannover zur Unterstützung hülfsbedürftiger Bewohner des Eichsfeldes	3,500 Thlr.	127 Thlr. 15 Sgr.
	16.	den Osnabrückschen Kornmagazinfonds zur Beförderung gemeinnütziger und wohlthätiger Anstalten im Fürstenthum Osnabrück.	33,850 Thlr. Kurant.	960 Thlr.

Es erhält:	Nr.	folgende Staats-Nebenfonds	mit einem Kapitalbestande von Thalern	mit einem Jahresbetrage von Thalern
	17.	den Bentheimschen Bataillonsunterstützungsfonds für Hülfsbedürftige in der Grafschaft Bentheim	1,650 Thlr. Kurant.	71 Thlr.
	18.	den Lingenschen Waisenkassenfonds zur Unterstützung von Waisen in der Niedergrafschaft Lingen	10,850 Holländische Gulden, 1,000 Thlr. Gold und 17,200 Thlr. Kurant.	1,111 Thlr. 26 Sgr. 2 Pf.
	19.	den Fonds des von Dankelmannschen Legats in Osnabrück zur Unterstützung einer reformirten Predigerwittwe der Stadt und Grafschaft Lingen und zweier anderer Wittwen	3,200 Holländische Gulden und 2,200 Thlr. Kurant.	142 Thlr. 4 Sgr.
VI. Der Provinzialverband v. Westfalen,	20.	den allgemeinen Unterstützungs- und Wohlthätigkeitsfonds für den Regierungsbezirk Arnsberg	52,825 Thlr. in Hypotheken und Werthpapieren.	2,154 Thlr. 18 Sgr. 9 Pf.
	21.	den Waisenhausfonds zur Unterstützung armer Waisenkinder reformirter Konfession im Kreise Siegen des Regierungsbezirks Arnsberg . . .	7,316 Thlr. 6 Sgr. 6 Pf. in Hypotheken und Werthpapieren.	247 Thlr. 4 Sgr. 5 Pf.
VII. Der kommunalständische Verband des Regierungsbezirks Wiesbaden,	22.	den Fonds der Adolfstiftung in Wiesbaden zur Unterstützung armer Waisenkinder beiderlei Geschlechts Behufs ihrer Ausbildung in einem Handwerke oder Gewerbe	13,580 Thlr.	585 Thlr. 3 Sgr.
VIII. Der Provinzialverband d. Rheinprovinz,	23.	den Ehrenbreitsteiner allgemeinen Armenfonds im Regierungsbezirke Coblenz	15,150 Thlr.	575 Thlr.
	24.	den Polizeistrafgelderfonds zur Unterstützung verlassener Findel- und verwaister Kinder ꝛc. für den rechtsrheinischen Theil des Regierungsbezirks Coblenz	8,000 Thlr.	3,874 Thlr. 28 Sgr.

Es erhält:	Nr.	folgende Staats-Nebenfonds	mit einem Kapitalbestande von Thalern	mit einem Jahresbetrage von Thalern
	25.	für den linksrheinischen Theil des Regierungsbezirks Coblenz	4,500 Thlr.	4,485 Thlr. 25 Sgr
	26.	für den rheinisch-rechtlichen Theil des Regierungsbezirks Düsseldorf	4,800 Thlr. rentbar angelegt und 2,612 Thlr. 29 Sgr. baar (am Schlusse des Jahres 1872.).	17,236 Thlr. 8 Sgr. 1 Pf.
	27.	für den landrechtlichen Theil des Regierungsbezirks Düsseldorf	21,916 Thlr. 20 Sgr. rentbar angelegt und 2,097 Thlr. 15 Sgr. 7 Pf. baar (am Schlusse des Jahres 1872.).	7,509 Thlr. 14 Sgr.
	28.	für den Regierungsbezirk Cöln	13,190 Thlr. in Effekten, 10,968 Thlr. 21 Sgr. 5 Pf. baar.	17,998 Thlr. 4 Sgr. 9 Pf.
	29.	für den Regierungsbezirk Trier	22,400 Thlr. (am Schlusse des Jahres 1872.).	13,558 Thlr. 22 Sgr. 6 Pf.
	30.	für den Regierungsbezirk Aachen	16,300 Thlr. in Staatspapieren und Eisenbahn-Prioritäten.	10,810 Thlr. 19 Sgr.

Anlage C.

Gesetz

betreffend

die Verfassung der Verwaltungsgerichte und das Verwaltungsstreitverfahren. Vom 3. Juli 1875.

(Ges.-Samml. S. 375.)

Wir **Wilhelm**, von Gottes Gnaden König von Preußen 2c. verordnen, mit Zustimmung beider Häuser des Landtages, für den gesammten Umfang der Monarchie, was folgt:

Titel I.

Von den Verwaltungsgerichten.

§. 1.

Die Gerichtsbarkeit in streitigen Verwaltungssachen wird durch Verwaltungsgerichte ausgeübt.

§. 2.

Für jeden Kreis besteht am Amtssitze des Landraths ein Kreisverwaltungsgericht (§. 8.); für jeden Regierungsbezirk besteht am Amtssitze des Regierungspräsidenten ein Bezirksverwaltungsgericht; für den gesammten Umfang der Monarchie besteht zu Berlin ein Oberverwaltungsgericht.

§. 3.

Die sachliche Zuständigkeit der Kreisverwaltungsgerichte, der Bezirksverwaltungsgerichte und des Oberverwaltungsgerichts, soweit sie in erster Instanz zu erkennen haben, wird durch besondere Gesetze bestimmt.

Wo in besonderen Gesetzen das Verwaltungsgericht genannt wird, ist darunter das Bezirksverwaltungsgericht zu verstehen.

Die Bezirksverwaltungsgerichte treten überall an die Stelle der Deputationen für das Heimathwesen.

§. 4.

Die Bezirksverwaltungsgerichte entscheiden auf die Berufungen gegen die in streitigen Verwaltungssachen ergangenen Endurtheile der Kreisverwaltungsgerichte, soweit nicht nach besonderen Gesetzen

a) diese Urtheile im Verwaltungsstreitverfahren endgültig sind, oder

b) die Entscheidung auf die Berufung gegen dieselben anderen Behörden übertragen ist.

Die Bezirksverwaltungsgerichte entscheiden endgültig auf die Beschwerden, welche die Leitung des Verfahrens in den bei den Kreisverwaltungsgerichten anhängigen streitigen Verwaltungssachen zum Gegenstande haben.

§. 5.

Das Oberverwaltungsgericht entscheidet in streitigen Verwaltungssachen auf die Berufung gegen die von den Bezirksverwaltungsgerichten in erster Instanz, sowie auf das Rechtsmittel der Revision gegen die von den Bezirksverwaltungsgerichten in zweiter Instanz erlassenen Endurtheile, soweit nicht nach besonderen Gesetzen

a) diese Urtheile im Verwaltungsstreitverfahren endgültig sind, oder

b) die Entscheidung auf die Beschwerde gegen dieselben anderen Behörden übertragen ist.

Das Oberverwaltungsgericht entscheidet desgleichen auf die Beschwerden, welche die Leitung des Verfahrens in den bei den Bezirksverwaltungsgerichten anhängigen streitigen Verwaltungssachen zum Gegenstande haben.

§. 6.

Die Endurtheile in streitigen Verwaltungssachen werden, soweit nicht nachstehend ein anderes bestimmt ist, auf Grund mündlicher Verhandlung unter den Parteien erlassen.

Auch vor Erlaß aller sonstigen Beschlüsse und Entscheidungen kann eine mündliche Verhandlung anberaumt werden.

§. 7.

Die Verwaltungsgerichte haben sich gegenseitig Rechtshülfe zu leisten. Sie haben den Aufträgen der ihnen im Instanzenzuge vorgesetzten Verwaltungsgerichte Folge zu leisten.

Die im Instanzenzuge vorgesetzten Verwaltungsgerichte sind zur Vornahme allgemeiner Geschäftsrevisionen befugt.

Titel II.

Von den Kreisverwaltungsgerichten.

§. 8.

Kreisverwaltungsgericht ist der Kreisausschuß. Die Bestimmungen der Kreisordnung über den Geschäftsgang bei den Kreisausschüssen sind unbeschadet der besonderen Vorschriften des gegenwärtigen Gesetzes auch für das Verwaltungssteitverfahren maßgebend.

In den Stadtkreisen tritt, soweit nicht schon in erster Instanz das Bezirksverwaltungsgericht zu erkennen hat, an die Stelle des Kreisausschusses die zu dessen Verrichtungen nach Vorschrift der Gesetze zu berufende städtische Behörde.

In den Hohenzollernschen Landen tritt an die Stelle des Kreisausschusses der Amtsausschuß.

Titel III.

Von den Bezirksverwaltungsgerichten.

§. 9.

Jedes Bezirksverwaltungsgericht besteht aus fünf Mitgliedern.

Zwei dieser Mitglieder, von denen eins zum Richteramte, eins zur Bekleidung von höheren Verwaltungsämtern befähigt sein muß, werden vom Könige auf Lebenszeit ernannt. Aus der Zahl dieser Mitglieder ernennt der König gleichzeitig den Direktor des Bezirksverwaltungsgerichts. Für jedes derselben ernennt der König ferner aus der Zahl der am Sitze des Bezirksverwaltungsgerichts ein richterliches, beziehungsweise ein höheres Verwaltungsamt bekleidenden Beamten einen Stellvertreter; die Ernennung der Stellvertreter erfolgt auf die Dauer ihres Hauptamtes am Sitze des Bezirksverwaltungsgerichts.

Die drei anderen Mitglieder des Bezirksverwaltungsgerichts werden auf drei Jahre aus den Einwohnern seines Sprengels durch die Provinzialvertretung gewählt. In gleicher Weise wählt letztere drei bis sechs Stellvertreter, über deren Einberufung das Geschäftsregulativ bestimmt. Die Dauer der Wahlperiode kann durch das Provinzialstatut anders bestimmt werden. Wählbar ist, mit Ausnahme der Oberpräsidenten, Regierungspräsidenten und Vizepräsidenten, der Vorsteher Königlicher Polizeibehörden und der Landräthe, jeder zum Provinziallandtage wählbare Angehörige des Deutschen Reichs.

§. 10.

Den Direktor vertritt im Vorsitz das zweite der ernannten Mitglieder und, wenn auch dieses verhindert ist, der für den Direktor in seiner Eigenschaft als Mitglied des Bezirksverwaltungsgerichts ernannte Stellvertreter.

§. 11.

Scheidet ein gewähltes Mitglied oder stellvertretendes Mitglied innerhalb der Wahlperiode aus, so wird für den Rest der letzteren ein anderes Mitglied beziehungsweise stellvertretendes Mitglied von dem Provinzialausschusse bestellt.

§. 12.

Die gewählten Mitglieder und stellvertretenden Mitglieder werden durch den Vorsitzenden vereidigt. Alle Mitglieder und stellvertretenden Mitglieder unterliegen in dieser ihrer Eigenschaft den Vorschriften des Gesetzes, betreffend die Dienstvergehen der Richter u. s. w. vom 7. Mai 1851. (Gesetz-Samml. S. 218.), beziehungsweise des Gesetzes vom 26. März 1856. (Gesetz-Samml. S. 201.). Disziplinargericht ist das Oberverwaltungsgericht.

§. 13.

Das Bezirksverwaltungsgericht ist bei Anwesenheit der beiden ernannten Mitglieder und eines gewählten Mitgliedes (beziehungsweise deren Stellvertreter) beschlußfähig. Die Beschlüsse werden nach Stimmenmehrheit gefaßt. Sind vier Mitglieder anwesend, so nimmt das dem Lebensalter nach jüngste Mitglied an der Abstimmung nicht Theil. Dem Berichterstatter steht jedoch in allen Fällen Stimmrecht zu.

§. 14.

Im Uebrigen wird der Geschäftsgang bei dem Bezirksverwaltungsgerichte, ebenso wie die Bestellung der erforderlichen Subaltern- und Unterbeamten, durch ein von dem Minister des Innern zu erlassendes Regulativ geordnet.

§. 15.

Die gewählten Mitglieder und deren Stellvertreter erhalten Tagegelder und Reisekosten nach den für Staatsbeamte der vierten Rangklasse bestehenden gesetzlichen Bestimmungen.

§. 16.

Alle Einnahmen des Bezirksverwaltungsgerichts fließen zur Staatskasse. Derselben fallen auch alle Ausgaben zur Last.

Titel IV.

Von dem Oberverwaltungsgerichte.

§. 17.

Das Oberverwaltungsgericht besteht aus einem Präsidenten, den Senatspräsidenten (§. 26.) und der erforderlichen Anzahl von Räthen. Die eine Hälfte der Mitglieder des Oberverwaltungsgerichts muß zum Richteramte, die andere Hälfte zur Bekleidung von höheren Verwaltungsämtern befähigt sein.

Zum Mitgliede des Oberverwaltungsgerichts kann nur ernannt werden, wer das dreißigste Lebensjahr vollendet hat.

§. 18.

Die Mitglieder des Oberverwaltungsgerichts werden auf den Vorschlag des Staatsministeriums vom Könige ernannt. Die Ernennung erfolgt auf Lebenszeit.

§. 19.

Die Mitglieder des Oberverwaltungsgerichts können ein besoldetes Nebenamt nur in den Fällen bekleiden, in denen das Gesetz die Uebertragung eines solchen Amtes an etatsmäßig angestellte Richter gestattet.

§. 20.

Die Mitglieder des Oberverwaltungsgerichts unterliegen, vorbehaltlich der Bestimmungen der §§. 21. ff., keinem Disziplinarverfahren.

§. 21.

Ist ein Mitglied zu einer Strafe wegen einer entehrenden Handlung oder zu einer Freiheitsstrafe von längerer als einjähriger Dauer rechtskräftig verurtheilt, so kann es durch Plenarbeschluß des Oberverwaltungsgerichts seines Amtes und seines Gehalts für verlustig erklärt werden.

§. 22.

Ist wegen eines Verbrechens oder Vergehens das Hauptverfahren gegen ein Mitglied eröffnet, so kann die vorläufige Enthebung desselben von seinem Amte durch Plenarbeschluß des Oberverwaltungsgerichts ausgesprochen werden.

Wird gegen ein Mitglied die Untersuchungshaft verhängt, so tritt für die Dauer derselben die vorläufige Enthebung von Rechtswegen ein.

Durch die vorläufige Enthebung wird das Recht auf den Genuß des Gehalts nicht berührt.

§. 23.

Wenn ein Mitglied durch ein körperliches Gebrechen oder durch Schwäche seiner körperlichen oder geistigen Kräfte zur Erfüllung seiner Amtspflichten dauernd unfähig wird, so tritt seine Versetzung in den Ruhestand gegen Gewährung eines Ruhegehalts ein.

§. 24.

Wird die Versetzung eines Mitgliedes in den Ruhestand nicht beantragt, obgleich die Voraussetzungen derselben vorliegen, so hat der Präsident an das Mitglied die Aufforderung zu erlassen, binnen einer bestimmten Frist den Antrag zu stellen. Wird dieser Aufforderung nicht Folge geleistet, so ist die Versetzung in den Ruhestand durch Plenarbeschluß des Oberverwaltungsgerichts auszusprechen.

§. 25.

Für das nach Maßgabe der §§. 21. 22. Abs. 1. und §. 24. einzuleitende Verfahren gelten die folgenden Bestimmungen:

1) Der Präsident ernennt aus der Zahl der Mitglieder des Oberverwaltungsgerichts einen Kommissar.

   Der Kommissar hat die das Verfahren begründenden Thatsachen zu erörtern, erforderlichenfalls den Beweis unter Vorladung des betheiligten Mitgliedes zu erheben und darüber Bericht zu erstatten.

   Der Bericht ist dem betheiligten Mitgliede zuzufertigen.

2) Vor der Beschlußfassung findet eine mündliche Verhandlung vor dem Oberverwaltungsgerichte statt. In derselben kann die mündliche Vernehmung von Zeugen und Sachverständigen erfolgen. Das betheiligte Mitglied beziehungsweise sein Kurator ist zu hören.

3) Das betheiligte Mitglied kann sich des Beistandes oder der Vertretung eines Rechtsanwaltes bedienen, jedoch ist das Oberverwaltungsgericht befugt, das persönliche Erscheinen des Mitgliedes unter der Warnung anzuordnen, daß bei seinem Ausbleiben ein Vertreter desselben nicht werde zugelassen werden.

4) Die Einleitung des Verfahrens gegen den Präsidenten erfolgt durch den Stellvertreter desselben auf Grund eines Plenarbeschlusses des Oberverwaltungsgerichts.

§. 26.

Das Oberverwaltungsgericht kann auf Beschluß des Staatsministeriums in Senate eingetheilt werden.

Die Zusammensetzung der Senate erfolgt durch den Präsidenten mindestens auf die Dauer eines Geschäftsjahres.

Bei Beginn des Geschäftsjahres werden für jeden Senat die ständigen Mitglieder und für den Fall ihrer Verhinderung die erforderlichen Vertreter bezeichnet.

§. 27.

Dem Präsidenten gebührt der Vorsitz im Plenum und in demjenigen Senate, welchem er sich anschließt; in den anderen Senaten führt ein Senatspräsident den Vorsitz.

Im Falle der Verhinderung des ordentlichen Vorsitzenden führt den Vorsitz im Plenum derjenige Senatspräsident und in den Senaten derjenige Rath des Senats, welcher das gedachte Amt am längsten bekleidet, und bei gleichem Dienstalter derjenige, welcher der Geburt nach der Aelteste ist.

§. 28.

Zur Fassung gültiger Beschlüsse des Oberverwaltungsgerichts ist die Theilnahme von wenigstens fünf Mitgliedern erforderlich.

Die Zahl der Mitglieder, welche bei Fassung eines Beschlusses eine entscheidende Stimme führen, muß in allen Fällen eine ungerade sein. Ist die Zahl der anwesenden Mitglieder eine gerade, so hat der zuletzt ernannte Rath und bei gleichem Dienstalter der, der Geburt nach jüngere Rath kein Stimmrecht. Dem Berichterstatter steht jedoch in allen Fällen Stimmrecht zu.

§. 29.

Will ein Senat in einer Rechtsfrage von einer früheren Entscheidung eines anderen Senats oder des Plenums abweichen, so hat er die Verhandlung und Entscheidung der Sache vor das Plenum zu verweisen.

Zur Fassung von Plenarentscheidungen ist die Theilnahme von wenigstens zwei Dritteln aller Mitglieder erforderlich.

§. 30.

Im Uebrigen wird der Geschäftsgang und die Vertheilung der Geschäfte unter die Senate durch ein Regulativ geordnet, welches das Plenum des Oberverwaltungsgerichts zu entwerfen und dem Staatsministerium zur Bestätigung einzureichen hat.

Die Ernennung der erforderlichen Subaltern- und Unterbeamten bei dem Oberverwaltungsgerichte erfolgt, insoweit sie nicht durch das Geschäftsregulativ dem Präsidenten überwiesen wird, durch das Staatsministerium.

Titel V.

Von der örtlichen Zuständigkeit der Verwaltungsgerichte und von der Ablehnung der Gerichtspersonen.

§. 31.

Zuständig in erster Instanz ist im Verwaltungsstreitverfahren

a) bei Ansprüchen, welche in Beziehung auf Grundstücke geltend gemacht werden, das Verwaltungsgericht der belegenen Sache,

b) in allen sonstigen Fällen dasjenige Verwaltungsgericht, in dessen Bezirk die in Anspruch zu nehmende Person, Korporation oder öffentliche Behörde wohnt oder ihren Sitz hat.

§. 32.

Sind die Grundstücke (§. 31.) in mehreren Gerichtsbezirken gelegen oder ist es zweifelhaft, zu welchem Gerichtsbezirke sie gehören, so wird das zuständige Gericht durch das im Instanzenzuge zunächst höhere Gericht endgültig bestimmt. Dasselbe findet statt, wenn die gleichzeitig in Anspruch zu nehmenden Personen oder Korporationen in mehreren Gerichtsbezirken wohnen oder ihren Sitz haben.

§. 33.

Die Bestimmungen der am Sitze des Gerichts geltenden bürgerlichen Prozeßgesetze über Ausschließung und Ablehnung der Gerichtspersonen sind auch für das Verwaltungsstreitverfahren maßgebend.

§. 34.

Ueber das Ablehnungsgesuch beschließt das Gericht, welchem der Abgelehnte angehört.

Der Beschluß, durch welchen das Gesuch für begründet erklärt wird, ist endgültig. Wird das Gesuch für unbegründet erklärt, so steht der mit demselben zurückgewiesenen Partei die Beschwerde an das, im Instanzenzuge zunächst höhere Gericht zu. Die Beschwerde ist bei dem, im Instanzenzuge zunächst höheren Gericht innerhalb zehn Tagen anzubringen; dasselbe entscheidet endgültig.

Das im Instanzenzuge zunächst vorgesetzte Gericht entscheidet desgleichen endgültig und bestimmt das zuständige Gericht, wenn das Gericht, dem das ausgeschlossene oder abgelehnte Mitglied angehört, bei dessen Ausscheiden beschlußunfähig wird.

Titel VI.

Von dem Verfahren in erster Instanz.

§. 35.

Die Klage ist dem zuständigen Gerichte schriftlich einzureichen. In derselben ist ein bestimmter Antrag zu stellen und sind die Person des Verklagten, der Gegenstand des Anspruchs, sowie die den Antrag begründenden Thatsachen genau zu bezeichnen.

§. 36.

Die Klage ist dem Verklagten mit der Vorladung zur mündlichen Verhandlung zuzufertigen. Die Zufertigung kann vor Anberaumung der mündlichen Verhandlung mit der Aufforderung an den Verklagten erfolgen, seine Gegenerklärung innerhalb einer bestimmten, von einer bis zu vier Wochen zu bemessenden Frist einzureichen.

Die Gegenerklärung des Verklagten wird dem Kläger zugefertigt.

§. 37.

Stellt sich der erhobene Anspruch sofort als rechtlich unzulässig oder unbegründet heraus, so kann die Klage ohne Weiteres durch einen mit Gründen versehenen Bescheid zurückgewiesen werden. Namens des Bezirksverwaltungsgerichts steht im Falle des Einverständnisses auch den beiden ernannten Mitgliedern, Namens des Kreisausschusses auch dem Vorsitzenden desselben, der Erlaß eines solchen Bescheides zu. In dem Bescheide ist dem Kläger zu eröffnen, daß derselbe befugt sei, innerhalb einer zehntägigen Frist vom Tage der Zustellung an gegen den Bescheid Einspruch zu erheben und die Anberaumung der mündlichen Verhandlung zu beantragen. Wird kein Einspruch erhoben, so gilt der Bescheid vom Tage seiner Zustellung ab als Endurtheil.

§. 38.

Allen Schriftstücken sind die als Beweismittel in Bezug genommenen Urkunden im Original oder in Abschrift beizufügen. Von allen Schriftstücken und deren Anlagen sind Duplikate einzureichen.

Das Gericht kann geeigneten Falls gestatten, daß statt der Einreichung von Duplikaten die Anlagen selbst zur Einsicht der Betheiligten in seinem Geschäftslokale offen gelegt werden.

§. 39.

Zur mündlichen Verhandlung werden die Parteien unter der Verwarnung vorgeladen, daß beim Ausbleiben nach Lage der Verhandlungen werde entschieden werden. Den Parteien steht es frei, ihre thatsächlichen Erklärungen, soweit solche nicht vorab von ihnen erfordert worden waren (§. 36.), vor dem Termine schriftlich einzureichen.

§. 40.

Das Gericht kann auf Antrag oder von Amtswegen die Beiladung Dritter, deren Interesse durch die zu erlassende Entscheidung berührt wird, verfügen. Die Entscheidung ist in diesem Falle auch den Beigeladenen gegenüber gültig.

§. 41.

In der mündlichen Verhandlung sind die Parteien oder ihre mit Vollmacht versehenen Vertreter zu hören.

Dieselben können ihre thatsächlichen oder rechtlichen Anführungen ergänzen oder berichtigen und die Klage abändern, insofern durch die Abänderung nach dem Ermessen des Gerichts das Vertheidigungsrecht der Gegenpartei nicht geschmälert oder eine erhebliche Verzögerung des Verfahrens nicht herbeigeführt wird. Sie haben sämmtliche Beweismittel anzugeben und, soweit dies nicht bereits geschehen, die schriftlichen, ihnen zu Gebote stehenden Beweismittel vorzulegen; auch können von ihnen Zeugen zur Vernehmung vorgeführt werden.

Der Vorsitzende des Gerichts hat dahin zu wirken, daß der Sachverhalt vollständig aufgeklärt und die sachdienlichen Anträge von den Parteien gestellt werden.

Er kann einem Mitgliede des Gerichts gestatten, das Fragerecht auszuüben.

Eine Frage ist zu stellen, wenn das Gericht diese für angemessen erachtet.

§. 42.

Die mündliche Verhandlung erfolgt in öffentlicher Sitzung des Gerichts.

Die Oeffentlichkeit kann durch einen öffentlich zu verkündigenden Beschluß ausgeschlossen werden, wenn das Gericht dies aus Gründen des öffentlichen Wohls oder der Sittlichkeit für angemessen erachtet.

Der Vorsitzende kann aus der öffentlichen Sitzung jeden Zuhörer entfernen lassen, der Zeichen des Beifalls oder des Mißfallens giebt oder Störung irgend einer Art verursacht.

§. 43.

Die Parteien sind in der Wahl der von ihnen zu bestellenden Bevollmächtigten nicht beschränkt.

Das Gericht kann Vertreter, welche, ohne Rechtsanwalte zu sein, die Vertretung vor dem Gerichte gewerbmäßig betreiben, zurückweisen.

Gemeindevorsteher, welche als solche legitimirt sind, bedürfen zur Vertretung ihrer Gemeinden einer besonderen Vollmacht nicht.

§. 44.

Liegt einer öffentlichen Behörde als Partei die Wahrnehmung des öffentlichen Interesses ob, so kann auf deren Antrag der Regierungspräsident für die mündliche Verhandlung vor dem Bezirksverwaltungsgerichte, und der Ressortminister für die mündliche Verhandlung vor dem Oberverwaltungsgerichte einen Kommissar zur Vertretung der Behörde bestellen.

Der Regierungspräsident beziehungsweise der Ressortminister kann in geeigneten Fällen auch ohne Antrag einer Partei einen besonderen Kommissar zur Wahrnehmung des öffentlichen Interesses für die mündliche Verhandlung bestellen. Der Kommissar ist vor Erlaß des Endurtheils mit seinen Ausführungen und Anträgen zu hören.

§. 45.

Die mündliche Verhandlung erfolgt unter Zuziehung eines vereidigten Protokollführers. Das Protokoll muß die wesentlichen Hergänge der Verhandlung enthalten. Dasselbe wird von dem Vorsitzenden und dem Protokollführer unterzeichnet.

§. 46.

Das Gericht ist befugt, — geeigneten Falls schon vor Anberaumung der mündlichen Verhandlung — Untersuchungen an Ort und Stelle zu veranlassen, Zeugen und Sachverständige zu laden und eidlich zu vernehmen, überhaupt den angetretenen oder nach dem Ermessen des Gerichts erforderlichen Beweis in vollem Umfange zu erheben.

§. 47.

Das Gericht kann die Beweiserhebung durch eines seiner Mitglieder oder erforderlichen Falls durch eine zu dem Ende zu ersuchende sonstige Behörde bewirken lassen. Es kann verordnen, daß die Beweiserhebung in der mündlichen Verhandlung stattfinden soll.

Die Beweisverhandlungen sind unter Zuziehung eines vereidigten oder von der betreffenden Behörde durch Handschlag zu verpflichtenden Protokollführers aufzunehmen; die Parteien sind zu denselben zu laden.

§. 48.

Hinsichtlich der Verpflichtung, sich als Zeuge oder Sachverständiger vernehmen zu lassen, sowie hinsichtlich der im Falle des Ungehorsams zu verhängenden Strafen kommen die entsprechenden Bestimmungen der am Sitze des Gerichts geltenden bürgerlichen Prozeßgesetze mit der Maßgabe zur Anwendung, daß im Falle des Ungehorsams die zu erkennende Geldbuße den Betrag von 150 Mark nicht übersteigen darf.

§. 49.

Das Gericht hat nach seiner freien, aus dem ganzen Inbegriffe der Verhandlungen und Beweise geschöpften Ueberzeugung zu entscheiden. Beim Ausbleiben der betreffenden Partei oder in Ermangelung einer Erklärung derselben können die von der Gegenpartei vorgebrachten Thatsachen für zugestanden erachtet werden. Die Entscheidungen dürfen nur die zum Streitverfahren vorgeladenen Parteien und die in demselben erhobenen Ansprüche betreffen.

§. 50.

Die Entscheidung kann ohne vorgängige Anberaumung einer mündlichen Verhandlung erlassen werden, wenn beide Theile auf eine solche ausdrücklich verzichtet haben.

§. 51.

Die Verkündigung der Entscheidung erfolgt der Regel nach in öffentlicher Sitzung des Gerichts. Eine mit Gründen versehene Ausfertigung der Entscheidung ist den Parteien und, sofern ein besonderer Kommissar zur Wahrnehmung des öffentlichen Interesses bestellt war (§. 44. Abs. 2.), gleichzeitig auch diesem zuzustellen. Diese Zustellung genügt, wenn die Verkündigung in öffentlicher Sitzung nicht erfolgt ist.

Titel VII.

Von dem Verfahren in der Berufungsinstanz.

§. 52.

Gegen die in streitigen Verwaltungssachen ergangenen Endurtheile der Kreisausschüsse steht nach Maßgabe der Bestimmungen des §. 4. den Parteien und, aus Gründen des öffentlichen Interesses, dem Vorsitzenden des Kreisausschusses die Berufung an das Bezirksverwaltungsgericht zu.

§. 53.

Gegen die in streitigen Verwaltungssachen in erster Instanz ergangenen Endurtheile der Bezirksverwaltungsgerichte steht nach Maßgabe der Bestimmungen des §. 5. den Parteien und, aus Gründen des öffentlichen Interesses, dem Regierungspräsidenten die Berufung an das Oberverwaltungsgericht zu.

§. 54.

Die Frist zur Einlegung der Berufung beträgt vorbehaltlich der Bestimmungen der §§. 58. und 84.:

I. zehn Tage:

1) in Streitsachen, betreffend die Aufrechterhaltung oder Aufhebung polizeilicher Verfügungen und Straffestsetzungen, exekutivischer Anordnungen oder Disziplinarverfügungen der Gemeindebehörden und Amtsvorsteher, beziehungsweise der Polizeiverwalter in Stadtgemeinden;
2) in Streitsachen, betreffend die Umwandlung rechtskräftig festgesetzter Geldbußen in Haft (§. 82. der Kreisordnung vom 13. Dezember 1872., Gesetz-Samml. S. 661.);
3) in Streitsachen, betreffend die Verpflichtung zur Unterstützung hülfsbedürftiger Angehörigen (§. 66. des Gesetzes vom 8. März 1871., betreffend die Ausführung des Bundesgesetzes über den Unterstützungswohnsitz, Gesetz-Samml. S. 130.);
4) in streitigen Wegebausachen, betreffend die Frage, was im Interesse des öffentlichen Verkehrs geschehen muß, — oder die Frage, ob ein Weg, dessen Eigenschaft als öffentlicher oder als Privatweg streitig ist, für den öffentlichen Verkehr in Anspruch genommen werden soll (§. 135., II. Nr. 1. a., 1. c. der Kreisordnung vom 13. Dezember 1872.);
5) in Streitsachen, betreffend die Entnahme von Wegebaumaterialien (§. 53. des Gesetzes vom 11. Juni 1874., betreffend die Enteignung von Grundeigenthum, Gesetz-Samml. S. 221.);
6) in Streitsachen, betreffend die Gestattung oder Versagung neuer Ansiedelungen (§. 29. beziehungsweise §. 1. der Gesetze, betreffend die Zertheilung von Grundstücken und die Gründung neuer Ansiedelungen in den Provinzen Preußen, Brandenburg, Pommern, Posen, Schlesien und Sachsen vom 3. Januar 1845., Gesetz-Samml. S. 25. und vom 26. Mai 1856., Gesetz-Samml. S. 613.; — §. 10. des Gesetzes, betreffend die Gründung neuer

Ansiedelungen in der Provinz Westfalen vom 11. Juli 1845., Gesetz-Samml. S. 496.);

7) in allen Fällen, in denen die Gesetze zur Anstellung der Klage im Verwaltungsstreitverfahren eine Frist von 10 Tagen bestimmen;

II. einundzwanzig Tage in allen vorstehend nicht erwähnten Fällen.

Die Berufungsfrist beginnt für die Parteien mit der Zustellung des Endurtheils; sie beginnt für den Regierungspräsidenten, wenn ein Kommissar zur Wahrnehmung des öffentlichen Interesses bestellt war (§. 44. Abs. 2.), mit der Zustellung des Endurtheils an letzteren. In allen anderen Fällen ist die Berufung des Regierungspräsidenten ausgeschlossen, sobald die den Parteien freistehenden Fristen abgelaufen sind. Der Tag der Zustellung wird nicht gerechnet.

§. 55.

Innerhalb der im §. 54. gedachten Frist ist, bei Verlust des Rechtsmittels, die Berufung bei dem Verwaltungsgerichte, gegen dessen Entscheidung dieselbe gerichtet ist, schriftlich anzumelden und zu rechtfertigen.

Das Verwaltungsgericht prüft, ob die Anmeldung rechtzeitig erfolgt ist. Ist dies der Fall, so wird die Berufungsschrift mit ihren Anlagen der Gegenpartei und, wenn die Berufung von dem Regierungspräsidenten eingelegt ist, beiden Parteien zur schriftlichen Gegenerklärung innerhalb einer bestimmten, von einer bis zu vier Wochen zu bemessenden Frist zugefertigt.

Zur Rechtfertigung der Berufung, sowie zur Gegenerklärung kann in nicht schleunigen Sachen eine angemessene, der Regel nach nicht über zwei Wochen zu erstreckende Nachfrist gewährt werden.

Ist die Frist versäumt, so ist die Berufung ohne Weiteres durch einen mit Gründen versehenen Bescheid zurückzuweisen. Namens des Bezirksverwaltungsgerichts steht im Falle des Einverständnisses auch den beiden ernannten Mitgliedern, Namens des Kreisausschusses auch dem Vorsitzenden, der Erlaß eines solchen Bescheides zu. In demselben ist dem Berufungskläger zu eröffnen, daß ihm innerhalb einer zehntägigen Frist vom Tage der Zustellung an die Beschwerde an das Berufungsgericht zustehe, widrigenfalls es bei dem Bescheide verbleibe.

§. 56.

Der Berufungsbeklagte kann sich der Berufung anschließen, selbst wenn die Berufungsfrist verstrichen ist.

§. 57.

Nach Ablauf der Frist sind die Verhandlungen dem Berufungsgerichte einzureichen. Die Parteien beziehungsweise der Regierungspräsident sind hiervon unter abschriftlicher Mittheilung der eingegangenen Gegenerklärungen zu benachrichtigen.

§. 58.

Will der Vorsitzende des Kreisausschusses gegen eine Entscheidung des letzteren die Berufung einlegen, so hat er dies sofort zu erklären. Die Verkündigung der Entscheidung bleibt in diesem Falle einstweilen, jedoch längstens drei Tage ausgesetzt. Sie erfolgt mit der Eröffnung, daß im öffentlichen Interesse die Berufung eingelegt worden sei. Ist die Verkündigung ohne diese Eröffnung erfolgt, so findet die Berufung im öffentlichen Interesse nicht mehr statt. Die Gründe der Berufung sind den Parteien zur schriftlichen Erklärung innerhalb der im §. 55. gedachten Frist mitzutheilen. Nach Ablauf der Frist sind die Verhandlungen dem Bezirksverwaltungsgerichte einzureichen und die Parteien hiervon zu benachrichtigen.

§. 59.

Bezüglich der von einer Partei eingelegten Berufung findet die Bestimmung des §. 37. für das Berufungsgericht entsprechende Anwendung.

§. 60.

Die Ladung der Parteien zur mündlichen Verhandlung erfolgt unter der Verwarnung, daß beim Ausbleiben nach Lage der Verhandlungen werde entschieden werden.

§. 61.

Ist die Berufung von dem Vorsitzenden des Kreisausschusses oder von dem Regierungspräsidenten aus Gründen des öffentlichen Interesses eingelegt, so entscheidet das Berufungsgericht zunächst über die Vorfrage, ob das öffentliche Interesse für betheiligt zu erachten ist. Wird die Vorfrage verneint, so weist das Berufungsgericht, ohne im Uebrigen in die Sache selbst einzutreten, die Berufung als unstatthaft zurück.

§. 62.

Die §§. 38. 40. 41. — mit Ausschluß der Bestimmungen über die Abänderung der Klage — §§. 42. bis 51. sind auch für das Verfahren in der Berufungsinstanz maßgebend.

Die Zufertigung der Entscheidung erfolgt durch Vermittelung desjenigen Verwaltungsgerichts, gegen dessen Entscheidung die Berufung eingelegt worden war.

Titel VIII.

Von dem Verfahren in der Revisionsinstanz.

§. 63.

Gegen die von den Bezirksverwaltungsgerichten in zweiter Instanz erlassenen Endurtheile steht nach Maßgabe des §. 5. den Parteien und, aus Gründen des öffentlichen Interesses, dem Regierungspräsidenten das Rechtsmittel der Revision an das Oberverwaltungsgericht zu.

§. 64.

Die Revision kann nur darauf gestützt werden:

1) daß die angefochtene Entscheidung auf der Nichtanwendung oder auf der unrichtigen Anwendung des bestehenden Rechts, insbesondere auch

der von den Behörden innerhalb ihrer Zuständigkeit erlassenen Verordnungen beruhe;

2) daß das Verfahren an wesentlichen Mängeln leide.

§. 65.

Die Bestimmungen des §. 38., des §. 41. — mit Ausschluß der Bestimmungen über die Abänderung der Klage — sowie der §§. 42. bis 45. 50. und 51. 54. bis 57. 59. (37.) 60. sind auch für die Frist zur Einlegung und Rechtfertigung der Revision, sowie für das Verfahren in der Revisionsinstanz maßgebend.

Die Anmeldung der Revision hat bei demjenigen Verwaltungsgerichte zu erfolgen, welches in erster Instanz entschieden hat.

§. 66.

In der Revisionsschrift ist anzugeben, worin die behauptete Nichtanwendung oder unrichtige Anwendung des bestehenden Rechts oder worin die behaupteten Mängel des Verfahrens gefunden werden.

§. 67.

Das Oberverwaltungsgericht ist bei seiner Entscheidung an diejenigen Gründe nicht gebunden, welche zur Rechtfertigung der gestellten Anträge geltend gemacht worden sind.

§. 68.

Erachtet das Oberverwaltungsgericht die Revision für begründet, so hebt es die angefochtene Entscheidung auf und entscheidet in der Sache selbst, wenn diese spruchreif erscheint. Die Zufertigung der Entscheidung erfolgt durch Vermittelung desjenigen Verwaltungsgerichts, welches in erster Instanz entschieden hat.

§. 69.

Ist die Sache nicht spruchreif, so verweist das Oberverwaltungsgericht dieselbe zur anderweitigen Entscheidung an das Bezirksverwaltungsgericht zurück und verordnet die Wiederholung oder Ergänzung des Verfahrens, soweit es nach seinem Ermessen mit einem wesentlichen Mangel behaftet ist.

§. 70.

Das Bezirksverwaltungsgericht, an welches die Sache zurückgewiesen wird, hat bei dem weiteren Verfahren und bei der von ihm anderweitig zu treffenden Entscheidung die in dem Aufhebungsbeschlusse des Oberverwaltungsgerichts aufgestellten Grundsätze als maßgebend zu betrachten.

Titel IX.

Von den Kosten des Verfahrens und von der Vollstreckung der Entscheidungen.

§. 71.

Das Verfahren vor den Verwaltungsgerichten ist stempelfrei.

§. 72.

Dem unterliegenden Theile sind die Kosten und die baaren Auslagen des Verfahrens, sowie die erforderlichen baaren Auslagen des obsiegenden Theiles zur Last zu legen, — die letzteren mit Einschluß der Gebühren, welche der obsiegende Theil einem ihn vertretenden Rechtsanwalte für Wahrnehmung der mündlichen Verhandlung vor dem Bezirksverwaltungsgerichte oder vor dem Oberverwaltungsgerichte zu zahlen hat.

Im Endurtheil ist der Werth des Streitobjektes festzusetzen. Die Gebühren der Rechtsanwalte sind in erster und zweiter Instanz nach den Vorschriften und Gebührentarifen zu liquidiren, welche für diese Instanzen bei den ordentlichen Gerichten am Sitze des Verwaltungsgerichts, wo das Streitverfahren schwebt, gelten. Für die bei dem Oberverwaltungsgerichte anhängigen Sachen kommt der Gebührentarif für die bei dem Obertribunal angestellten Rechtsanwalte zur Anwendung.

§. 73.

Die Kosten und baaren Auslagen bleiben dem obsiegenden Theile zur Last, soweit sie durch sein eigenes Verschulden entstanden sind.

§. 74.

Die Entscheidung über den Kostenpunkt (§§. 72. 73.) kann nur gleichzeitig mit der Entscheidung in der Hauptsache durch Berufung oder Revision angefochten werden.

§. 75.

An Kosten kommt ein Pauschquantum zur Hebung, welches im Höchstbetrage bei dem Kreisausschusse und bei dem Bezirksverwaltungsgerichte sechszig Mark, bei dem Oberverwaltungsgerichte einhundertundfünfzig Mark nicht übersteigen darf. Für die Berechnung des Pauschquantums, sowie der Gebühren für Zeugen und Sachverständige, kann von den Ministern der Finanzen und des Innern ein Tarif aufgestellt werden.

§. 76.

Die Erhebung eines Pauschquantums findet nicht statt:

1) wenn der unterliegende Theil eine öffentliche Behörde ist, insoweit die angefochtene Verfügung oder Entscheidung derselben nicht lediglich die Wahrung der Haushaltsinteressen eines von der Behörde vertretenen Kommunalverbandes zum Gegenstande hatte; die baaren Auslagen des Verfahrens und des obsiegenden Theils fallen demjenigen Kommunalverbande zur Last, als dessen Organ die Behörde gehandelt hat;
2) bei dem Kreisausschusse, wenn die Entscheidung ohne vorgängige mündliche Verhandlung erfolgt ist;
3) bei dem Kreisausschusse in den Fällen der §§. 60. bis 62. des Gesetzes vom 8. März 1871., betreffend die Ausführung des Bundesgesetzes über den Unterstützungswohnsitz (Gesetz-Samml. S. 130.);
4) bei dem Bezirksverwaltungsgerichte und bei dem Oberverwaltungsgerichte, soweit die Berufung oder die Revision von dem Vorsitzenden

des Kreisausschusses, beziehungsweise von dem Regierungspräsidenten eingelegt worden war.

§. 77.

Die Kosten und baaren Auslagen werden von dem Verwaltungsgerichte festgesetzt, welches in der Sache selbst entschieden hat. Gegen den Festsetzungsbeschluß des Kreisausschusses findet innerhalb einundzwanzig Tagen die Beschwerde an das Bezirksverwaltungsgericht statt. Das letztere entscheidet in allen Fällen endgültig.

§. 78.

Dem unterliegenden Theil kann, im Falle des bescheinigten Unvermögens oder wenn sonst ein besonderer Anlaß dazu vorliegt, gänzliche oder theilweise Kostenfreiheit bewilligt werden. Gegen den das Gesuch ablehnenden Beschluß des Kreisausschusses findet die Beschwerde an das Bezirksverwaltungsgericht statt. Das letztere entscheidet in allen Fällen endgültig.

§. 79.

Die Vollstreckung der Entscheidungen der Verwaltungsgerichte erfolgt im Wege der administrativen Exekution. Die Vollstreckung wird Namens des Verwaltungsgerichts, welches in erster Instanz entschieden hatte, von dem Vorsitzenden des letzteren verfügt. Ueber Beschwerden gegen diese Verfügungen des Vorsitzenden entscheidet, soweit nicht der ordentliche Rechtsweg stattfindet, das Verwaltungsgericht. Gegen die Entscheidung des Kreisausschusses findet die Beschwerde an das Bezirksverwaltungsgericht statt. Das letztere entscheidet in allen Fällen endgültig.

Titel X.

Schluß- und Uebergangsbestimmungen.

§. 80.

Das gegenwärtige Gesetz tritt in den Provinzen Preußen, Brandenburg, Pommern, Schlesien und Sachsen, sowie in den Hohenzollernschen Landen mit dem 1. Oktober 1875 in Kraft.

Es tritt in den übrigen Provinzen der Monarchie in Kraft, je nachdem in denselben auf Grund zu erlassender besonderer Gesetze die Einsetzung von Kreisausschüssen bewirkt sein wird. Der betreffende Zeitpunkt wird für jede Provinz durch Königliche Verordnung bekannt gemacht.

§. 81.

Alle in dem gegenwärtigen Gesetze vorgeschriebenen Fristen sind präklusivisch. Für die Berechnung derselben sind die am Sitze des Gerichts geltenden bürgerlichen Prozeßgesetze maßgebend, insoweit das vorliegende Gesetz nichts Anderes bestimmt.

§. 82.

Auf die vor dem 1. Oktober 1875 bereits anhängig gemachten Sachen finden in Beziehung auf das Verfahren und die Zulässigkeit der Rechtsmittel lediglich die Bestimmungen der früheren Gesetze Anwendung

§. 83.

Die in dem Gesetze vom 8. April 1847. (Gesetz-Samml. S. 170.) bezeichneten Verwaltungsbehörden sind auch in streitigen Verwaltungssachen zur Erhebung des Kompetenzkonflikts befugt.

Die Erhebung des Kompetenzkonflikts (Gesetz vom 8. April 1847.) auf Grund der Behauptung, daß in einer vor dem Verwaltungsgerichte anhängig gemachten Sache die Verwaltungsbehörde zuständig sei, findet nicht statt.

Die Verwaltungsgerichte haben ihre Zuständigkeit von Amtswegen wahrzunehmen.

Wird von einer Partei die Einrede der Unzuständigkeit erhoben, so hat das Verwaltungsgericht über dieselbe vorab zu entscheiden. Gegen die Entscheidung findet innerhalb zehn Tagen — vorbehaltlich der Bestimmung des §. 58. — die Berufung unmittelbar an das Oberverwaltungsgericht statt.

Haben sich in derselben Sache die Verwaltungsbehörde und das Verwaltungsgericht für zuständig erklärt, so entscheidet auf Grund der schriftlichen Erklärungen der über ihre Kompetenz streitenden Behörden und nach Anhörung der Parteien das Oberverwaltungsgericht. Das Gleiche gilt in dem Falle, wenn die Verwaltungsbehörde und das Verwaltungsgericht sich in der Sache für unzuständig erklärt haben.

§. 84.

Durch das gegenwärtige Gesetz werden nicht berührt:

1) rücksichtlich der zur Zuständigkeit der Verwaltungsgerichte gehörenden gewerbepolizeilichen Streitsachen, die Bestimmungen der §§. 20. 21. der Gewerbeordnung vom 21. Juni 1869. (Bundes-Gesetzbl. S. 245.);
2) rücksichtlich der zur Zuständigkeit der Verwaltungsgerichte gehörenden, die Entfernung aus dem Amte beziehungsweise die unfreiwillige Versetzung in den Ruhestand betreffenden Streitsachen, die Bestimmungen des Gesetzes vom 21. Juli 1852., betreffend die Dienstvergehen der nicht richterlichen Beamten 2c. (Gesetz-Samml. S. 463.);
3) rücksichtlich der zur Zuständigkeit der Verwaltungsgerichte gehörenden Armenstreitsachen, die Bestimmungen des Reichsgesetzes über den Unterstützungswohnsitz vom 6. Juni 1870. (Bundes-Gesetzbl. S. 360.).

§. 85.

Auf das Bezirksverwaltungsgericht zu Sigmaringen finden die Bestimmungen dieses Gesetzes mit folgenden Maßgaben Anwendung:

1) Die von dem Könige zu ernennenden Mitglieder werden aus der Zahl der am Sitze des Bezirksverwaltungsgerichts ein richterliches beziehungsweise ein höheres Verwaltungsamt bekleidenden Beamten für die Dauer ihres Hauptamtes bestellt.
2) Sämmtliche Mitglieder des Bezirksverwaltungsgerichts bleiben in Thätigkeit für diejenige Zeit, für welche sie bestellt worden sind.

§. 86.

So lange bei den Bezirksverwaltungsgerichten ein ausreichender Geschäftsumfang nicht vorhanden ist, kann bei denselben die Bestellung der vom Könige zu ernennenden Mitglieder im Nebenamte für die Dauer ihres Hauptamtes am Sitze des Bezirksverwaltungsgerichts erfolgen.

§. 87.

Die von den Provinziallandtagen gewählten Mitglieder der bestehenden Bezirksverwaltungsgerichte verbleiben in Thätigkeit für diejenige Zeit, für welche sie bestellt worden sind. Dasselbe gilt von den ernannten Mitgliedern dieser Bezirksverwaltungsgerichte, so lange bei denselben die Bestimmung des §. 86. zur Anwendung kommt.

§. 88.

Bis zum Schlusse des Jahres 1880. kann die Stelle eines Mitgliedes des Oberverwaltungsgerichts, mit Ausnahme derjenigen des Präsidenten und eines zweiten Mitgliedes, als Nebenamt auf die Dauer des Hauptamtes verliehen werden.

Auf die demgemäß ernannten Mitglieder des Oberverwaltungsgerichts finden die Bestimmungen der §§. 20. bis 24. nur in dieser ihrer Eigenschaft Anwendung.

§. 89.

Mit dem Tage des Inkrafttretens des gegenwärtigen Gesetzes kommen die Bestimmungen des §. 56. des Gesetzes über die Enteignung von Grundeigenthum vom 11. Juni 1874. (Gesetz-Samml. S. 221.) in dem gesammten Geltungsbereiche des letzteren zur Anwendung. Die in dem Gesetze vom 11. Juni 1874. dem Verwaltungsgerichte übertragene Entscheidung erfolgt im Verwaltungsstreitverfahren.

§. 90.

Mit dem Tage des Inkrafttretens des gegenwärtigen Gesetzes treten außer Geltung:

1) die §§. 40. bis 48. 50. bis 56. des Gesetzes vom 8. März 1871., betreffend die Ausführung des Bundesgesetzes über den Unterstützungswohnsitz (Gesetz-Samml. S. 130.);
2) die §§. 141. bis 163. 165. der Kreisordnung vom 13. Dezember 1872. (Gesetz-Samml. S. 661.), soweit sie das Verfahren in streitigen Verwaltungssachen zum Gegenstande haben, sowie die §§. 187. bis 198. derselben Kreisordnung; im Geltungsbereiche der letzteren ist in den §. 110. daselbst erwähnten Fällen innerhalb zehn Tagen die Klage bei dem Bezirksverwaltungsgerichte anzustellen.

Urkundlich unter Unserer Höchsteigenhändigen Unterschrift und beigedrucktem Königlichen Insiegel.

Gegeben Bad Ems, den 3. Juli 1875.

(L. S.) **Wilhelm.**

Camphausen. Gr. zu Eulenburg. Leonhardt. Falk. v. Kameke. Achenbach. Friedenthal.

Anlage D.

Gesetz*)

betreffend

die Dienstvergehen der nicht richterlichen Beamten, die Versetzung derselben auf eine andere Stelle oder in den Ruhestand. Vom 21. Juli 1852.

(Gesetz-Samml. S. 465.)

Wir Friedrich Wilhelm ꝛc. ꝛc.
verordnen, mit Zustimmung der Kammern, was folgt:

§. 1. Das gegenwärtige Gesetz findet unter den darin ausdrücklich gemachten Beschränkungen auf alle in unmittelbarem oder mittelbarem Staatsdienste stehenden Beamten Anwendung, die nicht unter die Bestimmungen des die Richter betreffenden Gesetzes vom 7. Mai 1851. fallen.

Erster Abschnitt.

Allgemeine Bestimmungen über Dienstvergehen und deren Bestrafung.

§. 2. Ein Beamter, welcher 1) die Pflichten verletzt, die ihm sein Amt auferlegt, oder 2) sich durch sein Verhalten in oder außer dem Amte der Achtung, des Ansehens oder des Vertrauens, die sein Beruf erfordert, unwürdig zeigt, unterliegt den Vorschriften dieses Gesetzes.

§. 3. Ist eine der unter §. 2. fallenden Handlungen (Dienstvergehen) zugleich in den gemeinen Strafgesetzen vorgesehen, so können die durch dieselben angedrohten Strafen nur auf Grund des gewöhnlichen Strafverfahrens von denjenigen Gerichten ausgesprochen werden, welche für die gewöhnlichen Strafsachen zuständig sind.

---

*) Der vierte, fünfte und sechste Abschnitt des Gesetzes, welche ausschließlich die Beamten der Justizverwaltung, der Gemeindeverwaltung und der Militairverwaltung betreffen und auf die Verhältnisse der Provinzialbeamten nicht zu beziehen sind, sind deshalb hier nicht mit zum Abdruck gebracht.

§. 4. Im Laufe einer gerichtlichen Untersuchung darf gegen den Angeschuldigten ein Disziplinarverfahren wegen der nämlichen Thatsachen nicht eingeleitet werden.

Wenn im Laufe eines Disziplinarverfahrens wegen der nämlichen Thatsachen eine gerichtliche Untersuchung gegen den Angeschuldigten eröffnet wird, so muß das Disziplinarverfahren bis zur rechtskräftigen Erledigung des gerichtlichen Verfahrens ausgesetzt werden.

§. 5. Wenn von den gewöhnlichen Strafgerichten auf Freisprechung erkannt ist, so findet wegen derjenigen Thatsachen, welche in der gerichtlichen Untersuchung zur Erörterung gekommen sind, ein Disziplinarverfahren nur noch insofern statt, als dieselben an sich und ohne ihre Beziehung zu dem gesetzlichen Thatbestande der Uebertretung, des Vergehens oder des Verbrechens, welche den Gegenstand der Untersuchung bildeten, ein Dienstvergehen enthalten.

Ist in einer gerichtlichen Untersuchung eine Verurtheilung ergangen, welche den Verlust des Amtes nicht zur Folge gehabt hat, so bleibt derjenigen Behörde, welche über die Einleitung des Disziplinarverfahrens zu verfügen hat, die Entscheidung darüber vorbehalten, ob außerdem ein Disziplinarverfahren einzuleiten oder fortzusetzen sei.

§. 6. Spricht das Gesetz bei Dienstvergehen, welche Gegenstand eines Disziplinarverfahrens werden, die Verpflichtung zur Wiedererstattung oder zum Schadenersatze, oder eine sonstige civilrechtliche Verpflichtung aus, so gehört die Klage der Betheiligten vor das Civilgericht, jedoch vorbehaltlich der Bestimmung des §. 100

§. 7. Ist von dem gewöhnlichen Strafrichter auf eine Freiheitsstrafe von längerer als einjähriger Dauer, auf eine schwerere Strafe, auf Verlust der bürgerlichen Ehre, auf zeitige Untersagung der Ausübung der bürgerlichen Ehrenrechte, auf immerwährende oder zeitige Unfähigkeit zu öffentlichen Aemtern oder auf Stellung unter Polizei-Aufsicht erkannt, so zieht das Straferkenntniß den Verlust des Amtes von selbst nach sich, ohne daß darauf besonders erkannt wird.

§. 8. Ein Beamter, welcher sich ohne den vorschriftsmäßigen Urlaub von seinem Amte entfernt hält, oder den ertheilten Urlaub überschreitet, ist, wenn ihm nicht besondere Entschuldigungsgründe zur Seite stehen, für die Zeit der unerlaubten Entfernung seines Diensteinkommens verlustig.

§. 9. Dauert die unerlaubte Entfernung länger als acht Wochen, so hat der Beamte die Dienstentlassung verwirkt.

Ist der Beamte dienstlich aufgefordert worden, sein Amt anzutreten oder zu demselben zurückzukehren, so tritt die Strafe der Dienstentlassung schon nach fruchtlosem Ablauf von vier Wochen seit der ergangenen Aufforderung ein.

§. 10. Die Entziehung des Diensteinkommens (§. 8) wird von derjenigen Behörde verfügt, welche den Urlaub zu ertheilen hat. Im Falle des Widerspruchs findet das förmliche Disziplinarverfahren statt.

§. 11. Die Dienstentlassung kann nur im Wege des förmlichen Disziplinarverfahrens ausgesprochen werden. Sie wird nicht verhängt, wenn sich ergiebt, daß der Beamte ohne seine Schuld von seinem Amte fern gewesen ist.

§. 12. Die Einleitung eines Disziplinarverfahrens wegen unerlaubter Entfernung vom Amte und die Dienstentlassung vor Ablauf der Fristen (§. 9.) ist nicht ausgeschlossen, wenn sie durch besonders erschwerende Umstände als gerechtfertigt erscheint.

§. 13. Die in dem §. 9. erwähnte Aufforderung, sowie alle anderen Aufforderungen, Mittheilungen, Zustellungen und Vorladungen, welche nach den Bestimmungen dieses Gesetzes erfolgen, sind gültig und bewirken den Lauf der Fristen, wenn sie demjenigen, an den sie ergehen, unter Beobachtung der für gerichtliche Insinuationen vorgeschriebenen Formen in Person zugestellt oder wenn sie in seiner letzten Wohnung an dem Orte insinuirt werden, wo er seinen letzten Wohnsitz im Inlande hatte. Die vereideten Verwaltungsbeamten haben dabei den Glauben der Gerichtsboten.

§. 14. Die Disziplinarstrafen bestehen in Ordnungsstrafen, Entfernung aus dem Amte.

§. 15. Ordnungsstrafen sind: 1) Warnung, 2) Verweis, 3) Geldbuße, 4) gegen untere Beamte auch Arreststrafe auf die Dauer von höchstens acht Tagen, welche jedoch nur in solchen Räumen zu vollstrecken ist, die den Verhältnissen der zu bestrafenden Beamten angemessen sind. Zu dieser Beamtenklasse werden im Allgemeinen nur gerechnet: Exekutoren, Boten, Kastellane, Diener und die zu ähnlichen, sowie die zu blos mechanischen Funktionen bestimmten Beamten. Außerdem ist das Staatsministerium ermächtigt, in der Steuer-, Post-, Polizei- und Eisenbahnverwaltung diejenigen Beamtenkategorien speziell zu bezeichnen, gegen welche Arreststrafen verhängt werden können.

§. 16. Die Entfernung aus dem Amte kann bestehen: 1) in Versetzung in ein anderes Amt von gleichem Range, jedoch mit Verminderung des Diensteinkommens und Verlust des Anspruches auf Umzugskosten, oder mit einem von beiden Nachtheilen. Diese Strafe findet nur auf Beamte im unmittelbaren Staatsdienste Anwendung; 2) in Dienstentlassung. Diese Strafe zieht den Verlust des Titels und Pensionsanspruches von selbst nach sich; es wird darauf nicht besonders erkannt, es sei denn, daß vor Beendigung des Disziplinarverfahrens aus irgend einem von dessen Ergebniß unabhängigen Grunde das Amtsverhältniß bereits aufgehört hat und daher auf Dienstentlassung nicht mehr zu erkennen ist. Gehört der Angeschuldigte zu den Beamten, welche einen Anspruch auf Pension haben, und lassen besondere Umstände eine mildere Beurtheilung zu, so ist die Disziplinarbehörde ermächtigt, in ihrer Entscheidung zugleich festzusetzen, daß dem Angeschuldigten ein Theil des reglementsmäßigen Pensionsbetrages auf Lebenszeit oder auf gewisse Jahre als Unterstützung zu verabreichen sei.

§. 17. Welche der in den §§. 14. bis 16. bestimmten Strafen anzuwenden sei, ist nach der größeren oder geringeren Erheblichkeit des Dienstvergehens mit Rücksicht auf die sonstige Führung des Angeschuldigten zu ermessen, unbeschadet der besonderen Bestimmungen der §§. 8. und 9.

Zweiter Abschnitt.

Von dem Disziplinarverfahren.

§. 18. Jeder Dienstvorgesetzte ist zu Warnungen und Verweisen gegen seine Untergebenen befugt.

§. 19. In Beziehung auf die Verhängung von Geldbußen ist die Befugniß der Dienstvorgesetzten begrenzt, wie folgt:

Die Vorsteher derjenigen Behörden, welche unter den Provinzialbehörden stehen, einschließlich die Landräthe, können gegen die ihnen selbst untergebenen Beamten, sowie gegen die Beamten der ihnen untergeordneten Behörden Geldbußen bis zu drei Thalern verfügen. Gleiche Befugniß haben die Vorsteher der Postanstalten in Bezug auf ihre Untergebenen und die Postinspektoren in Bezug auf die Unterbeamten ihres Bezirks.

Andere Vorgesetzte der unteren Beamten dürfen solche Geldbußen nur in sofern verfügen, als ihnen die Befugniß zur Verhängung von Geldbußen durch besondere Gesetze oder auf Grund solcher Gesetze erlassene Instruktion beigelegt ist.

Den Oberpostdirektoren, dem Telegraphendirektor, sowie den von der Staatsregierung eingesetzten Behörden der Eisenbahnverwaltung steht die Befugniß zu, gegen alle ihnen untergebenen Beamten Geldbußen bis zu zehn Thalern zu verhängen.

Die Provinzialbehörden sind ermächtigt, die ihnen untergeordneten Beamten mit Geldbuße bis zu dreißig Thalern zu belegen, besoldete Beamte jedoch nicht über den Betrag des einmonatlichen Diensteinkommens hinaus.

Gleiche Befugniß haben die Vorsteher der Provinzialbehörden in Ansehung der bei letzteren angestellten unteren Beamten.

Die Minister haben die Befugniß, allen ihnen unmittelbar oder mittelbar untergebenen Beamten Geldbußen bis zum Betrage des monatlichen Diensteinkommens, unbesoldeten Beamten aber bis zur Summe von dreißig Thalern aufzuerlegen.

Welche Beamten im Sinne dieses Paragraphen zu den unteren zu rechnen sind, wird durch das Staatsministerium bestimmt.

§. 20. Nur diejenigen Dienstvorgesetzten, welche gegen die, in §. 15. Nr. 4. bezeichneten Beamten Geldbuße verhängen können, sind ermächtigt, gegen dieselben Arreststrafen zu verfügen.

Diejenigen Vorgesetzten, deren Strafgewalt auf Geldbuße bis zu drei Thalern beschränkt ist, dürfen bei den Arreststrafen das Maß von drei Tagen nicht überschreiten.

§. 21. Gegen die Verfügung von Ordnungsstrafen findet nur Beschwerde im vorgeschriebenen Instanzenzuge statt.

§. 22. Der Entfernung aus dem Amte muß ein förmliches Disziplinarverfahren vorhergehen. Dasselbe besteht in der von einem Kommissar zu führenden schriftlichen Voruntersuchung und in einer mündlichen Verhandlung nach den folgenden näheren Bestimmungen.

§. 23. Die Einleitung des Disziplinarverfahrens wird verfügt und der Untersuchungskommissar ernannt: 1) wenn die Entscheidung der Sache vor dem Disziplinarhof gehört (§. 24. Nr. 1.), von dem Minister, welcher dem Angeschuldigten vorgesetzt ist. Ist jedoch Gefahr im Verzuge, so kann diese Verfügung und Ernennung vorläufig von dem Vorsteher der Provinzialbehörde des Ressorts ausgehen. Es ist alsdann die Genehmigung des Ministers einzuholen und, sofern dieselbe versagt wird, das Verfahren einzustellen; 2) in allen anderen Fällen von dem Vorsteher der Behörde, welche die entscheidende Disziplinarbehörde bildet (§. 24. Nr. 2.), oder von dem vorgesetzten Minister.

§. 24. Die entscheidenden Disziplinarbehörden erster Instanz sind: 1) der

Disziplinarhof zu Berlin (§. 29.) in Ansehung derjenigen Beamten, zu deren Anstellung nach den Bestimmungen, welche zur Zeit der verfügten Einleitung der Untersuchung gelten, eine von dem Könige oder von den Ministern ausgehende Ernennung, Bestätigung oder Genehmigung erforderlich ist; 2) die Provinzialbehörden als: die Regierungen, die Provinzialschulkollegien, die Provinzialsteuerdirektionen, die Oberbergämter, die Generalkommissionen, die Militairintendanturen, das Polizeipräsidium zu Berlin, die Eisenbahnkommissariate, in Ansehung aller Beamten, die bei ihnen angestellt oder ihnen untergeordnet und nicht vorstehend unter 1) begriffen sind.

Den Provinzialbehörden werden in dieser Beziehung gleichgestellt die unter den Ministern stehenden Centralverwaltungsbehörden in Dienstzweigen, für welche keine Provinzialbehörden bestehen, sowie die Generallandschafts- und Hauptritterschaftsdirektionen.

§. 25. Für diejenigen Kategorien von Beamten, welche nicht unter den im §. 24. bezeichneten begriffen sind, ist die entscheidende Disziplinarbehörde die Regierung, in deren Bezirk sie fungiren, und für die in Berlin oder im Auslande fungirenden die Regierung in Potsdam.

§. 26. Die Zuständigkeit der Provinzialbehörden kann von dem Staatsministerium auf einzelne Kategorien solcher Beamten ausgedehnt werden, welche von den Ministern ernannt oder bestätigt werden, aber nicht zu den etatsmäßigen Mitgliedern einer Provinzialbehörde gehören.

§. 27. Für den Fall, daß bei der zuständigen Disziplinarbehörde die beschlußfähige Anzahl von Mitgliedern nicht vorhanden ist, oder wenn auf den Antrag des Beamten der Staatsanwaltschaft oder des Angeschuldigten der Disziplinarhof das Vorhandensein von Gründen anerkennt, aus welchen die Unbefangenheit der zuständigen Disziplinarbehörde bezweifelt werden kann, tritt eine andere durch das Staatsministerium substituirte Disziplinarbehörde an deren Stelle.

§. 28. Streitigkeiten über die Kompetenz der Disziplinarbehörden als solcher werden von dem Staatsministerium, nach Vernehmung des Gutachtens des Disziplinarhofes, entschieden.

§. 29. Der Disziplinarhof besteht aus einem Präsidenten und zehn anderen Mitgliedern, von denen wenigstens vier zu den Mitgliedern des Obertribunals gehören müssen.

Die Mitglieder des Disziplinarhofes werden von dem Könige auf drei Jahre ernannt.

Ein Mitglied, welches im Laufe dieser Periode ernannt wird, bleibt nur bis zum Ende derselben in Thätigkeit.

Die ausscheidenden Mitglieder können wieder ernannt werden.

§. 30. Zur Erledigung der Disziplinarsachen ist bei dem Disziplinarhofe die Theilnahme von wenigstens sieben Mitgliedern mit Einschluß des Vorsitzenden erforderlich, von denen wenigstens zwei zu den Mitgliedern des Obertribunals gehören müssen.

§. 31. Bei den Provinzialbehörden werden die Disziplinarsachen in besonderen Plenarsitzungen erledigt, an welchen mindestens drei stimmberechtigte Mitglieder Theil nehmen müssen. In diesen Plenarsitzungen steht, bei den Regierungen, den Mitgliedern derselben nur dasjenige Stimmrecht zu, welches ihnen durch die allgemeinen Vorschriften für Verhandlung im Plenum beigelegt ist. Bei den übrigen Provinzialbehörden nehmen an den zur Erledigung der Disziplinarsachen bestimmten Plenarsitzungen nur die etatsmäßigen Mitglieder und diejenigen Theil, welche eine etatsmäßige Stelle versehen. Bei den Eisenbahnkommissariaten tritt zur Erledigung der Disziplinarsachen der ein- für allemal hierzu bestimmte Kommissarius der Regierung, in deren Bezirk das Eisenbahnkommissariat seinen Sitz hat, in Berlin der Justitiarius des Polizeipräsidiums ein. Alle in dieser Weise zur Theilnahme Berufenen haben ein volles Stimmrecht, auch wenn die Behörde sonst keine kollegialische Einrichtung hat.

§. 32. In der Voruntersuchung wird der Angeschuldigte unter Mittheilung der Anschuldigungspunkte vorgeladen und wenn er erscheint, gehört; es werden die Zeugen eidlich vernommen und die zur Aufklärung der Sache dienenden sonstigen Beweise herbeigeschafft.

Die Verrichtungen der Staatsanwaltschaft werden durch einen Beamten wahrgenommen, welchen die Behörde ernennt, von der die Einleitung des Disziplinarverfahrens verfügt wird.

Bei der Vernehmung des Angeschuldigten und dem Verhöre der Zeugen ist ein vereideter Protokollführer zuzuziehen.

§. 33. Der dem Angeschuldigten vorgesetzte Minister ist ermächtigt, mit Rücksicht auf den Ausfall der Voruntersuchung, das fernere Verfahren einzustellen und geeigneten Falles nur eine Ordnungsstrafe zu verhängen.

Ist eine sonstige Behörde, welche die Einleitung der Untersuchung verfügt hat, der Ansicht, daß das fernere Verfahren einzustellen sei, so muß sie darüber an den Minister zu dessen Beschlußnahme berichten.

In beiden Fällen erhält der Angeschuldigte Ausfertigung des darauf bezüglichen, mit Gründen zu unterstützenden Beschlusses.

§. 34. Wird das Verfahren nicht eingestellt, so wird nach Eingang einer von dem Beamten der Staatsanwaltschaft anzufertigenden Anschuldigungsschrift der Angeschuldigte unter abschriftlicher Mittheilung dieser Anschuldigungsschrift zu einer, von dem Vorsitzenden der Disziplinarbehörde zu bestimmenden Sitzung zur mündlichen Verhandlung vorgeladen.

§. 35. Bei der mündlichen Verhandlung, welche in nicht öffentlicher Sitzung stattfindet, giebt zuerst ein von dem Vorsitzenden der Behörde aus der Zahl ihrer Mitglieder ernannter Referent eine Darstellung der Sache, wie sie aus den bisherigen Verhandlungen hervorgeht.

Der Angeschuldigte wird vernommen.

Es wird darauf der Beamte der Staatsanwaltschaft mit seinem Vor- und Antrage, und der Angeschuldigte in seiner Vertheidigung gehört.

Dem Angeschuldigten steht das letzte Wort zu.

§. 36. Wenn die Behörde auf den Antrag des Angeschuldigten oder des Beamten der Staatsanwaltschaft, oder auch von Amtswegen die Vernehmung eines oder mehrerer Zeugen, sei es durch einen Kommissar, oder mündlich vor der Behörde selbst, oder die Herbeischaffung anderer Mittel zur Aufklärung der Sache für angemessen erachtet, so erläßt sie die erforderliche Verfügung und verlegt nöthigenfalls die Fortsetzung der Sache auf einen anderen Tag, welcher dem Angeschuldigten bekannt zu machen ist.

§. 37. Der Angeschuldigte, welcher erscheint, kann sich des Beistandes eines Advokaten oder Rechtsanwaltes als Vertheidigers bedienen. Der nicht erscheinende Angeschuldigte kann sich durch einen Advokaten oder Rechtsanwalt vertreten lassen. Der Disziplinarbehörde steht es jedoch jederzeit zu, das persönliche Erscheinen des Angeschuldigten unter der Warnung zu verordnen, daß bei seinem Ausbleiben ein Vertheidiger zu seiner Vertretung nicht werde zugelassen werden.

§. 38. Bei der Entscheidung hat die Disziplinarbehörde, ohne an positive Beweisregeln gebunden zu sein, nach ihrer freien, aus dem ganzen Inbegriffe der Verhandlungen und Beweise geschöpften Ueberzeugung zu beurtheilen, in wieweit die Anschuldigung für begründet zu erachten.

Die Entscheidung kann auch auf eine bloße Ordnungsstrafe lauten.

Die Entscheidung, welche mit Gründen versehen sein muß, wird in der Sitzung, in welcher die mündliche Verhandlung beendigt worden ist, oder in einer der nächsten Sitzungen verkündigt und eine Ausfertigung derselben dem Angeschuldigten auf sein Verlangen ertheilt.

§. 39. Ueber die mündliche Verhandlung wird ein Protokoll aufgenommen, welches die Namen der Anwesenden und die wesentlichen Momente der Verhandlung enthalten muß. Das Protokoll wird von dem Vorsitzenden und dem Protokollführer unterzeichnet.

§. 40. Das Rechtsmittel des Einspruchs (Restitution oder Opposition) findet nicht statt.

§. 41. Gegen die Entscheidung steht die Berufung an das Staatsministerium, sowohl dem Beamten der Staatsanwaltschaft, als dem Angeschuldigten offen.

§. 42. Die Anmeldung der Berufung geschieht zu Protokoll oder schriftlich bei der Behörde, welche die anzugreifende Entscheidung erlassen hat. Von Seiten des Angeschuldigten kann sie auch durch einen Bevollmächtigten geschehen.

Die Frist zu dieser Anmeldung ist eine vierwöchentliche, welche mit dem Ablaufe des Tages, an welchem die Entscheidung verkündigt worden ist, und für den Angeschuldigten, welcher hierbei nicht zugegen war, mit dem Ablaufe des Tages beginnt, an welchem ihm die Entscheidung zugestellt worden ist.

§. 43. Zur schriftlichen Rechtfertigung der Berufung steht demjenigen, der dieselbe rechtzeitig angemeldet hat, eine fernere vierzehntägige Frist offen.

Diese Frist kann auf den Antrag des Appellanten angemessen verlängert werden.

Neue Thatsachen, welche die Grundlagen einer anderen Beschuldigung bilden, dürfen in zweiter Instanz nicht vorgebracht werden.

§. 44. Die Anmeldung der Berufung und die etwa eingegangene Appellationsschrift wird dem Appellanten in Abschrift zugestellt, oder dem Beamten der Staatsanwaltschaft, falls er Appellat ist, in Urschrift vorgelegt.

Innerhalb vierzehn Tagen nach erfolgter Zustellung oder Vorlegung kann der Appellat eine Gegenschrift einreichen.

Diese Frist kann auf den Antrag des Appellaten angemessen verlängert werden.

§. 45. Nach Ablauf der in dem §. 44. bestimmten Frist werden die Akten an das Staatsministerium eingesandt.

Das Staatsministerium beschließt auf den Vortrag eines von dem Vorsitzenden ernannten Referenten; in Sachen jedoch, in welchen der Disziplinarhof in erster Instanz geurtheilt hat, auf den Vortrag zweier von dem Vorsitzenden ernannten Referenten, von denen einer dem Justizministerium angehören muß.

Ist die Berufung von der Entscheidung einer Provinzialbehörde eingelegt, so kann das Staatsministerium keinen Beschluß fassen, bevor das Gutachten des Disziplinarhofes eingeholt worden ist.

Der Disziplinarhof kann die zur Aufklärung der Sache etwa erforderlichen Verfügungen erlassen. Er kann auch eine mündliche Verhandlung anordnen, zu welcher der Angeschuldigte vorzuladen und ein Beamter der Staatsanwaltschaft zuzuziehen ist. Der Letztere wird in diesem Falle vom Minister des Ressorts bezeichnet.

§. 46. Lautet die Entscheidung oder das Gutachten des Disziplinarhofes auf Freisprechung des Angeschuldigten, oder nur auf Warnung oder Verweis, so kann das Staatsministerium, wenn es den Angeschuldigten strafbar findet, nicht die Strafe der Dienstentlassung, sondern nur eine geringere Disziplinarstrafe verhängen, oder die einstweilige Versetzung in den Ruhestand mit Wartegeld verfügen.

§. 47. Eine jede Entscheidung der Disziplinarbehörde, gegen die kein Rechtsmittel mehr stattfindet und durch welche die Dienstentlassung ausgesprochen ist, bedarf der Bestätigung des Königs, wenn der Beamte vom Könige ernannt oder bestätigt worden ist.

Dritter Abschnitt.

Vorläufige Dienstenthebung.

§. 48. Die Suspension eines Beamten vom Amte tritt kraft des Gesetzes ein: 1) wenn in dem gerichtlichen Strafverfahren seine Verhaftung beschlossen, oder gegen ihn ein noch nicht rechtskräftig gewordenes Urtheil erlassen ist, welches auf den Verlust des Amtes lautet, oder diesen kraft des Gesetzes nach sich zieht; 2) wenn im Disziplinarverfahren eine noch nicht rechtskräftige Entscheidung ergangen ist, welche auf Dienstentlassung lautet.

§. 49. In dem im vorhergehenden Paragraphen unter Nr. 1. vorgesehenen Falle dauert die Suspension bis zum Ablauf des zehnten Tages nach Wiederaufhebung des Verhaftungsbeschlusses oder nach eingetretener Rechtskraft desjenigen Urtheils höherer Instanz, durch welches der angeschuldigte Beamte zu einer andern Strafe als der bezeichneten verurtheilt wird.

Lautet das rechtskräftige Urtheil auf Freiheitsstrafe, so dauert die Suspension bis das Urtheil vollstreckt ist. Wird die Vollstreckung des Urtheils, ohne Schuld des Verurtheilten aufgehalten oder unterbrochen, so tritt für die Zeit des Aufenthalts oder der Unterbrechung eine Gehaltsverkürzung (§. 51.) nicht ein. Dasselbe gilt für die im ersten Absatze dieses Paragraphen erwähnte Zeit von zehn Tagen, wenn nicht vor Ablauf derselben die Suspension vom Amte im Wege des Disziplinarverfahrens beschlossen wird.

In dem §. 48. unter Nr. 2. erwähnten Falle dauert die Suspension bis zur Rechtskraft der in der Disziplinarsache ergehenden Entscheidung.

§. 50. Die zur Einleitung der Disziplinaruntersuchung ermächtigte Behörde kann die Suspension, sobald gegen den Beamten ein gerichtliches Strafverfahren eingeleitet, oder die Einleitung einer Disziplinaruntersuchung verfügt wird, oder auch demnächst im ganzen Laufe des Verfahrens bis zur rechtskräftigen Entscheidung verfügen.

§. 51. Der suspendirte Beamte behält während der Suspension die Hälfte seines Diensteinkommens.

Auf die für Dienstunkosten besonders angesetzten Beträge ist bei Berechnung der Hälfte des Diensteinkommens keine Rücksicht zu nehmen.

Der innebehaltene Theil des Diensteinkommens ist zu den Kosten, welche durch die Stellvertretung des Angeschuldigten verursacht werden, der etwaige Rest zu den Untersuchungskosten zu verwenden. Einen weiteren Beitrag zu den Stellvertretungskosten zu leisten, ist der Beamte nicht verpflichtet.

§. 52. Der zu den Kosten (§. 51.) nicht verwendete Theil des Einkommens wird dem Beamten nicht nachgezahlt, wenn das Verfahren die Entfernung aus dem Amte zur Folge gehabt hat.

Erinnerungen über die Verwendung des Einkommens stehen dem Beamten nicht zu; wohl aber ist ihm auf Verlangen eine Nachweisung über diese Verwendung zu ertheilen.

§. 53. Wird der Beamte freigesprochen, so muß ihm der innebehaltene Theil des Diensteinkommens vollständig nachgezahlt werden.

Wird er nur mit einer Ordnungsstrafe belegt, so ist ihm der innebehaltene Theil, ohne Abzug der Stellvertretungskosten nachzuzahlen, soweit derselbe nicht zur Deckung der Untersuchungskosten und der Ordnungsstrafe erforderlich ist.

§. 54. Wenn Gefahr im Verzuge ist, kann einem Beamten auch von solchen Vorgesetzten, die seine Suspension zu verfügen nicht ermächtigt sind, die Ausübung der Amtsverrichtungen vorläufig untersagt werden; es ist aber darüber sofort an die höhere Behörde zu berichten.

Siebenter*) Abschnitt.

Besondere Bestimmungen in Betreff der Entlassung von Beamten, welche auf Widerruf angestellt sind, der Referendarien u. s. w.

§. 83. Beamte, welche auf Probe, auf Kündigung oder sonst auf Widerruf angestellt sind, können ohne ein förmliches Disziplinarverfahren von der Behörde, welche ihre Anstellung verfügt hat, entlassen werden.

Dem auf Grund der Kündigung entlassenen Beamten ist in allen Fällen bis zum Ablaufe der Kündigung sein volles Diensteinkommen zu gewähren.

§. 84. Referendarien oder Auskultatoren, welche durch eine tadelhafte Führung zu der Belassung im Dienste sich unwürdig zeigen, oder in ihrer Ausbildung nicht gehörig fortschreiten, können von dem vorgesetzten Minister, nach Anhörung der Vorsteher der Provinzial-Dienstbehörde, ohne weiteres Verfahren aus dem Dienste entlassen werden.

*) Vgl. die Anm. zum Eingang des Gesetzes.

§. 85. In Ansehung der Entlassung der Supernumerarien und der sonst zur Erlernung des Dienstes bei den Behörden beschäftigten Personen kommen die darauf bezüglichen besonderen Bestimmungen zur Anwendung.

§. 86. In Bezug auf Kanzleidiener, Boten, Kastellane und andere in gleicher Kategorie stehende oder blos zu mechanischen Dienstleistungen bestimmte Diener, welche bei den obersten Verwaltungsbehörden oder in solchen Verwaltungszweigen angestellt sind, in welchen keine Provinzialdienstbehörden bestehen, entscheidet endgültig der Minister, nach Anhörung des Angeschuldigten und auf den Vortrag zweier Referenten, zu denen stets ein Justitiar, oder wenn ein solcher bei der Verwaltungsbehörde nicht angestellt ist, ein Rath des Justizministeriums gehören muß.

Achter Abschnitt.

Verfügungen im Interesse des Dienstes, welche nicht Gegenstand eines Disziplinarverfahrens sind.

§. 87. Die nachbenannten Verfügungen, welche im Interesse des Dienstes getroffen werden können, sind nicht Gegenstand des Disziplinarverfahrens, vorbehaltlich des im §. 46. vorgesehenen Falles:

1) Versetzung in ein anderes Amt von nicht geringerem Range und etatsmäßigem Diensteinkommen, mit Vergütung der reglementsmäßigen Umzugskosten. Als eine Verkürzung im Einkommen ist es nicht anzusehen, wenn die Gelegenheit zur Verwaltung von Nebenämtern entzogen wird, oder die Beziehung der für die Dienstunkosten besonders ausgesetzten Einnahmen mit diesen Unkosten selbst fortfällt. Landräthe, welche für einen bestimmten Kreis auf Grund ihrer Ansässigkeit und in Folge vorgängiger Wahl ernannt worden, können außer im Wege des Disziplinarverfahrens wider ihren Willen in ein anderes Amt nicht versetzt werden, so lange die Erfordernisse erfüllt bleiben, durch welche ihre Wahl bedingt war.

2) Einstweilige Versetzung in den Ruhestand mit Gewährung von Wartegeld nach Maßgabe der Vorschriften der Verordnungen vom 14. Juni und 24. Oktober 1848. Außer dem daselbst vorgesehenen Falle können durch Königliche Verfügung jederzeit die nachbenannten Beamten mit Gewährung des vorschriftsmäßigen Wartegeldes einstweilig in den Ruhestand versetzt werden: Unterstaatssekretäre, Ministerialdirektoren, Oberpräsidenten, Regierungspräsidenten und Vicepräsidenten, Militairintendanten, Beamte der Staatsanwaltschaft bei den Gerichten, Vorsteher Königlicher Polizeibehörden, Landräthe, die Gesandten und andere diplomatische Agenten.

Wartegeldempfänger sollen bei Wiederbesetzung erledigter Stellen, für welche sie sich eignen, vorzugsweise berücksichtigt werden.

3) Gänzliche Versetzung in den Ruhestand mit Gewährung der vorschriftsmäßigen Pension, nach Maßgabe der §§. 88. ff. dieses Gesetzes.

§. 88. Ein Beamter, welcher durch Blindheit, Taubheit oder ein sonstiges körperliches Gebrechen oder wegen Schwäche seiner körperlichen oder geistigen Kräfte zu der Erfüllung seiner Amtspflichten dauernd unfähig ist, soll in den Ruhestand versetzt werden.

§. 89. Sucht der Beamte in einem solchen Falle seine Versetzung in den Ruhestand nicht nach, so wird ihm oder seinem nöthigenfalls hierzu besonders zu bestellenden Kurator von der vorgesetzten Dienstbehörde unter Angabe des zu gewährenden Pensionsbetrages und der Gründe der Pensionirung eröffnet, daß der Fall seiner Versetzung in den Ruhestand vorliege.

§. 90. Innerhalb sechs Wochen nach einer solchen Eröffnung (§. 89.) kann der Beamte seine Einwendungen bei der vorgesetzten Dienstbehörde anbringen. Ist dieses geschehen, so werden die Verhandlungen an den vorgesetzten Minister eingereicht, welcher, sofern nicht der Beamte von dem Könige ernannt ist, über die Pensionirung entscheidet.

Gegen diese Entscheidung steht dem Beamten der Rekurs an das Staatsministerium binnen einer Frist von vier Wochen nach Empfang der Entscheidung zu.

Des Rekursrechtes ungeachtet kann der Beamte von dem Minister sofort der weiteren Amtsverwaltung vorläufig enthoben werden.

Ist der Beamte von dem Könige ernannt, so erfolgt die Entscheidung von dem Könige auf den Antrag des Staatsministeriums.

§. 91. Dem Beamten, dessen Versetzung in den Ruhestand verfügt ist, wird das volle Gehalt noch bis zum Ablaufe desjenigen Vierteljahres fortgezahlt, welches auf den Monat folgt, in dem ihm die schließliche Verfügung über die erfolgte Versetzung in den Ruhestand mitgetheilt worden ist.

§. 92. Wenn der Beamte gegen die ihm gemachte Eröffnung (§. 89.) innerhalb sechs Wochen keine Einwendungen erhoben hat, so wird in derselben Weise verfügt, als wenn er seine Pensionirung selbst nachgesucht hätte.

Die Zahlung des vollen Gehaltes dauert bis zu dem im §. 91. bestimmten Zeitpunkte.

§. 93. Ist ein Beamter vor dem Zeitpunkte, mit welchem die Pensionsberechtigung für ihn eingetreten sein würde, dienstunfähig geworden, so kann er gegen seinen Willen nur unter Beobachtung derjenigen Formen, welche für die Disziplinaruntersuchung vorgeschrieben sind, in den Ruhestand versetzt werden.

Wird es jedoch für angemessen befunden, dem Beamten eine Pension zu dem Betrage zu bewilligen, welcher ihm bei Erreichung des vorgedachten Zeitpunktes zustehen würde, so kann die Pensionirung desselben nach den Vorschriften der §§. 88. bis 92. erfolgen.

§. 94. Die vorstehenden Bestimmungen über einstweilige und gänzliche Versetzung in den Ruhestand finden nur auf Beamte in unmittelbarem Staatsdienste Anwendung.

§. 95. In Bezug auf die mittelbaren Staatsdiener bleiben die wegen Pensionirung derselben bestehenden Vorschriften in Kraft.

Wenn jedoch mittelbare Staatsdiener vor dem Zeitpunkte, mit welchem eine Pensionsberechtigung für sie eingetreten sein würde, dienstunfähig geworden, so können auch sie gegen ihren Willen nur unter den für Beamte im unmittelbaren Staatsdienste vorgeschriebenen Formen (§. 93.) in den Ruhestand versetzt werden.

§. 96. Auf Universitätslehrer finden die Bestimmungen der §§ 87. bis 95. keine Anwendung.

Neunter Abschnitt.

Allgemeine und Uebergangsbestimmungen.

§. 97. Die Vorschriften des gegenwärtigen Gesetzes gelten auch in Ansehung der zur Disposition gestellten oder einstweilen in Ruhestand versetzten Beamten.

§. 98. Rücksichtlich der Vergehen der Civilstandsbeamten im Bezirke des Rheinischen Appellationsgerichtshofes zu Köln gegen die Gesetze über den Civilstand wird an den Bestimmungen der bisherigen Gesetzgebung durch dieses Gesetz nichts geändert.

§. 99. Die gerichtlichen Untersuchungen, welche zur Zeit der Verkündigung der Verordnung vom 11. Juli 1849. bereits eröffnet waren, werden in der bisherigen Weise zu Ende geführt. Die Untersuchung wird als eröffnet betrachtet, wenn der Beschuldigte als solcher vernommen oder behufs seiner Vernehmung vorgeladen ist. Die ergangenen oder ergehenden Strafurtheile werden ohne Rücksicht auf die Bestimmungen dieser Verordnung vollstreckt.

Die bereits eingeleiteten Disziplinaruntersuchungen werden bis zum Abschlusse der Voruntersuchung nach den zur Zeit der Einleitung gültig gewesenen Vorschriften zu Ende geführt. Im Uebrigen finden auf das Verfahren die Bestimmungen dieses Gesetzes Anwendung.

§. 100. Alle diesem Gesetze entgegenstehenden Bestimmungen sind aufgehoben. Dagegen wird durch dasselbe in der Befugniß der Aufsichtsbehörden, im Aufsichtswege Beschwerden Abhülfe zu verschaffen, oder Beamte zur Erfüllung ihrer Pflichten in einzelnen Sachen anzuhalten, und dabei Alles zu thun, wozu sie nach den bestehenden Gesetzen ermächtigt sind, nichts geändert.

§. 101. Insofern bei Verkündigung dieses Gesetzes die verfassungsmäßige Vereinigung der beiden obersten Gerichtshöfe, des Obertribunals und des Rheinischen Revisions- und Kassationshofes, noch nicht ausgeführt ist, gelten alle in diesem Gesetze für ein Obertribunal gegebenen Bestimmungen für die oben genannten beiden Gerichtshöfe in ihren Ressorts.

§. 102. Dieses Gesetz tritt an die Stelle der vorläufigen Verordnung vom 11. Juli 1849.

Urkundlich unter Unserer Höchsteigenhändigen Unterschrift und beigedrucktem Königlichen Insiegel.

Gegeben Sanssouci, den 21. Juli 1852.

(L. S.) **Friedrich Wilhelm.**

v. Manteuffel. v. d. Heydt. Simons. v. Raumer. v. Westphalen.
v. Bodelschwingh. v. Bonin.

Anlage E.

Denkschrift

über

die Organisation der kommunalen Selbstverwaltung in den Preußischen Provinzen.*)

Nachdem die Organisation der provinzial- und kommunalständischen Verwaltungen in der Mehrzahl der Provinzen der Monarchie theils zu den weiteren Stadien ihrer Durchführung vorgeschritten, theils zu einem vollständigen Abschlusse gediehen ist, dürfte es auch für weitere Kreise von Interesse sein, den Gang der Entwickelung dieser Organisation und die Resultate, welche durch dieselbe auf dem Gebiete der provinzialen Selbstverwaltung bisher gewonnen worden sind, kennen zu lernen. Die folgende Darstellung beabsichtigt, diesem Zwecke zu dienen. In derselben wird zunächst eine Ueberſicht über die Hannoverschen und Hessischen Organisationen gegeben, welche zuerst zur Ausführung gelangt sind, hieran des sachlichen Zusammenhanges wegen, wenn auch nicht unter strenger Festhaltung einer chronologischen Ordnung, die Darstellung der Nassauischen und Schleswig-Holsteinischen Organisationen geknüpft und dann zu den älteren Provinzen der Monarchie übergegangen.

A. Provinz Hannover.

Nachdem durch das Gesetz vom 7. März 1868, betreffend die Ueberweisung einer Summe von jährlich 500,000 Thlr. an den provinzialständischen Verband der Provinz Hannover (Gesetzsamml. S. 223.) den Ständen dieser Provinz ein umfangreiches Gebiet kommunaler Selbstverwaltung eröffnet worden war, mußte darauf Bedacht genommen werden, geeignete ständische Organe für die Führung dieser Verwaltung zu schaffen und ihre Zuständigkeit sowohl unter sich, wie gegenüber der Staatsregierung zu bestimmen.

Die gesetzliche Grundlage für eine solche Organisation bot der §. 19. der Verordnung vom 22. August 1867, betreffend die provinzialständische Verfassung im Gebiete des vormaligen Königreichs Hannover (Gesetzsamml. S. 1349), welcher in der Bestimmung:

---

*) Abgedruckt in den besonderen Beilagen zum Deutschen Reichsanzeiger und Königlich Preußischen Staatsanzeiger Nr. 33. und 34. vom 16. und 23. Dezember 1871.

„Für die unter Aufsicht des Oberpräsidenten zu führende laufende Verwaltung des ständischen Vermögens und der ständischen Anstalten können die Provinzialstände, soweit die Geschäfte solches fordern, die geeigneten Personen wählen",

volle Freiheit gewährte, die Organisation nach Rücksichten der Zweckmäßigkeit zu gestalten. Den in Gemäßheit dieser gesetzlichen Bestimmung von der Staatsregierung aufgestellten und mit Allerhöchster Genehmigung dem Provinziallandtage der Provinz Hannover im Herbste des Jahres 1868 zur Berathung vorgelegten Grundzügen für die Organisation der provinzialständischen Verwaltung lag die Erwägung zum Grunde, daß die Theilnahme der Plenarversammlung der Provinzialstände an der ständischen Kommunalverwaltung sich darauf beschränken müsse, die Hauptgrundsätze dieser Verwaltung zu bestimmen, die Grenzen der Geldverwendungen durch Feststellung der Etats zu normiren und über die Führung der Verwaltung sich Rechenschaft geben zu lassen. Aber man nahm an, daß selbst diese grundsatzgebende und kontrolirende Thätigkeit der in größeren Zwischenräumen zusammentretenden Plenarversammlung nur für wichtigere Fälle vorbehalten werden dürfe, für die regelmäßig sich wiederholenden Fälle dagegen auf einen kleineren Ausschuß übertragen werden müsse, welcher in seiner Zusammensetzung dem Provinziallandtage gleichartig zu bilden und von diesem aus seiner Mitte zu wählen sein werde. Für die Führung der laufenden Verwaltungsgeschäfte stellten sodann die Grundzüge zwei Systeme als möglich hin. Nach dem einen wird der ständische Verwaltungsausschuß selbst mit der laufenden Verwaltung beauftragt. Dies setzt voraus, daß derselbe in kürzeren Zwischenräumen sich versammelt und daß die Leitung der Verwaltung in der Zwischenzeit von dem Vorsitzenden, dem Landtagsmarschalle, besorgt wird. Nach dem anderen Systeme ist außerhalb des Ausschusses ein besonderer ständischer Oberbeamter (Landesdirektor) zu bestellen, dem nach Bedürfniß noch mehrere andere obere Beamte zuzuordnen sind. In dieser Spitze sollen sich die ständischen Verwaltungsgeschäfte einheitlich konzentriren, ohne nach den verschiedenen Geschäftszweigen eine Zersplitterung zu erleiden. Indem demgemäß auch die für die einzelnen Institute unentbehrlichen besonderen Verwaltungen jener Centralstelle untergeordnet werden, soll für die gesammte fortlaufende ständische Verwaltung sowohl die Vermittlung der Beziehungen zum ständischen Ausschusse, als auch die vermögensrechtliche Vertretung nach außen hin in einer Stelle ihre Vereinigung finden.

Der Staatsregierung ist in den Grundzügen der Standpunkt der Oberaufsicht zugewiesen und demgemäß diejenige Einwirkung gesichert, welche erforderlich ist, um etwaige gesetzwidrige oder das Wohl des Staates verletzende Maßnahmen der ständischen Verwaltung zu verhindern, ohne darüber hinausgehend, in diese Verwaltung mit eigener Leitung einzugreifen.

Nach diesen Grundzügen hat der Hannoversche Provinziallandtag unter Annahme des Systems der Anstellung besonderer ständischer Oberbeamten, ein Regulativ für die Organisation der Verwaltung des provinzialständischen Vermögens und der provinzialständischen Anstalten in der Provinz Hannover aufgestellt, welches mittelst Erlasses vom 1. November 1868 (Gesetzsamml. S. 979) die Königliche Genehmigung erhalten hat.

Nach den Bestimmungen dieses Regulativs ist der ständische Verwaltungsausschuß aus dem jedesmaligen Landtagsmarschall, in dessen Behinderung dem Stellvertreter desselben, als Vorsitzenden und zwölf Mitgliedern zusammengesetzt, welche von dem Provinziallandtage aus seiner Mitte dergestalt gewählt werden, daß jedem der drei Stände (größere Grundbesitzer, Städte und Landgemeinden) je vier Mitglieder angehören.

Der Ausschuß führt die Verwaltung des ständischen Vermögens und der ständischen Anstalten nach Maßgabe der Beschlüsse des Provinziallandtags, insbesondere auch in Gemäßheit des von diesem festzustellenden Finanzetats.

Zur Besorgung der laufenden Verwaltungsgeschäfte werden drei besoldete Oberbeamte bestellt, welche der Provinziallandtag auf zwölf Jahre wählt. Dieselben bilden das Landesdirektorium. Der Vorsitzende desselben führt den Titel eines Landesdirektors, die beiden anderen Mitglieder den eines Schatzrathes. Die Wahl des Landesdirektors bedarf der Bestätigung des Königs. Das Landesdirektorium führt unter Aufsicht des Ausschusses die laufenden Geschäfte der ständischen Verwaltung selbstständig. Es bereitet die Beschlüsse des Ausschusses vor und trägt für die Ausführung derselben Sorge. Es vertritt die ständische Verwaltung nach Außen und verhandelt Namens derselben mit Behörden und Privatpersonen. Der Geschäftsgang des Landesdirektoriums ist — vorbehaltlich gewisser Präsidialbefugnisse des Landesdirektors — ein kollegialischer. Der Umfang der Amtspflichten des Landesdirektors und der Schatzräthe, sowie ihre gegenseitige dienstliche Stellung wird im Uebrigen durch besondere Geschäftsinstruktionen geregelt, welche der Ausschuß mit Genehmigung des Provinziallandtags erläßt.

Für die unmittelbare Verwaltung und Beaufsichtigung einzelner ständischer Anstalten ist dem Provinziallandtage die Bestellung besonderer ständischer Kommissionen oder Kommissare vorbehalten. Dieselben empfangen von dem Ausschusse ihre Geschäftsinstruktion und führen ihr Geschäft unter der Leitung und Aufsicht des Ausschusses und des Landesdirektoriums. Nachdem der Uebergang der in Folge des Gesetzes vom 7. März 1868 den Hannoverschen Ständen zu überweisenden bisherigen Staatsanstalten, sowie die Verwaltung der denselben behufs Förderung des Landstraßen- und Wegebaues zur Verfügung gestellten Mittel, durch besondere, im Einverständniß mit der Staatsregierung aufgestellte Reglements geordnet und die Wahlen der Mitglieder des Ausschusses und des Landesdirektoriums von dem Provinziallandtage vollzogen worden waren, ist die ständische Verwaltung in der Provinz Hannover nach Maßgabe der Bestimmungen des Regulativs mit dem Beginne des Jahres 1869 in Wirksamkeit getreten.

Die Gegenstände dieser Verwaltung lassen sich in zwei Gruppen scheiden.

Zunächst sind es gewisse Anstalten und Verwaltungszweige, welche in unmittelbarer ständischer Administration stehen. Dahin gehören die drei Irrenanstalten zu Hildesheim, Göttingen und Osnabrück, die Blindenanstalt zu Hannover und die drei Taubstummenanstalten zu Hildesheim, Osnabrück und Stade. Ihnen ist später in Folge des Gesetzes vom 25. Dezember 1869 (Gesetzsamml. S. 1269) noch die Hannoversche Landeskreditanstalt hinzugetreten. Endlich ist in Gemäßheit der Vorschrift des §. 28. des Ausführungsgesetzes zum Bundesgesetze über den Unterstützungswohnsitz vom 8. März 1871 durch die Allerhöchste Verordnung vom 1. August 1871 (Gesetzsamml. S. 325.) dem Hannoverschen Provinzialverbande und seinen Organen auch die Verwaltung der Angelegenheiten des neu gebildeten Landarmenverbandes der Provinz Hannover übertragen worden. Zur Vollstreckung von Korrektionsnachhaften gegen Landstreicher, Bettler u. s. w., für welche nach §. 38. des Gesetzes vom 8. März 1871 die Landarmenverbände Sorge zu tragen haben, beabsichtigen die Stände, das Werkhaus in Moringen vom Staate käuflich zu erwerben. Die Verhandlungen sind soweit gediehen, daß der Kaufvertrag binnen Kurzem abgeschlossen werden kann. Es wird demnächst diese Anstalt vom 1. Januar 1872 ab, gleichfalls in die unmittelbare ständische Verwaltung übergehen.

Zur zweiten Gruppe der Gegenstände ständischer Verwaltung gehört die Verwendung der Geldmittel, welche den Provinzialständen durch das Gesetz vom 7. März 1868 zur Verfügung gestellt sind, um gemeinnützige Zwecke, welche ihre nächsten Träger in anderen korporativen Verbänden und Vereinen haben, durch Bewilligung von Beihülfen anstatt der bisher gewährten staatlichen Subventionen zu unterstützen und zu fördern. Es sind dies verschiedene Wohlthätigkeits- und Humanitätsanstalten, das jüdische Schul- und Synagogenwesen, Sammlungen für Kunst und Wissenschaft u. s. w., denen Unterstützungen Seitens der ständischen Verwaltung zu Theil werden.

Als der wichtigste Gegenstand aber ist die Beförderung des Landstraßen- und Wegebaues in der Provinz durch Bewilligung von Prämien an die einzelnen Wegeverbände und Gemeinden hervorzuheben. Der dem letzten Provinziallandtage von dem Verwaltungsausschusse erstattete Bericht über die Ergebnisse der provinzialständischen Verwaltung für die Jahre 1869 und 1870 giebt ein erfreuliches Bild von den auf diesem wichtigen Gebiete bereits erzielten Erfolgen.

Als Beihülfen für den Landstraßen- und Wegebau waren für die beiden gedachten Jahre von dem Provinziallandtage je 300,000 Thlr. (und zwar je 250,000 Thlr. für den Landstraßenbau und je 50,000 Thlr. für den Gemeindewegebau) bewilligt worden, deren Vertheilung dem Verwaltungsausschusse oblag. Von demselben sind zunächst unter Billigung des Provinziallandtages für die Vertheilung der Beihülfen zum Landstraßenbau feste Normen aufgestellt worden, welche auf dem Grundsatze beruhen, die Höhe der Prämien nach der Größe der eigenen Leistung der Wegeverbände zu bemessen. Nach diesen Normen, welche sich in der Ausführung vollkommen bewährt haben, werden an ordentlichen Beihülfen für Neubauzwecke bewilligt, bei einer eigenen Leistung des Wegeverbandes von 4, ihren Beträgen nach in den Gesetzen vom 28. Juli 1851 und 12. März 1868 näher festgestellten Steuerumlagen 30 pCt., 5 Umlagen 35 pCt., 6 Umlagen 40 pCt. u. s. w. bis zu 12 Umlagen und darüber 90 pCt., des Geldbetrages der Gesammtleistung. Außerordentliche Beihülfen zum Neubau oder zur Unterhaltung werden nur unter der Voraussetzung gewährt, daß die Gesammtleistung des Verbandes mindestens 6 Umlagen beträgt. Indem die ständische Verwaltung es sich gleichzeitig angelegen sein ließ, durch mündliche Verhandlungen mit den Vertretungen der Wegeverbände auf die Feststellung umfassender Bau- und Finanzpläne, welche den Ausbau der Verbandstraßennetze innerhalb einer bestimmten kürzeren Frist sichern, hinzuwirken, ist es ihr gelungen, dem Landstraßenbau in der Provinz einen überraschenden Aufschwung zu geben. Die eigenen Leistungen der Wegeverbände sind außerordentlich gestiegen, eine große Zahl von festen Bauplänen ist bereits zu Stande gekommen, und ein rascher Fortschritt auf diesem Wege steht in gewisser Aussicht. Während in den Jahren 1864—1868 von sämmtlichen Wegeverbänden durchschnittlich 4 ⅓ Umlagen aufgebracht wurden, hat sich bei den mit ständischen Beihülfen unterstützten Wegeverbänden die durchschnittliche Zahl der Umlagen im Jahre 1869 auf 5 ⅓, im Jahre 1870 auf 6 ⅓ gehoben und wird sich im laufenden Jahre voraussichtlich auf 8 steigern; während ferner in den Jahren 1855 bis 1863 durchschnittlich jährlich 13 Meilen chaussirter Landstraßen gebaut worden sind, gelangten zufolge der Anschläge im Jahre 1869 18 Meilen, im Jahre 1870 21 Meilen zum Ausbau.

Diese erfreuliche Bewegung auf dem Gebiete des Landstraßenbaues ließ jedoch schon im Jahre 1870 erkennen, daß mit den vorhandenen ordentlichen Mitteln die Festhaltung der für die Bewilligung der Beihülfen aufgestellten Skala ferner nicht zu erreichen sein werde. Da aber eine Reduktion derselben einerseits ungerecht, andererseits unerwünscht erscheinen mußte, so beschloß der Provinziallandtag, zur Verstärkung des Fonds für den Landstraßenbau eine Anleihe von 2 ½ Millionen Thalern in Inhaberpapieren aufzunehmen, und dieselbe in Jahresbeträgen von höchstens 300,000 Thalern vom Jahre 1871 an bis 1885 zu emittiren, und mit den dadurch gewonnenen Geldmitteln und den eigenen Leistungen der Wegeverbände, innerhalb dieses fünfzehnjährigen Zeitraums das gesammte im Voraus für die ganze Provinz festgestellte Landstraßennetz auszubauen. Die Zinsen dieser Anleihe sollen aus der bisherigen Etatssumme von 250,000 Thlrn. entnommen und mit Hülfe dieser auch demnächst vom Jahre 1885 ab die Tilgung der Anleihe selbst mit jährlich wenigstens Einem Prozent bewirkt werden. Das hierzu erforderliche Landesherrliche Privilegium ist der Provinz Hannover unter dem 24. Mai 1871 (Gesetzsamml. S. 254) ertheilt worden.

Auch bei Bewilligung der Beihülfe zum Gemeindewegebau sind bestimmte Grundsätze maßgebend gewesen.

Dieselben lassen sich der Hauptsache nach dahin zusammenfassen:

daß die Gewährung solcher Beihülfen in der Regel nur für kunstmäßige Besteinungs- und Brückenanlagen auf den außerhalb des Orts belegenen Strecken von öffentlichen Verkehrswegen zuläſsig ist, wenn die für das Baujahr beabsichtigte Ausführung im Verhältniß zu den Kräften der wegepflichtigen Gemeinde einen so erheblichen Kostenaufwand erfordert, daß die Unterstützung der Gemeinde zum Bedürfnisse geworden ist, und

daß zur Anlage unbesteinter Wege eine Beihülfe nur ausnahmsweise erfolgen darf, wenn entweder die Kosten der Chaussirung unerschwinglich sind oder nach den besonderen Verkehrs- und Lokalverhältnissen schon aus der Anlage eines guten Erdwegs ein erheblicher Nutzen für das Gemeindewesen erwächst.

Mit Hülfe von Bauzuschüssen, welche nach diesen Grundsätzen bewilligt worden, sind im Jahre 1869 ca. 16 ½ Meile an besteinten Gemeindewegen und ca. 4 ½ Meile Erdbahn, im Jahre 1870, soweit sich dies bis jetzt übersehen läßt, etwa 17 bis 18 Meilen an besteinten Gemeindewegen und etwa 5 Meilen Erdbahn ausgebaut.

Aber nicht nur auf dem Gebiete des Landstraßen- und Wegebaues, sondern auch in den anderen Zweigen der ständischen Verwaltung haben der Verwaltungsausschuß und das Landesdirektorium eine anerkennenswerthe Thätigkeit an den Tag gelegt. So haben dieselben insbesondere durch Erlaß zweckmäßiger Dienstinstruktion, durch Vereinfachung des Rechnungswesens, durch neue bauliche Einrichtungen und sonstige Verbesserungen für eine weitere gedeihliche Entwickelung der Irren-, Taubstummen- und Blindenanstalten Sorge getragen.

Nach dem Finanzetat für 1871 stehen der ständischen Verwaltung zu Ausgaben für die

Irrenanstalten	57,647 Thlr.,	
für die Taubstummenanstalten .	21,762 „	und
für die Blindenanstalt . . .	5,100 „	

zur Verfügung. An Beihülfen für die Idiotenanstalt zu Langenhagen, für die Rettungsanstalten, für das jüdische Schul- und Synagogenwesen, sowie für milde Stiftungen und Vereine werden im Ganzen 27,146 Thlr., für kunst- und wissenschaftliche Zwecke 8000 Thlr. gewährt.

Auch die Landeskreditanstalt hat mit dem 1. Januar 1870 die zeitweise sistirt gewesene Gewährung von Darlehnen an Grundbesitzer der Provinz wieder aufgenommen und im vorigen Jahre ungeachtet des Krieges schon wieder die nicht unerhebliche Summe von 401,187 Thalern ausgeliehen. Sie selbst ist in der Lage gewesen, in demselben Zeitraume die Summe von 541,950 Thlr. gegen Schuldverschreibungen aufzunehmen.

Die Kosten des Provinziallandtages und der ständischen Centralverwaltung betragen 24,120 Thlr. Der Landesdirektor bezieht ein Gehalt von 3000 Thlr., jeder der beiden Schatzräthe ein solches von 2000 Thlr., der Wegebautechniker ein solches von 1500 Thlr.

Die Verwaltung ist eine in allen Beziehungen geordnete und regelmäßige; es besteht zwischen den Staats- und den ständischen Behörden das beste Einvernehmen und liegt nach alledem die gegründete Hoffnung vor, daß die provinzielle Selbstverwaltung in Hannover sich auch fernerhin in gedeihlicher Weise entwickeln werde.

B. Kommunalständischer Verband des Regierungsbezirks Cassel.

Ebenso wie für Hannover durch das Dotationsgesetz vom 7. März 1868, war für den kommunalständischen Verband des Regierungsbezirks Cassel, durch den Allerhöchsten Erlaß vom 16. September 1867 wegen Ueberweisung des vormals Kurhessischen Staatsschatzes an diesen ständischen Verband (Gesetzsamml. S. 1828), der Anlaß zur Einrichtung einer ständischen Verwaltung gegeben. Dieselbe ist auf gleicher gesetzlicher Grundlage (§. 28. der Verordnung vom 30. September 1867 — Gesetzsamml. S. 1537 —) und im Wesentlichen nach denselben Grundsätzen wie in Hannover erfolgt. Das von dem Kommunallandtage zu diesem Behufe aufgestellte Regulativ ist durch den Allerhöchsten Erlaß vom 11. November 1868 (Gesetzsamml. S. 999) genehmigt worden.

Der Verwaltungsausschuß besteht aus dem Vorsitzenden des Kommunallandtages und acht Mitgliedern, von denen, entsprechend der Zusammensetzung des Kommunallandtages, jedem der auf demselben vertretenen vier Stände (Standesherren und Ritterschaft, Städte, Landgemeinden, sowie höchstbesteuerte Grundbesitzer und Gewerbetreibenden), je zwei Mitglieder angehören. Die Führung der laufenden Geschäfte der Verwaltung ist in die Hand nur eines besoldeten Oberbeamten, eines Landesdirektors, gelegt, welcher dieselben Funktionen wahrzunehmen hat, wie das kollegialisch gebildete Hannoversche Landesdirektorium. Nach Bedürfniß können dem Landesdirektor noch andere vom Landtage zu wählende obere Beamte zugeordnet werden. Im Uebrigen entspricht die Hessische Verwaltungsorganisation, abgesehen von einigen unbedeutenden Abweichungen, vollkommen der Hannoverschen.

Nachdem zur Ordnung des Ueberganges der dem kommunalständischen Verbande in Folge des Allerhöchsten Erlasses vom 16. September 1867 zu überweisenden bisherigen Staatsanstalten und Verwaltungszweige in die ständische Verwaltung die erforderlichen Reglements erlassen worden waren, ist dieselbe mit demselben Zeitpunkte, wie die Hannoversche am 1. Januar 1869 in's Leben getreten.

Die Kapitalien des vormals Kurhessischen Staatsschatzes, welche zum größten Theile in Staats- und sonstigen geldwerthen Papieren und nur zum geringeren Theile in Hypotheken angelegt sind, hatten gegen Schluß des Jahres 1868 einen Kourswerth von 5,600,000 Thalern und gewährten einen Zinsgenuß von rund 335,000 Thaler. Die Verwaltung des Staatsschatzes ist durch ein mittelst Allerhöchsten Erlasses vom 28. Januar 1869 genehmigtes Reglement in Anknüpfung an die bisherige Verwaltungseinrichtung einer besonderen Kommission von drei durch den Kommunallandtag zu wählenden Mitgliedern übertragen, welche dieselben nach der von dem ständischen Verwaltungsausschusse zu ertheilenden Geschäftsanweisung unter der Aufsicht und Leitung des Landesdirektors und der Mitaufsicht des Ausschusses zu führen und insbesondere auch die Verwaltung nach Außen zu vertreten hat. Die Beschlußnahme über Veräußerungen und Ankäufe von Werthpapieren, sowie über Ausgleichung von Kapitalien soll jedoch durch die Kommission unter Hinzutritt des Landtagsvorsitzenden und des Landesdirektors nach Stimmenmehrheit erfolgen, wobei die Minderheit das Recht hat, unbeschadet der Vollziehung solcher Beschlüsse, die keinen Aufschub dulden, eine Oberentscheidung des Verwaltungsausschusses anzurufen.

Als Zwecke, für welche die Einkünfte des Staatsschatzes Verwendung zu finden haben, sind in dem Allerhöchsten Erlasse vom 16. September 1867 bezeichnet:

1) Unterstützung des Chaussee- und Landwegebaues,
2) Unterhaltung der Landkrankenanstalten und Landeshospitäler, Anlegung und Unterhaltung einer Irren-Heilanstalt,
3) Anlegung und Unterhaltung einer Arbeitsanstalt zur Verbüßung der von den Polizeibehörden verfügten Haft von Landstreichern, Bettlern und Arbeitsscheuen,
4) Bestreitung der Kosten der Landarmenpflege, einschließlich der Anlegung und Unterhaltung eines Landarmenhauses und
5) Unterhaltung und Ergänzung der Landesbibliotheken.

Diesen Verwendungszwecken sind demnächst in Gemäßheit des Gesetzes vom 25. März 1869 (Gesetzsamml. S. 525) noch folgende hinzugetreten:

1) Bestreitung der Kosten des Kommunallandtages und der kommunalständischen Verwaltung;
2) Unterstützung der milden Stiftungen, Armen-, Wohlthätigkeits- und Rettungsanstalten, Vermehrung der Krankenhäuser;

3) Uebernahme eines Theils der bisher vom Staate geleisteten Unterstützungen für Zwecke der Armenpflege, im jährlichen Betrage von 11,000 Thalern;
4) Gründung eines Taubstummeninstituts oder Uebernahme und Unterhaltung des zu Homberg bestehenden;
5) Bildung eines Fonds für Zuschüsse zu Landesmeliorationen.

Auch ist durch das letztere Gesetz dem Kommunallandtage die Befugniß beigelegt, Verwendungen der Einnahmen aus dem Staatsschatze zu anderen, als den voraufgeführten Zwecken mit Königlicher Genehmigung zu beschließen.

Auf Grund dieser gesetzlichen Bestimmungen sind die Landeshospitäler zu Hainau und Merxhausen, die Landkrankenhäuser zu Cassel, Fulda, Hanau, Rinteln und Schmalkalden, sowie die Landesbibliotheken zu Cassel und Fulda in die ständische Verwaltung übergegangen.

Den ihm von dem Kommunallandtage ertheilten Vollmachten entsprechend, hat sich der Verwaltungsausschuß zunächst mit einer anderweiten Einrichtung der Verwaltung der Landkrankenhäuser beschäftigt und dieselbe für die Anstalten zu Fulda und Cassel bereits zum Abschluß gebracht. Gleichzeitig sind verschiedene größere Neu- und Erweiterungsbauten, sowie Verbesserungen der vorhandenen Räumlichkeiten und Einrichtungen in den Landkrankenanstalten und Landeshospitälern in Angriff genommen und theilweise auch bereits zur Ausführung gelangt. Ingleichen hat in mehreren Anstalten, insbesondere in den beiden Landeshospitälern, eine umfangreichere Ergänzung und Verbesserung des Inventars stattgefunden. Eine neue Landkrankenanstalt zu Hersfeld für 50 Betten ist in der Ausführung begriffen. Der Bau der Anstalt erfolgt auf Kosten des dortigen Kreises bis auf diejenigen eines Barackenbaues, welche der kommunalständische Verband trägt. Auch hat der letztere zur Beschaffung des nöthigen Inventars eine Summe von bis zu 6000 Thlrn. bewilligt und die demnächstige Unterhaltung der Anstalt übernommen.

In ähnlicher Weise ist die Gründung einer Krankenanstalt in Eschwege in Aussicht genommen und schweben darüber die Verhandlungen mit den Vertretern des dortigen Kreises. Zum Neubau einer neuen Irrenanstalt ist zunächst ein Baufonds angesammelt, welcher im Jahre 1872 die Höhe von 120,000 Thlr. erreicht haben wird. Nachdem der letzte Kommunallandtag die Errichtung der Anstalt zu Marburg definitiv beschlossen hat, wird nunmehr mit der Ausführung des Baues bald vorgegangen werden können.

Nach dem von dem Kommunallandtage festgestellten Finanzetat für die Jahre 1870—1872 betragen

die Zuschüsse zur Unterhaltung der Landkrankenanstalten und Landeshospitäler, sowie zur Errichtung anderer Krankenhäuser jährlich	82,980	Thlr.
die Kosten der Unterhaltung der Korrektionellen . .	3,970	"
die Kosten der Armenpflege, die Unterstützungen milder Stiftungen, Armenwohlthätigkeits- und Rettungshäuser	23,610	"
die Kosten der Unterhaltung der Taubstummenanstalt zu Homberg	5,475	"

die Kosten der Unterhaltung und Ergänzung der Landes-
bibliotheken . . . . 7,890 Thlr.

Sehr erheblich sind die Aufwendungen, welche nach dem von dem Verwaltungsausschusse dem Kommunallandtage darüber erstatteten Berichte für die Förderung des Landwegebaues in den Jahren 1869 und 1870 gemacht worden sind. Außer den Kosten des Landwegebaupersonals mit je 23,261 Thalern, den Kosten der Unterhaltung der durch die Staatswaldungen führenden ausgebauten Landwegestrecken mit je 13,786 Thlr. für jedes dieser beiden Jahre, sowie der Kosten der ersten Anschaffung von Ortstafeln mit 3582 Thlr. sind zur Unterstützung von Gemeinden beim Ausbau von Landwegen, sowie zu Landwegeneubauten innerhalb der Staatswaldungen im Jahre 1869 115,959 Thlr. und im Jahre 1870 69,304 Thlr. verausgabt worden. Für die Jahre 1871 und 1872 ist dem Verwaltungsausschusse zu gleichen Zwecken durch den Finanzetat die Summe von je 106,500 Thlrn. zur Verfügung gestellt.

In Folge der kräftigen Unterstützung von Seiten des kommunalständischen Verbandes ist auch in Hessen der Wegebau in einem erfreulichen Aufschwunge begriffen.

Einen ferneren erheblichen Zuwachs an Geschäften hat die ständische Verwaltung durch die in Gemäßheit des Gesetzes vom 25. Dezember 1869 erfolgte Uebernahme der Landeskreditkasse erfahren. Die Anstalt wird unter der Aufsicht des Verwaltungsausschusses und des Landesdirektors von einer besonderen Direktion, bestehend aus einem vorsitzenden Direktor und drei Mitgliedern, verwaltet. Die von der Direktion getroffenen finanziellen Maßregeln, um die Anstalt zu einer ihrem Zwecke entsprechenden Thätigkeit in den Stand zu setzen, sind bisher von einem günstigen Erfolge begleitet gewesen, und ist die Umsicht, mit welcher die Operationen von der Direktion zur Ausführung gebracht worden sind, anzuerkennen. Im Jahre 1870 sind bereits an Darlehen bewilligt:

a) in baar zu 5 Prozent Zinsen	44,876 Thlr.
b) in unkündbaren Obligationen zu 5 Prozent . . .	351,787 „
Summa	396,663 Thlr.

Die Landeskreditkasse hat ihrerseits in demselben Zeitraum ausgegeben:

a) kündbare Obligationen zu 4 Prozent	294,300 Thlr.
b) kündbare Obligationen zu 4½ Prozent	181,900 „
c) unkündbare zu 4½ Prozent	352,550 „

Neuerdings ist durch die Allerhöchste Verordnung vom 29. Juli 1871 (Gesetzsamml. S. 323) auch die Verwaltung des Landarmenwesens dem Kommunallandtage und seinen Organen übertragen worden. Es wird die Aufgabe des Hessischen Landarmenverbandes sein, zur Erfüllung der ihm obliegenden Verpflichtungen eine eigene Korrektions- und Landarmenanstalt zu gründen. Der Verwaltungsausschuß ist von dem Kommunallandtage mit den erforderlichen Vorbereitungen hierzu beauftragt worden. Einstweilen werden die Korrektionsnachhaften gegen Landstreicher, Bettler und Arbeitsscheue in der Strafanstalt zu Ziegenhain, gegen unzüchtige Frauen in der Strafanstalt zu Kassel auf Kosten des Landarmenverbandes vollstreckt.

Die Uebernahme der Generalbrandversicherungsanstalt zu Cassel hat der Kommunallandtag zur Zeit noch abgelehnt; jedoch ist durch den Allerhöchsten

Erlaß vom 18. September 1871 den Kommunalständen eine Theilnahme an der Verwaltung dieser Anstalt insoweit eingeräumt worden, daß sie zwei Mitglieder der die Anstalt verwaltenden, aus fünf Mitgliedern bestehenden, Generalbrandversicherungs-Kommission vorbehaltlich der Bestätigung des Ministers des Innern zu erwählen haben.

Erreichen die Erfolge, welche die kommunalständische Verwaltung in Hessen auf den verschiedenen Gebieten ihrer kommunalen Thätigkeit erzielt hat, auch noch nicht diejenigen der Hannoverschen Verwaltung, so haben die ständischen Organe doch die ihnen gestellten umfangreichen und zum Theil schwierigen Aufgaben mit Eifer und Umsicht in Angriff genommen und es nicht minder wie die Hannoverschen verstanden, sich mit den Staatsbehörden in einem guten Einvernehmen zu erhalten. Die Kosten der gesammten ständischen Centralverwaltung einschließlich des Kommunallandtages und der Verwaltungskommission des Staatsschatzes belaufen sich auf 20,924 Thlr. Der Landesdirektor bezieht ein Gehalt von 3000 Thlr., der dem Landesdirektor beigeordnete obere Beamte ein solches von 1600 Thlrn., zur Remunerirung kommissarisch angestellter Referenten des Landesdirektors sind 1500 Thlr. ausgesetzt.

C. Kommunalständischer Verband des Regierungsbezirks Wiesbaden.

Nachdem von der Staatsregierung auch die Ausstattung des kommunalständischen Verbandes des Regierungsbezirks Wiesbaden mit Staatsmitteln zu Zwecken der Selbstverwaltung in Aussicht genommen worden, und nachdem insbesondere durch das Gesetz vom 25. Dezember 1869 (Gesetzsamml. S. 1288.) die Uebereignung der Nassauischen Landesbank an diesen Verband erfolgt war, ergab sich für denselben gleichfalls das Bedürfniß zur Einrichtung einer ständischen Verwaltung. Die hierüber mit den Nassauischen Kommunalständen während dreier Landtage gepflogenen Verhandlungen sind erst vor Kurzem zu einem befriedigenden Abschlusse gelangt.

Nach dem mittelst Allerhöchsten Erlasses vom 17. Juli 1871 (Gesetzsamml. S. 299.) genehmigten Verwaltungsregulativ, besteht der ständische Verwaltungsausschuß aus dem jedesmaligen Vorsitzenden des Kommunallandtages und in dessen Behinderung dem Stellvertreter desselben, sowie aus sechs Mitgliedern, welche von dem Kommunallandtage aus seiner Mitte dergestalt gewählt werden, daß mindestens eines derselben den Standesherren oder den Vertretern der großen Grundbesitzer angehört.

Zur Besorgung der laufenden Verwaltungsgeschäfte kann ein besoldeter Oberbeamter (Landesdirektor) angestellt werden, welcher vom Kommunallandtage zu wählen und vom Könige zu bestätigen ist. Dem Landesdirektor können nach Bedürfniß noch andere in gleicher Weise zu wählende obere Beamte (Landsyndikus ꝛc.) zugeordnet werden.

Sofern die Anstellung eines Landesdirektors nicht erfolgt, werden die Funktionen desselben von dem Vorsitzenden des Kommunallandtages beziehungsweise dessen Stellvertreter wahrgenommen.

Im Uebrigen entsprechen die Bestimmungen des Nassauischen Regulativs denen des Hessischen. Die Wahl des ständischen Verwaltungsausschusses ist bereits erfolgt und ist derselbe vor Kurzem zu einer ersten Session zusammengetreten. Von der Wahl eines Landesdirektors hat der Kommunallandtag vorläufig noch abgesehen, da der Umfang der Geschäfte, welche der ständischen Verwaltung bis jetzt übertragen sind, die Anstellung eines solchen noch nicht zu erfordern schien. Die laufenden Verwaltungsgeschäfte werden bis auf Weiteres von dem Vorsitzenden des Kommunallandtages unter Assistenz eines kommissarischen Oberbeamten besorgt werden.

Das Gebiet der ständischen Verwaltung umfaßt zur Zeit die Landesbank und die Sparkasse, sowie das Landarmen- und Korrigendenwesen.

Nach dem für die beiden ersteren Institute erlassenen Regulative wird die Verwaltung derselben von einer Direktion geführt, welche aus drei ständigen stimmführenden Beamten, dem Landesbankdirektor und zwei Landesbankdirektionsräthen oder Assessoren und aus drei stimmberechtigten Beiräthen besteht. Der Direktion werden die zur Führung der Hauptkasse und Kontrole, zur Buchführung und zur Expedition erforderlichen Beamten beigegeben. Die Beiräthe der Landesbank wählt der Kommunallandtag bei seinem jedesmaligen Zusammentreten. Die besoldeten Mitglieder werden gleichfalls von ihm ernannt, wogegen die Ernennung der übrigen Beamten von Seiten des Verwaltungsausschusses erfolgt.

Die Verwaltung der Angelegenheiten des Nassauischen Landarmenverbandes ist dem Kommunallandtage und seinen Organen durch die Allerhöchste Verordnung vom 4. September 1871 (Gesetzsamml. S. 378.) übertragen worden.

Durch den Erlaß des Dotationsgesetzes, welcher vor Kurzem dem Landtage der Monarchie zur verfassungsmäßigen Beschlußnahme vorgelegt worden ist, wird eine fernere erhebliche Erweiterung der ständischen Verwaltung beabsichtigt.

Danach soll dem kommunalständischen Verbande

1) zur Bestreitung des Neubaues chaussirter Verbindungsstraßen sowie zur Unterstützung des Gemeindewegebaues und
2) zur Fürsorge für die Irren und Taubstummen, insbesondere zur Unterhaltung der Irrenheil- und Pflegeanstalt zu Eichberg und des Taubstummeninstituts zu Camberg die Summe von jährlich 142,000 Thlrn.

aus den Staatshaushaltseinnahmen überwiesen, sowie zur Gründung einer Hülfskasse nach dem Vorbilde der in den älteren Provinzen bestehenden derartigen Institute der Darlehnsfonds für unbemittelte Gemeinden im Gebiete des ehemaligen Herzogthums Nassau, sowie der Rest des Homburger Kautionsfonds zum ungefähren Gesammtbetrage von 46,000 Thlrn. übereignet werden.

Auch ist die Uebertragung der Verwaltung der Nassauischen Brandversicherungsanstalt, welche gegenwärtig von der Regierung zu Wiesbaden geführt wird, an den kommunalständischen Verband und dessen Organe in Aussicht genommen.

D. Provinz Schleswig-Holstein.

Wenngleich die Ueberweisung eines Provinzialfonds an die Provinz Schleswig-Holstein bisher nicht hat erfolgen können, weil aus den verschiedenen Abtheilungen des Staatshaushaltsetats solche Leistungen in größerer Anzahl und in einem erheblicheren Umfange sich nicht haben ermitteln lassen, welche zur Uebertragung an die Provinz unter Ueberweisung der im Staatsbudget dafür vorgesehenen Mittel, geeignet erscheinen, so ist doch auch für diese Provinz durch die

Vorschrift des §. 28. des Ausführungsgesetzes zum Bundesgesetze über den Unterstützungswohnsitz vom 8. März 1871 die Organisation einer ständischen Verwaltung nothwendig geworden, um den provinzialständischen Verband in den Stand zu setzen, die Verwaltung der Landarmenangelegenheiten zu übernehmen.

Das von dem Provinziallandtage aufgestellte und mittelst Allerhöchsten Erlasses vom 14. August 1871 (Gesetzsamml. S. 372.) genehmigte Regulativ bestimmt in Betreff der Zusammensetzung des ständischen Verwaltungsausschusses, daß derselbe aus:

1) dem jedesmaligen Landtagsmarschalle oder in Behinderungsfällen desselben dem Stellvertreter des Landtagsmarschalls als Vorsitzenden;
2) dem ersten ständischen Beamten (Landesdirektor); und
3) neun Mitgliedern bestehen soll, welche von dem Provinziallandtage aus seiner Mitte dergestalt gewählt werden, daß jedem der drei Stände je drei Mitglieder angehören.

Die Wahl eines Landesdirektors ist in dem Regulativ zwar, wie in Nassau, nur fakultativ hingestellt; der Provinziallandtag hat jedoch die alsbaldige Anstellung eines solchen beschlossen. Die übrigen Bestimmungen des Regulativs enthalten nur unwesentliche Abweichungen von dem Hannoverschen und Nassauischen.

Die nächste und wichtigste Aufgabe der ständischen Organe wird die Einrichtung und Verwaltung des Landarmen- und Corrigendenwesens bilden. Zu diesem Behufe ist dem ständischen Verwaltungsausschusse, dessen Wahl ebenso wie die des Landesdirektors binnen Kurzem erfolgen wird, von dem Provinziallandtage der Auftrag ertheilt worden, über die Erwerbung oder Erbauung eines Landarbeits- und event. auch eines Armenhauses, sowie über die Aufbringung der hierzu erforderlichen Kosten geeignete Vorschläge zu machen. Einstweilen werden die korrektionellen Nachhaften auf Kosten des Landarmenverbandes von der Staatsbehörde in dem mit der Strafanstalt zu Glückstadt verbundenen Provinzialarbeitshause vollstreckt.

Ferner ist in Aussicht genommen, die Verwaltung der in der Provinz Schleswig-Holstein bestehenden Immobiliarfeuerversicherungsanstalten für die Städte, für die Aemter und Landschaften, sowie für die Landkirchen, unter Vereinigung derselben zu einer einzigen Provinzialanstalt, dem provinzialständischen Verbande und seinen Organen zu übertragen.

Auch darf erwartet werden, daß sich die Provinzialstände später bereit finden lassen werden, die Irren- und Taubstummenanstalt zu Schleswig, sowie das Blindeninstitut zu Kiel als Provinzialinstitute zu übernehmen.

Angeregt durch die von Allerhöchster Stelle bei dem Schlusse des Landtages der Monarchie im Monat Februar des Jahres 1868 ausgesprochene Zusicherung,

> daß durch die Bewilligung der Provinzialfonds für Hannover und Hessen der Boden betreten worden, auf welchem nach der Ansicht der Regierung auch für alle anderen Provinzen der Monarchie eine erfolgreiche Selbstverwaltung erwachsen solle,

hatten die kurz darauf zum Provinziallandtage versammelt gewesenen Stände der

Provinz Schlesien beantragt: Die Vereinigung aller ständischen Fonds, Anstalten, Institute und Stiftungen in der Provinz Schlesien mit Ausschluß der Oberlausitz unter einer konzentrirten provinzialständischen Verwaltung zu genehmigen und dieselben den Ständen zur eigenen Verwaltung unter staatlicher Aufsicht zu überweisen.

Ingleichen hatten die Stände der Provinz Westfalen und der Rheinprovinz gebeten, ihnen die Selbstverwaltung der Provinzialinstitute zu gewähren.

Endlich war von dem Sächsischen Provinziallandtag eine Kommission niedergesetzt worden, um die zur Einrichtung einer einheitlichen ständischen Verwaltung der provinziellen Institute geeigneten Maßregeln zu berathen und darüber dem nächsten Provinziallandtage bestimmte Vorschläge zu machen.

Die sich in diesen Anträgen kundgegebenen Bestrebungen verdienten in vollem Maße die Unterstützung und Förderung der Staatsregierung. Sie waren hervorgegangen aus der richtigen Erkenntniß, daß die Vertretungen der Provinzen das Feld ihrer Thätigkeit weit weniger auf dem Gebiete der Politik und Gesetzgebung als auf dem der Förderung der wirthschaftlichen Interessen der Provinzen zu suchen und zu finden haben; daß die Provinzialstände jedoch auf diesem Gebiete erst dann eine fruchtbare Thätigkeit entwickeln können, wenn ihnen überall die Verwaltung ihrer provinziellen Institute selbstständig überlassen wird und sie sich hierfür die geeigneten Organe selbst schaffen dürfen, während die Regierung darauf verzichtet, die Verwaltung der provinziellen Institute durch Staatsbehörden unter der Kontrole der Stände mit den von diesen bewilligten Mitteln führen zu lassen und ihre Einwirkung auf die Handhabung einer Oberaufsicht beschränkt, welche die Rücksicht auf das Staatswohl erfordert.

Diese Anträge trafen zugleich auch zusammen mit den eigenen Intentionen der Staatsregierung: „den Provinzen in weitergehendem Maße als bisher die Selbstverwaltung ihrer Angelegenheiten behufs Entlastung der Provinzial- und Centralbehörden der Monarchie und zur Erfrischung des provinziellen Lebens einzuräumen“ und boten ihr dieselben eine um so erwünschtere Gelegenheit dar, sich über die hierauf bezüglichen generellen Organisationsfragen schlüssig zu machen, als es gerade damals darauf ankam, behufs Ausführung der Gesetze wegen des Hessischen und Hannoverschen Provinzialfonds für die dortigen Landtage geeignete Propositionen vorzubereiten.

Es sind demgemäß die bereits mehrerwähnten Grundzüge für die Organisation der provinzial- und kommunalständischen Verwaltungen aufgestellt worden, um ebenso den Provinziallandtagen der älteren, wie denen der neueren Provinzen als Grundlage für ihre Berathungen zu dienen. Die gesetzliche Basis für die in den älteren Provinzen zu schaffenden Organisationen boten die §§. 51. resp. 53. und 54. der Provinzialständegesetze aus den Jahren 1823 und 1824, welche im Wesentlichen gleichlautend mit den betreffenden Vorschriften der Verfassungsverordnungen für die neuerworbenen Landestheile bestimmen:

> Für solche Gegenstände der laufenden ständischen Verwaltung, welche Wir den Ständen künftig übertragen werden, können sie die geeigneten Personen wählen und bestellen, welche die Geschäfte fördern.

E. Provinz Schlesien.

Dem mittelst Allerhöchsten Erlasses vom 1. November 1869 (Gesetzsamml. S. 1143) genehmigten Regulative für die Organisation der ständischen Verwaltung in der Provinz Schlesien, welches von den im Herbste des Jahres 1869 zu einem außerordentlichen Provinziallandtage versammelt gewesenen Ständen in wesentlicher Uebereinstimmung mit der ihnen von Seiten der Regierung gemachten Vorlage aufgestellt worden ist, liegt das auch in den neuen Landestheilen angenommene System zu Grunde, wonach die laufenden Verwaltungsgeschäfte von besonderen ständischen Oberbeamten geführt werden. Der ständische Verwaltungsausschuß, welcher in Anknüpfung an historische Reminiscenzen den Namen „Landesdeputation der Provinz Schlesien" führt, besteht aus:

1) dem jedesmaligen Landtagsmarschall, beziehungsweise dem Stellvertreter desselben als Vorsitzenden,
2) dem ersten ständischen Beamten, Landeshauptmann, und
3) sieben Deputirten, welche von dem Provinziallandtage aus seiner Mitte dergestalt gewählt werden, daß dem ersten Stande Ein Mitglied und jedem der drei anderen Stände je zwei Mitglieder angehören.

Dem Landeshauptmann, welcher die laufenden Geschäfte der Verwaltung führt, steht der Landessyndikus zur Seite. Auch ist die Anstellung noch anderer Oberbeamten nach Bedürfniß vorbehalten. Im Uebrigen entsprechen die Schlesischen Verwaltungseinrichtungen den Hannoverschen und Hessischen.

Nach §. 12. des Regulativs sollte der Uebergang der in der Provinz Schlesien vorhandenen, dazu geeigneten Fonds, Institute und Stiftungen, in die nach dem Regulative zu ordnende ständische Verwaltung durch besondere von dem Provinziallandtage im Einverständniß mit der Staatsregierung aufzustellende Reglements beziehungsweise Nachträge zu den bestehenden geordnet werden.

Diese Reglements beziehungsweise Reglementsnachträge sind sämmtlich erlassen, auch die erforderlichen Geschäftsinstruktionen für den Verwaltungsausschuß, den Landeshauptmann, den Landessyndikus, die Landeshauptkasse und den Landeskassendirector, sowie ein Regulativ über die Dienstverhältnisse der ständischen Beamten aufgestellt worden; die ständische Verwaltung selbst hat mit dem Anfange des Jahres 1870 ihre Wirksamkeit begonnen. Sie umfaßt die Administration des Ständehauses, des Landtagskostenfonds, des Irrenwesens, des Pensionsfonds der ständischen Beamten, der Provinzialdarlehnskasse, der Provinzialhülfskasse und der Subventionen für den Taubstummen- und Blindenunterricht.

Die unmittelbare Verwaltung der Angelegenheiten der für die Regierungsbezirke Breslau, Oppeln und Liegnitz bestehenden Landarmenverbände wird zur Zeit noch von besonderen Direktionen geführt, welche unter der Leitung von Staatskommissarien stehen. Auf die Landesdeputationen sind zunächst nur diejenigen Funktionen übergegangen, welche bisher von dem Oberpräsidenten und einem provinzialständischen Ausschusse wahrzunehmen waren. Auf Grund der Verordnung vom 16. August 1871 (Gesetzsamml. S. 345) wird jedoch vom 1. Januar 1872 ab, nach erfolgter Vereinigung der bestehenden drei Bezirkslandarmenverbände in einem Provinziallandarmenverband mit Ausschluß der Stadt Breslau und der Oberlausitz, die Verwaltung des gesammten Landarmenwesens, sowie auch des zu dem Oberschlesischen Typhuswaisenfonds gehörigen Vermögens von der Landesdeputation und dem Landeshauptmanne übernommen werden.

Von demselben Zeitpunkte ab werden auch die Provinziallands- und die Provinzialstädtefeuersozietät in die ständische Verwaltung übergehen, nachdem die Verhandlungen mit den Provinzialständen über die für die Administration dieser Institute zu treffenden besonderen Einrichtungen beendigt und die zu dem Zwecke aufgestellten Reglementsnachträge mittelst der Allerhöchsten Erlasse vom 20. September 1871 (Gesetzsamml. S. 439. und 452.) genehmigt worden sind.

Nach dem Finanzetat für das Jahr 1871 betragen die Ausgaben für die ständische Centralverwaltung mit Ausschluß der Landtagskosten im Ganzen 13,200 Thlr., darunter an Gehalt für den Landeshauptmann 3000 Thlr., für den Landessyndikus 1800 Thlr. nebst freier Wohnung im Ständehause, für den Landeskassendirektor 1500 Thlr. nebst 200 Thlr. Wohnungsentschädigung.

Der umfangreichste und kostspieligste Zweig der ständischen Verwaltung ist bis jetzt das Irrenwesen. Es bestehen für den ganzen Provinzialverband mit Einschluß der Oberlausitz die Irrenheilanstalt zu Leubus und die Irrenpflegeanstalten zu Bunzlau, Brieg und Plagwitz.

Ungeachtet die etatsmäßige Kopfzahl in den vorhandenen Anstalten 826 beträgt, mangelt es dennoch an dem nöthigen Raume. Nachdem jedoch die Korrektionsanstalt zu Schweidnitz und das Landarmen- und Arbeitshaus zu Creutzburg in die ständische Verwaltung übernommen sein werden, wird es voraussichtlich möglich sein, durch Aufnahme der in der Schweidnitzer Anstalt untergebrachten Korrigenden in der Creutzburger Anstalt die Räumlichkeiten der ersteren Anstalt für Zwecke der Irrenpflege verfügbar zu machen.

Die Irrenanstalten erfordern im laufenden Jahre einen Kostenaufwand von 93,135 Thlr. von welchem 91,635 Thlr. durch Beiträge der Provinz aufgebracht werden.

Das Vermögen der ständischen Darlehnskasse hat sich stetig vermehrt und betrug Ende 1870 853,357 Thlr. Dasselbe ist aber, weil es zum größten Theile aus Darlehen mit längerer Amortisationsfrist besteht und andererseits zur Deckung der umlaufenden Darlehnskassenscheine eine starke Reserve nothwendig ist, zur Zeit noch nicht so weit disponibel, um für andere Unternehmungen von allgemeinen provinziellem Interesse Verwendung finden zu können.

Die aus der Provinzialhülfskasse an Gemeinden und Korporationen zu gemeinnützigen Unternehmungen, an Grundbesitzer zu Meliorationen, an Unternehmer nützlicher Gewerbeanlagen ꝛc. gewährten Darlehen erreichten Ende Dezember 1870 die beträchtliche Höhe von 1,211,823 Thlr., der Stammfonds betrug 497,918 Thlr., an fremden Kassengeldern waren bei der Provinzialhülfskasse zinsbar belegt 309,505 Thlr., an Provinzialhülfskassenobligationen zirkulirten 361,500 Thlr. An Zinsenüberschüssen aus der Periode von Johanni 1867 bis ultimo Dezember 1870 stand nach Abzug des dem Stammvermögen zuzuschlagenden Viertels dem im Sommer dieses Jahres versammelt gewesenen Provinziallandtage eine Summe von 58,849 Thlr. für gemeinnützige Zwecke zur Verfügung. Die ordentlichen Zuschüsse, welche an die Privattaubstummenanstalten zu Breslau, Liegnitz und Ratibor und an die Blindenunterrichtsanstalt zu Breslau aus ständischen Fonds gewährt worden, betragen 10,795 Thlr., zu baulichen Zwecken sind für dieselben von dem letzten Provinziallandtage Beihülfe zu einem Gesammtbetrage von 8,800 Thlr. bewilligt worden.

Die provinzialständische Verwaltung in Schlesien berechtigt nicht minder, wie die Hannoversche und Hessische zu der Hoffnung einer gedeihlichen Entwicklung. Schon jetzt lassen sich für die einzelnen provinziellen Institute die günstigen Erfolge erkennen, welche eine einheitliche und gemeinschaftliche Verwaltung derselben zu erzielen vermag. Diese Erfolge aber werden noch erkennbarer zu Tage treten und für die Förderung der wirthschaftlichen Interessen der Provinz und ihrer Angehörigen eine noch größere Bedeutung erlangen, wenn auch erst der Uebergang des Landarmen- und des öffentlichen Feuerversicherungswesens in die ständische Verwaltung erfolgt sein wird.

F. Provinz Westfalen.

Im Gegensatze zu den anderen Provinzen haben sich die Landtage der Provinz Westfalen und der Rheinprovinz für die direkte Führung der laufenden Geschäfte durch den Verwaltungsausschuß beziehungsweise den Vorsitzenden desselben, den Landtagsmarschall entschieden, und von der Einsetzung eines Landesdirektors abstrahirt.

Nach den von dem Westfälischen Provinziallandtage aufgestellten und mittelst Allerhöchsten Erlasses vom 15. September 1871 genehmigten Regulative wird der Verwaltungsausschuß bestehen aus dem jedesmaligen Landtagsmarschalle beziehungsweise dessen Stellvertreter als Vorsitzendem, aus zwei Mitgliedern des I. Standes (der vormals unmittelbaren Reichsstände), über welche sich die diesem Stande Angehörigen zu einigen haben und aus zwölf vom Provinziallandtage dergestalt gewählten Mitgliedern, daß dem II., III. und IV. Stande (Ritterschaft, Städte, Landgemeinden) je vier Mitglieder angehören.

Der Ausschuß führt die Verwaltung im Auftrage und nach Maßgabe der Beschlüsse des Provinziallandtages. Er vertritt den Provinzialverband nach Außen. Die Ausfertigungen der Urkunden werden Namens des Ausschusses von dem Vorsitzenden desselben unterzeichnet. Der Ausschuß hat die Befugniß, zur Verwaltung und Beaufsichtigung der einzelnen Anstalten und Institute besondere Kommissionen oder Kommissare aus seiner Mitte zu bestellen und denselben die Vertretung des Provinzialverbandes in Bezug auf die Verwaltung der betreffenden Anstalten und Institute nach Außen zu übertragen.

Die zur Besorgung der laufenden Geschäfte einzelner Verwaltungszweige (der Feuersozietät, des Landarmenwesens, der Provinzialhülfskasse ꝛc.) erforderlichen oberen Beamten werden von dem Provinziallandtage gewählt. Nachdem die Konstituirung des Verwaltungsausschusses erfolgt ist, werden gegenwärtig die erforderlichen Einleitungen zur Uebernahme der einzelnen provinziellen Institute in die ständische Verwaltung getroffen.

Zunächst wird dies in Betreff des Landarmen- und Korrigendenwesens geschehen, dessen Verwaltung mit Einschluß der Administration des Landarmen- und Arbeitshauses zu Benninghausen den Provinzialständen und ihren Organen durch die Verordnung vom 15. September 1871 vom 1. Januar 1872 ab übertragen worden ist. Sodann aber wird der Ausschuß nachfolgende umfangreiche und wichtige Institute in seine Verwaltung zu übernehmen haben. Die beiden Irrenanstalten zu Nieder-Marsberg und Lengerich, die Provinzialkrankenanstalt zu Gesecke, die beiden von Vinkeschen Provinzialblindenanstalten zu Soest und Paderborn, die Provinzialtaubstummenanstalten, die Provinzialhülfskasse und die Provinzialfeuersozietät.

G. Rheinprovinz.

Das unter dem 27. September 1871 Landesherrlich genehmigte Regulativ für die Organisation der Verwaltung des provinzialständischen Vermögens und der provinzialständischen Anstalten in der Rheinprovinz entspricht im Wesentlichen dem für die Provinz Westfalen erlassenen. Der Verwaltungsausschuß, welcher den Namen „Provinzialverwaltungsrath" führt, wird außer dem Landtagsmarschalle aus 15 Mitgliedern bestehen, welche von dem Provinziallandtage aus seiner Mitte dergestalt gewählt werden, daß auf jeden der fünf Regierungsbezirke je drei Mitglieder entfallen. Der Provinzialverwaltungsrath ist gleichfalls bereits konstituirt und wird ebenso wie der Westfälische, zunächst die Verwaltung der Angelegenheiten des durch die Allerhöchste Verordnung vom 2. Oktober 1871 aus den bestehenden fünf Bezirksverbänden gebildeten Provinziallandarmenverbandes und damit insbesondere auch die Administration des Landarbeitshauses zu Brauweiler und des Landarmenhauses zu Trier zu übernehmen haben. Demnächst wird auch die Ueberleitung der Bezirksstraßenfonds, der Irren-, Taubstummen- und Blindenanstalten, der Provinzialhebeammenlehranstalt zu Cöln, der Provinzialfeuersozietät, der Provinzialhülfskasse und des Meliorationsfonds in die ständische Verwaltung zu erfolgen haben.

H. Provinz Sachsen.

In der Provinz Sachsen ist man zwar noch nicht zu der Organisation einer, alle ständische Institute umfassenden ständischen Centralverwaltung gelangt; indeß ist auch hier ein wichtiger Schritt in dieser Richtung geschehen durch die mit Zustimmung der Sächsischen Provinzialstände unter dem 2. Oktober 1871 erlassene Allerhöchste Verordnung über die Einrichtung und Verwaltung des Landarmenwesens.

Dieselbe ordnet die Vereinigung der in der Provinz bestehenden fünf Landarmenverbände zu einem Provinzialverbande, unter Vorbehalt des Eintritts der Altmark in denselben, an und überträgt die Verwaltung der Angelegenheiten des neuen Provinziallandarmenverbandes unter Mitwirkung eines aus 6 Mitgliedern bestehenden provinzialständischen Ausschusses einem besoldeten Landarmendirektor, welcher von dem Provinziallandtage auf 12 Jahre gewählt und vom Könige bestätigt wird. Der Ausschuß wählt sich den Vorsitzenden aus seiner Mitte; der Landarmendirektor, welchem insbesondere die Führung der laufenden Verwaltungsgeschäfte obliegt, nimmt an den Sitzungen des Ausschusses nur mit berathender Stimme Theil.

Diese zunächst für das Landarmenwesen geschaffene Organisation wird sich später zweckmäßig zu einer ständischen Centralverwaltung sämmtlicher provinzieller Institute erweitern lassen. Von dem Sächsischen Provinziallandtage sind in dieser

Beziehung bereits weitere Anträge gestellt, über deren Ausführung jedoch zuvörderst mit der von dem Landtage niedergesetzten Kommission verhandelt werden muß.

I. Provinz Posen.

Aehnlich wie in Sachsen, wenngleich nicht unwesentlich abweichend in Bezug auf die Stellung des Landarmendirektors sollen auch in Posen auf dem Gebiete des Landarmen- und Korrigendenwesens ständische Verwaltungseinrichtungen in's Leben gerufen werden. Die Allerhöchste Verordnung vom 29. Juli 1871 (Gesetzsamml. S. 329) überträgt vom 1. Januar 1872 ab die Verwaltung der Angelegenheiten des Landarmenverbandes der Provinz Posen mit Einschluß der Korrektionsanstalt zu Kosten einer ständischen Landarmendirektion, welche aus einem besoldeten Direktor und vier Mitgliedern besteht. Der Direktor und die Mitglieder werden von dem Provinziallandtage auf sechs Jahre gewählt, die Wahl des ersteren bedarf der Landesherrlichen Bestätigung. Die Führung der laufenden Verwaltungsgeschäfte liegt dem Direktor ob, welcher zugleich auch den Vorsitz in der Direktion mit Stimmrecht führt.

Für die Verwaltung der provinzialständischen Anstalten und Einrichtungen für Irre, Taubstumme und Blinde, sowie zur Unterstützung angehender Erzieherinnen ist durch ein mittelst Allerhöchsten Erlasses vom 16. August 1871 (Gesetzsamml. S. 385) genehmigtes Regulativ eine in gleicher Weise gebildete ständische Behörde unter dem Namen „provinzialständische Verwaltungskommission" eingesetzt.

An diese Verwaltungseinrichtungen wird sich später gleichfalls die Organisation einer ständischen Central-Verwaltung für sämmtliche provinzielle Institute, zu denen außer den vorgedachten das Provinzialstraßenwesen, die Provinzialhülfskasse und die Provinzialfeuersozietät gehören, anschließen können.

K. Provinz Preußen.

Auch auf dem Preußischen Provinziallandtage sind bereits Anträge auf Einrichtung einer provinzialständischen Verwaltung gestellt worden. Dieselben haben jedoch die Zustimmung der Majorität der Abgeordneten nicht gefunden, welche diese Organisation bis dahin ausgesetzt zu sehen wünscht, wo die beabsichtigte Reform der Provinzialvertretungen auf gesetzlichem Wege zur Ausführung gelangt sein werde. Wenngleich der Reform der Provinzialverfassungen durch die Organisation der provinzialständischen Verwaltungen in der Art, wie sie in den anderen Provinzen zur Ausführung gelangt ist, nicht präjudizirt wird, dieselbe vielmehr auch unter einer veränderten Zusammensetzung der Provinzialvertretungen im Wesentlichen würde beibehalten werden können, so liegt doch für die Staatsregierung keine Veranlassung vor, dem Standpunkt, welchen sie den anderen Provinzen gegenüber eingenommen hat:

„die Initiative auf diesem Gebiete den Ständen zu überlassen"

der Provinz Preußen gegenüber aufzugeben.

Die Einrichtung einer besonderen ständischen Verwaltung für das Landarmenwesen in Ausführung des §. 28. des Gesetzes vom 8. März 1871 war für die Provinz Preußen nicht mehr erforderlich, da für den Ost- sowie für den

Westpreußischen Landarmenverband solche ständische Verwaltungen (Landarmendirektionen) nach den Reglements vom 26. September 1864 (Gesetzsamml. S. 621.) und 11. September 1867 (Gesetzsamml. S. 1709) bereits eingeführt sind.

Was endlich

L. die Provinz Brandenburg,

M. die Provinz Pommern anbetrifft, so bestehen in diesen zwischen den Kreisen und der Provinz besondere kommunale Korporationen, welchen die Pflege und Förderung derjenigen gemeinnützigen Angelegenheiten obliegt, die in den anderen Provinzen von den provinzialständischen Verbänden wahrgenommen werden. Es sind dies in der Provinz Brandenburg die kommunalständischen Verbände der Alt-, Kur- und Neumark, sowie der Niederlausitz, und in der Provinz Pommern die kommunalständischen Verbände von Altpommern und Neuvorpommern. Alle diese Verbände haben sich von Alters her eine größere Selbstständigkeit in der eigenen Verwaltung ihrer kommunalen Angelegenheiten bewahrt.

Vor allem sind es das Markgrafthum Niederlausitz und das zur Provinz Schlesien gehörige Markgrafthum Oberlausitz, welche vermöge ihrer Jahrhunderte alten Verfassungen der Selbstverwaltung aller ständischen Angelegenheiten durch eigene Organe sich zu erfreuen haben und in welchen mit Hülfe derselben mannigfache zur Wohlfahrt jener Landestheile gereichende Institutionen geschaffen worden sind und gepflegt werden.

Auch die Kommunallandtage von Altpommern und Neuvorpommern besitzen in ihren gleichfalls auf historischer Grundlage beruhenden Ausschüssen: der Altpommerschen Landstube und den Neuvorpommerschen Landkastenbevollmächtigten dauernde Organe für die Verwaltung der ständischen Angelegenheiten. Die Verwaltung der Angelegenheiten des Altpommerschen Landarmenverbandes, welche bis jetzt noch von den Regierungen geführt wird, soll nach der Allerhöchsten Verordnung vom 29. Juli 1871 (Gesetzsamml. S. 321.) vom 1. Juli 1872 gleichfalls der Altpommerschen Landstube und einem besonders anzustellenden Direktor für das Landarmenwesen übertragen werden. In Neuvorpommern befindet sich die Verwaltung des Landarmenwesens bereits in den Händen der Landkastenbevollmächtigten. Endlich hat sich auch in den kommunalständischen Verbänden der Kur-, der Neu- und der Altmark eine selbstständigere ständische Verwaltung der einzelnen kommunalen Institute entwickelt, wenngleich es hier noch an den geeigneten dauernden Organen zur Führung einer zugleich einheitlichen Verwaltung fehlt, welche sich jedoch für die beiden größeren Verbände der Kur- und der Neumark gleichfalls als zweckmäßig ergeben möchte. Es werden in dieser Beziehung die weiteren Anträge der ständischen Vertretungen erwartet werden dürfen.

Schlußbemerkungen.

Auch in den Jahren 1871, 1872 und 1873 hat die Entwickelung der kommunalen Selbstverwaltung in den einzelnen Provinzen weitere erfreuliche Fortschritte gemacht.

A. Provinz Hannover.

Nachdem die Provinzialstände mittelst Vertrages vom 22. Juli 1871 das Eigenthum des Ständehauses in der Stadt Hannover für den Preis von 52,160 Thlr. vom Staate erworben hatten, ist in den Jahren 1872 und 1873 ein umfangreicher Ausbau desselben behufs Herstellung angemessener Geschäftsräume, sowie einer Dienstwohnung für den Landesdirektor vorgenommen worden.

Die von dem Provinziallandtage festgestellten Grundsätze über die Bewilligung von Beihülfen behufs des Landstraßenbaues haben auch in den Jahren 1871 und 1872 zur Förderung der Bauthätigkeit der Wegeverbände wiederum erheblich beigetragen.

Die Zahl der mit dem Landesdirektorium vereinbarten festen Bau- und Finanzpläne ist ebenso, wie diejenige der Umlagen, welche von den mit Beihülfen unterstützten Wegeverbänden durchschnittlich aufgebracht worden sind, abermals gestiegen. Die letzte belief sich im Jahre 1871 auf $8^3/_{10}$, im Jahre 1872 auf nahe an 10 Verbandsumlagen. An Kunststraßen sind im Jahre 1871 $28^1/_4$ Meilen, im Jahre 1872 30 Meilen ausgebaut. Außerdem sind im Jahre 1872 in plano vorgerichtet etwa 10 Meilen und in Steinbahn umgebaut $1^1/_4$ Meilen.

In Folge der gesteigerten Bauthätigkeit sind die Anforderungen an die ständischen Beihülfsmittel in dem Maße gestiegen, daß der Provinziallandtag sich bereits im Jahre 1872 genöthigt sah, die Schranke fallen zu lassen, welche bezüglich des jährlich zu emittirenden Betrages der zu Landstraßenbauzwecken kontrahirten provinziellen Anleihe von $2^1/_2$ Millionen Thalern dem Verwaltungsausschusse gesetzt war. Während man im Jahre 1870 auf Grund der damaligen Leistungen der Wegeverbände glaubte annehmen zu dürfen, daß außer den etatsmäßigen Mitteln höchstens 300,000 Thlr. von der Anleihe jährlich zu verwenden sein würden, stellte sich schon im Jahre 1872 die Unrichtigkeit dieser Voraussetzung heraus, indem pro 1872 zu den etatsmäßig disponiblen Beihülfen ein Zuschuß von 324,076 Thlr. 26 Sgr. aus dem Anleihefonds als erforderlich sich erwies und für die Zukunft eine weitere Erhöhung des Zuschusses erwartet werden durfte. Demgemäß ist der Ausschuß von dem Provinziallandtage ermächtigt worden, nach Maßgabe des Fortschritts der Neubauten in jedem einzelnen Jahre den Bedarf an prinzipmäßigen Beihülfen aus dem Anleihefonds zu decken. Bei solcher — zwar früher nicht vermutheten, aber an sich höchst erfreulichen — Lage der Sache kann mit ziemlicher Wahrscheinlichkeit vorausgesehen werden, daß, wenn dem durch den wirthschaftlichen Aufschwung der letzten Jahre erheblich gewachsenen Baubedürfnisse der Provinz Genüge geschehen soll, demnächst eine fernere Inanspruchnahme des öffentlichen Kredits über die Summe von $2^1/_2$ Millionen Thalern hinaus nicht zu umgehen sein wird. Im Ganzen sind für den Landstraßenbau im Jahre 1871 450,716 Thlr. 23 Sgr., im Jahre 1872 541,222 Thlr. 20 Sgr. beihülflich bewilligt worden.

Durch das Gesetz vom 19. März 1873, betreffend Abänderungen der Wegegesetzgebung der Provinz Hannover und die dazu erlassenen Ausführungsbestimmungen hat die Selbstverwaltung auf dem Gebiete des Landstraßenwesens eine erhebliche Erweiterung erfahren. An Stelle der Staatsbehörden und der Staatsbaubeamten erfolgt die Leitung des technischen Betriebes auf den Landstraßen fortan durch das Landesdirektorium mit Hülfe der ihm beigegebenen Wegebautechniker, sowie des ihm unterstellten ständischen Baupersonals. Die unmittelbare Verwaltung der Landstraßen steht den Wegeverbandsvertretungen unter dem Vorsitze und unter der geschäftlichen Leitung der Obrigkeiten, sowie unter Mitwirkung der ständischen Techniker zu. Die Provinz ist in zwölf Wegebaubezirke getheilt und für jeden Bezirk ein ständischer Wegebauinspektor angestellt worden.

Die neue Organisation ist am 15. Mai 1873 ins Leben getreten.

Auch der Gemeindewegebau ist in den Jahren 1871 und 1872 durch ständische Beihülfen wiederum erheblich gefördert worden. An besteinten Gemeindewegen sind im Jahre 1871 16¼ Meilen, im Jahre 1872 fast 18 Meilen und an Erdbahn in jedem der beiden Jahre zwischen 7 und 8 Meilen hergestellt worden.

Was die übrigen Zweige der ständischen Verwaltung, das Irren-, Taubstummen-, Blinden-, Landarmenwesen u. s. w. anbetrifft, so haben es sich der Provinziallandtag und seine Organe auch in den letztverflossenen Jahren angelegen sein lassen, die Administration der einzelnen Institute zu verbessern und dem hervorgetretenen Bedürfnisse nach Erweiterung einzelner Irrenanstalten zu entsprechen.

Nach Uebernahme des Werkhauses zu Moringen Seitens des provinzialständischen Verbandes ist die Verwaltung dieser Anstalt durch ein besonderes Reglement, welches sich den für die Leitung der übrigen ständischen Anstalten bestehenden Grundsätzen und Normen anschließt, mit Genehmigung des Ministers des Innern geregelt worden.

Die Einnahmen des provinzialständischen Verbandes betragen nach dem Finanzetat pro 1873:

1) Rente aus der Staatskasse	500,000	Thlr.
2) Zinsen	11,200	"
3) Beiträge der Amtsverbände und selbstständigen Städte zu den Kosten des Landarmen- und Korrigendenwesens	25,665	"
4) Insgemein	285	"
Summa	537,150	Thlr.
Die Gesammtausgaben belaufen sich auf	534,050	"
Mithin ergiebt sich ein Ueberschuß von	3100	Thlr.

B. Kommunalständischer Verband des Regierungsbezirks Cassel.

Durch die auf Grund des Gesetzes vom 10. April 1872 (Gesetzsamml. S. 373) erfolgte Ueberweisung der Pfandleihanstalten zu Cassel, Fulda und Hanau ist das Gebiet der kommunalen Selbstverwaltung erweitert worden. Auch wird demnächst die Verwaltung der Taubstummenanstalt zu Homberg an die Kommunalstände übergehen, welche bereits die Errichtung einer zweiten derartigen Anstalt beschlossen haben, da das Institut zu Homberg den Bedürfnissen nicht genügt.

Der Bau des Landkrankenhauses zu Hersfeld ist vollendet und die Anstalt im Anfange des Jahres 1872 der Benutzung übergeben. Zur Unterhaltung desselben wird aus ständischen Mitteln ein Zuschuß von jährlich 6000 Thalern gewährt.

Die Einnahmen des kommunalständischen Verbandes betragen nach dem Finanzetat für 1873 336,000 Thaler, die Ausgaben:

1) zur Unterstützung des Landwegebaues . . . . . 119,000 Thlr.
2) an Zuschüssen zur Unterhaltung der Landkrankenhäuser und Landeshospitäler, für Anlegung und Unterhaltung einer Irrenheilanstalt, Errichtung und Unterstützung anderer Krankenhäuser . . . . 126,660 =
3) zur Unterhaltung und Ergänzung der Landesbibliotheken 7,720 =
4) für Taubstummeninstitute . . . . 12,100 =
5) für die Landarmenpflege . . . . 30,000 =
6) zur Unterstützung milder Stiftungen und Wohlthätigkeitsanstalten . . . . 2,350 =
7) zur Unterstützung von Landesmeliorationen . . . . 5,000 =
8) für die ständische Verwaltung . . . . 20,345 =
Als Dispositions- und Betriebsfonds sind ausgesetzt 12,825 =

C. Kommunalständischer Verband des Regierungsbezirks Wiesbaden.

Nachdem das Dotationsgesetz für Nassau unter dem 11. März 1872 (Gesetzsamml. S. 257.) ergangen und die zur Ausführung derselben erforderlichen Verwaltungsreglements mit dem Kommunallandtage vereinbart worden waren, sind die Irrenheil- und Pflegeanstalt zu Eichberg und das Taubstummeninstitut zu Camberg vom 1. Januar 1873 ab in die Verwaltung des Kommunalverbandes übergegangen. Ingleichen hat derselbe auf Grund des Gesetzes vom 21. Dezember 1871 (Gesetzsamml. S. 610.) die Verwaltung der Nassauschen Brandversicherungsanstalt vom 1. Januar 1872 ab übernommen, auch durch ein mit Königlicher Genehmigung unter dem 27. November 1872 erlassenes Reglement für eine zweckmäßige Reform der Verwaltungseinrichtungen der Anstalt Sorge getragen.

Der von dem Kommunallandtage für das Jahr 1874 festgestellte Finanzetat weist an Einnahmen aus der durch das Dotationsgesetz gewährten Jahresrente und aus der Landesbank eine Gesammtsumme von 162,025 Thlrn. nach.

Die Ausgaben betragen:

1) für den Kommunallandtag . . . . 3,650 Thlr.
2) für den Verwaltungsausschuß . . . . 950 =
3) für die Landesdirektion . . . . 6,800 =
darunter Gehalt des Landesdirektors 2,200 Thlr.
Für gemeinnützige Zwecke sind ausgesetzt . . . . 2,287 =
Darunter a. Beihülfe für die Bergschule in Dillenburg . . . . 700 Thlr.
b. Beihülfe für die Baugewerkschule in Idstein . . . . 700 =

Für Straßenbauten ist eine Summe von . . . . 106,500 =
bestimmt, während aus den Vorjahren für diesen Zweck noch eine Summe von 55,843 Thlrn. zur Verfügung steht. Davon sollen
für den Neubau chaussirter Verbindungsstraßen . . . . . . 127,843 =
zu Beihülfen für den Gemeindewegbau . . . . . . 35,000 =
verwandt werden.

Zuschüsse werden gewährt:

1) an den Landarmenfonds	3,080 Thlr.
2) an den Centralwaisenfonds	3,257 „
3) an das Taubstummeninstitut zu Camberg	7,480 „
4) an die Irrenanstalt zu Eichberg	13,725 „
Zur Ansammlung eines Baufonds für das Taubstummen-Institut und die Irrenanstalt sind ausgesetzt	14,295 „

Außer der dem Nassauschen Kommunalverbande durch das Gesetz vom 11. März 1872 gewährten Dotation bezieht derselbe auf Grund des §. 74. des Ausführungsgesetzes zum Bundesgesetze über den Unterstützungswohnsitz vom 8. März 1871 für Uebernahme der dem Staate bisher gesetzlich obgelegenen Lasten der Landarmen- und Waisenpflege aus der Staatskasse noch eine jährliche Rente von 14,640 Thlrn.

D. Provinz Schleswig-Holstein.

Nach erfolgter Wahl eines Landesdirektors ist die ständische Verwaltung am 1. Januar 1873 in's Leben getreten. Dieselbe umfaßt vorläufig das Landarmen- und Korrigendenwesen, sowie die Immobiliar-Feuerversicherungsanstalten. Die Verwaltung des Landarmen- und Korrigendenwesens ist durch die Königliche Verordnung vom 4. September 1871 (Gesetzsamml. S. 378.), die Verwaltung der Immobiliar-Feuerversicherungsanstalten durch das Gesetz vom 23. März 1872 (Gesetzsamml. S. 286.) und das in Gemäßheit des §. 7. desselben unter dem 27. Dezember 1872 erlassene Statut geregelt. Auch ist zur Ausführung der Bestimmung des §. 2. des Gesetzes von dem Provinziallandtage mit Genehmigung des Oberpräsidenten ein besonderes Klassifikationsreglement für die bei den Versicherungsanstalten versicherten Gebäude aufgestellt worden.

Der Finanzetat für das Jahr 1874 weist eine Einnahme von 57,300 Thlrn. nach, darunter an Provinzialabgaben 56,900 Thlr.

Die Ausgaben betragen:

1) für den Provinziallandtag	8,000 Thlr.
2) für den Verwaltungsausschuß	1,800 „
3) für das Landesdirektorat	4,620 „
4) für die Bibliothek	300 „
5) für das Landarmen- und Korrigendenwesen	28,700 „
6) an Zuschüssen für die Blinden- und Taubstummenanstalt	13,500 „
7) für Verschiedenes	380 „

E. Provinz Schlesien.

Die provinzialständische Verwaltung ist in einer erfreulich fortschreitenden Entwickelung begriffen. Insbesondere entfaltet die Provinzialhülfskasse als Kreditinstitut für die Kreise und Gemeinden der Provinz zur Ausführung gemeinnütziger Einrichtungen und Anlagen eine von Jahr zu Jahr zunehmende Wirksamkeit. Um den Anforderungen zu genügen, hat der Provinziallandtag neuerdings die landesherrliche Genehmigung zur Emission verzinslicher Inhaberpapiere in Höhe von 10 Millionen Seitens der Provinzialhülfskasse beantragt.

Mittelst Allerhöchster Kabinetsordre vom 8. November 1872 ist den Provinzialständen die selbstständige Verwaltung und Verwendung des v. Kottwitzschen Spinner- und Weberunterstützungsfonds mit einem Kapitalbestande von rund 10,000 Thlrn. übertragen worden.

Ingleichen haben dieselben die Verwaltung des Landwehrpferdegelderfonds für die Kreise Liegnitz, Goldberg, Löwenberg und Glogau im Betrage von rund 11,000 Thlrn. nach Maßgabe eines unter dem 4. Dezember 1873 Allerhöchst bestätigten Statuts überkommen.

Von wichtigeren Beschlüssen, welche der Provinziallandtag zur Förderung des Gemeinwohls der Provinz in neuester Zeit gefaßt hat, sind insbesondere zu erwähnen die Uebernahme einer Zinsgarantie für die Einrichtung einer Kettenschleppschifffahrt auf der Oder und der Bau eines Provinzialmuseums in der Stadt Breslau.

Nach dem Hauptfinanzetat für das Jahr 1874 betragen

die fortlaufenden Einnahmen	1,689,760 Thlr.
die einmaligen Einnahmen	418,020 "
darunter eine Anleihe bei der Provinzialhülfskasse von 336,000 Thlrn.	
Summa der Einnahmen	2,107,780 Thlr.

Die fortlaufenden Ausgaben betragen:

1)	für den Provinziallandtag und die provinzialständische Centralverwaltung	46,675 Thlr.	—	Sgr.
2)	für das Irrenwesen	145,860 "	15	"
3)	für die Provinzialdarlehnskasse	586,220 "	—	"
	Darunter zur Einlösung von Darlehnskassenscheinen 500,000 Thlr.			
4)	für die Provinzialhülfskasse	465,500 "	—	"
	Darunter zu Darlehen 393,000 Thlr.			
5)	für das Landarmenwesen	151,050 "	—	"
6)	für die Oberschlesischen Waisen	2,550 "	—	"
7)	für die Provinziallandfeuersozietät	300,320 "	—	"
	Darunter zu Brandbonifikationen 200,000 Thlr.			
8)	für die Provinzialstädtefeuersozietät	52,850 "	—	"
	Darunter zu Brandbonifikationen 41,000 Thlr.			
9)	an Zuschüssen an die Taubstummenanstalten und die Blindenunterrichtsanstalt zu Breslau	12,145 "	—	"
	Summa für laufende Ausgaben:	1,763,170 Thlr.	15	Sgr.
	Zu einmaligen Ausgaben sind bestimmt	344,609 Thlr.	15	Sgr.
	Darunter Bauzuschüsse an die Irrenanstalten in Leubus, Brieg und Bunzlau	31,659 "	15	"
	zur Einrichtung einer Irrenheil- und Pflegeanstalt in Creutzburg	238,760 "	—	"
	und zur Erweiterung der Irrenpflegeanstalt in Plagwitz	66,200 "	—	"

mithin balanciren Einnahmen und Ausgaben.

F. und G. Westfalen und Rheinprovinz.

Mit einigen Ausnahmen sind in den Jahren 1872 und 1873 von den Provinziallandtagen dieser Provinzen die Reglements zur Ueberleitung der einzelnen provinziellen Institute und Anstalten in die ständische Verwaltung im Einverständnisse mit der Staatsregierung aufgestellt und ist die Verwaltung der Institute und Anstalten von den ständischen Organen bereits übernommen, beziehungsweise steht dieselbe binnen Kurzem bevor.

H. Provinz Sachsen.

In dieser Provinz ist die ständische Verwaltung des Landarmenwesens in den letzten Jahren vollständig organisirt worden und entwickelt eine umfassende Thätigkeit. Die Einrichtung einer ständischen Centralverwaltung ist bisher noch nicht erfolgt.

Nachträge.

Zu §. 97.

Allerhöchste Order vom 12. April 1875, betreffend die Ermittelung von Militair-Anwärtern zur Besetzung erledigter, denselben vorbehaltener Stellen.

Auf den Bericht des Staats-Ministeriums vom 2. April d. J. will Ich in Erweiterung Meines Erlasses vom 1. August pr. und unter Aufhebung der entgegenstehenden Bestimmungen des Reglements über die Civil-Versorgung und Civil-Anstellung der Militair-Personen vom 20. Juni 1867 das in der Anlage näher festgestellte Verfahren zur Ermittelung von Militair-Anwärtern genehmigen und hat das Staats-Ministerium die weitere Ausführung zu veranlassen.

Berlin, den 12. April 1875.

(gez.) **Wilhelm.**

(gez.) v. Bismarck. Camphausen. Graf Eulenburg. Dr. Leonhardt. Falk. v. Kameke. Achenbach. Friedenthal.

Bestimmungen

über die Ermittelung von Militair-Anwärtern zur Besetzung erledigter, denselben vorbehaltener Stellen.

Seitens der Staats- und Kommunal-Behörden, sowie aller derjenigen Behörden, welchen die Verpflichtung zur Anstellung von Militair-Anwärtern auferlegt ist, erfolgt die Ermittelung von Militair-Anwärtern, falls nicht schon direkte Anträge von solchen oder die in §. 20. des Reglements über die Civil-Versorgung und Civil-Anstellung der Militair-Personen vom 20. Juni 1867 näher bezeichneten Nachweisungen vorliegen, durch öffentliche Aufforderung zu Bewerbungen um die erledigten Stellen.

Die Behörden lassen diese Aufforderungen dem in dem Bezirk eines jeden Armee-Korps hierfür besonders bestimmten Landwehr-Bezirks-Kommando, unter gleichzeitiger genauer Mittheilung des Gehalts der Stelle, der an den Bewerber gestellten Anforderungen, sowie aller sonstigen für denselben nothwendigen Angaben zugehen.

(Schema.)

Vakanzen-Liste

der bei . . . . durch Militair-Anwärter zu besetzenden Stellen.

№	Die Vakanz ist vorhanden			Einkommen der vakanten Stelle.	Die Anstellung erfolgt a) auf Lebenszeit, b) auf Kündigung.	Betrag der zu bestellenden Kaution u. ob dieselbe durch Gehalts-Abzüge gedeckt werden kann.	Angabe ob Aussicht auf Verbesserung vorhanden.	Bezeichnung der Ansprüche, welche an die Bewerber gestellt werden.	Die Bewerbungen sind einzureichen an	Bemerkungen.
	Ort.	Behörde.	Nähere Bezeichnung der Stelle.							
1	Berlin.	Berlin-Hamburger Eisenbahn.	Kanzlist.	840 Mark Gehalt.	ad b drei Monate.	keine Kaution.	ja.	schöne Handschrift.	die Direktion zu Berlin.	
	ꝛc.									
	Bernau.	Magistrat.	Marktmeister.	750 Mark Gehalt, 90 Mark jährlich Kleidergeld, freie Wohnung, 10 Cubikmeter Hartholz.	auf Lebenszeit.	900 Mark zur Hälfte durch monatliche Gehaltsabzüge.	bis zu 1200 Mark.	besondere Energie.	den Magistrat zu Bernau.	

Die Bezirks-Kommandos stellen diese Aufforderungen für den Korpsbereich zusammen, lassen sie erforderlichen Falls vervollständigen und senden sie wöchentlich derjenigen Stelle zu, welche die Veröffentlichung nach den Bestimmungen des Kriegs-Ministeriums zu veranlassen hat.

Die Veröffentlichung muß mindestens wöchentlich einmal stattfinden.

Sind seit der Veröffentlichung sechs Wochen verstrichen und hat sich für die vakante Stelle kein qualifizirter Militair-Anwärter gefunden, so hat die Behörde in der Besetzung der Stelle freie Hand; doch ist sie verpflichtet, von jeder Besetzung einer für Militair-Anwärter reservirten Stelle mit einem Nichtversorgungsberechtigten der oberen Aufsichtsbehörde unter Darlegung des Sachverhalts Anzeige zu machen.

Für die umfassende Verbreitung der Vakanzenlisten in den Kreisen der Militair-Anwärter wird die Militair-Verwaltung Sorge tragen.

Zu §. 124.

Cirkular-Erlaß des Ministers des Innern an die Oberpräsidenten der Provinzen Preußen, Brandenburg, Pommern, Schlesien und Sachsen, betreffend die Vollziehung der Wahlen zu den Provinzial-Landtagen. Vom 18. August 1875.

Unter Bezugnahme auf meinen Erlaß vom 22. Juni d. J. ersuche ich Ew. Excellenz ganz ergebenst, gefälligst die zur Vollziehung der Wahlen zu den neuen Provinziallandtagen erforderlichen Einleitungen zu treffen.

Es bedarf zunächst der Feststellung der Zahl der von den einzelnen Kreisen zu wählenden Abgeordneten gemäß den Vorschriften der §§. 10. und 12. der Provinzial-Ordnung vom 29. Juni d. J. Dieser Feststellung ist die durch die Volkszählung vom 1. Dezember 1871 ermittelte Einwohnerzahl der Kreise zu Grunde zu legen.

Ew. Excellenz wollen demgemäß die Feststellung der Zahl der von den einzelnen Kreisen zu wählenden Abgeordneten gefälligst vornehmen und sodann durch die Amtsblätter der Provinz mit dem Bemerken zur öffentlichen Kenntniß bringen, daß Anträge auf Berichtigung der Feststelluug gemäß §§. 13. und 124. der Provinzial-Ordnung innerhalb ein und zwanzig Tagen nach Ausgabe des Amtsblatts, durch welches die Feststellung veröffentlicht worden ist, bei Ew. Excellenz zur endgültigen Beschlußnahme anzubringen sind.

Nach Ablauf dieser Frist, bezw. nach Erledigung der eingegangenen Anträge sind die Landräthe und die Oberbürgermeister, bezw. Bürgermeister der einen eigenen Kreis bildenden Städte wegen Vollziehung der Wahlen der Provinziallandtags-Abgeordneten im Laufe des Monats Oktober d. J. mit Anweisung zu versehen.

Die Abgeordneten der Landkreise und des Stadtkreises Magdeburg werden gemäß §§. 14. und 15. der Provinzial-Ordnung von den Kreistagen, die Abgeordneten der übrigen Stadtkreise werden von den Magisträten und den Stadtverordneten-Versammlungen bezw. den bürgerschaftlichen Repräsentanten-Kollegien in gemeinschaftlichen Sitzungen unter dem Vorsitze des Bürgermeisters gewählt. Die Vollziehung der Wahlen der Provinziallandtags-Abgeordneten erfolgt nach näherer Vorschrift des der Provinzial-Ordnung beigefügten Wahlreglements. Die Verhandlung ist durch Vorlesung der §§. 9 bis 24 der Provinzial-Ordnung und des Wahlreglements zu eröffnen und, daß dies geschehen ist, in dem Protokolle ausdrücklich zu vermerken.

Daß die Wahl eines jeden Abgeordneten in einer besonderen Wahlhandlung erfolgen solle, ist in dem Wahlreglement nicht vorgeschrieben. Es würde daher an sich zulässig sein, sämmtliche Abgeordnete in einer einzigen Wahlhandlung wählen zu lassen; jedoch dürfte es sich der Regel nach empfehlen, jeden Abgeordneten besonders zu wählen, da die Zahl der Wähler und der zu wählenden Abgeordneten in den einzelnen Kreisen keine erhebliche ist, das Wahlgeschäft also auch dann, wenn ein jeder Abgeordnete besonders gewählt wird, keinen großen Zeitaufwand erfordern wird, Fehler und Irrungen aber voraussichtlich leichter werden vermieden werden, wenn jeder Abgeordnete in einer besonderen Wahlhandlung gewählt wird, als wenn für sämmtliche Abgeordnete nur eine einzige Wahlhandlung stattfindet.

Ew. Excellenz überlasse ich ganz ergebenst, den Landräthen und Bürgermeistern ein Formular zu der über den Wahlakt aufzunehmenden Verhandlung mitzutheilen. Als Anhalt für ein solches würde die Anlage H. zu meiner Instruktion, betreffend die Ausführung der die Zusammensetzung des Kreistages betreffenden Vorschriften der Kreis-Ordnung vom 10. März 1873, dienen können.

Für die Berufung der Mitglieder der Kreistage bezw. der städtischen Behörden zu der Wahlversammlung, sowie für die Beschlußfähigkeit derselben sind die Vorschriften der §§. 118. und 121. der Kreis-Ordnung vom 13. Dezember 1872, bezw. der §§. 40 bis 42 der Städte-Ordnung vom 30. Mai 1853 bezw. der für das bürgerschaftliche Kollegium der Stadt Stralsund geltenden statutarischen und geschäftsordnungsmäßigen Bestimmungen maßgebend.

Sogleich nach Vollziehung der Wahlen ist mir und Ew. Excellenz das Ergebniß der letzteren unter Benutzung des anliegenden Formulars von dem Wahlkommissar anzuzeigen. Die Wahlprotokolle sind demnächst mit den dazu gehörigen Schriftstücken: dem Einladungsschreiben, den Bescheinigungen über die erfolgte Einladung zur Wahlversammlung, den Stimmzetteln, den Erklärungen der Gewählten über die Annahme der Wahl 2c. von Ew. Excellenz einzureichen.

Sollten gegen das stattgehabte Wahlverfahren auf Grund des §. 23. der Provinzial-Ordnung Einsprüche erhoben werden, so sind die Betheiligten darüber zu hören und die entstandenen Verhandlungen den betreffenden Wahlakten einzuverleiben.

Sämmtliche Wahlakten sind seiner Zeit dem Provinziallandtage sogleich nach seinem Zusammentritte von Ew. Excellenz vorzulegen.

Der Minister des Innern.
(gez.) Graf zu Eulenburg.

Sach-Register.

(Die Zahlen sind die Seitenzahlen.)

C.

D.

L.

M.

R.

S.

T.

U.

V.

W.

Buchdruckerei von Gustav Schade (Otto Francke) in Berlin.

Kolibri 360 GmbH
Ferdinand-Jühlke-Straße 7
99095 Erfurt, Deutschland
produktsicherheit@kolibri360.de